〈개혁신학탐구 시리즈 6〉

우리를 둘러싸고 영향을 미치고 있는

“우리 이웃의 신학들”:

우리 주변의 다양한 신학들에 대한 개혁 신학적 반응

이승구

말씀과 언약
2024

Theologies Next Door:

A Reformed Response to Various Theologies of Our Neighbours

by

Seung-Goo Lee

Verbum Dei Minister

B. A., M. Ed., M. Div., M. Phil., Ph. D.

NamSong Professor of Divinity

Hapdong Theological Seminary

The Words and the Covenant Press

2024

이 책은

한국개혁주의연구소의 후원으로
출간이 가능하게 되었습니다.

이 땅에 개혁파적인 사상이 가득하기 위해
개혁파적인 책들과 개혁신학의 관점에서
우리를 돌아보는 책들을 출간하도록
귀한 도움을 주신
한국개혁주의연구소에게 감사드리면서,
한국개혁주의연구소를 위해 매달 정기적으로
후원하시는 다음 여러 교회들에게도 깊이 감사드립니다.
이런 후원으로 이 땅에 개혁파적 사상이 가득하기를 기원합니다.

정채훈 장로 (동부교회)
예수비전교회 (도지원 목사 시무)
올곧은 교회 (신호섭 목사 시무)
신반포중앙교회 (김지훈 목사 시무)
경신교회 (신민범 목사 시무)
언약 교회 (박주동 목사 시무)

차 례

초판 들어가는 말(2014)

영민(英敏)한 독자들은 이 책의 각 장의 제목들을 보면서 짐작하시겠지만, 이 책에서 다룬 신학자들과 사상들은 정통파 개혁신학과 상당한 거리를 가지고 있는 분들이고, 그런 사상들이다. 그런데 이런 분들의 생각이 우리 주변에 아주 가깝게 있을 뿐만 아니라 때로는 우리에게 상당히 큰 영향을 미치기도 한다. 그래서 이런 신학들을 "우리 이웃의 신학들"이라고 이름 붙여 보았다. 우리들 주변에는 다양한 "이웃의 신학들"이 있다. 이것은 어떤 면에서 우리 주변에 다양한 "이웃의 종교들"이 있는 것과 상당히 유사(類似)하다.

기독교가 전파되어 우리 조상들이 예수님을 믿고 우리들이 그 안에서 예수님을 믿는 한국 사회는 기독교 도입(導入) 당시부터 종교 다원적 사회(宗教多元的 社會)였다. 이처럼 현상(現像)으로서의 종교 다원적 상황은 한국 그리스도인들에게는 낯선 것이 아니었고, 지금도 그러하다. 우리가 예수님을 믿을 때 우리 이웃의 어떤 분은 불교를 믿었고, 어떤 분은 샤마니즘적 무속(巫俗)을 중시(重視)하며 살았고, 어떤 분들은 유교(儒教)적 이념에 충실하게 삶 전체를 살았다. 우리들은 이러한 종교 다원적 상황 속에서 예수님을 믿게 되었고, 또 계속해서 믿어오고 있다. 그러므로 한국 그리스도인들에게 종교 다원적 상황, 즉 현상으로서의 종교 다원성(宗教多元性)은 낯선 것이 아니다. 다시 말하지만,

우리는 그 안에서 살았었고, 지금도 그런 사회 속에서 살고 있다.

이와는 달리 오랫동안 기독교의 영향 아래서 살던 서구(西歐) 그리스도인들은 자기 이웃에 여러 다른 종교들이 있다는 것을 아주 이상한 현상으로 보기 시작했다. 사실은 오랫동안 서구 사회가 그런 과정을 향해 가고 있었는데도 잘 의식하고 있지 않다가, 주변에 다른 종교들의 영향력이 커지자 서구인들은 아주 새로운 상황 가운데 자신들이 처한 것처럼 반응하는 일이 많이 있다. 그래서 "어느 날 깨어나 보니 자신들이 종교 다원적 사회 속에서 있을 뿐만 아니라, 그리스도인인 자신들이 그 사회 속에서 소수자(minority)가 된 것을 발견하게 되었다"고 고백하는 소리를 자주 듣는다. 2006년 저자가 화란 자유대학교 신학부의 초청으로 한 한기 동안 화란에서 연구할 때 그들이 개최한 한 학술 모임의 주제가 바로 "소수자가 된 그리스도인들과 교회는 어떻게 해야 하는가?"였다. 서구 신학이 종교 다원적 현상에 대해서 반응하는 신학적 작업을 하는 것은 바로 이런 정황에서 나온 것이다. 그러므로 우리는 서구 신학자들이 종교 다원적 현상에 반응하면서 그것이 무엇인가 새로운 것인 양하며 그에 대해 반응해야 한다고 하는 주장을 그대로 따라 갈 필요가 없다. 오히려 우리 자신들이 처음부터 경험한 종교 다원적 상황 속에서 어떻게 참으로 하나님을 믿고 살 것인가를 성경을 통해 배우고 실천한 그것을 잘 제시해 줄 수 있는 유리한 위치에 있는 것이다. 우리들은 처음부터 종교 다원주적 사회 속에서 종교적 소수자(minority)의 위치에서 사는 경험을 상당히 오랫동안 하여 왔기 때문이다.

그런데 이처럼 우리가 처음부터 경험한 종교 다원적 상황은 이상한 일이거나 새로운 일이 아니고, 신약 교회가 시작될 때의 그 상황과 같은 상황이다. 바울이나 다른 사도(使徒)들과 그들을 따라 다른 신실한 그리스도인들이 예수 그리스도와 하나님 나라에 대한 복음을 선포(宣布)할 때, 그들은 종교적 진공(眞空) 상태에서 복음을 전한 것이 아니다. 수 없이 많은 종교들과 사상들이 주변에 있고 사람들이 그것이 삶의 길이라고 따르고 있는 그 정황 가운데서 사도들은 복음을 전하여 그 부조리하고 쓸데없는 것을 다 버리고 참되고 살아 계신 하나님께로 돌아오라고 선포하였다. 이렇게 "참 하나님께로 돌아올 때만" 예수 그리스도께서 이 세상에 오셔서 세우신 '이 땅에 이미 임해 왔으나 우리들의 눈에 보이지 않는 하나님 나라, 그러나 예수님께서 다시 오실 때에 모든 사람 앞에 현저하게 드러날 그 하나님 나라'에 속하게 된다고 선언하고 가르쳤었다. 이러한 하나님 나라의 복음은 영원히 변하지 않는 기독교의 선포 내용[使信, message]이다. 사도 시대에나 오늘날의 서구 사회에서나 우리 사회에서도 달리 제시될 수 있는 것이 아니다.

초기 한국의 그리스도인들은 다양한 신앙적 배경 가운데서 이 복음의 내용을 듣고, 비록 온전히 다 이해하지는 못해도 (1) 십자가에서 죄를 위해 구속의 피를 흘리신 예수님을 믿어야만 구원을 받을 수 있다는 것과 (2) 그렇게 예수님을 믿을 때는 이전에 자신들이 추구하던 다른 종교적 추구(追求)를 온전히 다 버려야 한다는 것과 (3) 교회 공동체를 통해서 성경을 계속해서 배워가야 한다는 것을 아주 분명히 해왔다.

그래서 한국 성도(聖徒)들은 상당히 부족하기는 하지만, (1) 십자가에서 온전히 이루어진 구속에 대한 믿음과 (2) 우상숭배와 그와 관련된 것에 대한 절연(絕緣, 다른 종교와 제사, 토정비결 등등과의 절연), (3) 기독교적 모임에 열심히 참여함, (4) 성경을 정확 무오한 하나님의 말씀으로 믿고 열심히 배우는 특성을 지니고 있었다.

그러므로 (1) 이 특성을 그대로 유지하면서 더 철저화하고, (2) 성경이 가르치는 바를 더 깊이 있게 파악하고, 그 심오한 사상을 자기 것으로 하여 누리면서, (3) 그 가르침을 잘 실천하고, (4) 동료 한국인들과 외국인들에게 이 "유일한 살 수 있는 길"을 잘 제시하여 많은 사람들을 옳은 데로 돌아오게 하는 일이 21세기 초의 한국 그리스도인들이 힘써야 할 일이다. 그리고 그렇게 하는 우리의 경험을 종교 다원적 상황을 새롭게 경험하는 서구 그리스도인들에게 잘 전해 줄 수 있어야 한다.

그런데 오늘날 우리들은 이 일을 제대로 감당하는 일에 여러 복병(伏兵)들을 만난 것 같다. 그 하나는 모든 것에 대한 최종적 대답을 성경의 가르침에서만 찾아야 한다는 것(*sola scriptura*의 원리)에 동의(同意)하지 않으면서 "성경과 전통 모두를"(both-and) 다 중시(重視)해야 한다고 하면서 성도들로 하여금 "오직 성경에 근거한 신앙생활을 하지 않게 하려는 시도들"이다. 이것은 한편으로는 우리가 의식하지 않는 중에 은밀하게 우리들 가운데서 번져가는 반(半)-펠라기우스주의(semi-Pelagianism, 결국 천주교 사상)의 영향이고, 한편으로는 성경 이외의 계시가 지금도 계속 주어진다는 것을 강조하는 신사도 운동과 같은 것들의 영향이다. 이 문제를 이 책의 제1부에서 다루었다.

또 하나는 서구에서 나온 규범적인 종교 다원주의(religious pluralism)와 내포주의(內包主義, inclusivism)의 영향을 받은 이웃의 신학들이 있고, 이것이 우리들 가운데 알게 모르게 널리 퍼져 나가고 있는 현상이다. 이를 제2부와 4, 5부에서 다루었다.

또 하나는 성경을 매우 존중하면서 신학적 자유주의를 비판하면서도 그와의 관계를 절연(絕緣)하지 않고 동시에 끌어 안으려고 하는 칼 바르트(Karl Barth)와 성경 신학 연구에서 그와 유사한 접근을 하는 챠일즈(B. S. Childs)와 (조금 지나치게 말하는 느낌은 들지만 결국 그렇게 판단할 수밖에 없는) 피터 엔스(Peter Enns) 교수 같은 입장을 표명하는 분들의 신학적 작업이다. 이에 대해서는 제3부에서 다루었다.

또 아주 매력적이고 우리의 동감(同感)을 많이 자아내면서도 우리들로 하여금 끝까지 그들과 동행(同行)하지 못하도록 하는, 그래서 안타까운 존 요더나 레슬리 뉴비긴 같은 분들의 생각이 있다. 이 분들은 참으로 우리들의 가까운 이웃이다. 그러나 그 분들과 끝까지 같이 할 수 없는 무엇인가가 있음이 늘 안타깝다. 이에 대해서는 제4부에서 다루었다.

이런 점에서 칼 바르트나 존 요더나 레슬리 뉴비긴도 적극적으로 참여하였던 WCC 운동의 방향과 그 사상적 내용을 심각하게 검토해야 한다는 것은 이런 작업을 하는 우리들의 매우 당연한 과제이다.

앞에서 명백히 말한 것과 같이, 이 책에서 다룬 신학자들과 운동들의 생각은 정통 기독교회의 가르침과 다르고, 특히 개혁파 정통주의와는 상당한 거리를 가지고 있다. 그런데 이런 사상들이 이런저런 모양으로 지금 여기에 있는 우리들에게도 영향을 미치고 있다. 신학을 하지 않는 일반 그리스도인들에게도 간접적으로 상당히 영향을 끼치고 있다. 그러므로 이런 분들의 사상이 과연 어떤 것인지 우리들도 심각(深刻)하게 검토(檢討)해 보아야 한다. 그래야 결국 이런 사상의 영향에서 자유롭게 될 수 있다. 이 책의 작업이 이 일을 위해서 조금의 도움이라도 되기를 바란다.

부디 주께서 우리들을 더 성경에 충실한 교회가 되게 하여 이 땅 가운데서 바르게 생각하고 사는 일에 이 책을 사용하여 주시기를 앙기(仰祈)한다.

2014년 4월

합동신학대학원대학교 연구실에서

감사와 인정

이 책의 각 장의 내용은 다음과 같은 방식으로 이전에 발표되었음을 밝히면서, 이 내용을 묶어서 한 책으로 낼 수 있도록 허락해 주심에 대하여 각 기관 관계자들과 출판물의 경우에는 편집인들에게 깊은 감사를 표하는 바입니다.

제 1 장 헨리 나우원에 대해서는 그 기초가 되는 간단한 글이 두란노「빛과 소금」편집부 요청으로「빛과 소금」2009년 10월호에 "천주교 사제 헨리 나우원, 그의 영성과 우리의 자세"라는 제목으로 게재되었고, 그 내용은 "이승구 교수의 개혁신학 이야기"라는 블로그에도 게재된 바가 있습니다(http://blog.daum.net/wminb/13718730). 이로부터 확대된 현재의 논문은 "헨리 나우원에 대한 개혁신학적 성찰",「신학정론」29/2 (2011년 11월): 567-98로 발표된 바 있습니다.

제 2 장 관상 기도와 그 문제점은 대한 예수교 장로회 (합신) 신학위원회의 요청으로 발제된 글로서 "관상 기도의 문제점",「신학정론」29/1 (2011년 6월): 121-55으로 발표하였습니다.

제 3 장 로마 가톨릭 교회의 의화 이해와 개신교의 칭의 이해의 차이는 한국 세계 선교 협의회(KWMA)에서 간행하는「한국 선교」(*Korea Missions Quarterly*) 45 (2013년 봄): 21-29에 실렸었습니다.

제 4 장 힉(Hick)에 관한 글은 오래 전에 기독교 학문연구소 학술

지인「신앙과 학문」 22 (2001년 6월호)에 실렸었고, 그 불어 번역본은 프랑스 남부 악상-프로방스(Aix-en-Provence)에 있는 개혁파 신학교인 칼빈신학교(la Faculté Jean Calvin)의 신학지(La revue de théologie)인 *La Revue réformée* 249 (Jan 2009)에 "Pluralisme religieux et christianisme"이라는 제목으로 실렸었습니다(available at: http://larevuereformee.net/articlerr/n249/pluralisme-religieux-et-christianisme). 그리고 영어 번역본은 "Religious Pluralism and Christianity," in *Take Root Downward, Bear Fruit Upward*, edited by Johnson T. K. Lim (Hongkong: Asia Baptist Graduate Theological Seminary, 2008), 123-46에 발표된 바 있습니다.

제 5 장은 이전에 발표되지 않은 새로운 글입니다.

제 6 장 바르트에 대한 글은 필자의 신학석사 학위(M. Phil.) 논문의 한 부분으로 이전에 한국 복음주의조직학회에서 발제하고,「한국복음주의 조직신학」에 발표하였습니다.

제 7 장 Childs에 대한 글은 한국 성경신학회에서 2008년 2월에 발제하고, 성경신학회 학술지인「교회와 문화」 21 (2008년 여름): 7-49에 게재하였습니다.

제 8 장 피터 엔스에 대한 글은 합동신학대학원대학교에서 매 학기 한 번씩 열리는 교수 연구 모임에서 발제하였었고(2010. 5. 26.), 한국개혁신학회 학술지인「한국개혁신학」 28 (2010): 225-53에 "영감과 성육신 개념 연결의 의의와 문제점"이라는 제목으로 게재하였습니다.

제 9 장 존 요더에 대한 글은 〈기독교 세계관 학술 동역회〉에서 내는「월드뷰」 141 (2012년 3월호): 52-57에 실렸었습니다.

제 10 장 레슬리 뉴비긴에 관한 글은「목회와 신학」에, 그리고 제

11장 서평은 〈기독교 세계관 학술 동역회〉에서 내는 「월드뷰」 2011년 6월호에 실렸었습니다.

제 12 장 남미에 해방 신학에 대한 글을 2014년 6월 브라질에서 개최되는 월드컵과 관련하여 「목회와 신학」에서 2014년 6월호를 남미 특집으로 기획하는 중에 남미신학에 대한 글로 기고했던 것임을 밝힙니다.

제 13 장 톰 라이트에 대한 글을 한국 「크리스채너티 투데이」가 2014년 4월호를 미국판의 톰 라이트 특집을 그대로 실은 것에 대하여, 톰 라이트를 비판적으로 읽는 글도 실어 달라는 독자들의 요청에 따라 편집장인 김은홍 기자께서 요청하셔서 「크리스채너티 투데이」 70 (2014년 5월호): 58-63에 실렸던 글임을 밝힙니다.

제 14 장은 WCC 10차 총회가 개최되는 동안 저의 페이스 북과 블로그인 이승구 교수의 〈개혁신학과 우리 사회 이야기〉 (http://blog.daum.net/wminb/13719155)를 통해서 전했던 내용입니다.

제 15 장은 기본적으로 기독교 학술원 38회 강연회(2010년 6월 28일)에서 이형기 교수의 발제에 대한 논찬으로 작성된 것을 더 확대하여 이동주 교수님께서 편집하여 내신 책인 『WCC의 에큐메니칼 신학 비판』 (서울: CLC, 2013), 172-88에 "성경적 에큐메니즘을 지향하며"라는 제목으로 기고한 글입니다.

제 1 부

천주교 신학들과 그 영향들

1. 헨리 나우웬에 대한 개혁신학적 한 성찰

2. 관상 기도와 그 문제점

3. 로마 가톨릭 교회의 '의화(義化)' 이해와 개신교의 '칭의(稱義)' 이해의 비교

Theologies Next Door:

A Reformed Response to
Various Theologies of Our Neighbours

1

헨리 나우웬에 대한 개혁신학적 한 성찰

헨리 나우웬

어떤 외국인이 쓴 책이 거의 모두 우리나라 말로 번역되고, 폭넓은 영향을 미치게 될 때 우리는 그런 사람을 아주 굉장하다고 생각하기 쉽다. 우리나라에서뿐만 아니라 40여권의 그의 책들은 전세계적으로 2백만 권 이상 팔리고 있다. 지금까지 22개국 언어로 번역된 그의 책이 그의 사후(死後)에 더 많은 독자들에게 읽히고 있다는 말을 들으면[1] 그가 굉장하다는 우리의 확신은 더 굳어질 것이다.[2] 헨리 나우웬(Henri Jozef Machiel Nouwen, 1932-1996)이 바로 그런 놀라운

1 이 정보는 일반적인 것이지만 북미 헨리 나우웬 협회 홈페이지에 제시된 정보이다. http://www.henrinouwen.org/About_Henri/His_Historical_Impact/His_Historical_Impact.aspx.

2 그러나 결과적으로 여기서 이 세상에 과연 좋은 책이 얼마나 번역되고, 별로 의미 없는 책이 얼마나 많이 번역되고 읽히고 있는지를 반성해야 할 한 기연(起緣)이 나타나고 있는 것이다. 사람들이 많이 본다고 해서 반드시 좋은 것은 아니라는 것을 깊이 생각해야 한다.

대접을 받고 있는 사람이다.

천주교 사제인 헨리 나우윈

그는 천주교회의 사제(priest)였다. 아주 어릴 때부터 천주교인임을 자랑스럽게 생각하고 천주교적 사상을 토대로 한 '소위 영성 이론과 실천'을 제시했는데도 천주교인들만이 아니라 수많은 개신교도들도 그의 글을 읽으면서 '소위 은혜'도 받고,[3] 삶이 변했다고 하며, 그가 제안한 영성을 실천해 보려 한다. 사실 그의 책들을 우리말로 번역한 사람들은 천주교인들보다는 개신교인들이 더 많다. 아마도 우리나라에서는 그의 독자들조차도 천주교인들보다는 개신교인들이 더 많을 것이다. 많은 사람들이 리처드 포스터나 유진 피터슨이나 필립 얀시에게 영적인 조언(spiritual advice)을 구하면서 동시에 헨리 나우윈에게도 같은 질문을 하고 영적 조언을 구하고 있다는 말을 그들 자신에게서 들을 수 있다.[4]

2003년도 미국에서 시행된 실증적 연구에서는 천주교 신부님들과 기독교 목사님들 가운데서 사역과 관련하여 성경 다음으로 가장 많이 읽는 책이 바로 나우윈의 책들이라는 결과가 나왔다.[5] 이런 상

---

[3] 이런 곳에서 우리들은 '은혜'나 '은혜스럽다', 그리고 '은혜 받았다"는 말을 얼마나 조심스럽게 사용해야 하는지를 깊이 반성해야 할 것이다. 이 용어의 성경적이고 바른 신학적 고찰에 근거한 정확한 용어의 사용이 요구되는 것이다. 신학을 하신 목사님들이 정확히 사용하려고 해야만 다른 사람들에게도 바른 용어의 사용이 전파될 것이다. 기본적으로는 중생케 하는 것과 성화시키는 것과 관련하여 이 용어를 사용하는 것이 옳을 것이다.

[4] 이를 아주 잘 보여주는 대표적인 글로 다음을 보라: Philip Yancey, "A Better Symbol of the Incarnation, I can Hardly Imagine," *Christianity Today* 40/14 (December 9, 1996), 80, available at: http://jmm.aaa.net.au/articles/4631.htm.

[5] Jackson W. Carroll, "Pastors' Picks: What Preachers are Reading," *Christian*

황은 나우웬이 천주교회(Roman Catholic Church)와 개신교회(Protestant Church) 모두에게 영향을 미쳐서 우리를 하나님께 더 가까이 나아가게 하고, 하나님 앞에서 사는 삶을 가능하게 한 어떤 사상과 '소위 영성(靈性)'을 지니고 있어서 그런 것이라고 할 수 있을까? 미국 풀러 신학교에서 나우웬에 대한 박사학위논문을 쓴[6] Wil Hernandez는 나우웬을 심지어 "복음주의적 신비가"라고 부르기도 한다.[7] 과연 진실로 그러한가? 이런 질문을 가지고 "우리 시대에 가장 큰 영향을 미친 영성 작가"라고 언급되기도 하는[8] 나우웬에게 접근해 보기로 하자. 이 논의는 궁극적으로 나우웬이 나타내고 추천하며 신장(伸張)시키기를 원하는 영성(靈性, spirituality)이 과연 진정한 영성인지를 고찰하려는 시도의 한 부분이다.

I. 나우웬, 그는 누구인가?

나우웬은 위에서 시사(示唆)한 바와 같이 천주교회의 신부님이요, 소위 영적 생활에 대한 40여권의 책을 쓴 영성 저술가요, 그런 생활을 실천하려고 하며, 다른 사람에게 그런 생활이 있도록 하기 위해 애쓴

Century 120/17 (August 23, 2003): 31

6 Wil Hernandez, "A Spirituality of Imperfection: The Coinherence of Spirituality with Psychology, Ministry, and Theology in Henri J. M. Nouwen's Integrated Approach to Soul Care and Spiritual Formation" (Ph. D. Dissertation, Fuller Theological Seminary, 2005). 그는 이 논문을 *Henri Nouwen: A Spirituality of Imperfection* (Mahwah, NJ: Paulist Press, 2006)로 출판하였다. 그는 나우웬을 "쉼 없이 계속 추구하는 사람, 상처받은 치유자, 그리고 신실한 투쟁자"(a restless seeker, a wounded healer and a faithful struggler)로 제시한다(95).

7 Hernandez, "Henri Nouwen as an Evangelical Mystic," *Conversations Journal: A Forum for Authentic Transformation* (Spring 2008): 60-63.

8 Ronald Rolheiser, *The Holy Longing* (New York: Doubleday, 1999), x: "the spiritual writer who most influenced our generation."

사람이다. (여기서 한 가지 중요한 정정을 그에 대한 우리 모두의 언어에 적용시켜야 한다. 그것은 그의 이름은 사실 나우윈(now-win)으로 발음되어야 한다는 것이다.[9] 그러므로 이하에서는 우리에게 친숙한 '나우웬' 이라는 음역 대신에 그가 요구한 대로, 그리고 그에 따라 그의 친구들이 그를 부르는 것과 같이 '나우윈' 이라고 발음하고, 그렇게 음역[音譯]하여 쓸 것이다).

아마도 그가 영향을 많이 끼치게 된 것은 그가 예일 대학교, 그리고 하버드 대학교라는 유명한 대학교 교수 자리를 내려놓고 정신지체자들을 돌보며 목회하는 일로 나아가 죽기까지 그렇게 낮아진 자들과 함께 하는 실천 때문이라고 생각된다. 그런 실천을 주변에서 잘 보지 못한 사람들이 나우윈이 보여준 그런 "내려놓음"의 실천에서 진정한 사랑의 구현을 생각해 보려 하는 것 같다. 그를 정확히 어떻게 보아야 하는지의 문제로 나아가기 전에 먼저 그에 대해서 좀 더 알아보기로 하자.

나우윈은 1932년 1월 24일에 네덜란드의 네이께르끄(Nijkerk)에서 세무법 전문가인 법률가였고, 후에 네이메헌 천주교 대학교(the Roman Catholic University of Nijmegen)의 세무법 교수(professor of Notarial and Fiscal Law)로 일한 Laurent Jean Marie Nouwen (1903-1997)과 Maria Huberta Helena Ramselaar (1906-1978)의 3남 1녀 중 장남으로 태어났다. 아주 어릴 때부터 자신이 **화란 사람이라는 것과 천주교인이라는 것**을 배워 온 나우윈은 6살 되었을 때 천주교 사제(司祭, priest)가 되기로 결심하였고, 그의 외할머니께서 그를 위해 만들어준 신부들의 옷(vestments)을 입고 다락방에 만든 제단(祭壇)

---

9 Cf. 북미 나우윈 홈페이지(http://www.henrinouwen.org/About_Henri/About_Henri.aspx) : "pronounced Henry Now-win."

에서 친구들에게 성체(聖體)를 나누어 주는 놀이를 하기도 했다고 한다.[10] 그 후 신부가 되기 위해 그는 헤이그(Hague)의 제수이트 중등교육 기관인 알료시우스 김나지움(the Aloysius Gymnasium)에서 공부하였고, 그의 외삼촌인 몬시뇰 람스라(Monsignor A. C. (Toon) Ramselaar)가 교장으로 있던 아펠도른(Apeldoorn)에 있는 작은 천주교 신학교에서 1년 동안 공부한 후, Driebergen 근처의 Rijsenburg 천주교 신학교에서 6년 동안 공부하였고, 드디어 1957년 7월에[11] 우트레흐트 교구에서 신부(priest)가 되었다.

우트레흐트 대감독이었던 알프링크 대감독(Archbishop B. Alfrink)은 나우웬을 로마에 있는 그레고리안(Gregorian) 대학교에 보내서 대학원 과정을 하게 하는 것이 좋겠다고 생각하였으나, 나우웬 자신은 목회를 잘 하기 위해서는 심리학에 대한 연구가 필요하다고 판단하고 대주교에게 청원하여[12] 허락을 받아 네이메헌(Nijmegen) 천주교 대학교 대학원에서 1963년까지 6년 동안 심리학을 더 공부했다. 이때 그는 심리학과 종교를 연관시켜 보려한 심리학자인 한스 포르트만(Hans Fortman)의 영향을 받았다고 한다. 그의 영향 하에서 행동과 관상(contemplation)의 관계에 대해서도 관심을 가지게 되었다고 한다.[13]

---

10 이에 대해서 나우웬은 자신의 책인 *Can you Drink the Cup?* (Notre Dame, Ind.: Ave Maria Press, 1996), 13f.에서 상당히 자세히 진술하고 있다. 또한 Sue Mosteller, "A Biographical Sketch of Henri J. M. Nouwen,"available at: http://www.streetlevelconsulting.ca/biographies/henri_nouwen.htm도 보라.

11 7월이라는 정보는 나우웬의 자전적인 글에서 얻었다. Nouwen, "My History with God"(1994), viii, available at: http://jameslau88.com/my_history_with_god_by_henri_nouwen.html.

12 이에 대해서 Jurjen Beumer, *Henri Nouwen: A Restless Seeking for God* (New York: Crossroad 1997), 22를 보라. 또한 Mosteller, "A Biographical Sketch of Henri J. M. Nouwen"도 보라.

13 Beumer, *Henri Nouwen*, 24.

그 후 역시 종교와 심리의 관계에 관심을 가지고 있던 하버드 대학교의 심리학자 고든 알포트(Gordon Allport)의 격려와 추천으로 미국에 가서 연구하기로 하고, 1964년에 그는 미국 켄사스(Kensas)주 토페카(Topeka)에 있는 메닝거 클리닉(Menninger Clinic)의 종교와 심리치료(Religion and Psychiatry) 프로그램에서 연구원(a fellow)으로 연구한다.[14] 여기서 그는 여러 사람을 만나게 되었는데 그 중에 목회학에 대해 중요한 기여를 한 시워드 힐트너(Seward Hiltner)도 있었다.[15] 나우윈은 자신의 책 『창조적 목회』에서 힐트너를 자신에게 "목회 신학 분야를 도입시켜 준 선생님이요 친구"라고 언급하고 있다.[16] 그는 이 때 미국에서의 민권 운동과 특히 마틴 루터 킹의 활동을 보면서 사회 문제에 대한 의식과 자각을 가지게 되었다고들 생각한다. 그는 1965년 민권 운동가들이 했던 셀마에서 몽고메리에 이르는 데모 행렬에 같이 참여하기도 했다고 한다.[17]

메닝거 클리닉에서의 2년 동안의 임상 심리와 연구를 바탕으로 하여 비슷한 작업을 화란에서 하려던 그는 메닝거 연구소에서 알게 된 천주교 심리학자인 죤 산토스(John Santos) 박사에 의해서 미국의 전통적 천주교 대학인 노트르담 대학교에 새로 시작된 심리학과에서 가르쳐 달라는 청빙을 받고 2년 동안 노트르담 대학교에서 가르쳤다(a visiting lecturer, 1966-68).[18] 처음에는 심리학 일반을 가르쳤으나 신

---

14 이런 결정에 미친 알포트의 영향에 대해서는 Robert Durback, ed., *Seeds of Hope: A Henri Nouwen Reader*(New York: Bantam Books, 1989), xii을 보라.

15 목회학에 대한 많은 책을 쓴 그의 대표 저서 하나만 밝힌다: Seward Hiltner, *Preface to Pastoral Theology* (Nashville: Abingdon Press, 1979).

16 Nouwen, *Creative Ministry: Beyond Professionalism in Teaching, Preaching, Counseling, Organizing and Celebrating* (Garden City, NY: Double Day, 1971), 서문.

17 Beumer, *Henri Nouwen*, 28.

18 Cf. Durback, ed., *Seeds of Hope*, xii.

학생과 젊은 사제(司祭)들인 학생들의 요청으로 목회 심리학을 가르쳤다고 한다. 이곳에서의 연구와 가르침은 많은 사람의 주목을 이끌었고, 그 결과 그는 여기서 그의 처음 저서인 『친밀함: 목회 심리학 논문들』을 내게 된다.[19]

1968년에 화란에 돌아 온 나우윈은 암스테르담 목회 연구소(Amsterdam Joint Pastoral Institute)에서와 그 후에는 우트레흐트 천주교 신학부(The Catholic Theological Institute of Utrecht)에서 가르치기 시작했다. 이 기간 동안 나우윈은 기도에 대한 책인 『손을 펼치고(또는 빈손으로)』(*With Open Hands*)와[20] 그가 전에 한번 만났을 뿐이나 상당한 감화를 받았던[21] 천주교 영성 운동가인 토마스 머톤에 대한 책을 썼다(그러나 이 책의 출판은 서지 정보가 말해 주는 것처럼 후에 예일 대학교에서 섬기던 기간 중에 이루어진다).[22] 머튼과 연관된 영성에 대한 관심이 이렇게 표출되고, 그는 이 영성에 대한 관심을 지속해 가게 된다. 계속해서 가르치면서 박사 학위가 필요했던 그는 네이메헌 대학교에서

토마스 머튼

[19] Nouwen, *Intimacy: Essays in Pastoral Psychology* (Notre Dame, Indiana: Fides Publishers, 1969).

[20] Nouwen, *With Open Hands* (Notre Dame, Ind.: Ave Maria Press, 1972).

[21] Cf. Nouwen, *Thomas Merton: Contemplative Critic* (San Francisco: Harper & Row, 1972), 3. 나우윈의 연구 조교의 한 분이었던 Michael O'Laughlin은 머톤이 나우윈에게 영향을 미친 가장 강력한 인물이라고도 주장한다. Gerry McCarthy, "On Nouwen: The Social Edge interview with Michael O'Laughlin,"available at: http://ca.renewedpriesthood.org/page.cfm?Web_ID=797: "Thomas Merton was probably the single greatest influence on Henri Nouwen – although there were other candidates for that position."

[22] Nouwen, *Thomas Merton: Contemplative Critic* (San Francisco: Harper & Row, 1972).

신학 박사 과정의 종합 시험을 다 치루었으나(1971) 박사 학위 논문은 쓰지 않기로 했다고 한다.[23]

토마스 머튼

그러다 나우윈의 『친밀함』을 살펴 본 미국 예일 대학교 신학부의 학감(dean)이었던 콜린 윌리암스(Colin Williams)가 1971년에 예일대학교 신학부에서 목회학과 목회 심리학을 가르치는 교수로 와 달라고 초청하였을 때 나우윈은 박사 학위논문을 쓸 것을 요구하지 말 것, 3년 후에는 정년 보장 교수(tenure)가 되는 것을 허락할 것, 그리고 5년 후에는 정교수가 되도록 해 달라는 것과 자신이 원하는 분야의 자신이 원하는 스타일의 책을 낼 수 있도록 해 달라는 조건을 요구하고 허락받은 후에 예일 대학교 신학부에서 10년 동안 목회 심리학과 목회학을 가르친다(1971-81). 그는 약속대로 1974년에 정년 보장을 받고 목회신학 부교수가 되어 영성과 목회를 가르치고, 1977년에 정교수가 되었다. 이 가장 왕성한 활동 기간 동안 그는 『창조적 목회』,[24] 그 자신의 별명이 되다시피 한 『상처 입은 치유자』,[25] 『나이 들어감』,[26] 그리고 『고독 속에서』,[27] 또한 그가 추구(追究)하고 다른 이들 속에서 일어나

---

[23] 그러므로 이를 정확히 밝혀서 말하고 있는 남아프리카공화국 나우엔 협회 홈페이지(http://www.nouwen.org.za/whois.htm)의 정보가 1971년에 신학으로 박사학위를 했다고 말하는 북미 나우윈 협회 홈페이지(http://www.henrinouwen.org/About_Henri/His_Life/Teaching_Years.aspx)의 정보보다 더 정확하다고 할 수 있다. Mosteller, "A Biographical Sketch of Henri J. M. Nouwen"에서는 아예 1971년에 석사 학위를 하였다고 하기도 한다. 그러나 그가 공부한 여러 과정을 생각할 때 아마도 남아공의 나우윈 협회의 홈페이지 기록이 가장 정확할 것이다.

[24] Nouwen, *Creative Ministry* (Garden City, NY: Double Day, 1971).

[25] Nouwen, *Wonded Healer: Ministry in Contemporary Society* (Garden City, NY: Doubleday, 1972).

[26] Nouwen, with Walter Gaffney, *Aging: The Fulfilment of Life* (Garden City, NY: Doubleday, 1974).

기를 원하는 영적 변혁(spiritual transformation)의 과정을 일반 독자들이 읽을 수 있도록 평이(平易)한 용어로 써낸 『~으로 나아가 미침』,[28] 사막 수도사들의 영성과 현대 목회를 연관시켜서 오늘날의 우리들도 고독(solitude) 속에서 침묵하면서(silence) 기도(prayer)해야 할 것을 강조하는 『마음의 길』,[29] 그리고 영적 생활에 대한 입문서로 써낸 『모든 것을 새롭게 함』[30] 등의 책을 쓰게 된다. 이 마지막 책은 결국 그의 예일 생활을 정리하며 이제까지 그의 생각과 가르침을 요약해서 제시하는 것으로 여겨질 수 있다.[31]

이 과정 중에 그는 안식 학기 동안 뉴욕 주(upstate New York) Genesee에 있는 Trappist 수도원에서 두 번에 걸쳐서(1974년 6월-12월, 1979년 2월- 8월) 7개월 동안 수도원의 수도사들과 함께 생활을 하고, 아주 직접적이고 친밀한 방식으로 자신의 내면의 삶과 직면하였다. 그는 이 피정(避靜, retreat)의 목적을 "나를 해치는 한이 있어도 삶의 문제들이 자신과 직면하도록 하려는"것이었다고 표현하기도 했다.[32] 그리고 그는 이 수도원 원장이자 친구인 John Eudes Bamberger의 영적 지도(spiritual direction) 아래서 나우웬 자신이 경험한 내적 투쟁과 치유의 과정을 담은 *The Genessee Diary*,[33] 그리

---

27 Nouwen, *Out of Solitude: Three Meditations on the Christian Life* (Notre Dame, Indiana: Ave Maria Press, 1974).

28 Nouwen, *Reaching Out: The Three Movements of the Spiritual Life* (Garden City, NY: Doubleday, 1975).

29 Nouwen, *The Way of the Heart: Desert Spirituality and Contemporary Ministry* (New York: Seabury Press, 1981).

30 Nouwen, *Making All Things New: An Invitation to the Spiritual Life* (San Francisco: Harper & Low, 1981).

31 Cf. Beumer, *Henri Nouwen*, 47.

32 Durback, ed., *Seeds of Hope*, xiii.

33 Nouwen, *Genesee Diary: Report from a Trappist Monastery* (Garden City, NY: Double Day, 1976).

고 두 번째 기간 동안 이곳에서의 훈련 방식의 하나로 매일 삶을 정리하면서 했던 기도를 모아 『자비를 구하는 부르짖음』을 내기도 했다.[34] 관상 기도에 대한 그의 깊은 관심이 여기서 더 심화되었다고 할 수 있다.

또한 1978년 그의 부모가 화란으로부터 미국으로 그를 방문했을 때 어머니가 암으로 진단받고[35] 화란으로 돌아간 3주 만에 돌아가신 어머니의 죽음을 접하면서 궁극적인 것과의 대면(對面)이라는 큰 어려움을 겪고서 『어머니를 추모하며』,[36] 그리고 『위로의 편지』를 낸다.[37] 그의 어머니는 그와 아주 가까운 편이었고, 특히 영성 문제에 상당한 관심과 생각을 가지고 있어서 그의 초기 저작들은 출간 전에 모두 그녀가 먼저 읽었을 정도라고 한다.[38] 그런 어머니의 죽음이 큰 어려움의 근원이었으리라는 것은 우리 모두 잘 짐작할 수 있다. 그러나 결국 그는 어머니의 죽음의 문제에 대해서 "한 어머니는 죽어가고, 그녀의 아들은 기도하고, 이 모든 것에 하나님은 함께 하시고, 모든 것은 선하다"는 말로 정리할 수 있었다.[39] 또한 그 동안 일종의 경쟁 심리를 가지고 있어서 불편하던 아버지와의 관계도 나우윈은 어머니 사후에 내면적으로 정리했다고 한다.[40] 1978년에는

---

[34] Nouwen, *A Cry for Mercy: Prayers from Genesee* (Garden City, NY: Double Day, 1981).

[35] 이 정보는 Mosteller, "A Biographical Sketch of Henri J. M. Nouwen"에서 얻은 것이다.

[36] Nouwen, *In Memoriam* (Notre Dame, Ind.: Ave Maria Press, 1980).

[37] Nouwen, *A Letter of Consolation* (San Francisco: Harper & Row, 1982).

[38] 이점은 http://www.nouwen.org.za/whois.htm에 제시된 정보를 사용하여 언급하는 것이다. 또한 Beumer, *Henri Nouwen*, 22도 보라.

[39] Nouwen, *In Memoriam*, 18: "A mother was dying, her son was praying, God was present and all was good."

[40] 이를 그가 후에 쓴 저서인 Nouwen, *Return of The Prodigal Son: A Meditation on Fathers, Brothers, and Sons* (Garden City, NY: Doubleday, 1992)에서 표현하고 있다. Cf.

로마에서 5개월 동안 로마의 북미 대학교의 주재 신학자(Scholar-in-Residence at the North American College in Rome)로 있으면서 강의한 내용을 *Clowning in Rome*으로 펴냈다.[41]

예일 대학교 신학부 교수로서의 바쁘고 경쟁적인 상황으로부터[42] 외로움과 정신적 문제를 느끼면서 새로운 사역의 장에서 하나님을 찾고 사람들을 섬겨야 한다고 느끼게 된 나우웬은 70년대 후반 중남미의 정치적 신학적 상황에 관심을 가지면서 가난한 자들에게 관심을 가지게 된다. 드디어 1981년 7월에 예일 대학교 신학부 교수직을 사임하고 볼리비아에 가서 스페인어를 배우고, 그 후에 페루의 리마에서 가난한 사람들과 함께 산다. 자신이 진정 고독 가운데서 섬길 수 있는 어떤 삶의 장(場)을 찾고자 함이었다. 이때 가난한 사람들에 대한 깊은 관심을 같이 가진 해방신학자 구스타보 구티에레즈(Gustavo Gutierrez)의 좋은 친구가 되기도 했다고 한다. 나우웬은 구티에레즈가 자유를 위한 투쟁의 영성을 개인적 성장의 영성과 통합시키려고 하는 것에 매력을 느꼈다고 한다.[43] 그러나 해방 신학은 "포로됨의 영성에 의해 더 심화되어야 한다"고 도전하기도 한다.[44]

그러나 이 과정 중에서 자신의 무용함(uselessness)을 아주 깊이 느끼고,[45] 이런 사역이 그의 소명이 아니라는 것을 발견한 그는 이

Beumer, *Henri Nouwen*, 22. 보이머는 나우웬의 가장 뛰어난 작품이 바로 이 『탕자의 귀환』이라고 한다.

[41] Nouwen, *Clowning in Rome: Reflections on Solitude, Celibacy, Prayer, and Contemplation* (Garden City, NY: Image Books, 1976).

[42] Cf. Philip Yancey, "A Better Symbol of the Incarnation, I Can Hardly Imagine," *Christianity Today* 40/14 (December 9, 1996), 80, available at: http://jmm.aaa.net.au/articles/4631.htm.

[43] Nouwen, *Gracias! A Latin American Journal* (San Francisco: Harper & Row, 1983), 144.

[44] Nouwen, *Gracias!*, 40.

당시의 자신의 마음을 다음과 같이 표현했다:

> 점차 그리고 괴롭게 나는 나의 영적인 야망은 나를 향한 하나님의 뜻과 다르다는 것을 발견했다. 나는 내가 스페인어를 말하는 나라에서 선교사로서의 사역을 하기에 역부족이라는 사실, 나는 동료 선교사들이 내게 줄 수 있는 것보다 더 많은 정서적 지지를 필요로 한다는 것을 깨달았다. …… 내 친구들이 내게, "당신은 남미에 있는 것보다는 북미에 있어서 남쪽을 위해 더 많은 일을 할 수 있다."고 하는 말을 듣기 싫었고, 나의 말하고 쓰는 능력은 가난한 자들 보다는 대학생들에게 더 유용하리라는 말을 듣는 데 지쳤다.[46]

결국 나우웬은 1982년 3월에 미국으로 돌아와서 해방신학과 영성을 가르치도록 그를 초청한 하바드 대학교 신학부에[47] 1년에 한 학기만 가르쳐도 되는 교수직(Professor of Divinity and Horace De Y. Lentz Lecturer)을 제안하여, 한편으로는 하바드에서 가르치는 일과 한편으로는 남미의 실상(實狀)을 미국에 알리는 역할을 하였다(1983-1985).[48] 그러나 이때가 그에게는 매우 어려운 때였다고 한다. 그는 이 당시의 자신의 마음을 이렇게 표현한 적이 있다:

> 사제로서의 25년을 산 후에 나는 가장 기도하지 않고 다른 사람들과 분

---

[45] Durback, ed., *Seeds of Hope*, xv.

[46] Nouwen, *Road to Daybreak: A Spiritual Journey* (Garden City, NY: Doubleday, 1988), 3.

[47] Cf. Durback, ed., *Seeds of Hope*, xvi.

[48] Cf. Nouwen, *Gracias!*; Nouwen, *Love in a Fearful Land: A Guatemalan Story* (Notre Dame, Ind.: Ave Maria Press, 1985).

리되어 살면서 논쟁이 되는 문제에 매달려 있는 나 자신을 발견하게 되었다. …… 어느 날 일어났을 때 나는 나 자신이 매우 어두운 곳에 살고 있음과 심리학에서 편리하게 "극도로 지침"(burn out)이라고 부르는 영적인 죽음 상태에 빠져 있음을 발견하게 되었다.[49]

이 시기에 나우윈은 어두움 가운데 있었고 적절한 공동체가 없다면 자신이 속할 공동체를 만들어야 한다고 할 정도로 공동체를 강력히 갈망(渴望)하고 있었다고 한다.[50]

그래서 그는 1985년에 하바드 대학교 교수직을 사임하고, 이전에도 두 번(1983년과 1984년에) 가 보았던 프랑스 트로슬리(Trosly)에 있는 (캐나다 사람인 Jean Vanier와 P. Thomas가 창설한) 발달 장애를 가진 사람들과 그들을 돕는 이들의 공동체에 참여하여 생활하게 된다(1985년 8월부터 1986년 8월까지). 1986년 8월에 캐나다 토론토 근처의 리치몬드 힐(Richmond Hill)에 있는 데이브레이크 공동체(L'Arche Daybreak)에서 목회를 담당하는 신부로 부름 받고[51] 깊이 숙고하는 시

---

49 Nouwen, *In the Name of Jesus: Reflections on Christian Leadership* (New York: Crossroad Publishing Company, 1989), 10-11: "After twenty-five years of priesthood, I found myself praying poorly, living somewhat isolated from other people, and very much preoccupied with burning issues... I woke up one day with the realization that I was living in a very dark place and that the term 'burnout' was a convenient psychological translation for a spiritual death." 이 책은 그가 교수직을 사임하고 데이브레이크 공동체의 사제로 가기로 한 때에 집필된 81쪽의 아주 짧은 책으로 이때의 그의 마음을 잘 표현하고 있다고 여겨진다. 이 책에 대한 짧은 서평을 쓴 댄 크렌데닌은 나우윈의 책 가운데서 이 짧은 책이 가장 강력한 책이라고 말한다. Cf. Dan Clendenin, "The Journey with Jesus: Book Notes," available at: http://www.journeywithjesus.net/BookNotes/Henri_Nouwen_In_the_Name_of_Jesus.shtml.

50 이에 대해서는 다음을 보라: Gerry McCarthy, "On Nouwen: The Social Edge interview with Michael O'Laughlin," Cf. Michael O'Laughlin, *Henri Nouwen: His Life and Vision* (Maryknoll, NY: Orbis and Novalis, Canada, 2005). See also his *God's Beloved: A Spiritual Biography of Henri Nouwen* (Maryknoll, NY: Orbis, 2004).

51 이 부름이 그가 서품 받은 후 최초로 받은 직접적 목회적 부름이어서 그에게 의미가 매우 컸다고 한다. 이 시기 동안의 나우윈의 생각을 표현한 책으로 Nouwen, *In the House of the Lord*

간을 가지고 감독의 허락을 받은 후에 이 부름에 응하여 6명의 정신 지체 장애자들과 그들을 돕는 분들과 함께 그들의 목회자로 살기 시작하였고,[52] 이곳을 자신의 최종적 사역지로 여겼다. 여기에 이르기까지에 대한 자신의 생각을 『데이브레이크에 이르는 길』이라는 책에서[53] 잘 설명해 주고 있다. 그는 이곳에서 가장 능력이 없는 사람들도 열매 있을 수 있고(fruitful) 다른 사람들에게 도움을 줄 수 있다는 것을 잘 배웠다고 한다. 많은 산물을 내는 삶(being productive)과 참으로 열매 있는 삶(being fruitful)의 차이를 발견했다는 것이다.

그러나 이곳에서의 삶을 일 년 가진 후에 그는 심한 우울증(憂鬱症) 증세를 보일 정도로[54] 지쳐서 다시 회복하며 다시 자신을 찾아야 할 시간을 가질 필요가 있었다. 이때 그는 렘브란트의 탕자의 비유를 그린 그림에서 상당한 영감을 얻게 되었음을 자신의 책 『탕자의 돌아옴』(*The Return of the Prodigal Son*)에서[55] 잘 설명하고 있다. 이 책에서 그는 자신의 정체성과 하나님의 본성을 새롭게 깨닫게 된 과정을 잘 설명하고 있다. 그는 자신이 하나님이 기뻐하시는 사랑받는 자이며[56] 자신의 집은 그리스도 안이며, 자신은 무거운 짐을 지고서 도움을 필요로 하는 자들에게 신부(a "father") 역할을 해야 한다는

(London: Darton, Longman and Todd, 1986)을 보라.

52 Durback, ed., *Seeds of Hope*, xxi.

53 Nouwen, *Road to Daybreak: A Spiritual Journey* (Garden City, NY: Doubleday, 1988).

54 이 정보는 Mosteller, "A Biographical Sketch of Henri J. M. Nouwen"에서 얻은 것이다.

55 Nouwen, *Return of The Prodigal Son: A Meditation on Fathers, Brothers, and Sons* (Garden City, NY: Doubleday, 1992).

56 나우웬은 그리스도께서 하늘로부터 들은 그 말을 우리들도 듣기를 원한다고 하는데 (Nouwen, "The Life of the Beloved," http://www.csec.org/csec/sermon/nouwen_3502.htm), 이 점을 말하는 것을 들을 때 나는 상당히 불안하다. 과연 나우웬은 그리스도와 우리의 관계를 어떻게 생각하느냐 하는 것이 불안의 근본적 원인이다.

천주교 사제적 정체성을 표현하고 있다.

또한 정신 지체 장애가 아주 심해서 말할 수도 없고 걸을 수도 없고 스스로 옷을 입지도 못하던 아담 아네트(Adam Arnett, 1961-1996)의 죽음에 직면해서 나우윈은 여러 면에서 자신이 돌본다고 생각했던 아담이 오히려 하나님께서 자신을 섬기기 위해서 사용하신 도구라는 것을 깨닫는다.[57] 아담의 연약성과 다른 사람에게 의존해야 함을 통해서 나우윈은 사막 교부들이 오랫동안 수련하여 얻었던 진정한 겸손과 비움(emptiness),[58] 그리고 자신이 가길 원하지 않을 때 하나님께서 인도하신다는 것이 무엇인지를 배우게 되었다고 한다. 수동성(passivity)과 하나님께 의뢰함(reliance on God)이 진정 무엇인지를 알게 되었다는 것이다.

그러나 이곳에서의 삶에서도 그는 자신에게 문제가 있음을, 아니 문제가 더 심함을 깊이 느끼면서 이렇게 말하기도 하였다:

> 공동체 안에서의 삶도 어두움을 몰아 내지 않는다. 오히려 나를 이곳으로 이끈 빛이 나로 하여금 내 안에 있는 어두움을 의식하게 한 것 같다…… 공동체의 생활은 나로 하여금 진정한 영적 전투를 하게 만들었다. 어두움이 너무 실재적인 바로 그 때에 빛을 향해 나가도록 하는 그 투쟁을 말이다.[59]

---

[57] Cf. Nouwen, *Adam: God's Beloved* (Maryknoll, NY: Orbis Books, 1997). 또한 Durback, ed., *Seeds of Hope*, xxi도 보라. 사실 아담이 살고 있을 동안에도 매일 두 시간 정도를 그를 위해 섬기도 나우윈은 "우리의 친구 관계를 통해 유익을 얻는 것은 아담이 아니라 자신"이라고 말했었다고 한다. 이에 대해서 Yancey, "A Better Symbol of the Incarnation, I can Hardly Imagine,"80, available at: http://jmm.aaa.net.au/articles/4631.htm을 보라.

[58] 이에 대한 언급으로 Yancey, "A Better Symbol of the Incarnation, I can Hardly Imagine,"80을 보라.

[59] Nouwen, *The Return of the Prodigal Son*, 136.

그러다 탕자의 비유에 대한 렘브란트의 그림에 대한 다큐멘타리를 촬영하러 러시아로 가는 길에 화란 Hilversum에서 갑자기 일어난 심장마비로 병원에 실려가 있다가 일주일이 안 되어 온 두 번째 심장마비로 1996년 9월 21일 토요일 이른 아침에 64세의 나이로 사망하였다.[60] 죽은 후에 캐나다로 옮겨져서 데이브레이크 공동체에서 15분 거리에 있는 캐나다 온타리오(Ontario)주, 킹 시티(King City)의 한 묘지(Sacred Heart Cemetery)에 묻히게 된다.

II. 나우웬의 강조점

나우웬은 평생 외로움에 대한 감정을 깊이 느끼면서 감정과 싸웠다고 한다. 그는 약 1,500명 가량을 개인적 친구라고 생각하였음에 불구하고 외롭다는 강한 의식으로 시달렸다고 한다.[61] 그는 "사랑 받음에 대한 이 굉장한 욕구와 거부될 것을 두려워하는 이 무한한 두려움"에 대해서 말한다.[62] 생애 말기에도 그는 독신 생활의 외로움을 깊이 느끼고 있어서 그로 인한 우울증이 심각할 정도였다고 한다.[63]

---

60 이 정보는 Mosteller, "A Biographical Sketch of Henri J. M. Nouwen"에서 얻은 것이다.

61 이에 대한 정보는 John Mark의 서평에서 얻었다: http://jmm.aaa.net.au/articles/4673.htm.

62 Nouwen, *Sabbatical Journey: The Diary of His Final Year* (New York: Crossroad, 1998), 25: "this immense need for affection, and this immense fear of rejection."

63 이에 대한 그의 친구의 언급으로 다음을 보라: A. W. Richard Sipe, "The Reality of Celibate Life: Reflections from Henri Nouwen," *National Catholic Reporter* (October 1, 2010), available at: http://ncronline.org/blogs/examining-crisis/reality-celibate-life-reflections-henri-nouwen.

1987년 12월부터 1988년 6월까지의 나우웬의 마음을 비밀스러운 일기로 쓴 것이 그의 사

그를 잘 알고 있던 사람들은 "그가 불안과 우울을 알고 있었고, 그는 아주 때때로만 이로부터 벗어날 수 있었다"고 말한다.[64]

그래서 그런지 그는 홀로 있음에 대해서 깊이 생각하고 이에 대한 글을 많이 썼다.[65] 그는 홀로 있음을 더 심화시킨 진정한 고독이 "옛 자아가 죽고 새로운 자아가 태어나는 회심의 장소"라고 한다.[66] 그리고 이 고독 속에서 사람들에 대한 진정한 동감(compassion)을 가지게 된다고 한다. 그리고 이를 강조하면서 "만일에 당신이 사막 교부들에게 '왜 고독이 동감을 낳습니까?' 라고 묻는다면 그들은 '고독이 우리들로 하여금 이웃에 대하여 죽게 만들기 때문이다' 고 대답할 것이다"고 말한다.[67] 그는 이와 연관해서 현대인들의 의미에 대한 추구, 어딘가에 소속되고(belonging) 싶어함, 친밀함(intimacy)에 대한 갈망을 잘 알고 있었다. 그래서 이런 문제들에 대한 그의 논의는 모든 사람들에게 상당한 호소력을 가질 수 있었다.

그런데 나우웬은 이런 주제들에 대해 많이 이야기하면서 동시에 이를 섬김과 사회 정의에 대한 논의와 연관시켜 강조하고 있다. 공적인 정의의 문제에도 관심을 가지고 개인의 문제와 사회적 문제를 잘 연결시켰다.[68] 그는 이렇게 말한다: "하나님과의 친밀한 연합

후 4달 후에 나온 *Inner Voice of Love: A Journey through Anguish to Freedom* (New York: Doubleday, 1996)라고 한다.

64 Vera Phillips and Edwin Robertson, in *The Wounded Healer* (London: SPCK, 1984), vii-viii: "He knew anxiety and depression, from which there was only temporary release."또한 Wayne Holst, "Henri Nouwen's Contribution to Spirituality,"*Pneuma* 6/1 (Spring, 1999), available at: http://www.worship.ca/docs/p_61_wh.html도 보라.

65 Cf. Nouwen, *The Way of the Heart*; Nouwen, *Clowning in Rome: Reflections on Solitude, Celibacy, Prayer, and Contemplation*; Nouwen, *Out of Solitude: Three Meditations on the Christian Life* (Notre Dame, Ind.: Ave Maria Press, 2004).

66 Nouwen, *The Way of the Heart*, 17.

67 Nouwen, *The Way of the Heart*, 25.

68 그러므로 나우웬의 강조를 개인주의적이라고 하면서 비판하는 것은 그의 사상 전체를 고려하

은 현대 사회에서의 가장 창조적인 관여에로 이끈다."[69] "영적인 삶의 가장 큰 신비의 하나는 당신이 주님과 더 친밀하게 연관되면 될수록 당신이 세상의 모든 고통 받는 사람들과 더 연대감을 느끼게 된다는 것이다."[70] 이와 같은 것이 나우원의 큰 기여로 여겨질 수도 있다. 진정한 영적 추구는 개인주의적으로만 나아갈 수 없고 공적 영역에 대한 입장을 가지게 하는 것이다. 이런 관심에서 그는 베트남 전쟁과 핵전쟁(核戰爭) 모두에 대해 강한 반대를 표현했다.[71]

그러나 결국 나우원은 고독(孤獨, solitude)과 공동체(共同體, community), 그리고 다른 사람을 섬김(service, ministry)이 모두 **하나님께서 역사하실**(활동하시고 말씀하실) **여지를 마련하는 훈련**(three disciplines by which we create space for God)이라고 말하고 있다.[72] 그리하여 그는 하나님께서 역사하실 틈을 마련하는 일을 **준비시키고**, 이 세상 속에서 하나님의 역사가 진행되는 것을 보기 원한다. 고독이 문제라는 것을 깊이 느끼고 알면서, 그러나 그런 고독을

지 않은 공정하지 않은 비판이라는 말을 듣기 쉽다. 어떤 사람의 생각이든지 그의 사상 전체로 평가 되어야 하기 때문이다. 나우원의 개인주의를 비판적으로 언급한 예로 나우원의 *The Way of the Heart*에 대한 Tim Suttle의 서평을 보라(http://timsuttle.blogspot.com/2008/03/way-of-heart-by-henri-nouwen.html).

이에 반해서 나우원의 사상과 실천의 통합적 성격에 대한 논의로 다음을 보라: Wil Hernandez, "A Spirituality of Imperfection," available at: http://www.nouwenlegacy.com/papers/nouwenstudies.pdf. 또한 Wil Hernandez, *Henri Nouwen: A Spirituality of Imperfection*, 1; 그리고 Hernandez, "Henri Nouwen as an Evangelical Mystic,"특히 63도 보라.

69 Nouwen, *The Genesee Diary*, 177.

70 Nouwen, "Intimacy, Fecundity, and Ecstacy," *Radix* (May/June 1984), 10.

71 대표적인 예로 다음을 보라: Nouwen, *The Road to Peace: Writings on Peace and Justice*, edited by John Dear (Maryknoll, New York: Orbis Books, 1998); Nouwen, "Resisting the Forces of Death"& "'No' to the Vietnam War,"in *Liberating Faith: Religious Voices for Justice, Peace, and Ecological Wisdom*, ed. Roger S. Gottlieb (Lanham, Maryland: Rowman & Littlefield, 2003), 467-75.

72 다른 여러 곳에서도 그렇게 말하지만 특히 다음을 보라. Henri Nouwen, "Solitude, Community & Ministry: Three Ways to Create Space for God," Program #3706, First air date November 7, 1993, available at: http://www.csec.org/csec/sermon/nouwen_3706.htm.

지나 진정 더한 고독으로 나아가는 것만이 하나님과 만나며, 하나님과 친밀함을 느낄 수 있는 길이라는 것이다. 또한 영적인 삶을 살기 원하는 사람들에게는 홀로 있음(solitude)이 중요한데, 이는 "사랑 받는 자"(the beloved)임을 느끼게 해 주는 공간이라는 것이다.[73] 이와 같은 그의 제시는 수많은 현대 사상의 한 특징인 반전(reversing)을 잘 활용한 것이다.

그런데 개혁신학적으로 볼 때 그의 문제는 이와 같은 인간의 노력이 일종의 조건처럼 나타나고 있다는 데에 있다. 그는 다른 천주교 사상가들이나 그 영향 아래 있는 사람들과 함께 일종의 준비주의를 강조하며, 인간이 이와 같은 준비를 스스로의 힘으로 하여 하나님과 만나며, 하나님의 은혜를 받을 수 있다고 시사한다. 또한 하나님의 은혜를 받은 결과로 인간이 내어 놓는 것이 하나님 보시기에도 공로적인 것이어서 그것이 공로가 되어 더 큰 은혜로 나아 갈 수 있다는 시사를 주고 있다.

나우웬의 논의들을 자세히 들여다보면 나우웬이 철저한 천주교 신학에 근거한 제시를 하는 것임이 드러난다. 그의 말들 배후에는 인간이 무엇인가를 준비하면 그에 근거해서 하나님께서 역사하신다는 생각이 나타나고 있는 것이다. 즉, 준비하는 인간에게 은혜를 주입하셔서(infusion of grace) 하나님 보시기에 의로운 것을 만들어 내시고, 그리하여 결국 자신과 합일(合一)하게 하시는 하나님에 대해서 말하며, 그 하나님께서 역사할 여지를 우리가 내어 드리도록 하려는 것이 그의 생각 배후의 사상이다. 그런데 신학사적(神學史的)으로 보면 이것은 천주교적 사상에 항상 나타나고 있는 문제이다. 이런 사상

[73] Nouwen, "Solitude, Community & Ministry": "I think for anyone who wants to live a spiritual life, solitude is essential. Solitude is the place where we can listen to the Voice who calls us the "the beloved."

을 통칭(統稱)하여 '반(半)-펠라기우스주의'(Semi-Pelagianism)라고 하니, 이는 궁극적으로 준비된 사람들에게 하나님의 은혜가 임하여, 그들로 하나님 보시기에 공로(功勞)가 될 만한 것을 만들어 내도록 한다는 것이다.

오늘날 많은 기독교인들이 나우웬의 영향을 많이 받는 이유는 사실 사람들이 천주교 사상이 무엇인지를 잘 모른다는 것을 반증(反證)한다. 왜 개혁자들이 삼위일체 하나님을 같이 믿고, 예수님의 신성과 인성을 칼시돈 정의가 규정한 것과 같이 받아들이는 천주교 사상에 대해서 심각한 문제를 제기하고, 그들의 구원관과 성도의 삶에 대한 이해와 교회론에 대해서 심각한 문제를 제시했는지를 신경 쓰지 않는다는 것을 잘 드러내 주는 것이다. 이것이 우리가 살고 있는 시대의 심각한 문제의 한 면이다.

III. 나우웬의 문제점들

그렇다면 나우웬이 가진 문제는 무엇인가? 그의 강조점을 살펴 본 이들은 누구나 바르게 판단할 수 있겠으나 이를 좀 더 구체적으로 열거하면서 논의해 보도록 하자.

1. 반(半)-펠라기우스 사상과 실천의 한 모습

나우웬은 우리에게 이 시대의 천주교의 한 모습을 잘 보여 준다. 나우원은 자신이 사제(司祭)로 부름 받았음을 매우 의미 있는 것으로 여기고, 그의 가장 중요한 책에서도 자신들의 무거운 짐을 지고 벗어나기를 갈구하는 사람들에게 자신이 "신부"(神父, the father), 즉 영적 아버지로 부름을 받았다고 표현할 정도이다.[74] 그의 삶의 중심에는 천주교적 성례인 영성체, 즉 천주교적 미사가 있었다. 그는 성찬을 그리스도의 십자가를 사람들에게 다시 제시하는 피 없는 제사로 드리기를 원하며, 우리의 심령과 존재의 모든 면에서 준비를 잘 갖추어 하나님께서 역사하시도록 하여 결국 하나님의 역사를 맛보게 하기를 원한다. 그러므로 그는 천주교회의 반(半)-펠라기우스주의(semi-Pelagianism)가 이 시대 가운데서 어떤 식으로 나타나는가를 보여 주는 것이다. 만일 그가 옳다면 이런 반(半)펠라기우스주의를 비판하면서 오직 은혜에 근거한 칭의를 말하고, 오직 성경에 근거한 교회를 세우려고 한 종교 개혁은 어떤 면에서는 잘못된 것이 된다. 나우원은 이것을 그렇게 강조하지는 않았지만 결국 그가 제시하는 것 배후에 있는 철저한 천주교 사상은 종교 개혁자들의 말씀만(*sola scriptura*)에 근거하여, 하나님은 은혜만으로(*sola gratia*) 모든 것이 가능하다고 말하는 것이 옳지 않다고 주장하는 것이 된다. 나우원에게도 은혜는 항상 준비된 자들에게 그들의 준비의 공로를 인정하여 주어지는 것이며, 은혜 받은 이들이 행하는 것은 진정한 공로의 성격을 지니는 것이다. 그러므로 나우원의 사상은 종교 개혁자들의 사상과 대척적(對蹠的)인 것이다.

나우원은 또한 소위 관상 기도를 강조하면서 관상이 하나님과

---

[74] Nouwen, *Return of The Prodigal Son*. 나우원의 사제됨에 대한 강한 의식에 대한 증언으로 Nathan Ball, "A Covenant of Friendship,"in *Befriending Life: Encounters with Henri Nouwen*, eds., Beth Porter with Susan S. Brown and Philip Coulter (New York: Doubleday, 2001), 95.

친밀해지는 길이라고 말한다. 그는 이렇게 말한다: "관상 기도의 훈련을 통해 기독교 지도자들은 사랑의 소리에 귀 기울이는 것을 배워야만 한다. …… 기독교 지도력이 미래에 열매를 많이 맺으려면 도덕적인 것으로부터 신비적으로 나아가는 것이 필요하다."[75]

이런 관상 상태에 이르기 위해서 만트라와 같이 어떤 단어를 반복하여 사용하는 것도 적극 추천하면서 나우원은 다음과 같이 말했다: "한 단어를 조용히 반복하는 것은 정신으로부터 마음으로 내려가는데 도움을 준다. …… 이와 같은 단순한 기도의 방식은 우리에게 하나님의 능동적 현존을 열어 주는 것이다."[76] 또 다른 곳에서는 이와 같이 말한다:

> 우리가 하루에 십분씩이라도 이 습관[관상 기도/향심 기도의 실천]에 신실히 임하면 우리는 점차적으로 - 우리 기도들의 촛불로서 - 우리 안에 하나님께서 거주하시는 공간, 즉 하나님과 함께 거주하도록 우리가 초청받는 그런 공간이 있음을 발견하게 될 것이다.[77]

이와 같이 나우원은 기본적으로 그리스도인들이, 특히 기독교 지도

---

[75] Nouwen, *In the Name of Jesus,* 6, 31f.: "Through the discipline of contemplative prayer, Christian leaders have to learn to listen to the voice of love.... For Christian leadership to be truly fruitful in the future, a movement from the moral to the mystical is required."

[76] Nouwen, *The Way of the Heart,* 81: "The quiet repetition of a single word can help us to descend with the mind into the heart ... This way of simple prayer ... opens us to God's active presence."

[77] Nouwen, *Here and Now: Living in the Spirit* (Darton, Longman and Todd Ltd., 1994), 24: "Still, when we remain faithful to our discipline [of Contemplative/Centering Prayer], even if it is only ten minutes a day, we gradually come to see — by the candlelight of our prayers — that there is a space within us where God dwells and where we are invited to dwell with God…"

자들이 "신비가"(the mystic)가 되어야 한다고 생각한다.[78] "그 정체성이 하나님의 처음 사랑에 깊이 뿌리 박은 사람"이라는 그의 정의(definition) 이상으로 실제적으로 과거 신비주의자들이 행한 방향으로 나아가야 할 것을 시사한다. 그리고 그렇게 하는 일에 상당히 주요한 부분이 관상 기도이다.

그는 관상(*theologia*)이라는 용어를 사막 교부들이 이 용어에 부여한 의미대로 "기도의 최고 수준"(the highest level of prayer)으로 "하나님과 직접적 친밀한 교통"(a direct intimate communion with God)이라고 규정한다.[79] 그리고 이런 것의 최종적 단계를 신학적 구분들이 사라지는 "지복의 환상"의 단계라고 한다. 그는, "이 경험에 이르면 사역과 관상의 구분이 더 이상 필요 없다. 더 이상 벗어야 할 눈가리개가 없고 모든 것이 보이기 때문이다"라고 말한다.[80]

나우윈은 또한 관상 기도를 지속적으로 실천해 온 동방정교회에서 그리했던 것과 같이 화상(畵像, icon)을 바라보면서 기도하는 것을 적극적으로 추천하고 있고 그것을 통해서 주님의 아름다움을 보라고 강조하고 있어서[81] 종교 개혁자들의 강조점과는 현저하게 다른 방향으로 나아간다.

---

78 Nouwen, *Wonded Healer*, 42f.

79 Nouwen, "Theology as Doxology: Reflections on Theological Education,"in *Caring for the Commonweal: Education for Religious and Public Life*, eds., Parker J. Palmer, Barbara G. Wheeler, and James W. Fowler (Macon, Georgia: Mercer University Press, 1990), 96.

80 Nouwen, *Clowning in Rome*, 107.

81 Nouwen, *Behold the Beauty of the Lord: Praying with Icons* (Notre Dame, Ind.: Ave Maria Press, 2007).

2. 만인구원론적 지향의 자유주의적 천주교 사제의 생각

여기서 더 나아가 나우윈은 정통파 천주교 사제이기보다는 일종의 자유주의적 천주교 사제였으니, 그는 그야말로 아무 차별 없이 **모든 사람에게** 성찬을 베풀 수 있다고 보았다.[82] 이런 생각의 배후에는 그의 보편구원론적인 정향이 있다고 할 수 있다. 이런 뜻을 표현하면서 그는 그의 마지막 책이라고 할 수 있는 『안식적 여행』(*Sabbatical Journey*)에서 이렇게 말한다: "오늘날 나는 개인적으로는 예수께서 하나님의 집에 이르는 문을 열어 주시기 위해서 오셨다고 믿는다. 사람들이 **누구나, 그들이 예수님을 알든지 모르든지 상관없이 모두 그 문을 들어올 수 있도록 말이다. 오늘날 나는 모든 사람이 하나님께 이르는 그들의 방식을 주장할 수 있도록 돕는 것이 나의 사명이라고 여긴다.**"[83] 이것이야말로 나우윈의 궁극적 생각을 잘 드러내고 있는 가장 심각한 문제라고 할 수 있다.

나우윈의 초기 작품에서도 나우윈은 이렇게 말한 바 있다: "우리가 기도할 때 우리들은 우리의 손을 세상에 펴고 서 있는 것이다. 우리는 하나님이 우리 주변의 자연에서, 우리가 만나는 사람들 안에

---

82 이에 대한 언급은 많으나 대표적인 예로 Hernandez, "Henry Nouwen as an Evangelical Mystic,"62를 보라.

83 Cf. Nouwen, *Sabbatical Journey*, 51: "Today I personally believe that Jesus came to open the door to God's house, all human beings can walk through that door, *whether they know about Jesus or not. Today I see it as my call to help every person claim his or her way to God.*"(강조점은 필자가 덧붙인 것임을 밝힌다). 비슷한 표현으로 나우윈의 *Bread for the Journey: A Daybook of Wisdom and Faith* (New York: HarperCollins, 1997), Aug. 3을 보라: "Jesus opened the door to God's house *for all people, also for those who never knew or will know that it was Jesus who opened it.* The Spirit that Jesus sent 'blows where it pleases' (John 3:8), and it can lead anyone through the door to God's house."

서, 그리고 우리가 부딪히는 상황들 가운데서 하나님께서 우리에게 알려지실 것임을 안다. 우리는 세상이 하나님의 신비를 품고 있음을, 그리고 그 신비가 우리에게 보여질 것임을 믿는다."[84] 이렇게 말할 때 그는 엄밀히 말해서 특별계시와 일반계시를 구별하지 않고 말하는 것이다. 그는 처음부터 어디에나 하나님의 드러내심이 있음을 전제하고 논의하고 있다. 또 다른 곳에서 그는 "목회를 위한 교육과 형성(formation)의 목적이 우리가 만나는 모든 사람에게 주님의 목소리, 주님의 얼굴, 그리고 주님의 만져주심을 계속해서 인정하도록 하는 것이다"고 말한다.[85]

이런 입장을 지니기에 그는 심지어 다음과 같이도 말할 수 있었다: "종국적으로 분석해 보면, 기도의 사람은 다른 사람들에게서 메시야의 얼굴을 인식할 수 있고, 숨겨진 것을 가시적으로 만들고, 가히 이를 수 없는 것을 만질 수 있게 하는 사람이기 때문이다."[86] 이런 사상적 기반에서 그는 다음과 같이 말한다: "[관상] 기도 중에서 우리가 발견하는 것들 중의 하나는 우리가 하나님께 가까이 갈수록 우리는 인류의 형제 자매들에게 더 가까워진다는 것이다. 하나님은 사적인 하나님(private God)이 아니시다. 우리의 내적 성소에 거하시는 하

---

[84] Nowen, *With Open Hands*, 47: "When we pray, we are standing with our hands open to the world. We know that God will become known to us in the nature around us, in people we meet, and in situations we run into. We trust that the world holds God's secret within and we expect that secret to be shown to us."

[85] Nouwin, *Gracias!*: "the goal of education and formation for the ministry is continually to recognize the Lord's voice, his face, and his touch in every person we meet,"cited in Yancey, "A Better Symbol of the Incarnation, I can Hardly Imagine,"*Christianity Today* 40/14 (December 9, 1996), 80, available at: http://jmm.aaa.net.au/articles/4631.htm.

[86] Nouwen, *Wonded Healer*, 47: "For a man of prayer is, in the final analysis, the man who is able to recognize in others the face of the Messiah and make visible what was hidden, make touchable what was unreachable."

나님은 동시에 다른 사람들의 내적 성소에도 거하시는 것이다."[87]

이와 같이 나우윈은 모든 사람의 마음의 내적 성소에 하나님이 거하신다고 전제한다: "홀로 있음, 침묵, 그리고 기도는 자주 자기-지식에 이르는 최선의 방법이 된다 …… 왜냐하면 그것들은 우리를 하나님께서 거하시는 우리의 거룩한 중심과 접촉하도록 하기 때문이다. 그 거룩한 중심은 분석되지 못할 수도 있다. 그러나 그곳이 찬양과 감사와 찬송의 자리이다."[88] 항상 나우윈은 모든 사람들이 "예수께서 그 자신의 것으로 받아주신 같은 인류에 속한다"는[89] 것을 전제하면서 말하는 듯하다. 실제로 그는 하나님과의 언약에 모든 사람이 다 포함된다고 명시적으로 말하기도 한다.[90] 나우윈은 심지어 "과거와 현재와 미래의 그 어떤 사람도 노예됨에서 자유로, 포로된 땅에서 약속된 땅으로, 그리고 죽음에서 영생으로 가는 예수의 큰 길에서 배제되어 있지 않다"고 말하기도 한다.[91] 이에 따라서 나우윈은 성육신

---

87 Nouwen, *Here and Now,* 25: "One of the discoveries we make in [meditative] prayer is that the closer we come to God, the closer we come to all our brothers and sisters in the human family. God is not a private God. The God who dwells in our inner sanctuary is also the God who dwells in the inner sanctuary of each human being."

88 Nouwen, *Bread for the Journey: A Daybook of Wisdom and Faith* (San Francisco: HarperOne, 1996), March 22: "Solitude, silence, and prayer are often the best ways to self-knowledge…because they bring us in touch with our sacred center, where God dwells. That sacred center may not be analyzed. It is the place of adoration, thanksgiving, and praise."

89 Nouwen, *Lifesigns* (New York: Doubleday, 1986), 45.

90 Nouwen, "My History with God"(1994), xi: "All of these discoveries gradually broke down many fences that had given me a safe garden and made me deeply aware that *God's covenant with God's people includes everyone.* For me personally, it was a time of searching, questioning, and agonising, a time that was extremely lonely and not without moments of great inner uncertainty and ambiguity. *The Jesus that I had come to know in my youth had died.* I was travelling in a downcast way to Emmaus, and started hearing the Voice of someone who had joined me on the journey."(강조점은 필자가 붙인 것임).

91 Nouwen, *Bread for the Journey,* Aug. 1: "Not one person from the past, present, or future is excluded from the great passage of Jesus from slavery to freedom, from the land of captivity to the promised land, from death to eternal life."

의 진리도 결국 모든 육체가 신적인 생명으로 입혀지기 위한 것이라는[92] 매우 신성모독적인 결론으로 우리를 이끌어 가는 것이다.

힌두교의 영적 교사인 엘나뜨 에아스와란(Elnath Easwaran)이 만트라 명상을 가르치는 책을 추천하면서 나우윈이 이 책은 "나에게 상당한 것을 도와주었다"고 말하는 데서도 그의 이와 같은 성향이 잘 나타난다. 또한 『살기 위해 기도하라』에서 토마스 머톤이 힌두 수도자들과 깊이 있게 관여한 것도 긍정적으로 언급한다.[93] 토마스 라이언(Thomas Ryan)의 책인 『기독교적 삶을 위한 훈련』(*Disciplines for Christian Living*)의 서문을 써 주면서 나우윈은 이렇게 말한 바도 있다:

> 저자는 불교, 힌두교, 그리고 이슬람교의 은사들에 대해서 놀라운 개방성을 나타내고 있다. 그는 그리스도인들의 영적인 생활을 위해 그들의 큰 지혜를 발견하며 그 지혜를 가져와 사용하는 것을 주저하지 않는다.[94]

그리고 토마스 라이언이 그렇게 하는 것은 옳은 일을 한 것이라는 것이 나우윈 자신의 생각이기도 하다. 왜냐하면 나우윈 자신은 "우리의 내적 성소에 계신 하나님은 각자의 내적 성소에 거하시는 이와 같은 분"이시라고 생각하기 때문이다.[95]

---

92 Nouwen, *Bread for the Journey,* Aug. 2: "The great mystery of the incarnation is that God became human in Jesus so that *all human flesh could be clothed with divine life.*"(강조점은 필자가 붙인 것임).

93 Merton, *Pray to Live,* 19-28.

94 Nouwen's "Foreword" to Thomas P. Ryan's *Disciplines for Christian Living* (Mahwah, New Jersey: Paulist Press, 1993), 2: "[T]he author shows a wonderful openness to the gifts of Buddhism, Hinduism, and Moslem religion. He discovers their great wisdom for the spiritual life of the Christian and does not hesitate to bring that wisdom home."

물론 나우윈은 "선택"이라는 단어도 사용한다. 그러나 '선택'에 대해서 말하면서 그는 "우리가 선택 받았음을 느끼면 느낄수록, 다른 이들도 똑같이 귀함을(in their preciousness) 발견하게 된다"고 말하므로,[96] 결국 그가 수사적으로 사용하는 '선택'이라는 말이 그저 고귀함을 뜻하는 것인가 하는 의문이 상당히 강하게 일어나게 된다.

그러므로 나우윈이 "예수님과의 인격적 관계가 나의 실존의 핵심임이 더 분명하게 느껴진다"와[97] 같은 말을 할 때에 그가 생각하는 넓은 의미를 생각하지 않고 읽는 것은 그의 의미를 놓치거나 그에 의해서 오도(誤導)되기 쉬운 길을 택하는 것이다.

또한 1989년 나우윈이 캐나다에서 길을 걷고 있다가 사고를 당하여 임사경험(臨死經驗)을 했을 때 그는 어떤 신적이며 인간적인 인물(figure)이 자신을 "감싸 안으며 전적인 용서와 사랑으로 인도했다"고 할 때에[98] 그가 말하는 것이 과연 어떤 것인지를 심각하게 묻지 않을 수 없다. 그 존재를 심지어 예수님이라고도 말하지 않는 것은 그것이 너무 자명(自明)해서인지, 아니라면 다른 이유가 있는 것인지? 결국 하바드에서 나우윈의 연구 조교를 했던 Michael O'Laughlin이 정리해 준 바에 의하면 나우윈은 우리 모두가 하나님으로부터 시작해서 잠시 이 세상에 왔다가 다 하나님께로 돌아가는 것이라고 생각했다는 것이다.[99] 그러므로 이를 포함해서 우리는 나

---

95 Nouwen, *Here and Now*, 22.

96 Nouwen, "The Life of the Beloved," http://www.csec.org/csec/sermon/nouwen_3502.htm.

97 Nouwen, *Letters to Marc about Jesus* (San Francisco: HaperSan Francisco, 1988), 7.

98 이에 대해서는 다음을 보라: McCarthy, "On Nouwen: The Social Edge interview with Michael O'Laughlin": "It was the presence of someone --he couldn't even say it was Jesus-- but it was human and divine. He said the figure 'was embracing me and bringing me forward into total forgiveness and love.'"그는 이것이 나우윈이 *Beyond the Mirror: Reflections on Life and Death* (New York: Crossroad, 1990)에서 말하는 것이라고 한다.

우윈의 글을 그의 전체적 사상의 정향에서 보아야만 한다.

3. 전통적 용어를 나름의 의미로 바꾸어 사용하는 문제점

나우윈은 그리스께서 우리를 위해 찢겨지신 것(broken)을 말하면서 직접적으로 우리가 "broken people"이라고 하면서 우리 존재의 깨어짐과 감정의 깨어짐을 연관시키고 있다. 이런 착상을 반영하면서 그는 "우리의 깨어짐은 아주 가시적이고 분명하며 아주 구체적이다"고 말한다.[100] 이 점에 대해서도 불안한 면이 있다. 특히 감정의 깨어짐과 너무 연관시키는 것에서 우리들은 그리스도의 우리를 위해 찢겨지심의 진정한 의미를 심리적 문제로 환원시키는 듯한 인상을 강하게 받게 된다.

다른 모든 자유주의적 신학자들이 그리하는 것처럼 나우윈도 전통적으로 사용된 기독교 용어들을 사용하면서 그 의미를 상당히 변경시켜 본래의 의미와는 다른 의미로 이 단어들을 사용하고 있음이 이런 데서 잘 드러난다. 그러므로 우리들은 그의 책에서 전통적인 용어가 사용될 때에 그가 과연 어떤 의미로 이 용어를 사용하고 있는지를 파악해야만 한다. 그저 우리들이 전통적으로 은혜롭게 사용하던 그 용어의 의미를 그의 글에 넣어서 읽지 않도록 주의해야 하는

---

99 McCarthy, "On Nouwen: The Social Edge interview with Michael O'Laughlin": "We start out with God; we're separated from him as we spin off into earth, space, and time. Then we go back home. That was his idea of what death is: It was a return to where we were before."

100 Nouwen, *Life of the Beloved: Spiritual Living in a Secular World* (New York: Crossroad, 1992), 69: "Our brokenness is so visible and tangible, so concrete and specific."

것이다.

나우윈은 또한 오병어어 사건을[101] 우리가 자신을 헌신하여 드릴 때 하나님께서 배가(倍加)시키신다(multifly)는 교훈을 주기 위해 언급할 때, 이 사건을 그렇게 해석하던 자유주의 전통을 잘 알고 있는 우리의 불안은 더 심해진다. 오병이어 사건의 본래적 의미를 도외시하고, 우리 자신의 헌신에 따라 하나님이 하시는 것으로 자신의 틀에 맞도록 성경의 교훈을 이용하는 것이 안타까운 것이다.

4. 인격적, 윤리적 문제점

나우윈은 친구들에게 후하게 베푸는 면이 많았다고 한다. 그러나 그만큼 그는 친구들에게 많이 요구하는 성향도 있었다고 한다. 이것이 그에게 감정적으로 미친 영향이 어떠하리라는 것은 잘 짐작할 수 있다. 데이브레이크의 인도자(Director)이었던 나단 볼(Nathan Ball)이 그에게서 좀 멀리 서려고 했을 때의 그의 반응, 감정적 파괴(emotional breakdown) 때문에 심리 치료를 받을 정도였던 그의 강한 반응은 그 대표적인 예라고 할 수 있다.[102] 이때 그는 자신이 전적인 심연 속에 빠졌다고 말하기도 하며, 하나님으로부터 버림받음을 언급하기도 하고 가장 심각한 언어로 자신의 어려움을 토로하고 있다.[103]

---

101 그 이유를 정확히 알 수 없고, 또 출판물에서는 고쳤겠으나 설교 중에서 이를 오병오어로 두 번이나 표현하는 것은(Nouwen, "The Life of the Beloved," http://www.csec.org/csec/sermon/nouwen_3502.htm) 단순한 slip of tongue 이상으로 보인다. 이해할 수는 있으나, 매우 안타까운 상황이라고 생각된다.

102 이에 대해서도 http://jmm.aaa.net.au/articles/4673.htm를 보라.

103 Nouwen, *The Inner Voice of Love:*, xiii-xiv: "a bottomless abyss. ... I felt that God had abandoned me.… The anguish completely paralyzed me.... All had become

또한 나우원은 항상 사람들의 관심의 중심이 되기를 원했다고 한다. 예를 들어서, 그는 전 세계의 여러 친구들에게 한 밤중에 전화를 걸어 그가 얼마나 외로운지를 말하곤 했다고 한다.[104] 그것이 그 전화를 받는 사람들에게 미치는 영향은 별로 고려하지 않고서 말이다.

더 안타까운 것은 그가 동성애자적 성향을 가지고 있었고, 이것 때문에 어려워했다는 사실에서 찾아 볼 수 있다. 그가 소년일 때부터 자신이 동성애자가 아닌가하는 의심이 있었으나,[105] 그의 생애의 마지막에 그에게 아주 심한 어려움을 주었던 이 문제 때문에 나우원은 많이 어려워했다고 한다.[106] 그러나 그는 평생 순결을 지키겠다는 사제로서의 서약을 깬 일은 없다고 한다.[107] 자신 안의 동성애적 성향을 보면서도 순결을 지켜나갔다면 이것은 동성애적 성향을 가진 사람들이 취해야 할 한 방향이라고 할 수 있다.

그러나 영적인 것이 궁극적으로 이런 죄악된 성향을 극복할 수

---

darkness."

104 이는 BBC의 PD인 Michael Ford, *Wounded Prophet : A Portrait of Henri Nouwen* (New York: Doubleday, 1999)을 서평하면서 John Mark가 하고 있는 말이다. Cf. http://jmm.aaa.net.au/articles/4673.htm.

105 Michael O'Laughlin에 의하면 나우원은 자신이 심지어 6살 때부터 자신이 남과 다르다고 느꼈다고 한다. 그러나 그는 이를 전혀 말하지 않았다고 한다. 하바드에 있을 때도 누구에게도 말하지 않았고, 그도 나우원 사후에야 그 사실을 알았다고 한다. 그가 프랑스(L'Arche in Trosly, France)에 있을 때부터 비로소 이에 대해서 말했다고 하고 있다. Cf. McCarthy, "On Nouwen: The Social Edge interview with Michael O'Laughlin,"마지막 부분.

106 이를 깊이 있게 잘 드러낸 것은 바로 위에서 언급한 Michael Ford가 쓴 나우원 전기인 *Wounded Prophet*에서였다. 또한 Michael Ford, "The Art of the Spiritual Detective," in *The Foundation of Hope: Turning Dreams Into Reality*, edited by R. John Elford (Liverpool: Liverpool University Press, 2003), 72f.; Eileen Flanagan, A Book Review of *Henri Nouwen: A Spirituality of Imperfection*, *American Catholic Studies: Journal of American Catholic Historical Society* 119/2 (Summer 2008): 112-13, 특히 112; 그리고 "homosexuality,"http://filpsyhomo.blogspot.com/2008/02/fr-henri-nouwen.html도 보라.

107 이점에 대해서는 http://en.wikipedia.org/wiki/Henri_Nouwen#Sexuality; 또한 Robert Durback, "Henri Nouwen: Memories of a Wounded Prophet,"*America* 181 (3-10 July 1999): 16-17을 보라.

없다는 것을 보여 주는 것이라면 이것은 문제로도 지적될 수 있다. 또한 그는 죽기 전에 게이와 레즈비언들은 기독교 공동체 안에서 독특한 소명이 있다는 것을 말하며[108] 그들을 격려했다. 물론 넓은 의미의 영성을 추구하는 이들에게 있어서는 이것이 전혀 문제가 되지 않을 것이다. 그러나 성경의 가르침을 중요시하는 사람들에게 있어서 이것은 그가 가르치는 영성, 그의 영적 인도(spiritual guidance)라는 것이 과연 옳은 것인지를 심각하게 의문시하게 되는 한 계기가 되는 것이다.[109]

IV. 결론

나우웬의 생애와 사상을 검토한 우리들은 그의 주장들에 대해서 과연 어떻게 생각해야 할 것인가? 나우원은 많은 사람들이 그렇게 생각하듯이 유명 대학교 교수직을 초개와 같이 버리고 정신 지체자들을 섬기는 삶으로 나아간 진정한 그리스도인이요, 그가 말하는 영성이 성경적인 것이어서 우리가 본받고 나아갈 수 있는 것이라고 할 수 있을까? 이와 같이 판단하는 것은 마치 알베르트 슈바이처(Albert Schweitzer)에 대해서 그의 신학 내용을 살펴보지 않고, 남을 위해 살기 위해서 뛰어난 신학자와 음악가로서의 삶을 포기하고 의학을 다시 배워 아프리카 사람들을 돌보는 삶으로 나아간 사람이기에 우리가 그를 진정한 그리스도인으로 여기면서 그를 본받으려고 하는 것

108 그 대표적인 예로 Nouwen, "My History with God"(1994), vi를 보라: "... homosexual people have a unique vocation in the Christian community."

109 나우원의 문제점에 대한 다른 좋은 논의들로 다음도 보라. David Cloud, *Contemplative Mysticism: A Powerful Ecumenical Bond* (Way of Life Literature, 2008), 317-21.

과 같은 '정확한 상황을 모르는 판단'이라고 하지 않을 수 없다. 슈바이쳐가 오리라고 기대하던 하나님 나라가 오지 않자 절망하여 죽어간 인물로 예수님을 제시하는 것을[110] 본 사람들은 슈바이쳐가 제시하는 것이 성경적이고 바른 것이라고 할 수 없으며, "슈바이쳐의 신앙을 본받자"라고 결코 말할 수 없다는 것을 분명히 할 수 있을 것이다. 그러면 슈바이쳐보다 우리에게 좀 더 가깝게 우리와 동시대를 살았던 그리고 기독교인들 사이에서 더 유명해진 나우웬에 대해서는 어떻게 말해야 할 것인가? 오늘날 이멀징 교회(emerging church)의 지도자들처럼, 그리고 일부 복음주의 지도자들처럼 나우웬에게서 많은 것을 배워 나가야 하는가?

우리는 이 논문에서 나우웬의 (1) 천주교적 사상과 (2) 전통적 천주교 사상보다 더 나아가서 보편 구원론적 정향을 나타내 보이는 것, (3) 성경 해석의 문제점들, 그리고 (4) 그의 윤리적 문제(그는 이것을 문제로 여기지 않았을지도 모른다) 등을 살펴볼 수 있었다. 이와 같은 점들을 다 살펴 본 우리들은 영성에 대한 강조가 모든 문제를 해결하는 것이 아니라는 것을 절실하게 느끼게 된다. 또한 소위 영성 추구가 우리의 문제를 온전히 해결해 주는 것이 아님을 깨닫게 된다. 우리들은 나우웬이 그 이전의 토마스 머튼(Thomas Merton)과 함께 **천주교회 신학에 근거하여** 영성 훈련(spiritual excise)을 제시하고 있음을 보았다. 그래서 우리들로 하여금 이 시대에 좀 더 성경에 충실하고, 성경적 사상에 충실한 선생님들을 더욱 갈망하게 만드는 것이다. 토마스 머튼이나 헨리 나우웬 같은 천주교적 인도자들의 지도를 받는 것으로부터 오직 성경에 근거한 지도를 받는 것이 마치 종교개혁

---

110 Cf. Albert Schweitzer, *The Quest of the Historical Jesus: A Critical Study of Its Progress from Reimarus to Wrede*, trans. W. Montgomery (London: Adam and Charles Black, 1911), 395.

시대에 천주교 안에서 평생 살며 신앙 생활을 하다가 진리의 빛을 발견하고 개혁된 교회의 일원으로 살기를 원하고 모진 고난을 감수하던 우리의 선배들을 따르는 길이 될 것이다. 이것이 우리 시대에 종교 개혁자들을 따르는 방식의 하나일 것이다.

그런 뜻에서 **성경에 충실하여 성령님의 인도하심을 깨닫고 매일 매일을 성령님과 동행하며 성령의 인도하심을 강조하던** 좀 더 성경적인 사상을 체현하신 분들을 우리들의 영적 생활과 영적 지도의 모범으로 모셔야 할 것이다. 예를 들어서, 요한 칼빈(John Calvin)과 토마스 카트라이트(Thomas Cartwright)나 존 오웬(John Owen)이나 수많은 청교도들과 정통 개혁파적 인사들이 우리들의 교회의 선생님(doctor ecclesiae)들로 더 갈구되는 것이다. 중요한 것은 **성경이 말하는 그 성령님의 인도하심을 받아 생각하며 사는 일**이기 때문이다.

나우원이 말하는 성령 안에서 사는 것과[111] 이런 성경적 가르침에 근거한 분들이 말하는 성령님 안에서 사는 것이 상당히 다르다는 것을 우리는 발견하게 된다. 오늘날 수 없이 많이 언급되는 "영성"이라는 것이 실질상 성경이 말하는 성령님의 인도하심을 받는 것이 아닐 때, 그것은 '진정한 영성'이 아니라고 우리는 말하지 않을 수 없다. 그래서 우리들은 나우원과 관련해서도 수없이 많이 언급되는 "영성"이라는 말의 사용을 정말 한동안 중단해야 할 것이다.[112] 성경이 말하는 진정한 영성이 우리 가운데 잘 나타나고 자리 잡아서 성경이 말하는 그런 진정한 경건의 모습만이 영성이라는 이름으로 불려질 때까지는

---

111 이에 대한 나우원의 이해는 Nouwen, *Here and Now, Living in the Spirit* (Darton, Longman and Todd Ltd., 1994)에서 찾아 볼 수 있다.

112 나우원을 비롯한 다른 이들의 영성 추구에 대한 한 반응과 영성 용어에 대한 모라토리움 요청으로 이승구, 『기독교 세계관으로 바라보는 21세기 한국 사회와 교회』 (서울: SFC, 2005), 83-93을 보라.

말이다. 그리고 우리는 참으로 성경이 말하는 그 성령님 안에서 성령님에 의해 인도함을 받는 삶을 살아야 할 것이다.

2

관상 기도와 그 문제점

오늘날 한국 교회에서도 '관상 기도'(觀想祈禱)가 유행하고 있고, 그로 말미암아 많은 그리스도인들이 여러 면에서 혼란을 경험하고 있다. 복음주의적 입장에 서 있다고 하는 분들 중 일부가 관상 기도를 주장하고 나오기에 순진하게 그저 지도자들을 따르는 성도들 중에는 관상 기도가 옳은 것이라고 생각하고 따라가기도 하고, 또 어떤 성도들은 이것이 과연 바른 것인가 하는 심각한 질문을 하고 있다. 그러므로 이 글에서는 우리 주변에 유행하고 있는 관상 기도가 과연 어떤 것인지를 밝히고, 천주교에서 말하는 관상 기도와 개신교의 관상 기도가 과연 어떤 관계에 있는 것인지를 생각하면서, 이에 대한 천주교 내에서의 비판적 소리를 듣고, 개혁파에서는 이에 대해서 과연 어떤 입장을 천명해야 하는 지를 제시해 보기로 하겠다.

또한 관상 기도의 정체나 그 방법을 살필 때나, 그 역사적 흐름을 살펴 볼 때나, 관상 기도의 주창자들이 나아가는 방향을 볼 때에도 관상 기도는 아주 좋게 평가할 경우에도 은혜의 주입(注入)(infusion of grace)과 하나님과의 합일(合一)을 추구하는 "반(半)-펠라기우스주의(semi-Pelagianism)적 특성"을 지닌 것이라고 할 수 있고, 아주 심각하게 평가할 때는 동양 종교나 이슬람교 안의 관상적 특성들과 잘 조화되는 소위 보편적 영성을 추구하는 것이라고 할 수 있다는 것을 드러내고자 한다.

1. 관상 기도는 무엇인가?

먼저 관상(觀想)이라는 말의 의미부터 생각해 보기로 하자. '함께'라는 뜻의 '*Con*'과 이교의 성소, 그리고 후대의 기독교적 성소를 뜻하는 '*templum*'의 합성어로 이해되는[1] Contemplation은 사물의 내면을 바라 볼 수 있는 장소인 성소에서 사물들의 근원인 하나님을 발견하고 바라 보는 것이라고 한다. 희랍 교부들 중 일부는 하나님과 하나 되는 직접적 경험을 '떼오로기아'(*θεολογία*)라고 했다고 한다.[2] 이런 뜻에서 유해룡 교수는 관상을 "사고에 의한 분석적인 하나님 경험이 아니라 주체와 객체가 하나가 되는 하나

토마스 머튼

[1] Cf. William Shannon, "Contemplation, Contemplative Prayer," *The Dictionary of Catholic Spirituality*, ed., Michael Downey (Collegeville, MN, 1993), 209-10. 관상 기도 소개자들은 대부분 이 논문에 근거해서 관상 기도를 소개하고 있다. 예를 들어서, 유해룡, 『하나님 체험과 영성수련』(서울: 장로교신학대학출판부, 1999), 90-91; 그리고 오방식, "관상 기도의 현대적 이해", 「장신논단」 30 (2007): 271-310을 보라.

[2] Cf. William Johnston, *The Inner Eye of Love: Mysticism and Religion* (San Francisco: Harper, 2004), 24.

토마스 키팅

님 임재 체험과 관련된 말이다"고 한다.[3] 바로 이런 뜻을 담아서, 현대적 관상 기도 운동을 일으킨 사람 중의 하나인 토마스 키팅(Thomas Keating)은 말로 하는 기도는 깊이 있는 기도가 아니라고 한다.[4] 이들이 존중하는 토마스 머튼(Thomas Merton)은 관상을 "우연적인 실체들 안에서 모든 실체의 근거이며, 참된 실체이신 하나님을 보는 것"이라고 말한다.[5] 그래서 관상 기도를 주장하시는 분들은 대개 관상 기도가 언어나 심지어 마음속의 심상들(images)도 사용하지 않고 마음으로 하나님을 지향하는 기도라는 말을 한다: "관상 기도는 주 앞에서 이미지(image)나 언어를 사용하지 않고, 마음으로 주님을 지향하는 기도이다. 곧, 침묵 가운데 주님을 사랑하는 마음으로 주님의 품안에서 쉬는 기도라고 할 수 있다."[6] 화란 출신의 천주교 선교사인 짐 볼스트(Jim Borst)가[7] 쓰고 편집한 한 책에는 이런 언급도 있다:[8]

---

3 유해룡, 『하나님 체험과 영성수련』, 91.

4 Thomas Keating, *Open Mind, Open Heart* (Rockport, MA: Benedict's Monastery, 1992), 89.

5 Thomas Merton, *The New Seed of Contemplation* (Nolfolk, CT: New Directions, 1962), 3.

6 권명수, "관상 기도의 의식의 흐름과 치유", 「신학과 실천」 16 (2008): 217-50, 인용은 217에서 온 것임. "하나님 안에서의 쉼"이라는 표현은 Gregory the Great의 표현이라고 한다. 이것과 관상의 정의에 대해서는 Thomas Keating, *Intimacy with God* (New York: The Crossroad, 1996), 40-41을 보라.

7 밀힐(Mill Hill)의 성요셉 선교회(보통 〈밀힐 선교회〉라고 부름) 소속 신부로 1957년에 사제로 서품된 후 영국의 케임브리지 대학(Cambridge University)에서 수학하고, 스코틀랜드에 있는 밀힐 선교회 신학교에서 교수로 재직하다가 1963년 인도의 카슈미르에 선교사로 파견되어 일생을 무슬림(이슬람교 신자들)을 위해서 일하였다. 바라물라(Baramulla)에 있는 밀힐 선교회 고등학교에서 수년간 가르치다가 이 밀힐 고등학교를 카푸친 수도회에 넘겨 준 후, 인도 전국을 통해서 사제와 수도자들에게 피정(retreat)을 지도하며, 지금 몇 년째 카슈미르 계곡(Kashmir Valley)에서 사목 활동을 하고 있다고 한다(다음 각주에 언급된 그의 저서 저자 소개 참조).

관상 기도(contemplative prayer)를 묵상 기도(meditative prayer)와 비교한다면, 진리를 성찰하면서 달리는 묵상 기도 대신에, 관상 기도는 **내재하시는 그분의 현존에 깨어 머물면서 그분을 응시하는 것이다.** 묵상은 그림을 그리는 활동에 비유할 수 있다. 그리고 관상적 기도는 완성된 그림을 조용하게 바라보는 것이다. 화가가 묘사한 화가의 생각의 실체를 의식하고 알아들으면서 그림 전체를 바라보는 것이다.[9]

이런 입장에서 한신대학교의 권명수 교수는 "관상은 대상에 주의를 기울여 바라보는 행위를 통해 그 대상과 일치가 이루어진 상태를 의미"한다고 말한다.[10] 그러므로 관상 기도를 하시는 분들은 "관상 기

---

8 Jim Borst, ed., *A Method of Contemplative Prayer,* 박금옥 역, 『관상 기도를 하는 방법』(서울: 성바오로, 2004), 인터넷 판 파일, 6, 강조점은 필자가 강조를 위해 덧붙인 것임. Available at: http://www.inbora.com/gnuboard/bbs/board.php?bo_table=board13&wr_id=285&page=37. 이에 붙인 각주 15에서는 르네 뵈욤 신부(Fr. Rene Voillaume)는 이 기도를 "하나님을 사랑하면서, 하나님을 응시하는 것"이라고 묘사했다고 한다. 또한 다음 말도 참조하라고 한다: "우리는 사랑하기 때문에 본다. 우리는 사랑하기 위해서 본다. 우리의 사랑은 '봄으로써' 살찌고 불타오른다"(Vitalis Lehodey, *The Ways of Mental Power* [Dublin: H. G. Gill, 1960], pt. II. ch. ix, par. 2). 그리고 "관상 기도는 아주 단순하고 고도로 애정적인 직관을 통해 하나님께로 영혼을 들어 올리는 것"이라고 말한 레르카로 추기경(Cardinal Lercaro, *Methods of Menual Prayer* [London, Bums & Oates, 1957], Ch. 14)의 정의도 참조하라고 한다.

오방식도 이와 비슷하게 묵상과 관상을 구별하여 제시한다. Cf. 오방식, "관상 기도의 현대적 이해", 제 5 장: "묵상과 관상, 그리고 관상 기도"부분을 보라. 그의 요점은 다음과 같다: "일반적 이해에서 묵상은 능동적 기도이며, 관상은 수동적 차원의 기도 또는 수동적 차원의 영적 상태를 말한다."그는 커닝햄과 이간의 비슷한 말을 소개하는 바, 묵상은 "하나님 사랑과 이웃 사랑을 일깨워주는 반추적 기도요, 기도자로 하여금 관상의 선물을 받을 준비를 할 수 있도록 도와주는 기도"인데, 비해서 관상은 "하나님의 임재의 선물로 주어지는 변화시키는 경험"이라고 한다(Lawrence S. Cunningham and Keith J. Egan, *Christian Spirituality: Themes from the Tradition* [New York: Paulist Press, 1996], 84, 오방식, "관상 기도의 현대적 이해", 각주 41에서 재인용).

9 사실 이와 비슷한 표현은 십자가의 요한이 처음으로 사용했던 표현이다. Cf. John of the Cross, *The Ascent of Mount Carmel* (BiblioLife, 2009), 125: "The difference between these two conditions of the soul [discursive meditation and contemplation] is like the difference between working, and enjoyment of the fruit of our work; between receiving a gift, and profiting by it; between the toil of travelling and the rest of our journey's end."

10 권명수, "관상 기도의 의식의 흐름과 치유", II. 관상 기도 앞부분.

도를 통해 관상 상태를 지향한다."고 말하기를 즐겨한다.[11] 이런 의미에서 키팅(Keating)은 관상 기도와 관상 생활을 구분한다. 전자는 '하나님과의 일치를 이루는 상태로 이끌어주는 일련의 경험'이라면, 후자는 '하나님과 일치를 이룬 그 상태 자체'를 의미하며, 이 속에서 기도와 행동이 성령에 의해 움직인다고 한다.[12] 그리하여 "관상은 사람의 존재의 중심에서 알려지고 사랑받으시는 하나님에 대한 자각이다."는 말이 나오기도 한다.[13] 이런 뜻에서는 관상이 목표이고, 그에 이르도록 돕는 방법이 관상 기도가 된다.[14] 그러므로 이들에게 있어서 최종적 목적은 관상의 상태이다. 이것이 하나님을 깨달음에서 오는 기도라는 뜻에서 관상 기도를 "(하나님을) 의식한 기도"또는 "깨달음의 기도"(prayer of awareness)라고 하기도 한다.[15]

관상 기도를 하시는 분들이 궁극적으로 지향하는 상태인 소위 관상 상태에 이르기 위해 마음을 주께로 향하는 일을 "centering prayer"(이를 우리말로는 대개 '향심 기도', 또는 '중심 기도', 또는 '구심 기도'라고 번역하고 있다)라고 한다.[16] 엄무광은 "향심 기도는 1915년경에 미국 코네티컷 주의 스펜서에 있는 한 트라피스트 수도

---

[11] 권명수, "관상 기도의 의식의 흐름과 치유", II. 관상 기도 부분.

[12] 이에 대해서는 권명수, "관상 기도의 이해와 실천", accessed on 29th March, 2010, available at: http://www.hnymca.or.kr/ie/read.cgi?board=Cel_young&y_number=29&nnew=1.

[13] 이는 클르프턴 월터즈가 자신이 번역한 현대 영어판 *The Cloud of Unknowing* (Penguin Books, 1961), 36에 있는 서문에서 한 말이다.

[14] 비슷한 논의로 Ernst E. Larkin, "Today's Comtemplative Prayer Forms: Are They Contemplation?" *Review for Religious* (1998): 77-87, at 78. 그러나 그는 관상과 관상 기도를 너무 명확히 구별하려고 하는 것은 적절하지 않다고 한다. 그 둘을 너무나 밀접히 연관되어 있기 때문이라는 것이다.

[15] William Shannon, 『깨달음의 기도』 (서울: 은성출판사, 2002), 특히 51-57을 보라.

[16] M. Basil Pannington, *Centering Prayer: Renewing an Ancient Christian Prayer Form* (New York: Image Books, 1982).

바실 페닝톤

원에서, 당시 이 수도원의 원장이던 토마스 키팅 신부의 주도 아래 바실 페닝톤과 윌리엄 메닝거 두 신부가 영적으로 목말라하는 사람들을 위하여 '무지의 구름'의 방법을 현대화시켰으며, 십자가의 성 요한의 가르침을 도입하여 더욱 체계적으로 발전시킨 기도이다."라고 말한다.[17]

그래서 이 향심 기도는 관상 기도를 위한 준비라고 하시는 분들이 있다: "키팅은 향심 기도를 관상 기도에 이르는 사다리의 맨 밑에 있는 제일 첫 번째 다리일 뿐만 아니라, 관상의 세계로 쉽게 인도하는 '매우 좋은 길'이며 '유일한 길'이라고 평가한다."[18] 또한 권명수 교수는 "향심 기도는 거룩한 독서(*lectio divina*)의 마지막 단계의 '하느님 안에서 쉼'에 해당하는 하나의 방법이다."라고까지 말한다. 렉티오 디비나를 체계화한 귀고 2세는 렉티오 디비나의 마지막 단계에서 주어지는 "(주입적) 관상은 정신이 하나님께로 들어 올려져서 거기 머무르는 단계로, 이때 한없이 감미로운 환희를 맛봅니다"라고 했다.[19]

이를 주장하시는 분들은 향심 기도 과정을 대개 다음과 같이 제시한다:

---

17 엄무광, 『관상 기도의 이해와 실제』 (서울 : 성바오로, 2002). 이 책을 재편집한 편집물을 다음에서 찾을 수 있다:

http://www.inbora.com/gnuboard/bbs/board.php?bo_table=board13&wr_id=280&page=37, 이 문서의 20f.에서 인용한 것이다.

18 권명수, "관상 기도의 이해와 실천". 오방식 교수도 "센터링 침묵 기도는 관상의 문턱에 있는 기도"라고 한다(오방식, "관상 기도의 현대적 이해", 각주 33 바로 위 문단).

19 귀고 2세, "수도승의 사다리"(The Ladder of Monks), 허성준, 『수도 전통에 따른 렉시오 디비나』 (왜관: 분도출판사, 2003), 197.

1-3단계들(긴장을 풀고 쉬기와 침묵, 믿음으로 그분의 현존을 자각하기, 열망하는 사랑)은 그분을 찾고, 그분께로 나아가기에 관한 것이다.

4-7단계들(자기 봉헌, 수용, 마음으로부터 용서하기, 참회)은 마음과 정신의 정화에 관한 것이다. 마음과 정신은 그분을 향해 자유롭고 투명해야 하기 때문이다.

8-11단계들(믿음으로 청하기, 관상, 받기, 감사와 찬양)은 그분으로부터 받기와 그분을 사랑하기에 관한 것이다.

12단계(전구, 즉 다른 이들을 위한 중재의 기도)는 맨 나중에 온다. "그러면 여러분은 이런 것들도 다 곁들여 받게 될 것입니다."[20]

이를 좀 더 일반적인 용어로 제시한 방식을 보면 다음과 같다:

기도자는 조용한 장소와 시간을 마련한 후, 편한 자세를 취하고 눈을 감는다. 그리고 마음속에 떠오는 생각을 잊으려 하기보다는 **조용히 바라보며 저절로 사라지길 기다린다**. 그러나 계속해서 생각이 떠오르거나 졸음이 올 경우에 '성스런 이름'이나 '거룩한 단어'를 마음속으로 한두 번 불러, **마음속의 생각들에서 마음이 침묵 가운데 계속 있기를 지향한다**. 이런 과정을 정해진 시간 동안 계속 반복한다. 향심 기도가 관상 기도의 효과가 있기 위해서는 키팅의 경험에 의하면 20 - 25분 정도를 하루 두 번 하기를 권한다. 필자의 경험에 의하면, 기도하는 중에 시간이 얼마나 지났는지에 신경이 쓰여 깊은 기도에 들어가기에 방해가 되곤 했다. 그래서 자명종 시계나 예정된 시간이 지나면 음악이 나오도록 테이프를 틀어 놓고 기도에 들어가는 방법을 권하고 싶다. 음악이 끝나면 1-2분 정도 침묵을 지키다가 눈을 뜬다.[21]

---

[20] Borst, ed., 『관상 기도를 하는 방법』, 인터넷판 파일, 18.

향심 기도나 관상 기도와 관련해서는 대개 향심 기도를 하는 몸의 자세(姿勢)에 이르기까지 자세한 지침을 주고 있다. 그 한 예를 들면 다음과 같다:

> 몸의 자세는 온 마음과 온 정성과 온 힘을 다해 하나님을 섬기고자 하는 마음이 중요하기에, 마음을 모을 수 있는 기도 자세가 요구된다. 몸에 관하여 동서양의 모든 기도 수련에서 공통되게 추천하는 일관된 원리는 "등을 똑바로 세우지만 긴장하지 않는 것"이다. 무릎을 꿇거나 기도 의자를 사용하면, 몸이 혈액순환이나 호흡을 방해하지 않으면서 의식을 적절하게 집중하고 깨어 있는 상태를 유지하는 데 도움이 된다. 그래서 중요한 것이 허리의 자세로서, 척추를 곧게 세우면 내장의 압박이 그만큼 줄고 복압력이 생겨 호흡이 편해지고 정신도 안정된다. 뿐만 아니라 온몸의 긴장이 사라지며 마음이 집중된다.[22]

심지어 향심 기도를 할 때의 호흡하는 방식에 대해서까지도 매우 구체적인 지침이 주어진다. 그리하여 향심 기도에 대한 일종의 연습이 가능하게 하고 있다. 주어진 지침의 한 예를 들어 보면 다음과 같다:

---

21 권명수, "관상 기도의 이해와 실천". 이 모든 것의 근원이 되는 진술은 Thomas Keating, *Open Mind, Open Heart: The Contemplative Dimension of the Gospel* (New York: Amity House, 1986)이다. 키팅에 책에 근거한 자세한 소개로 유해룡, 『하나님 체험과 영성수련』, 259-60을 보라. 더 간단한 제시로는 M. Basil Pennington, "Centering Prayer: Refining the Rules," *Review for Religious* 46/3 (1986): 386-93을 보라.

22 권명수, "관상 기도의 성서적 이해와 실천"(2007년 7월호), 37, http://lw.kehc.org/files/2007/200707/htm/032.pdf. 향심 기도 수련 제시의 한 예로 엄무광, 『향심 기도』 (서울:성바오로, 1998); 이세영, 『향심 기도 수련』 (왜관: 분도출판사, 2008)을 보라.

필자는 기도의 몸가짐을 다룰 때 기도의 실천에 매우 중요한 호흡도 같이 다루려고 한다. 동양의 명상 수행에는 호흡과 관련하여 크게 두 가지 방식인 수식관(數息觀)과 수식관(隨息觀)이 있다고 말한다. 전자는 선의 호흡법을 대표하는 것으로 호흡을 세면서 하는 방법이다. 즉, 숨을 천천히 들이쉬면서 "하 - 나 - ,"다 들이쉬고 나서는 다시 천천히 내쉬면서 "두 - 울 -"하는 방식이다. 이렇게 숨을 천천히 들이쉬고 내쉬며 열까지 세고는 다시 처음으로 되돌아오는 방식이다. 이에 비해 후자는 호흡만을 의식하여 숨이 들고 남을 따라가는 숨 쉬는 사실에만 집중하는 수행이다. 이 두 가지 호흡법은 자신의 취향에 따라 여러 가지 변형이 가능하여 보다 효과적인 자신만의 방법을 창조적으로 행할 수 있을 것이다.

그리스도교 전통, 특별히 동방교회의 기도의 수행자들인 헤지키스트들도 호흡의 중요성을 인정했다. 동방 교부들의 영성 작품 모음집 『필로칼리아』(아름다움에 대한 사랑)에서는 이렇게 권고한다:

> 우리는 공기를 들이마시고 내쉽니다. 호흡은 몸이 살아가는 데 기본이 되고 몸의 온기를 유지시켜 줍니다. 따라서 방에 고요히 앉아 마음을 모으고 기도(氣道)를 따라 들이마신 공기를 모두 심장으로 들어가게 한 다음 그대로 있으십시오.…… 그리고 다음의 기도를 읊으십시오. '하나님의 아들 주 예수 그리스도님, 나를 불쌍히 여기소서.' 이렇게 계속하십시오.

이들은 몸의 생명 유지에 긴요한 호흡을 따라 우리의 의식을 집중하게 되면, 여러 가지 긍정적인 유익이 많다는 것을 발견한 것이다.

인도 사람 드 멜로 역시 여러 가지 묵상법 중에 호흡법을 소개하고 있다. 특히, **숨을 들이쉴 때 하나님의 성령이 자기 안에 들어옴을 의식하고, 숨을 내쉴 때 자신의 온갖 두려움, 부정적인 느낌들을 내보낸다고 상상하면**

> **서 기도를 해보라고 권면한다.** 또 어떤 느낌들은 드 멜로의 방식대로 호흡을 통해 즉시 표현해보라고 권한다. 내면의 상태가 많이 호전됨을 종종 경험하는 기쁨을 덤으로 받을 수 있다.[23]

볼스트도 역시 다음과 같은 호흡법을 제시하며 훈련할 것을 권하고 있다:

> 긴장, 걱정, 흥분과 같은 것들은 모두 우리의 호흡(숨)을 얕게, 짧게 만든다. 반면에, 우리가 **일부러 좀 더 규칙적으로 천천히 숨을 쉬면,** 긴장감이 사라지고, 긴장감을 좀 더 잘 풀고, 안정감과 평화를 느낄 수 있게 된다. 그러므로 이런 기도를 하는 동안에, 우리는 **우리의 맥박이나 심장의 고동의 리듬에 맞추어 천천히 깊이 숨을 들이쉬고 내쉬도록 노력해야** 한다. 좀 더 정확히 말한다면, 심장의 고동의 속도에 맞추어 1, 2, 3, 4, 5, 6까지 세면서 코로 숨을 들이쉬고, 잠깐 동안 (몇을 셀 정도로) 숨쉬기를 정지하고 있다가, 들이쉴 때와 같은 방법으로 천천히 숨을 내쉰다. 숨을 내쉬기를 끝낸 다음에 잠깐(몇을 셀 정도로) 중단한다. 기도 시간 이외에, 산보를 하거나 누워 있거나 누워 있는 동안에도 이런 숨쉬기를 연습할 수 있다.[24]

이렇게 호흡법을 연습하여 나중에는 이렇게 숨을 쉬어야 하겠다는 생각을 하지 않아도 이런 방식으로 호흡할 수 있게 되기까지 노력하면서 반복 기도를 하는 중에 관상의 상태에 이를 수 있다는 것이다.

---

23 권명수, "관상 기도: 깊은 사귐의 기도", 10. 관상 기도의 몸가짐 부분, available at: http://cyw.pe.kr/xe/?mid=a26&category=83188&document_srl=85431.

24 Borst, ed., 『관상 기도를 하는 방법』, 인터넷 판 파일, 30. 강조점은 덧붙인 것임.

반복 기도 가운데 "가장 좋은 반복기도는 [동방 정교회의 수도사들 중 일부가 오랫동안 사용해 온 기도인] 예수 기도"라고 한다.[25]

2. 천주교의 관상 기도와 개신교의 관상 기도가 얼마나 다른가?

개신교적 관상 기도를 제시하는 박노열 목사는 관상 기도의 전통을 소개하면서, 안토니우스, 베네딕토, 동방교회, 14세기, 영국의 어떤 저자의 "무지의 구름", 그리고 마틴 루터, 그리고 천주교회의 이냐시오의 예수회, 십자가의 요한, 그리고 토머스 머턴을 언급하고 있다.[26] 이 중에 루터가 과연 오늘날 우리가 언급하고 있는 관상 기도와 얼마나 관련 있는지를 알기는 어렵다. 그리고 그만을 제외하면 박노열 목사께서 제시하는 관상 기도의 전통을 제시하는 이들은 모두 동방 교회 사람들이거나 천주교인들이다. 더구나 미국에서 관상 기도 운동을 새롭게 시작한 이들은 다 트라피스트 수도회의 지도자들인 천주교 인사들이었고(토마스 키팅 원장, 바실 페닝톤과 윌리엄 메닝거),[27] 관상 기도를 폭 넓게 번지게 하는 데 큰 기여를 한 나우윈

---

[25] Borst, ed., 『관상 기도를 하는 방법』, 인터넷판 파일, 31. 예수 기도는 R. M. French가 러시아어에서부터 번역한 *The Way of the Pilgrim* (New York: Seabury Press, 1965)에 자세히 묘사되어 있다. 또한 A Monk of the Eastern Church, *The Jesus Prayer* (New York: St. Vladimir's Seminary Press, 1997); Kallistos Ware, *The Power of the Name: The Jesus Prayer in Orthodox Spirituality* (Oxford: SLG Press, 2002)도 보라. 이 "예수 기도"에 대한 동감적인 설명은 유해룡, "동방정교회의 관상적 전통과 예수의 기도"제 5장 "예수 기도"에서 볼 수 있다.

Cf. http://cafe.daum.net/casungbok/LYfW/201?docid=1Bsck|LYfW|201|20101213152841&q=%C0%AF%C7%D8%B7%E6%B1%B3%BC%F6%BF%AC%B1%B8.

[26] 박노열, "관상 기도의 장단점과 전통", 한장연 이단대책위원회 제4회 세미나 〈장로교 신학적 입장에서 본 관상 기도〉, 2010년 6월 28일, http://www.newspower.co.kr/sub_read.html?uid=15916§ion=sc7.

박노열 목사

(Henri Jozef Machiel Nouwen, 1932-1996)은[28] 화란의 천주교 사제이다. 이와 같이 관상 기도의 선구자들과 주창자들로 언급되는 이들은 전부 천주교도들이다. 이와 관련하여 언급되는 대표적인 인사들은 놀위치의 쥴리안, 아빌라의 테레사, 십자가의 요한, 아시시의 프란치스코, 로욜라의 이그나티우스, 토마스 아퀴나스, 클레르보의 베르나르, 로렌스 수사, 토마스 라이언, 존 메인, 피터 크리프트, 존 마이클 탤벗이다.

이들 중 다수는 신비주의자들이라고 할 수 있으니 그들은 특별 계시가 지금까지도 계속 주어진다는 입장을 천명하는 것이다. 예를 들어서, 놀위치의 쥴리안(Julian of Norwich)은 14세기 영국의 신

---

[27] 이들을 중심으로 1983년에 시작된 국제 관상 기도지원단 홈페이지를 참조하라(http://www.contemplativeoutreach.org/site/PageServer). 이 홈페이지에 소개된 이 지원단의 탄생 배경은 다음과 같다: "1983년에 키팅 신부는 뉴 멕시코 산 크리스토블의 라마 재단에서 처음으로 향심 기도 집중 피정을 제공했다. 그 피정에 참석한 **구스타브 라이닝거**는 그 전에 키팅 신부와 **에드워드 베드너**라는 사람을 만나서 관상 조직망의 출범을 논의한 적이 있었다. 이 모임 이후, 베드너는 자신이 관상 지원단이라고 부른 기금 마련안을 작성하여, 뉴욕에서 향심 기도를 소개하는 본당 프로그램을 시작할 기금을 제공받았다. 이것이 관상 지원단의 향심 기도 프로그램의 시작이자 하나의 기구로서 관상 지원단의 탄생을 알리는 이정표가 되었다.

라마 재단에서 행한 피정의 다른 참석자들도 관상 지원단이 성장하는 데 큰 역할을 했다. 1985년에, 그 피정의 참석자 데이비드 프레넷과 메리 므로쪼브스키는 밥 바르텔과 함께, 미국 동부에 **크리살리스 하우스**라는 생활 공동체를 설립했다. 11년 동안 크리살리스 하우스는 계속해서 향심 기도 연수와 피정을 개최하는 장소로 제공되었다. 관상 지원단의 일을 수행하는 많은 향심 기도 수련자들과 교사들이 크리살리스 하우스에서 훈련받고 영감을 얻었다.

세 수사의 시도는 **1986년에 관상 지원단이라는 법인체**가 되었고, 첫 이사진이 지명되었다. 초대 회장으로 키팅 신부, 부회장으로 칼 아리코 신부, 재무 담당 구스타브 라이닝거, 그리고 이사로서 메리 므로쪼브스키와 게일 피츠페트릭 호플러가 지명되었다."

[28] 나우원에 대해서는 필자의 글, 이 책의 1장과 필자의 다른 글인 "Henri Nouwen, 그는 우리에게 무슨 의미가 있을까?"를 참조하라.

http://blog.daum.net/_blog/BlogTypeMain.do?blogid=02GRV&admin=#ajax_history_19.

비주의자로 자신의 종교체험을 그린 『신적 사랑의 계시들』이라는 책을 썼고, 스스로 병을 '체험'하기 원했고 병이 나았다고 한다. 30대에 거의 죽음에 임박한 상황에서 사제가 든 십자가를 바라보다가 그리스도의 머리에서 피가 떨어지는 모습을 보았다고 하며 그후 하나님의 보좌, 복된 동정녀 마리아, 자신의 영혼 속에 앉아 계신 예수님 등 16가지 다양한 '환상'(또는 보여줌=showings)을 목격했다고 한다. 이와 같이 그녀는 성경보다 신비 체험을 더 중시했다.

또한 아빌라의 테레사(Teresa of Avila, 1515–1583, 테레사 산체즈 데 세페다 이 아후마다)는 16세기 스페인의 카르멜 수도회 수녀였던 신비주의자로서, 1970년 교황 바오로 6세에 의해 '교회박사' 학위(*Doctor ecllesiae*)칭호가 추서되었다고 한다. 그녀의 조부가 유대교에서 천주교로 개종하였으나 후에 다시 유대교인이 됐다는 설이 있고, 7세 때는 남동생과 함께 '순교'를 자원하여 이교도인 '무어'족에게로 가는 길을 숙부가 막았다고 한다. 20세 때에 몰래 가출하여 카르멜회에 입회했다. 중병에 걸렸다가 프란치스코 데 오수나의 『제3의 영적 알파벳』을 읽고 종교적 '황홀경'을 체험했다고 하며, 하나님과의 '완전 합일', 풍성한 복된 눈물을 체험했다고도 주장한다. 스랍이 그녀의 심장을 황금 창끝으로 계속 찌르는 환상(vision)을 보았다고도 한다. 그녀는 『덕의 길』이라는 저서에서 소위 능동적 거둠을 묘사하고, 『영혼의 성』이라는 책에서는 영혼을 여러 방을 가진 아름다운 성으로 묘사하면서 각 방에 따라 소리 내어 하는 기도(천주교의 구송 기도), 추리적 묵상 기도, 정감의 기도, 거둠의 기도, 고요의 기도, 일치의 기도가 있다고 한다.[29] 영혼의 성의 4궁방이 수

[29] Teresa of Avila, *Interior Castle*, trans. E. Allison Peers (New York: Image Books, 1989).

동적 거둠과 고요의 기도로 시작하는데, 수동적 거둠은 목자의 피리 소리를 듣고 양무리들이 우리 안으로 들어가듯이 하나님에 의해 우리가 내면 안으로 들어가게 되는 기도라고 한다. 이 수동적 거둠의 기도에서부터 능동성이 사라지고, 수동적 차원이 중심이 되는 주입적 차원의 기도가 시작된다고 한다. 이는 마치 예수께서 말씀하신 내면에서 흘러나오는 물과 같이 물 긷는 그릇이 더 이상 필요로 하지 않는 상태라는 것이다.[30]

그녀와 관련이 깊은 십자가의 요한(St. John of the Cross=산 환 델라 크루즈. 본명 환 데 예페스 알바레즈)은 16세기 스페인의 카르멜 파 수사(修士)요 신비주의자로서, 관상 시집이라고 할 수 있는 『영혼의 캄캄한 밤』을 저술했다.[31] 그는 1726년에 교황 베네딕토 13세에 의해 성자(聖者)로 선언(宣言)되었다. 천주교로 개종한 유대계 가정 출신으로 예수회 학교를 다니다가 수사가 되어 엄격한 금욕을 추구하여 기존 수사회와의 차이점으로 투옥됐다가 탈옥한 경험도 있다고 한다. 십자가의 요한에 의하면 영적 생활에 관심을 가지고 노력하다 보면 우리들은 감각의 어두운 밤을 경험하게 되는데, 그것은 무미건조함, 논리적 묵상을 할 수 없음, 그리고 내면의 방황을 하는 경험이라고 한다. 이런 밤은 하나님께서 더욱 친밀한 관계로 이끌기 위한 것이요 성숙시키기 위한 은총이라고 십자가의 요한은 주장한다. 『갈멜의 산길』에서는 산을 오르는 단계로 영혼의 진보의 단계를 비유했다.[32] 십자가의 요한에게 있어서 관상은 순수한 선물이며 단순히

---

30 Cf. Ernest E. Larkin, "St. Teresa of Avila and Centering Prayer," *Camelite Studies* 3 (1984): 191-211; 오방식, 『관상 기도의 현대적 이해』, 제6장: "아빌라의 테레사와 십자가의 요한".

31 St. John of the Cross, *Dark Night of the Soul*, ed. and trans. E. Allison Peers (New York: Image Books, 1990).

받는 것이다.[33]

아씨시의 프란시스는 프란시스코 종단의 창시자로 신비주의자요 동물 애호가라고 할 수 있다. 사도 바울 같은 몸의 흔적이라는 '성흔'(聖痕, 스티그마타)이 있기를 추구하던 나머지 손바닥에 흔적이 생겼다고 하며, 동물들에게도 복음을 전했다고 한다.

로렌스 형제는 17세기 카르멜파 수도회 평신도 수사로 본명은 니콜라스 헤르만(프랑스식: 에르망)인데 훗날 '부활의 로렌스'로 자칭했다고 한다. 군인이었다가 수사(修士)가 되고 훗날엔 신발 수선공으로 일하기도 했다. 그는 『하나님의 현존 앞 수행』이라는 책을 쓴 것으로 유명한데, 감리교 창시자인 요한 웨슬레(John Wesley), 그리고 저술가 A. W. 토저도 이 책의 영향을 받았다고 한다. 그의 묵상과 고백들은 성경적이기보다는 자아 중심적이며 자기 체험적이다.

그런가 하면 관상 기도를 강조하며 보급하는 근자의 천주교 인사들은 에큐메니칼 운동에 앞장서고, 이를 넘어서 범종교적 활동에 깊이 관여하고 있다. 예를 들어서, 토마스 라이언은 천주교식 사도 운동인 바울회(Paulist) 소속 사제로서 에큐메니즘과 초종파 운동에 깊이 관여하고 있다. 그는 현재 바울회 디렉터이고, 캐나다 몬트리얼의 에큐메니즘 단체인 '우니타스'(Unitas)라는 단체의 창설자의 한 사람이다.

또한 존 메인(John Main)은 영국의 20세기 관상 기도의 선구자

---

32 St. John of the Cross, *Ascent of Mount Carmel*, ed. and trans. E. Allison Peers (New York: Dover, 2008).

33 오방식, "관상 기도의 현대적 이해", 제 6장: "아빌라의 테레사와 십자가의 요한". 십자가의 요한의 이 개념을 중심으로 현대적으로 소개한 글로 "갈멜의 산길", II: 13-15장, "어둔 밤", I:9-10장에 대한 정리 글로 "묵상에서 관상으로 옮겨 가는 단계의 특징", 원문호, 『관상 기도, 레노바레의 정체성』, 291-301을 보라.

라고 할 수 있는 베네딕토회의 수사인데,[34] 그는 말레이지아 쿠알라룸푸르에서 힌두교 구루 스와미 사티아난다를 만나 힌두교 명상의 만트라(문구반복)를 배워 관상 기도에 도입하여 "하나님 저를 도우소서, 주님 어서 오사 저를 도우소서"라는 말과 같이 "마라나타"라는 말을 반복하여 내적 고요와 침묵에 이르고, 이를 통해 하나님으로 충만하게 된다고 주장했다. 그는 1970-73년 미국 워싱턴 DC의 안셀무스 수도학교 교장으로 연구하던 중 광야 수사 요하네스 카시아누스와 힌두교 명상 사이의 유사점을 발견하고, 70년대 후반에는 로렌스 프리먼 수사와 협력 사목을 하다가 캐나다에 새 베네딕토 수도원을 설립했다. 런던과 캐나다 몬트리얼의 수도원에서 관상 영성을 적극 보급하고 훗날 세계기독교명상공동체(WCCM)로 발전시켰다. 이 세미나에 달라이 라마를 초청하여 세미나를 하기도 했다고 한다.

피터 크라프트도 천주교 신자로 현재 보스턴대학교 및 뉴욕시 킹즈 칼리지 교수다. 관상 기도를 적극 보급하며 에큐메니즘의 전사(戰士)라고 할 수 있다.

우리나라에서는 이승구 신부(서울대교구 사목국 향심 기도 전담), 김경순 (아녜스) 수녀, 그리고 미국에 거주하는 천주교인인 엄무광[35] 등이 관상 기도를 널리 보급하고 있다.[36]

오늘날 개신교인들 중에서 관상 기도를 널리 보급하는 데 앞장서시는 분들은 퀘이커 전통 속에 있는 리처드 포스터(Richard

---

[34] 그의 저서로 우리말로 소개된 책으로는 John Main, 『침묵으로 이끄는 말』 (왜관: 분도출판사, 2006)을 보라.

[35] 엄무광은 서울대학교에서 심리학으로 석사 학위를 한 후에 미국에 이민하여 현재 국제 관상 지원단의 강사를 하며 여러 책을 보급하고 있다. 그의 책들로 다음을 보라: 『향심 기도』(서울: 성바오로 딸, 1997); 『관상 기도의 이해와 실제』 (서울: 성바오로, 2002).

[36] 한국 관상 기도 지원단 홈페이지 참조(http://www.centeringprayer.or.kr/).

Foster), 리전트 컬리지의 유진 피터슨(Eugene H. Peterson),[37] 존 에커만[38] 등을 들 수 있다. 우리나라에서는 한신대학교의 권명수 교수,[39] 장신대학교의 유해룡 교수,[40] 오방식 교수, 감신대학교의 이정배 교수, 이후정 교수, 그리고 고려 수도원의 박노열 목사,[41] 다일공동체의 최일도 목사,[42] 방영식 목사, 이건종 목사, 그리고 (감사하게도) 이제는 더 이상 그 용어를 사용하지 않으려고 하는[43] 이동원

---

[37] 유진 피터슨의 이에 대한 강조는 *The Contemplative Pastor: Returning to the Art of Spiritual Direction* (Grand Rapids: Eerdmans, 1993)에 잘 나타난 있다. 이는 우리말로 『묵상하는 목회자』, 차성도 역 (서울: 좋은 씨앗, 2008)로 번역 출판되었다. 그의 렉티오 디비나의 현대적 소개와 적용으로는 이미 유명해진 *Eat This Book: A Conversation in the Art of Spiritual Reading*, 양혜원 역, 『이 책을 먹으라』(서울: 한국기독학생회출판부, 2006)를 들 수 있다.

[38] 존 에커만은 소위 영성 지도자요 심리치료사로서 침례교 신학교인 베델 신학교와 콜럼비아 신학교의 영성 형성 프로그램에서 영성 형성(spiritual formation)을 가르쳤다. 한 달에 20여 명의 성직자들에게 영적 지도를 하며 영성 지도자들을 위한 리더십 그룹을 인도하고 있다. (홈페이지 참조: www.johnackerman.org). 그의 저서로 *Listening to God*이 『들음의 영성』이라는 제목으로 번역 소개 되고 있다. 양혜란 옮김 (서울: 포이에마, 2009).

[39] Cf. 권명수, "관상 기도 무엇이 문제인가?"「월간 목회」 379 (2008년 3월호): 59-63.

[40] 서강대학교, 장신대신대원을 마친 후에 미국 Gonzaga 대학교에서 석사와 Fordham 대학교에서 박사 학위를 하고, 장신의 영성 신학 교수로 있는 유해룡 교수의 입장을 잘 드러낸 『하나님 체험과 영성수련』(서울: 장로교신학대학출판부, 1999); 『기도 체험과 영성지도』(서울: 장로교신학대학출판부, 2009); 『영성의 발자취』(서울: 장로교신학대학출판부, 2010); 『예수님과 사귀라』(서울: 두란노, 2012)를 보라. 또한 "관상 기도란 무엇인가?"「월간 목회」 379 (2008년 3월호): 53-57도 보라.

[41] 박노열 목사는 미국 핸더슨 기독 대학교에서 목회학 박사가 된 목회자로 대한예수교장로회총회 경기노회 풍성한 교회를 시무하면서 재가 수도원인 고려 수도원을 운영하며 관상 기도에 심취하여 보급하고 있다. 그에 대해서는 고려수도원 홈페이지를 참고하라 (http://www.koabbey.com/).

[42] 최일도, "관상 기도 무엇이 문제인가?"「월간 목회」 379 (2008년 3월호): 65-69.

[43] 이를 보도한 기사로는 2011년 1월 10일자 (http://www.christiantoday.co.kr/view.htm?id=243721) 보도를 보라.

그는 2009년까지만 해도 다음과 같이 말한 바 있다: "관상 기도는 침묵 속에서 여유를 찾는 것입니다. 그런 면에서 관상적 정신이 중요하다고 생각합니다. 나무나 꽃을 바라보는 것을 '관상'이라고 합니다. 조용히 여유 있게 바라보는 것이 '관상' 입니다. 우리는 자기 자신도 스스로를 바라볼 수 있는 여유를 잃어버리고 삽니다. 숨 쉴 시간도 없이, 숨을 느낄 수 있는 여유도 없이 살아갑니다. 관상 기도 운동이 한국교회에 필요하다고 느낀 것은 생산과 활동 중심으로 살아 왔기 때문에 멈추고 자신을 돌아보고 자신을 성찰할 필요성 때문입니다."(이는 지구촌 교회 홈페이지에 실린 〈뉴스미션〉, 2009년 5월 14일에 실린 그의 인터뷰 기사에서 인용한 것이다.

목사 등을 대표적인 예로 들 수 있다.

그런데 관상 기도를 하시는 분들은 교파의 장벽이 없이 하기를 지향하고 있으므로 천주교 방법이나 개신교 방법이 구별이 없다고 하는 편이 더 나을 것이다. 그래서 감리교신학대학교의 이정배 교수께서 종교와 수행 영성 체험 프로그램에서는 논산 상월면에 위치한 씨튼 수도원에 가서 '씨튼의 향심 기도 체험'을 하기도 하였다.[44] 이 피정의 첫 강의인 향심 기도 강의는 인도의 한 그루(Gru) 이야기로 시작했다고 한다. 그리고 사실 천주교회에서 말하는 관상 기도와 개신교인들이 말하는 관상 기도가 그렇게 많이 다르지 않다. 아마 개신교에서는 기도할 때에 마리아에 대한 언급을 배제한다든지,[45] 성자(聖者)들(saints)을 언급하지 않는다든지,[46] 기도할 때에 형상을 사용하지 않으려고 한다든지,[47] 그 과정에서 묵주 기도를 하지 않는다든지[48] 하는 것만 다를 것이다. 그리고 우리가 후에 생각할 관상 기도

---

http://www.jiguchon.org/cell/cell_2008/app/cellapp.asp?id=notice&mode=view&idx=29&srhctgr=&srhstr=&ctgrstr=&page=1). 또한 2007년 1월 22일에 있었던 레노바레 코리아의 첫 번째 영성 강좌에서 "비움과 채움의 영성"이라는 강의안 중에 예수 기도와 관상 기도, 그리고 들숨과 날숨 기도로 비움과 채움을 수행한다는 등 관상 기도를 소개한 바 있다. 그 강의안은 원문호, 『관상 기도, 레노바레의 정체성』이라는 자료집에 수록되어 있다(491-93).

44 이 체험에 대한 김동학 기자의 동행 취재기를 참조하라: Available at: http://cafe.daum.net/centeringprayer/E3f/137?docid=rzwj|E3f|137|20051226113826&q=%C0%CC%C1%A4%B9%E8%20%BE%BE%C6%B0. 씨튼 수도원의 씨튼 연구원(원장 김승혜 수녀, 서강대 교수)에서는 각 종교의 수행을 비교하는 작업을 하고 8년 동안 이루어진 종교대화 경험을 중심으로 하여 불교, 원불교, 그리스도교, 유교의 시각에서 발표한 글들을 모아 김승혜, 서종범, 전해주, 길희성, 양은용, 이정배, 최일범, 『불교와 그리스도교의 수행』(서울: 바오로딸, 2005)를 내었다.

45 천주교의 마리아 숭배와 관련한 관상 기도에서의 강조로는 다음을 보라: M. Basil Pannington, *Mary Today* (Image, 1989); 오상선, "관상 기도로서의 묵주 기도", http://kr.blog.yahoo.com/jh3choi/14490, 제1장: "마리아와 함께 그리스도 관상하기".

46 천주교 관상 기도에서 성자들의 위치를 알 수 있게 하는 책으로는 M. Basil Pannington, *Through the Year with the Saints* (New York: Image Books, 1988)를 보라.

47 천주교적 관상 기도가 십자가와 형상(形象)을 사용하는 것은 일반적이다. 이에 대한 시사적 언급으로 William Johnston, *Mystical Theology* (London: Harper Collins, 1995), 134를 보라.

48 전통적으로 천주교에서 사용해 온 묵주 기도를 관상 기도와 연결시켜 강조하는 것으로

의 신학적 기초를 생각하면 개신교도들이 말하는 관상 기도도 같은 근원을 가지고 있다고 할 수 있을 것이다.

3. 관상 기도 주장자들이 말하는 위험성

관상 기도의 열렬한 주장자인 박노열 목사는 관상 기도의 문제점으로 다음 네 가지를 언급한다: 1) "일상적인 삶으로부터 분리"되는 경향, 2) "지나친 금욕주의", 3) "반 지성주의 경향", 4) "믿음의 공동체를 무시"하는 경향.[49] 그러나 그는 "이런 위험들은 전통이 왜곡되어서 나오는 것이지 전통의 본질적인 요소들이 아니기 때문"에 관상 기도의 전통에 충실하면 이런 위험이 극복될 수 있다고 시사(示唆)하고 있다. 그러므로 이런 위험은 관상 기도를 제대로 하지 않기 때문에 있는 것이지, 관상 기도의 전통을 따라 바르게 하기만 하면 전혀 위험이 없고, 오히려 1) "처음 사랑"(계 2:4)의 불길에 지속적인 부채질을 하고, 2) 지성적으로 믿는 종교를 넘어서도록 인도하고, 3) 기도의 중심을 강조하고, 4) 하나님과 함께하는 삶의 고독을 강조하고, 5) "성화의 길로 이끄는 도구"가 되어, "그리스도인의 삶과 믿음에 대한 관상의 전통의 강물은 우리에게 하나님과 보다 밀접한 관계를 맺는 길을 보여준다."고 결론내린다.[50]

M. Basil Pannington, *20 Mysteries of the Rosary: A Scriptural Journey* (Liguori, Mo.: Liguori Publications, 2003); Robert Llewelyn, 『관상에 이르는 묵주 기도』, 강창헌 옮김 (서울: 바오로딸, 2009); 오상선, "관상 기도로서의 묵주 기도"을 보라. 특히 오상선은 "묵주 기도를 바치면서 크리스천 공동체는 마리아의 기억들과 마리아의 관상적 눈에 참여하게 된다."고 말하기도 한다.

49 박노열, "관상 기도의 장단점과 전통".

50 박노열, "관상 기도의 장단점과 전통".

그러나 과연 관상 기도는 잘 사용하기만 하면 좋은 것일까? 이것이 우리의 궁극적인 질문이 될 것이다.

4. 관상 기도의 문제점

천주교회 운동인 관상 기도에 대해서 어떤 천주교인들은 그것을 전통적인 천주교적 기도의 하나로 여기며 보급하지만 일부 천주교인들은 이에 대해서 비판적인 입장을 취한다. 먼저 천주교회 일부에서 관상 기도에 대해 제기하는 문제점을 생각해 보기로 하자. 그들은 기본적으로 관상 기도는 전통적 천주교의 가르침과 달리 뉴에이지적인 영성과 상당히 비슷하지 않느냐고 질문한다.[51] 이런 질문 제기는 특히 뉴에이지 전통 속에 있다가 천주교로 개종한 사람들이 관상 기도에 대한 일부 천주교 지도자들의 주장과 실천에 대해서 반응하는 내용이다. 이 문제를 연구한 '마가렛 피스터' 라는 분은 다음과 같이 주장한다:

---

51 이런 논의의 대표적인 예로 Margaret A. Feaster, "A Closer Look at Centering Prayer"(San Francisco, CA: Ignatius Press, 2004), http://www.catholicculture.org/culture/library/view.cfm?id=6337을 보라. 또한 Randy England, "The New Age Mystic: Different Path, Same God?" (http://www.ewtn.com/library/NEWAGE/NWMYSTIC.HTM); "Centering Prayer, Catholic Meditation or Occult Meditation?"(http://www.ourladyswarriors.org/dissent/centerprayer.htm); Matthew, "The Errors of Centering Prayer" (May 2007), http://acatholiclife.blogspot.com/2007/05/errors-of-centering-prayer.html. 그는 향심 기도는 뉴에이지적이고, 이교적인 실천이라고 단정적으로 말한다.

이전에 뉴에이지에 심취했다가 개신교로 개종한 분들도 역시 같은 비판을 하는 것을 볼 수 있다. Cf. Marcia Montenegro, "On Contemplating Contemplative Prayer: Is It Really Prayer?" First published in *Midwest Christian Outreach Journal* (February, 2005), modified version with additional information, available at: http://www.christiananswersforthenewage.org/Articles_ContemplativePrayer1.html.

내가 지난 10여 년 동안 했던 뉴에이지에 관한 연구에 있어 나는 향심 기도가 그리스도교적 관상이 아니라는 것과 이런 유형의 기도가 요한 바오로 2세, 라칭거 추기경, 가톨릭 교회의 가르침 또는 아빌라의 성녀 테레사에 의해 권고되지 않은 것이라는 것을 알게 되었다.[52]

피스터는 요즈음 제안되는 관상 기도를 면밀히 조사해 보면 결국 뉴에이지적인 명상과 별반 다르지 않다고 한다.[53] 향심 기도(CP)와 초월 명상(TM)에 몰두했었던 핀바 플래내건(Fr. Finbarr Flanagan) 신부는 향심 기도를 "초월 명상에 그리스도교의 옷을 입혀놓은 것"이라고 한다.[54] 그가 잘 강조하고 있듯이 "페닝턴 수사는 주저함 없이 초월 명상을 추천한다."[55] 그래서 전통적 천주교 입장에 충실하기 원하는 사람들은 관상 기도가 천주교 전통과 연관된 것도 아니고, 더 나아가 기독교적인 것도 아니라고 비판하기도 한다.[56] 이는 결국 자기 최면이라고 강하게 비판하기도 한다.[57]

---

52 Feaster, "A Closer Look at Centering Prayer."

53 우리나라에서 개신교적 입장에서 관상 기도를 비판하시는 분들도 결국은 대개 이와 비슷한 비판을 제시한다. 대표적인 예로 다음을 보라: 원문호, 『관상 기도, 레노바레의 정체성』(서울: 진리수호, 2010), 73, 533-632; 한돌교회 담임 목사인 임헌원, "관상 기도는 신비주의 자아 최면의 행각", available at: http://yesu.net/?document_srl=190951&mid=pray1.

54 Finbarr Flanagan, "Centering Prayer Transcendental Meditation for the Christian Market," *Faith and Renewal* (May/June, 1991): 2.

55 Cf. Pannington, *Daily We Touch Him* (Garden City, N.Y.: Doubleday, 1977), 68.

56 그 대표적인 예로 다음을 보라: The Rev. John D. Dreher, "The Danger of Centering Prayer," http://www.catholic.com/thisrock/1997/9711fea1.asp: "Many people assume centering prayer is compatible with Catholic tradition, but in fact the techniques of centering prayer are neither Christian nor prayer."

57 Dreher, "The Danger of Centering Prayer": "Centering prayer is essentially a form of self-hypnosis."

관상 기도를 다른 종교와 깊이 연관된 것으로 보는 이런 비판이 그렇게 잘못되지 않았다는 것은 현대에 와서 관상 기도를 국제적으로 보급하고 있는 토마스 키팅이 세계종교 간의 대화와 협력을 증진하는 평화 회의의 국제 위원 중 한 사람으로 특히 가톨릭, 개신교, 정교회와 영지주의의 그리스도인 교회는 물론 유대교나 불교, 그리고 모든 다른 종교를 망라해 구별을 두지 않으면서 그동안 그리스도인 전통에서 억제했거나 애매한 채로 방치해두었던 통찰과 수련을 자신이 가르치는 사람들의 삶 속에 다시 도입하려고 시도하고 있는 그의 활동을 통해서도 잘 드러나고 있다.

관상 기도는 결국 아무 생각이 없는 상태를 지향하는 것이다. 심지어 의식 너머의 상태에 이르고 거기 머무르는 것을 지향한다.[58] 이와 같은 소위 관상의 상태가 불교에서 말하는 무념무상(無念無想)의 상태와 과연 어떻게 다른 것인지를 물어야 한다. 물론 이런 질문에 대해서 권명수 교수는 다음과 같이 말한다:

> 그러나 이는 오해이다. 왜냐하면 외적으로 침묵 속에 기도하는 모습이 동양 전통과 비슷하게 보인다고 해도, 내용적으로는 추구하는 목적이 완연히 다르기 때문이다. 이 기도는 동양 명상전통이 추구하는 긴장해소나 마음의 휴식이 아니다. 관상 기도는 예수님께서 오순절이 지나 승천하신 후 성령을 보내주셔서 우리와 함께 해주시는 그분과의 교제와 관계를 위해, 그분에게만 우리의 주의를 쏟는 기도이다.[59]

---

58 권명수, "관상 기도의 이해와 실천".

59 권명수, "관상 기도의 성서적 이해와 실천", 33.

그러나 권 교수가 의존하고 있는 키팅은 의식(意識) 너머의 상태로 인도하는 것을 성령께서 인도하신다고 하는데, 이는 소위 그리스도인들만의 전유물로 생각하느냐고 하면 종교 화합을 위해 앞서는 키팅은 선듯 긍정적으로 대답하지 않을 것이다. 관상 기도를 하고 가르치는 상당수의 지도자들이 동양 종교들의 수행법들을 적극적으로 수용하는 것은 결국 같은 것을 지향(指向)하는 것으로 여겨진다.[60] 생각과 의식 자체를 넘어서야 한다고 생각하니 어떤 종교적 명제를 중심으로 생각하는 것도 넘어서야 한다고 할 것임에 틀림이 없다.

그리스도인들은 단순하게 생각하여 하나님을 바라보며 그 안에서 쉼을 얻는 것이라고 말하고 있지만 그 생각 자체를 넘어서야 하는 것이라고 말하는 그 근본적 이해에 대해 심각하게 질문해야 할 것이다. 관상 기도와 동양의 선(禪)과의 차이가 분명하다고 말하는 권명수 교수께서 인용하는 다음 논의는 결국 관상 기도를 하는 분들이 진정으로 추구하는 궁극적 목적이 무엇인지를 짐작하게 해 준다.

> 옛날에 한 랍비가 한번은 제자들에게 밤이 지나고 새 날이 오는 것을 어떻게 알 수 있는지 말해보라고 했습니다. 한 제자가 "멀리 있는 동물을 보고 양인지 개인지 분간할 수 있을 때 새 날이 아닙니까?"하고 물었습니다. 랍비는 대답했습니다. "아니."또 한 제자가 "멀리 있는 나무를 보고 무화과 나무인지 복숭아 나무인지 분간할 수 있으면 새 날입니까?"랍비는 대답했습니다. "아니." "음, 그렇다면 무엇인지요?"제자들이 물었

60 머톤이 동양 종교의 명상 개념과 연관하여 향심 기도와 관상을 생각한다는 지적은 http://en.wikipedia.org/wiki/Centering_prayer에서도 주어지고 있다: "The Trappist monk and influential writer Thomas Merton was strongly influenced by Buddhist meditation, particularly as found in Zen — he was a lifetime friend of Buddhist meditation master and Vietnamese monk and peace activist Thich Nhat Hanh, and was also an acquaintance of the current Dalai Lama."

습니다. [랍비의 대답은] "너희가 보는 사람들의 얼굴이 다 너희의 자매 형제로 다가올 때, 그 때가 새 날이다. 만약 너희가 이것을 할 수 없다면, 시간이 언제든지 상관없이, 여전히 밤이다."

여기서 말하는 우리의 '모든 남녀'를 '형제'요 '자매'로 보는 것은 신비가의 믿음의 비전에 함께 하는 것이다. **신비가의 핵심적 직관은 하나님 안에서 이 세상의 모든 존재가 서로 일치(unity)하고 하나(oneness) 되는 것이다.** 이것은 관상 상태에로의 진전을 통해 나타나는 관상(contemplation)의 은혜로운 효과로서 가능하다. 이것은 인간의 노력으로 야기되기보다는 "하나님의 선물"로서 주어지는 것이다. 관상 기도는 실재(reality)를 보는 우리의 눈을 점차적으로 하나님의 시각으로 변형시켜가게 하는 것이다.

이상과 같은 신자가 추구하는 비전은 비현실적이거나 허황하다고 생각할 수 있다. 그러나 요즘 점점 드러나고 있는 산업화 · 정보화 사회의 진전으로 야기되는 환경적 위기 속에서 지구의 생존은 하나님 안에서 모든 사람들과 우주의 모든 존재가 서로 상호 연대하는 일을 실현하는 데 달려 있다는 것이 점점 명백해지고 있다. 이러한 현실 인식은 물질 중심의 세계관에서 종교적인 세계관, 곧 하나님께서 우리 세계에 임재(presence)하여 활동하고 계신다는 기독교적 세계관으로 바뀌는 것을 의미한다. 이런 경험은 글자 그대로 신비적(mystical) 영역에 속한다. 그래서 칼 라너는 "미래의 그리스도인들은 신비가가 될 것이다. 그렇지 않으면 그는 전혀 그리스도인으로 있지 못할 것이다"라고 말했던 것이 오늘을 사는 우리들에게 이러한 의미에서 더욱 무게 있게 다가오고 있다고 할 수 있다.[61]

그러므로 권명수 교수와 같은 분들이 추구하는 의식을 넘어서 세계

61 권명수, "관상 기도: 깊은 사귐의 기도", 13. 결론 부분.

에 계속 머물러 있는 진정한 관상가의 모습이 성경적 그리스도인과 과연 일치하는 것인지, 아니지를 깊이 있게 질문하지 않을 수 없을 것이다.

관상 기도의 선구자의 한사람으로 항상 언급되는 토마스 머튼은 그의 말년에 불교와 수피즘(신비주의 이슬람)을 공부하고 이런 말을 했다: "나는 수피즘으로 충만해 있다."[62] 또한 그는 "나는 불교와 기독교 사이에 모순점을 발견할 수 없다 …… 나는 할 수 있는 한 좋은 불교도가 되려고 한다."[63] 머튼은 또한 이렇게 말했다: "아시아, 선(禪), 이슬람 등등 이 모든 것들은 나의 삶 속에 함께 진입해 온다. 이 모든 것을 배제한 채 나 스스로의 수도원 생활을 영위하려는 시도는 바보짓일 것이다."[64]

이와 같은 생각은 머튼의 생각만이 아니다. 관상 기도의 방법을 소개하는 책을 쓴 천주교 지도자인 짐 볼스트는 다음과 같은 주장도 한다:

> 인도의 종교적 상황에서는, 매일의 관상 기도 실천은 우리를 '하나님을 현실화' 한 사람이 되게 해준다고 말할 수 있다. 즉, 우리가 일편단심으로 그분의 '거룩한 현존(darshan)'을 추구하면, 우리의 마음속에 그분의 현존을 체험하게 된다. 우리는 그분을 알게 될 것이고, 그분으로 가득 차게 되고, 점점 더 그분과 같아지고, 그분과 하나가 된다. 완전히 그분이 된다.[65]

---

[62] Robert Baker, *Merton and Sufism: The Untold Story* (Fons Vitae, 1999), 109.

[63] "토마스 머튼의 서구에서의 마지막 날들의 회고", *Monastic Studies* 7/10 (1969), cited in http://truthnlove.tistory.com/entry/%EA%B4%80%EC%83%81%EA%B8%B0%EB%8F%84%EC%9D%98-%EC%9C%84%ED%97%98-%ED%82%A4%EB%A0%88%EB%84%A4-1#footnote_697_11.

[64] Baker, *Merton and Sufism*, 109.

더 나아가서 볼스트는 "인도의 종교들은 '박티-마르가'(bhakti marga)에 대해서 말한다. 즉, 하나님과 일치하는 방법으로 믿음과 신뢰와 사랑의 신심으로 하나님께 자신을 완전히 봉헌하는 것을 말한다. 그리고 하나님과의 일치가 행복과 구원을 가져다준다는 것이다."고 하면서,[66] 다음과 같은 주장으로 나아간다: "'박티' 전통에서 기도는 하나님 현존의 현현(顯現)과 우리의 마음속에 그분이 거처하심으로써 이루어지는 그분과의 일치를 추구하는 관상적 열망이다. 이 전통에서도 기도의 중요한 방법 중의 하나는 그분의 이름('Nam-Jap')을 계속 반복해서 부르는 것이다."[67] 볼스트는 또한 이슬람의 수피즘도 이와 연관시키면서 다음 같은 주장도 한다: "수피종파(Sufism)와 같은 이슬람교 안에서의 관상 운동은 인간의 열망과 추구와 발견의 대상으로 전능하신 하나님이라는 분명한 초점을 가지고 있다. 수피종파도 그분의 이름을 반복해서 부르는 형태의 기도를 사용하고 있다."[68] 이와 같이 볼스트는 하나님과의 합일(合一)이라는 천주교 신비주의의 생각과 인도적 신비 경험, 그리고 이슬람의 수피즘을 연관시키며 이 논의를 하고 있는 것이다.

토마스 키팅도 이렇게 말한다: "관상 기도는, 사고와 언어와 감정을 초월하는 궁극적 신비인 신에게 우리의 마음과 심장과 우리의 온 존재를 여는 것이다. 이것은 우리가 동의할 때, **신과의 합일로 이끌어 주는** 내적 정화 과정이다."[69] 더 나아가서 키팅은 오컬트적인

---

65 Borst, ed., 『관상 기도를 하는 방법』, 인터넷판 파일, 12.

66 Borst, ed., 『관상 기도를 하는 방법』, 인터넷판 파일, 15.

67 Borst, ed., 『관상 기도를 하는 방법』, 인터넷판 파일, 16.

68 Borst, ed., 『관상 기도를 하는 방법』, 인터넷판 파일, 16.

관상지원단 로고

쿤달리니 요가를 추천하기도 한다.[70] 키팅이 수도원장으로 있던 20년간 (1961-81) 세인트 조셉 수도원에서는 불교도, 힌두 지도자들, 그리고 선불교의 선사(禪師) 수즈키(D. T. Suzki)와의 대화를 가졌으며, 이제는 초월적 명상(TM: Transcendental Meditation) 교사가 된 전 트라피스트 수사였던 폴 메리첼이 수도사들에게 초월적 명상을 하는 방법에 대한 강의를 하고 초월 명상 연습 시간을 가지기도 했다고 한다.[71] 최근에 키팅은 종교 다원주의자인 힉(John Hick)의 생각과 거의 같은 생각을 아주 확연히 표현하기도 했다.[72]

또한 코넬 대학교 출신의 켄 블랜처드 박사(Ken Blanchard)는 그리스도인들이 이교 사상을 빌릴 것을 장려하면서 이렇게 말한다: "우리들은 부처, 모하메드, 요가난다, 달라이 라마 같은 위대한 선지자와 영적 지도자들의 지혜의 말씀을 듣게 된다."[73] 예수님 같은 지

69 Thomas Keating, "신적 요법으로서의 향심 기도" 트리니트 뉴스와의 인터뷰에서, 김삼 역, "관상 기도의 위험성"에서 재인용, 강조점은 필자가 덧붙인 것임.

70 키팅이 인도하는 세미나에 대한 비판적 고찰로 다음을 보라: Marcia Montenegro, "Lecture and Meditation Session Led by Thomas Keating," Session Held on May 22, 2005, The Falls Church, Falls Church, VA, available at: http://www.christiananswersforthenewage.org/Articles_KeatingLecture.html.

71 이에 대한 정보는 John D. Dreher, "The Danger of Centering Prayer," http://www.catholic.com/thisrock/1997/9711fea1.asp에서 얻었다. 또한 다음도 보라: http://www.saint-mike.org/Library/Occult/CenteringPrayer.html.

72 그 내용을 한국 관상 기도지원단의 최근호에 번역하여 소개하고 있는 것을 보라. Thomas Keating, "궁극적 신비를 찾는 사람들", 「한국관상지원단 소식지」 9호 (2011년 상반기): 1-5.

73 Ken Blachard, "Preface," to Franz Metcalf & Gallagher Hateley, *What Would Buddha do at Work?* (Ulysses Press, 2001).

도자가 되라고 하며[74] 섬기는 리더십을[75] 강조해 온 블랜처드가 왜 그런 발언을 했을까? 단순히 요청된 서문을 써 준 것일까? 그러나 그가 수많은 뉴에이지 서적들을 추천하고 있음을 생각하면 이것이 우연한 것이 아니라는 생각을 가지게 한다. 예를 들어, 그는 짐 밸러드(Jim Ballard)의 『어린 물결과 늙은 파도 이야기』 2007년도 판의 서문을 썼다.[76] 이 책은 힌두교 구루인 파라마한사 요가난다의 영감을 받아 쓰인 것이다. 이 책은 어린이들에게 신(神)이 곧 모든 것이며, 사람은 신(神)과 하나임을 가르치려고 쓰여졌다. 그 서문에서 블랜처드는 놀라운 선언을 한다: "요가난다는 예수를 사랑했으며, 예수는 요가난다를 사랑했었을 것이다."이와 같은 생각은 그가 추구하고 있는 사상의 방향을 알 수 있게 해준다고 할 수 있다.

〈국제 관상 기도단〉의 바실 페닝턴(Basil Pennington)도 이렇게 말했다: "인류 가족의 영혼은 성령이다."[77] 그러므로 그는 모든 사람들이 종교를 불문하고 성령과 연관되어 있는 것으로 생각하며 그런 뜻에서 모든 사람들이 공유할 수 있는 영성이 있다는 것을 강조하는 것이다.[78]

관상 기도를 상당히 자유롭게 받아들이도록 하는 데 큰 기여를 한 나우윈도 "오늘 나는, 예수께서 하나님의 집의 문을 열어 주려고

---

[74] Ken Blanchard & Phil Hodges, *Lead Like Jesus: Lessons from the Greatest Leadership Role Model of All Time* (Thomas Nelson, 2008).

[75] Ken Blanchard, *Servant Leader* (Thomas Nelson, 2003).

[76] Jim Ballard, *Little Wave and Old Swell: A Fable of Life and Its Passing* (Atria Books/Beyond Words, 2007).

[77] M. Basil Pannington, *Centered Living: The Way of Centering Prayer* (Liguori, Mo.: Liguori Publications, 1999), 104.

[78] 패닝턴의 이런 경향을 잘 비판한 천주교 문서로 John D. Dreher, "The Danger of Centering Prayer"(http://www.catholic.com/thisrock/1997/9711fea1.asp)를 보라.

오셨기 때문에, 모든 사람들은 그들이 예수를 알건 모르건 간에, 그 문으로 들어갈 수 있다고 개인적으로 믿는다. 나는 모든 사람이 신을 향한 나름의 길을 청구하도록 돕는 것이 오늘 나의 부르심이라고 생각한다."고 주장한다.[79] 우리나라 씨튼 수도원 원장인 김성혜 교수도 "스님들이 찾고 있는 불교의 진리도 내 시각에서 보면 하느님이라고 이해하고 있습니다. 진리가 둘이라고 하는 종교는 없습니다. 언어는 다르지만 모든 종교의 길은 연결돼 있습니다."라고 말하고 있다.[80] 이와 같이 상당 수의 관상 기도가들은 기본적으로 종교 다원주의적 입장을 아주 분명히 천명해 가고 있는 것이다.

혹시 이처럼 보편적인 영성 추구로 나아가지 않는다고 해도 관상 기도는 신과의 합일을 추구한다는 의식을 강하게 가지고 있다는 점을 지적하지 않을 수 없다. 관상 기도는 하나님 안에서 쉬는 상태인 관상에 이르기 위해 잘 준비하고 훈련하여 마음을 정화하고 은혜의 주입(infusion of grace)을 통해[81] 궁극적으로 하나님 안에서 쉬는, 즉 하나님과 하나됨을 추구하는 것이라고 할 수 있다. 신학을 깊이 있게 생각하지 않는 사람들은 이것이 별 문제가 없는 것이라고 생각할 수 있지만, 이것은 반(半)-펠라기우스주의(Semi-Pelagianism)의 기본적 사상인 것이다.[82] 기본적으로 관상 기도는 천주교회의 정화, 은혜의 주입(infusion of grace), 그리고

---

79 Henri J. M. Nouwen, *Sabbatical Journey: The Diary of His Final Year* (New York: Crossroad Pub., 1998), 51.

80 남경욱, "깊이 없이 믿는 자가 다른 종교 배척: 종교간 대화 10년 김승혜 씨튼연구원장", 「한국일보」, 2003년 10월 30일(http://news.hankooki.com/lpage/life/200310/h2003103017282323400.htm).

81 이를 천주교에서는 은총의 주부(注賦)라고 번역한다.

82 이 점에 대한 간략하나 핵심적인 논박으로 Louis Berkhof, *Systematic Theology* (Grand Rapids: Eerdmans, 1942) 해당 부분을 보라.

신과의 합일이라는 생각에 깊이 뿌리 내리고 있는 것이다. 관상 기도를 소개하는 말에 주입적 관상이라는 말이 얼마나 많이 나타나고 있는지를 살펴보라. 천주교회에서 주부(注賦)적 관상이라고 번역하므로 개신교도들조차도 주부적 관상이라고 번역할 정도로 이런 생각이 깊이 영향을 받고 있는 것이다.[83] 그러므로 이런 입장에서 은혜의 주입에 의한 주입적 관상을 머톤은 다음과 같이 말하고 있다: "(주입적 관상은) 하나님에 대한 초자연적인 사랑이요, 인식을 말한다. 하나님에 의하여 영혼의 그 정수리에 부어내린, 단순하고 어둑한 것으로서, 관상은 영혼이 직접적이고도 체험적으로 하나님과 만나게 해 주는 것이다."[84] 그러므로 관상 기도는 은혜의 주입을 매우 중요시하면서 그에 의해서 우리가 하나님을 참으로 경험하고 결국은 하나님과의 하나됨을 행해 나가야 한다고 하는 것이다. 관상 기도의 방법 소개의 한 부분에서 볼스트는 다음과 같이 말하기도 한다:

> **첫째,** 천천히, 깊이, 규칙적으로 숨을 쉼으로써. **내가 숨을 들이쉴 때, 나는 그분의 사랑하시는 현존을 들이마신다.** 1초나 2초 동안 숨을 들이마신 채로 머문 후에, 나는 숨을 천천히 완전히 내어 쉬면서 그분이 아닌 모든 것은 전부 몰아 내 보낸다. 나는 나의 모든 시간을 이런 식으로 보낼 수 있다.

> **둘째, 나의 숨 쉬는 리듬에 맞추어 나는 그분의 이름을 부른다.** 그분의 이

---

83 이런 은총의 주부에 의한 관상을 '주부적 관상'이라고 한다. 엄두섭, 오방식 등 개신교 소개자들도 이 용어를 그대로 사용하는 성향이 있다. Cf. 엄두섭, "주부적 관상 기도", 「한겨레」(http://blog.naver.com/peacebel/60002010395); 오방식, "관상 기도의 현대적 이해", 제 4 장: "주부적 관상과 관상 기도".

84 Thomas Merton, *What is Contemplation?* (Springfield, IL: Templegate Publishers, 1950), 36.

름을 반복해서 부른다. 나는 숨을 들이쉬는 동안에 '예수님'의 이름(또는 '아빠', 나의 아버지)을 3번 반복해서 부르고, 숨을 내쉴 때에도 3번 반복해서 부른다.[85]

볼스트의 이런 표현은 관상 기도가 얼마나 신과의 합일(合一)이라는 생각과 밀접히 관련되어 있는지를 잘 알 수 있게 한다. 관상은 주입적인 것이고 그 상태에서 우리는 순전히 수동적이라고 하면서도 그에 이르기 위해 인간이 노력해야 함을 강조하는 것에서 관상 기도의 신인협력주의의 특성을 드러내는 것이다. 사실 순전한 주입적 관상(注入的觀想)을 강조하는 '십자가의 요한'도 성숙한 관상의 상태에 이르기 위해서는 교육과 훈련이 필요하다고 했었다.[86] 관상이 은혜의 선물임을 강조한 오방식 교수도 이를 소개하는 글을 마칠 때는 "**꾸준한 기도 수련을 함으로써** 하나님의 은혜로 끊임없이 변화하고 성숙하는 삶이 이루어지기를 소망한다."고 마치고 있는 것이다.[87]

관상 기도를 주장하는 분들이 늘 강조하여 말하는 아빌라의 테레사는 자신이 말하는 영적 진전의 마지막 단계를 "하나님과의 영적인 결혼"이라고 부르면서, "이 영적인 결혼에서 인간의 영혼이 하나님과 하나가 되는데, 이 분은 영이시기 때문에 영적으로 그 사랑을 어느 정도 특정한 사람들에게 보여주심으로써 그분께서 우리를 향하신 사랑을 나타내시고 우리가 그분의 위대하심을 찬양하기를 기뻐하셨다."고 말한다.[88] 그런데 이 종국적 일치는 "주님께서 이루시는 것이

---

85 Borst, ed., 『관상 기도를 하는 방법』, 인터넷판 파일, 21.

86 이 점을 잘 드러내고 지적한 논의로 F. C. Happold, *Mysticism: A Study and An Anthology* (Baltimore: Penguin Books, 1964), 73을 보라.

87 오방식, "관상 기도의 현대적 이해", 나가는 말 마지막 부분.

88 Teresa of Avila, *Interior Castle*, 214.

며 위대하신 분께서 이런 호의를 우리에게 베풀지 않으시면 우리는 아무것도 할 수 없지만, 그럼에도 불구하고 우리는 이 일을 위하여 스스로를 아주 많이 준비(準備)할 수 있다"는 것이 테레사의 생각이다.[89] 그러므로 대부분의 관상가들은 하나님의 힘으로만 연합이 이루어진다고 하면서도 인간이 이를 위해 준비해야 한다고 하면서 많은 고행(苦行)과 노력(努力)을 강조하는 공통점을 드러낸다.

이 모든 점을 살펴 볼 때 이와 같은 생각을 하는 분들이 지도하는 기도 운동인 관상 기도를 따라 가려고 하는 것은 복음에 충실하려는 한국 그리스도인들이 추구할 바가 아닐 것이다.

5. 결론

우리들은, 다른 문제에 대해서도 그리해야만 하는 것처럼, 관상 기도가 근거하고 있는 사상적 기저(基底)가 어떠한 것임을 유의하지 않을 수 없다. 최소한으로 말한다고 해도 관상 기도는 인간의 노력과 하나님의 도움이 합하여 정화(淨化), 주입(注入), 합일(合一)의 단계에로 나아가려는 반(半)-펠라기우스주의적인 천주교적 사상을 토대로 하고 있다. 그래서 대부분의 관상 기도 운동가들은 다음과 같이 주장한다: "관상 기도는 종교개혁과 함께 잠적해 버리게 되었다. 관상 기도가 잠적해 버렸던 17-19세기는 영성을 잃어버린 암흑의 시기였다."[90] 그러므로 관상 기도는 종교개혁적 원리와 대립하는 것이라

---

89 Teresa of Avila, *Interior Castle*, 104.

90 관상 기도를 강조하는 거의 모든 분들이 이를 말하나, 이는 "영적 여정의 배경"이라는 이건종 목사의 강의안에서 인용하였다 (그런데 이 강의안은 여러 사람의 것을 발췌한 것으로 보인다).

는 것을 드러내고 있다.

더 나아가서 최대한으로 (최악의 형태에서) 보면 관상 기도는 그런 사상을 넘어 보편 종교적인 영성을 추구하고 있는 것이라고 결론내릴 수 있을 것이다. 그러므로 관상 기도는 그 최소한의 모습에서라도 "오직 성경"의 원리(the principle of '*sola scriptura*')에 근거하여 신앙생활을 하려는 개신교인들이 따라 갈 수 있는 것이 아님이 아주 분명하다.

6. 그러면 우리는 어떻게 할 것인가? 실천적 제안

이상에서 우리들은 관상 기도가 성경적이고 복음주의적인 기도 방법이 아니라는 것을 분명히 확인하였다. 그러면 이제 우리는 어떻게 할 것인가? 우리나라 안에 이런 관상 기도가 있지 않도록 하기 위해 우리가 해야 할 실천적인 제안을 한다면 다음과 같다.

첫째로, 우리는 참으로 성경적이고 참으로 하나님과 교제하는 기도에 힘써야 한다. 성경이 말하는 참된 기도는 결국 그리스도의 십자가 구속에만 의존하여 성령님의 감화 안에서 삼위일체 하나님과 교제하는 것이다. 그런 기도만이 참된 기도라는 것이 분명해지고, 우리가 참으로 그런 기도를 하면 십자가에만 의존하지 않는 반펠라기우스주의적 기도의 습관이 우리에게 있을 수 없을 것이고, 다른 종교 안에도 특별은총적 성령의 역사가 있다는 식으로 논의하는 그런 관상이 우리에게 전혀 접근할 수 없게 될 것이다.

---

available at: http://www.dangdangnews.com/news/articleView.html?idxno=9502.

우리에게 삼위일체 하나님과 함께 교제하는 진정한 기도가 없고, 성경이 말하는 삼위일체적인 기도를 잘 모르기에 다른 사상적 배경을 지닌 관상 기도가 우리들에게 쉽게 침투해 오는 것이다. 다시 한 번 더 강조하자면 그리스도께서 십자가에서 이루신 구속에만 근거해서 성령님의 감화 가운데서 삼위일체 하나님과 교제하는 기도에 힘써야만 관상 기도를 비롯한 잘못된 운동을 극복할 수 있다. 성도들이 기도하지 않으면 이상한 기도 운동이 일어나게 되는 것이다.

둘째로, 관상 기도의 주장자들이 말하는 성경 구절들(계 1:7, 계 3:20, 시 145:5, 시 19:14, 시 46:10, 시 116:9, 마 5:8 등)이 관상 기도 주장자들이 말하는 대로 이용되지 않도록 그 본문들의 진정한 의미를 잘 주해하여 생각하므로 참으로 하나님 앞에서 가만히 있어야만 한다(시 46:10 참조).[91] 그것이 관상 기도 주창자들이 말하는 대로 하나님을 바라보는 "관상"이 아니라는 것을 잘 알아야만 한다. 관상 기도를 소개하는 논문을 쓴 오방식 교수는 "성경 안에 관상으로 번역되는 단어는 없다. 관상의 성서적 근거를 제시하기 위하여 본문의 본래적 의미를 무시하고 성경구절을 인용하는 것은 경계할 필요가 있다"고 바르게 지적한다.[92] 거의 모든 잘못된 운동이 그러하듯이 관상 기도도 성경 구절들을 잘못 해석하고 오용하는 방법으로 성도들을 유혹하는 것이다. 그러므로 말씀을 가르치며 선포하는 책임

---

[91] 시편 46:10에 대한 관상 기도자들의 주장을 논박하고 문맥적 의미를 드러낸 논의의 예로 다음 글을 보라: http://www.christiananswersforthenewage.org/Articles_MeditationPsalm.html.

[92] 오방식, "관상 기도의 현대적 이해", 「장신논단」 30 (2007): 271-310, 인용은 각주 11에서 온 것임. 그런데 이런 바른 지적을 하고서는 오방식 교수는 다시 "그러나 관상이라는 용어가 없다고 관상 자체를 부인하는 것도 잘못이다"고 하면서 천주교 영성 사전의 "contemplation" 항목을 쓴 William Shanon을 따라서 요한복음 14장-17장, 바울의 '그리스도 안에' 라는 표현, '그리스도의 몸' 등의 표현을 이와 연관시키고 있다. 안타까운 일이다. 오방식 교수가 처음 했던 말에 충실했으면 더욱 좋았을 것이다.

을 맡은 분들은 성경을 정확히 주해하여 그 의미를 밝히 드러내어 주고, 성도들은 항상 성령님 앞에서 깨어 있는 자세로 설교와 강의를 들어서[93] 가장 성경적인 방식으로 나아가도록 힘써야만 한다. 우리들은 언제나 성경의 가르침에 근거하여 기도에 대해서 배우고 그런 성경적 기도를 하려고 해야 할 것이다.

셋째로, 어떤 것이든지 그 근원적 사상을 파악하는 것에 힘써야 한다. 유행하는 것을 그대로 따르지 말고, 모든 것을 근원부터 미루어 자세히 살피는 태도가 누가에게만 필요한 것이 아니라 모든 그리스도인들에게 요구되는 것이다. 모든 그리스도인들이 그리한다면 관상 기도를 비롯한 모든 잘못된 유행이 우리에게 유행할 수 없게 되는 것이다.

---

93 성도들의 이런 바른 태도에 대한 논의로 다음을 보라: 이승구, "우리 시대에 설교와 종교적 강의를 듣고 보는 성도들의 자세에 대하여: 책임 있는 설교 듣기를 위한 제언", 『기독교 세계관으로 바라보는 21세기 한국 사회와 교회』(서울: SFC, 2005), 279-87.

3

로마 가톨릭 교회의 의화(義化) 이해와 개신교의 칭의(稱義) 이해의 차이

영어로 "justification"이라고 부르는 것을 우리나라에서는 천주교회와 개신교회가 서로 다르게 번역한다. 여기서 천주교회가 "justification"에 대해 이해하는 바가 개신교회와 다르다는 것이 아주 분명히 나타난다. 천주교회에서는 "justification"을 그들이 즐겨 사용하는 라틴어(*justus* + *facere*)의 본뜻에 따라 "의롭게 만든다"는 의미로 이해한다. 그래서 의화(義化)라는 번역어를 쓰기를 즐겨한다. 로마 가톨릭 교회는 자신들의 의화(義化)론을 발전시키면서 13세기 토마스 아퀴나스가 정리한 이해를 상당히 그대로 유지하고 있고, 종교 개혁 이후에 열린 트렌트 종교회의에서 아주 명확하게 자신들의 교의적 입장을 천명하였다. 지금까지 공식적으로 그 견해가 바뀌지 않았기 때문에 우리나라에서 천주교회라고 부르는 로마 가톨릭 교회의 의화(義化) 이해는 아퀴나스와 트렌트 공의회의 결정문을 중심으로 정리해도 사실에서 그리 벗어나지 않은 것이라고 할 수 있다.

이와는 대조적으로 개신교회에서는 "justification"을 이와 연관된 용어들이 사용된 성경의 용례에 주의하면서 의롭다고 칭한다는 뜻으로 "칭의"(稱義)라고 번역한다. 이 번역어 속에 이미 의롭다고 선언하는 법정적 선언(legal declaration)이라는 의미가 들어 있는 것이다. 이런 개신교의 칭의 이해는 천주교적인 의화 이해에 의식적으로 대립하여 서 있는 칭의(稱義) 이해이다. 이 일에 선구적 역할을 한 루터의 칭의 이해를 칼빈과 다른 개혁자들이 거의 그대로 가지고 있다고 할 수 있다.[1] 그러므로 개신교의 칭의 이해를 말할 때는 주로 루터와 칼빈의 칭의 이해를 중심으로 논의하여도 사실에서 그렇게 먼 것은 아니라고 할 수 있다.

1. 천주교회의 의화(義化) 이해

대부분의 천주교 사상가들은 원죄를 강조하고 인간의 타락의 영향을 상당히 인정하면서도 타락한 이성과 의지가 어느 정도는 하나님의 뜻을 알 수 있고, 어느 정도는 그것을 수행할 수도 있다고 한다. 특히 하나님의 은총이 주어진 후에는 **하나님 앞에서 공로로 여겨질 수 있는** 선행도 수행할 수 있다는 것을 매우 강조한다. 천주교 신학에서는 타락한 인간이 구원받으려면 십자가의 공로만으로 구원이 완성되는

---

[1] 루터파와 여러 면에서 논쟁을 했던 17세기 개혁파 사람들도 루터의 칭의 이해를 그대로 가지고 있으면서, 칭의 이해를 전체 종교개혁의 원천으로 여겼다는 좋은 논의로 Jaroslav Pelikan, *The Christian Tradition: A History of the Development of Doctrine*, vol. 4: *Reformation of the Church and Dogma (1300-1700)* (Chicago and London: Chicago University Press, 1984), 138f.를 보라.

것이 아니고 인간이 은총에 근거해서 하나님 보시기에 선한 것을 어느 정도는 행해야만 죽은 뒤에 "하늘"(heaven)에 속할 수 있다고 가르친다. 그러므로 천주교회의 구원론은 예수 그리스도의 십자가의 공로에 더하여 은혜에 근거하여 우리가 행하는 선행의 공로가 있어야 온전한 구원이 이루어진다고 하는 것이다. 이것을 넓은 의미의 "반(半)-펠라기우스주의"(Semi-Pelagianism)라고 할 수 있다.[2]

천주교의 이런 구원론, 특히 그들의 의화론(義化論)은 1546년 6월 21일부터 1547년 1월 13일까지 열린 트렌트 공의회 제6회기(6th session)에서 구체적으로 논의되고 규정되었다(의화에 대한 교령). 그것은 다음과 같이 요약할 수 있다.[3]

(1) 트렌트 회의의 결정문에 따르면, 의화(義化)는 상당히 포괄적으로 이해되고 있다. 트렌트 공의회 제6회기 제7장에 의하면 "의화는 단지 죄들의 용서만이 아니고 …… 은혜와 은사를 자발적으로 받음을 통한 성화와 내적인 사람의 새로워짐을 다 포함한다. 이로써 사람은 더 이상 불의한 사람이 아니라 의로운 사람이 되는 것이다."고 말한다.[4] 대부분의 개신교도들은 여기서 천주교회가 개신교회가

---

[2] 좁은 의미의 반(半)-펠라기우스주의는 John Cassianus of Marseilles, Faustus of Rhegium, Gennadius of Massilia 등의 사상을 지칭하는 것으로 이들의 사상은 Orange 공의회(529)에서 정죄되었다. 이에 대해서는 Louis Berkhof, *The History of Christian Doctrines* (Grand Rapids: Eerdmans, 1937, paperback edition, Grand Rapids: Baker, 1975), 137-38, 207-208; George Park Fisher, *History of Christian Doctrine* (Edinburgh: T. & T. Clark, 1896), 195-98을 보라.

우리가 여기서 반(半)-펠라기우스주의(semi-Pelagianism)이라고 할 때는 이런 좁은 의미가 아니라 천주교 주류 사상으로서의 천주교 구원론을 지칭하여 이르는 말이다. 루터는 에라스무스가 펠라기우스적 이단을 다시 살려내고 있다고 비난했었다.

[3] 이하에서 트렌트 공의회의 내용을 현대 가톨릭교회 교리서의 내용과 함께 소개하도록 하겠다. 현대 가톨릭교회 교리서 내용은『가톨릭교회 교리서』, 1권-3권, 제2판 6쇄 (한국 천주교 중앙협의회, 2011)에서 온 것이다.

[4] *The Church Teaches: Documents of the Church in English Translation*, edited by John F. Clarkson et al. (St. Louis: B. Herder, 1955), 233. See also DS 1528. 또한『가톨릭 교회

칭의라고 부르는 것과 성화라고 부르는 것을 합하여 이해하려고 하고 있음을 발견한다.[5] 트렌트 공의회의 교리 선언(decree)에 따라 나오는 교회법령(canons)에서는 다음과 같이 말하기도 한다:

> 만일에 어떤 사람이 그리스도의 의의 전가(the imputation)로만 또는 죄들의 용서로만 칭의받는다고 하면서 성령으로 그들의 마음에 쏟아 부어지고 그들 안에 있게 되는 은혜와 사랑을 배제하거나 우리를 칭의하는 은혜가 오직 하나님의 선하신 뜻일 뿐이라고 한다면 그에게 저주가 있을찌어다.[6]

(2) 따라서 트렌트 공의회에서는 기본적으로 의화(justification)가 은혜의 주입(an infusion of grace)으로 이루어진다고 본다. 그리고 이는 사람의 영적, 도덕적 본성을 낳는다고 한다. 하나님의 은혜에 협력할 수 있게 하는 주입된 의를 주는 것이 의화라는 것이다. "의화(justification)로 죄를 용서함 받은 사람은 의화의 행위로부터, 그가 그에게로 연합되어진 예수 그리스도를 통하여 믿음, 소망, 사랑의 주입된 은사들을 받게 된다"고 한다.[7] 기본적으로 천주교에서 의화는 법정적인 것으로나 선언적 행위로 이해되지 않고, 성화를 낳는 은혜의 주입으로 이해되고 있는 것이다.

교리서』, 1권-3권, 제 2판 6쇄 (한국 천주교 중앙협의회, 2011), 727(#1989)도 보라.

5 이는 매우 전통적인 지적이나 특히 이를 명확히 말하는 것으로 A. A. Hoekema, *Saved by Grace* (Grand Rapids: Eerdmans, 1989), 163을 보라. 또한 Michael Horton, *For Calvinism* (Grand Rapids: Zondervan, 2011), 134도 보라: "Justification is collapsed into sanctification."

6 *The Church Teaches*, 243.

7 *The Church Teaches*, 234: "Whence in the very act of being justified, at the same time that his sins are remitted, a man receives through Jesus Christ, to whom he is joined, the infused gifts of faith, hope, and charity."Cf. 『가톨릭 교회 교리서』, 727(#1991).

(3) 그러므로, 트렌트 공의회에서는 오직 믿음만으로 의화된다고 하면 안 된다고 선언한다. “만일에 어떤 사람이 죄인이 믿음만으로(by faith alone) 의화된다고 말한다면, 그에게 저주가 있을찌어다.”[8] 물론 천주교에서는 어떤 의미에서 우리는 믿음을 통해 의화된다고 할 수도 있음을 용인하는 표현을 한다: “우리는 ‘믿음이 사람의 구원의 시작이요, 모든 칭의의 토대요 원천이라는 뜻에서 우리는 믿음을 통해서 의화된다는 표현을 할 수도 있다.”[9] 그러나 트렌트에서는 믿음으로 시작하여 여러 준비의 단계들이 있어서 그런 준비의 과정을 거쳐서 의화 되는 것으로 이해되는 것이다. 그리고 의화를 준비하는 단계의 신앙은 “아직 형성되지 않은 신앙”(*fides informis*=unformed faith)이라고 여겨진다.[10] 은혜의 주입에 의해 주어진 사랑에 의해 열심히 일할 때, 즉 “사랑으로 형성된 신앙”(*fides caritate formata*)만이 의화하는 믿음(justifying faith)라는 것이다. 그런데 천주교에서는 처음 은혜의 주입이 세례 때에 주어진다고 보므로 이들은 칭의의 수단적 원인을 세례라고 한다.[11] 그리고 원죄의 죄책과 부패성을 씻어 주는 세례에서 첫 번째 의화(the first justification)를 얻는 것으로 언급하기도 한다.

(4) 그리고 트렌트 공의회의 가르침에 의하면 일단 주어진 의화의 은혜도 상실될 수도 있다고 한다. “우리들은 또한 한번 주어진 의화의 은혜는 믿음의 상실의 원인이 되는 불신으로만이 아니라, 믿음

---

8 *The Church Teaches,* 243 (Canon 9).

9 *The Church Teaches,* 235.

10 이런 개념들에 대해서는 Louis Berkhof, *Systematic Theology* (Grand Rapids: Eerdmans, 1938), 509; Hoekema, *Saved by Grace,* 164 등을 보라.

11 *The Church Teaches,* 233-34. Cf.『가톨릭 교회 교리서』, 727(#1992): “의화는 신앙의 성사인 세례로 주어진다.”

이 있어도 다른 중죄들(mortal sins)에 의해서도 상실될 수 있다고 주장해야만 한다."[12] 그러나 고해성사를 행하면, 이 고해성사를 통해서 의화의 은혜가 다시 회복된다고 가르친다(Chapter 14 of Session 6).

또한 열심히 노력하면 의화로 얻은 의가 더 증진되기도 한다는 것이 트렌트의 가르침이다. "그러므로 의화되어 하나님의 친구가 된 사람들은 하나님의 계명들과 교회의 계명들을 지킴을 통해서, 즉 선행과 함께 하는 신앙을 통해서 그리스도의 은혜를 통하여 받은 의 가운데서 증진하고 더 의화된다."[13] 그러므로 그들은 이렇게도 말한다: "만일에 어떤 사람이 이미 받은 의가 하나님 앞에서의 선행을 통하여 더 증진된다고 하지 않는다면 그는 저주를 받을찌어다."[14] 그러므로 천주교에서는 의화 때에 우리에게 주어지는 의를 우리 안의 내면적인 어떤 것이라고 보는 것이며, 그러기에 이는 줄어들거나 상실되거나 또 회복되거나 증진될 수 있다고 보는 것이다.

(5) 그러므로 트렌트 공의회에서 아주 명백하게 드러난 천주교 구원 이해는 구원의 과정을 중요시해서 말하는 구원론이라고 할 수 있다. "아직 형성되지 않은 신앙"(*fides informis*)이 있고, 세례 때에 주어지는 은혜의 주입이 있고, 그에 의해 사랑으로 형성된 신앙(*fides caritate formata*)이 있고, 이와 같이 더한 의화를 공로로 얻어 나가고, 또 선행을 계속하여 그 공로로 얻는 '점증하는 의의 단계', 그리하여 종국에 '영생을 공로로 얻는 단계'가 있는 것이다. 이

---

12 *The Church Teaches,* 240 (Chapter 15).

13 Philip Schaff, *The Creeds of Christemdom* (New York: Harper, 1877), 2:99 (Chapter 10).

14 *The Church Teaches,* 245.

런 이해를 반영하면서 트렌트 공의회에서는 다음 같이 선언하였다:

> 만일에 어떤 사람이 칭의받은 사람의 선행을 그 사람 자신의 선한 공로가 아닐 정도로 하나님의 은혜라고 하거나, 칭의받은 사람이 하나님의 은혜와 예수 그리스도의 공로를 통해 그가 행하는 선한 일들로 은혜가 증진(an increase of grace)된다고 말하지 않고, 영생을 참으로 공로로 받을 만하지 못하다고 말한다면, 그가 은혜의 상태에서 죽었을 때 그가 행한 것으로 영원한 생명을 얻음과 영광의 증진을 공로로 받을 만하지 못하다고 말한다면 그에게 저주가 있을찌어다.[15]

물론 오늘날 여러 천주교 신학자들은 상당히 개신교적으로 들리듯이 구원론을 제시하는 일이 있다. 예를 들어서, 현재 천주교의 은퇴한 교황(베네딕트 16세)인 라칭거는 "인간은 십자가로 구원된다"고 하면서, "인간이 자신의 구원에 이르려면 [이를] 받아들이는 수밖에 없다"고 말한다.[16] 또한 바울의 강조점이 "선업에 의한 의화"(Werkgerechtigkeit)를 반대하는 데 있었다는 것도 주장한다.[17] 이와 함께 그는 "우리는 자신의 의화 시도를 포기하여야 한다"고 까지 말한다.[18] 이런 말들은 상당히 개신교적인 이해 같이 들린다.

그러나 최종적으로는 인간이 스스로 주어진 복음을 받아들이지 않을 수 있는 가능성을 열어 놓고 있는 듯한 표현이 나타난다. 그는 "이 가장 필요한 것이 동시에 가장 자유롭고 강요될 수 없는 것"이라

---

15 *The Church Teaches*, 246 (Canon 32).

16 이에 대해서 Joseph Ratzinger, *Einführung in das Christentum* (1968), 장 익 역, 『그리스도 신앙, 어제와 오늘』 (왜관: 분도출판사, 1974), 209를 보라.

17 Ratzinger, 『그리스도 신앙, 어제와 오늘』, 210.

18 Ratzinger, 『그리스도 신앙, 어제와 오늘』, 226.

고 하면서 “이렇게 받아들이기를 거절한다면 인간은 자기를 파괴해 버린다”고 말한다.[19] 또한 그는 십자가의 피 자체가 속죄 수단이 되는 것이 아니고, 그것은 “끝까지 간다고 한 사랑의 구현”을 표현하는 것이라고 해석한다. “이 피는 그의 헌신과 봉사의 온전함의 표징, 즉 자기 자신 이상도 이하도 바치지 않는다는 총괄적 표현이다”고 하면서 “모든 것을 주는 사랑의 표출, 이것만이 히브리서에 의하면 세상의 참 화해였다”고 말한다.[20]

그러므로 고전적인 천주교회의 의화 이해는 점증하여 가는 은혜의 과정에 인간들이 참여하면서 은혜를 더 얻게 하며 그 공로로 얻는 은혜에 따라 더 증진하여 종국적 영생을 공로(merit)로 얻게 하는 것으로 제시되고 있는데 비해서, 현대 일부 천주교 신학자들은 바울의 표현 방식을 상당히 받아들이는 것 같으면서도 좀 더 표현하여 인간 스스로가 주신 은총을 저버릴 수 있음을 강조하여 자유와 책임을 더 강조하는 경향을 보이고 있다고 할 수 있다. 그러나 예전이나 오늘날에나 천주교회에서는 의화(justification)라는 말로서 사람이 실제로 거룩해지는 과정을 생각하는 것이다.[21]

2. 개신교회의 칭의 이해와 구원론

개신교회에서는 천주교의 이해를 성경의 가르침에 비추어 비판하면서, 우리가 의롭다함을 받는 것이 처음부터 끝까지 하나님의 은혜로

---

19 Ratzinger, 『그리스도 신앙, 어제와 오늘』, 209.

20 Ratzinger, 『그리스도 신앙, 어제와 오늘』, 226.

21 일반적인 진술이나 이 점을 지적하는 논의로 Horton, *For Calvinism*, 134.

만 이루어지는 것이기에 우리의 행위나 공로가 개입될 여지가 전혀 없고 오직 예수 그리스도의 십자가에서 이루신 구속의 공로를 믿음으로만 의롭다 하심이 이루어진다는 것을 강조한다. 여기 그렇게 판단한 이유는 "오직 성경" 때문이다. "오직 성경"의 원리를 흔히 "종교개혁의 형식적 원리"라고 한다. 그리고 성경에서 찾아낸 오직 믿음으로만 얻어지는 칭의, 즉 "이신칭의"를 "종교개혁의 내용적 원리"(질료적 원리)라고 한다.

성경이 오직 믿음으로만 의롭다 하심을 받는다고 하기에 개신교도들은 철저하게 믿음으로만 칭의함 받음을 강조하고, 이 교리와 함께 교회가 함께 서고 넘어진다고 표현하기를 즐겨했다. 성경이 말하는 칭의는 불의한 죄인을 오직 믿음을 통해서 그에게 주어진 오직 그리스도의 의에만 근거해서 하나님 앞에서 의롭다고 선언하는 것이다. 칭의는 "우리를 의로운 자로 애호의 대상으로 하나님께서 받아들이시는 받으심이다. 이것은 죄 용서와 그리스도의 의의 전가로 이루어지는 것이다."[22] 그러므로 성경과 이를 따르는 개신교에서는 칭의는 법정적 선언(a verdict, a declaration)이라는 점을 강조한다. 여기서 언급되는 의(義)는 우리가 행한 의(義)가 아니라 우리에게 주입되어(infused) 우리가 앞으로 행하는 의(義)도 아니며, 오직 우리에게 전가된(imputed) 그리스도의 의(義)일 뿐이다. 그래서 칼빈은 "전가적 칭의"(imputative justification)이라는 말도 쓰고 있다.[23] 이런 칭의는 그리스도인의 삶의 원천이라고 할 수 있다.

---

[22] John Calvin, *Institutes of the Christian Religion*, LCC edition, edited by John T. Mc Neill, translated by Ford Lewis Battles (Philadelphia: Westminster, 1960), 3. 11. 2 이하에서 이 책으로부터의 인용은 다음과 같이 약하기로 한다. Calvin, *Institutes*, 3. 11. 2.

[23] John Calvin, *Commentary on the Epistle of Paul the Apostle to the Romans*, trans. and ed., John Owen, reprinted edition (Grand Rapids: Baker, 1966), 186.

이런 "칭의와 관련해서 신앙은 그저 수동적인 것이니, 하나님의 애호를 받도록 자기 자신의 것을 아무것도 가져오지 못하고 우리가 필요로 하는 것을 그리스도로부터 받는 것뿐이다."[24] 이신칭의에서 말하는 신앙은 "하나님으로부터의 은사"이며, 이는 "다른 이[즉, 그리스도]의 의로 우리를 싸 주시는 것이다."[25] 그러므로 이 신앙에 의해 칭의함을 받는 것은 이것이 덕스럽거나 어떤 것을 수행해서가 아니라 오직 그 대상이 되시는 그리스도 때문에 이루어지는 것이다. 칼빈이 잘 표현한 대로, "우리의 신앙은 결코 완전하지 않다. …… 우리는 부분적으로 불신자들이다."[26] 우리는 우리의 공로나 능력이나 심지어 우리의 신앙에 근거해서 의롭다함을 받는 것도 아니다. 타락한 인간은 조금이라도 구원에 기여하는 것이 없다고 성경이 말하기 때문이다(엡 2:1, 5 참조). 만일에, 천주교회에서 가르치는 것대로 한다면, 결국 구원은 하나님께서 하신 일에 인간의 공로가 더하여 이루어지는 것이 되기 때문이다.

이런 성경적 칭의 이해가 사라지게 되면 그것은 복음이 사라지는 것이며, 교회가 제대로 서지 못하는 것이 되고 만다. 칼빈은 사돌레 추기경에게 보내는 답변서에서 "칭의에 대한 (성경적 바른) 지식이 없어지게 되면, 그리스도의 영광이 제거되고, (바른) 종교가 폐지되며, 교회가 파괴되고, 구원이 소망이 완전히 저버려지게 된다"고 선언하였다.[27] 그래서 이제는 아주 유명해진 말로, 칼빈은 "칭의가 (참된) 종교가 그에 의해 움직여지는 중요한 경첩(the principal

---

[24] Calvin, *Institutes*, 3. 13. 5.

[25] Calvin, *Commentary on the Romans*, 159.

[26] John Calvin, *Commentary on the Synoptic Gospels*, 2:325.

[27] John Calvin, "Reply to Sadoleto,"in *Tracts and Treatises of John Calvin*, 3 vols. (Grand Rapids, MI: Eerdmans Publishing Company, 1948), 1:41.

hinge)"이요 "모든 경건의 요약"(the sum of all piety)이라고 하였던 것이다.[28]

그러나 개신교의 칭의 이해와 관련해서 매우 중요한 점은 루터와 칼빈, 그리고 그들을 제대로 이해하는 사람들 모두가 칭의는 반드시 성화를 낳는다는 점을 강조했다는 것이다. 특히 개혁파 서클에서는 하나님의 영광을 증진시킬 관심을 가지고 하나님의 뜻에 순종하는 것이 기독교적인 삶의 과제가 되었다.[29] 칭의를 위해 그리스도에게 철저히 의존하는 사람들은 성화에서도 그리스도에게 철저하게 의존하는 것이다. 개혁파적 이해에서는 "성화도 칭의 만큼이나 그리스도의 은덕인 것이다."[30] 그리고 칭의는 항상 성화의 근거로 여겨졌다. 이런 의미에서 불링거는 칭의를 "복음적이고 사도적 교리의 …… 머리요 원천이다"고 한 바 있다.[31]

3. 비교와 우리의 갈 길

천주교회의 의화 이해와 개신교회의 칭의 이해를 구체적으로 살핀 후에 우리들은 어떤 생각을 할 수 있을까? 그들이 결국 같은 이야기를 하고 있는 것이라거나, 그들의 이야기가 각각 일리 있는 것이어서 그 둘 모두로부터 배워야 한다고 하는 것은[32] 전혀 있을 수 없는 것

---

[28] Calvin, *Institutes*, 3. 11. 13; *Institutes*, 3. 16. 7.

[29] Herman Bavinck, *Reformed Dogmatics*, trans. John Vriend (Grand Rapids: Baker Academics, 2006), 3:528

[30] Bavinck, *Reformed Dogmatics*, 3:528: "Sanctification is as much a benefit of Christ as justification."

[31] Heinrich Bullinger, *Five Decades of Sermons*, 3:9 (Zurich, 1552:155r.), cited in Pelican, *The Christian Tradition*, 3:139.

이다. 이 두 가지 다른 이해는 결국 서로 다른 세계관에서 나왔다고 할 정도로 심각하게 다른 입장을 반영하고 있다.[33] 하나는 구원에 있어서 인간의 기여점이 있을 수 있음을 찾는 입장이고, 다른 하나는 인간이 그야말로 전적으로 타락하여 구원에 있어서 그 어떤 기여점도 찾을 수 없다는 입장이다. 하나는 인간이 하나님의 은혜에 협력하여 구원을 이루어 가야 한다는 입장이고(synergism), 다른 하나는 오직 하나님 혼자의 힘으로만 구원이 이루어진다는 입장이다(monergism). 하나는 은혜에 근거해서 열심히 노력하여 그 공로(merit)에 근거하여 더 진전하자는 입장이고, 다른 하나는 오직 하나님의 은혜로 구원함을 받았으니 감사해서 헌신하자는 입장이다. 하나는 최소한도라도 인간의 공로의 여지가 있다는 입장이고, 다른 하나는 인간은 구원에 있어서 그 어떤 공로의 여지도 가지지 않는다는 입장이다. 이 둘은 궁극적으로 "이것이냐/저것이냐"(either/or)일 수밖에 없다. 그러므로 오늘날 우리 주변에서 이 문제와 관련하여 둘 다(both-and)를 취하자는 입장이 일어나는 것을 매우 경계해야 할 것이다. 의화(義化)와 칭의(稱義)의 차이는 단순히 justification을 달리 번역한 정도가 아니라 서로 다른 세계관을 반영한 차이이기 때문이다.

---

32 오늘날은 이런 분위기가 팽배해 있고, 그 결과 천주교, 성공회, 감리교회가 칭의에 대한 공동의 선언을 하기에 이르렀다. 이 문제에 대한 깊은 논의로 이승구, 『우리 사회 속의 기독교』(서울: 나눔과 섬김, 2010), 해당 부분을 보라.

33 금세기 초에 천주교회와 개신교회를 또 다른 세계관들과 함께 상당히 다른 세계관의 차이로 설명한 좋은 예로 Abraham Kuyper, *Lectures on Calvinism* (Grand Rapids: Eerdmans, 1931), 김기찬 옮김, 『칼빈주의 강연』(고양: 크리스챤다이제스트, 1996)을 보라.

제 2 부

종교 다원주의와 내포주의 신학

4. 종교 다원주의의 대변자 힉의 종교 다원주의 주장과 그 문제점

5. 복음주의적 내포주의자 클락 피녹의 생각

Theologies Next Door:

A Reformed Response to
Various Theologies of Our Neighbours

4

종교 다원주의의 대변자 힉(John Hick)의 종교 다원주의 주장과 그 문제점

존 힉

오늘날에는 종교 다원주의(宗教多元主義, religious pluralism)를 제시하는 사람들이 점점 더 많아지고 있고, 그 주장의 방향도 참 다양(多樣)하다. 과정(Process) 신학의 관점에서 종교 다원주의를 말하는 사람들이 있는가 하면,[1] 다른 종교들 안에 있는 다양한 사람들의 거룩한 삶을 바라보면서,[2] 힌두교와 기독교의 대화의 관점에서 종교 다원주의를 말하기도 하고,[3] 불교와 기독교의 대화를 하면

---

[1] Cf. John B. Cobb, Jr., *Christ in a Pluralistic Age* (Philadelphia: The Westminster Press, 1975).

[2] 이 논문에서 주로 다룰 Jon Hick의 여러 책들을 보라.

[3] Raimundo Panikkar, *The Unknown Christ of Hinduism*, Revised Edition

죤 힉

서 종교 다원주의를 말하기도 한다.[4] 또한 기독교와 유대교와 이슬람교의 대화의 관점에서 종교 다원주의를 말하기도 한다.[5]

좀 더 나아가 세계의 많은 종교들 사이의 통일성을 생각하면서 "통일적 다원주의"(unitive pluralism)를 말하는 사람들도 있고,[6] 다원성(plurality)과 대화(dialogue), 그리고 연대(togetherness)를 강조하되 모든 종교의 통일성(unity)을 말하는 것에는 반대하면서 종교 다원주의를 말하는 이들도 있다.[7] 힉(John Hick)

(Maryknoll: Orbis Books, 1981); idem, *The Trinity and the Religious Experience of Man* (Maryknoll: Orbis, 1973); Stanley J. Samartha, *Courage for Dialogue: Ecumenical Issues in Inter-religious Relationships* (Maryknoll: Orbis Books, 1981); idem, *One Christ – Many Religions: Toward a Revised Christology* (Maryknoll: Orbis Books, 1991). 파니카와 사마르타에 대해서는 Paul F. Knitter, *No Other Name? A Critical Survey of Christian Attitudes Toward the World Religions* (Maryknoll: Orbis Books, 1985), Chapter 8에서 잘 분석되고 있다.

4 Cf. John B. Cobb, Jr., "Beyond Pluralism," in G. D'Costa, ed., *Christian Uniqueness Reconsidered: The Myth of a Pluralistic Theology of Religions* (Maryknoll: Orbis, 1990); idem,『과정 신학과 불교』, 김상일 역 (서울: 대한기독교출판사, 1988).

5 Hans Küng, "Christianity and World Religions: Dialogue with Islam, in L. Swindler, ed., *Toward a Universal Theology of Religion* (Maryknoll: Orbis Books, 1987): 192-207; Adnan Aslam, *Religious Pluralism in Christian and Islamic Philosophy: The Thought of John Hick and Seyyed Hossein Nasr* (Curzon Press, 1998). 또한 유대교와의 대화에서 말하는 John Pawlikowski, Rosemary Ruether, Monika Hellwig 등을 보라. Cf. Knitter, *No Other Name?*, 146-65.

6 Cf. L. Swindler, ed., *Toward a Universal Theology of Religion* (Maryknoll: Orbis Books, 1987); Wilfred Cantwell Smith, *Towards a World Theology* (Philadelphia: The Westminster Press, 1981). 힉의 입장은 앞으로 세계 종교(world religion)가 나타나리라는 것에 대해서는 회의적이고 좀더 중도적이지만, 그래도 그는 세계 신학(a world theology), 지구 신학(global theology)의 가능성과 그 필요를 강조한다(cf. Hick, *God Has Many Names* [Philadelphia: The Westminster Press, 1982], 21f.). See also Knitter, *No Other Name?*, chapter 10.

7 Cf. Panikkar, "The Invisible Harmony: A Universal Theory of Religion or a Cosmic Confidence in Reality?" in *Toward a Universal Theology of Religion*, 118-53; idem, "The Jordan, the Tiber and the Gangs," in John Hick and Paul F. Knitter, eds., *The Myth of Christian Uniqueness: Towards a Pluralistic Theology of Religions* (Maryknoll: Orbis Books,

의 이른 바 "신학적 루비콘 강을 건넌"[8] 사람들의 입장도 역시 다양하므로, 그에 대해 바른 관점을 가지기 위해서는 이들의 다양한 주장을 하나하나 구체적으로 살펴보아야 할 것이다.

나는 이 소 논문에서 이들 가운데 근자에 가장 영향력 있는 힉(Hick)의 종교 다원주의 주장을 검토하는 데 집중하고자 한다.[9] 먼저 그의 사상의 변화 과정을 살펴보고(I), 그의 종교 철학적 논의의 특성들을 이끌어낸 후(II), 이런 철학적 전제에 의하면 기독교가 어떻게 이해되는지를 살펴 보고자 한다. 그래서 종교 다원주의 주장 안에 있는 기독교는 그 철학적 전제로 인해 어떤 변형을 가질 수밖에 없는지, 그리고 힉이 얼마나 적극적으로 그런 변형을 시도하고 있는지 드러내 보고자 한다(그리고 이점은 다른 종교들에 대해서도 말할 수 있는 점이기도 하다). 그래서 '종교 다원주의 안에 있는 기독교' 또는 '종교 다원주의와 양립할 수 있는 기독교' 또는 '종교적으로 다원적인 세계의 한 부분이 될 수 있는 기독교의 형태'(a form of Christianity which can be part of the religiously plural world of today and tomorrow)는[10] 그것이 가지고 있는 철학적 전제로 인하여 전통적, 성경적 기독교와는 다른 기독교일 수밖에 없는데(III),

---

1987 and London: SCM Press, 1987), 110: "A pluralistic system would be a contradiction in terms"; Cobb, "Toward a Christocentric Catholic Theology," in *Toward a Universal Theology of Religion,* 86-100.

[8] Hick, "The Non-Absoluteness of Christianity," in *The Myth of Christian Uniqueness: Towards a Pluralistic Theology of Religions,* (eds.) John Hick and Paul F. Knitter (Maryknoll: Orbis Books, 1987), 16-36. 인용은 22에서 온 것임.

[9] 종교 다원주의자들 가운데 오늘날 힉이 가장 영향력 있다는 것은 일반적인 관찰이지만 특히 이 점을 강조하며 언급한 예로 다음을 보라. D. A. Carson, *The Gaging of God: Christianity Confronts Pluralism* (Leicester: Apollos, 1996), 146: "The most influential religious pluralist today is undoubtedly John Hick."

[10] Hick, *God Has Many Names,* 28.

이렇게 다원주의적으로 변화된 기독교와 성경적 기독교의 관계를 어떻게 보아야 하는가 하는 문제에 대한 다양한 태도들의 모델들을 제시해 보고자 한다(IV). 또한 결국 힉의 종교 다원주의 사상에 직면한 기독교를 종교 다원주의와 양립할 수 있도록 변화시킬 것인가, 아니면 전통적 성경적 기독교를 유지하고 신뢰할 것인가 하는 것이 될 것임을 드러내고자 한다.

I. 힉(John Hick) 사상의 변천 과정

힉(John Harwood Hick, 1922-2012)은 자신이 상당히 복음주의적 신앙에서 사상적 순례를 시작하였음을 자주 밝히고 있다. 이는 특히 복음주의자들을 대상으로 논의하거나 말할 때 그가 채용하는 논의의 방식이다.[11] 그는 자신이 말하는 대로 성공회(聖公會, Anglican Church)에서 유아 세례를 받고 성공회에서 자라났으나, 18세 때인 헐(Hull) 대학교의 University College의 법대 신입생일 때 신약 성경의 예수께로 복음주의적 변개를 할 때까지는 기독교적인 모든 것은 "전혀 생명력이 없고 흥미도 없는 것으로"여겼었다.[12] 그는 기독

---

11 가장 현저한 예로 John Hick, "죤 힉의 주장", in Dennis L. Okholm and Timothy R. Phillips, eds., *Four Views on Salvation in a Pluralistic World* (Grand Rapids: Zondervan, 1996), 한역, 『다원주의 논쟁』 (서울: 기독교문서선교회, 2001), 39-42를 보라. 또한 그의 *God Has Many Names,* 13-19도 보라. 사실 그는 그의 초기 입장이 근본주의자의 입장이었다고 부른다("죤 힉의 주장", 39; *God Has Many Names,* 14). 이로써 그는 복음주의적 입장에 대해 폄하하려는 의도를 담고 있는 것이다. Alister McGrath도 이 점을 의식하면서 다음과 같이 말한다: "힉이 '근본주의' 라는 용어를 사용하는 것도 1960년대와 70년대에 있던 자유주의 황금시대의 확신들에게로 되돌아가는 것이다"(Alister McGrath, "John Hick에 대한 Alister McGrath의 논평", in *Four Views on Salvation in a Pluralistic World,* 92).

12 Hick, "죤 힉의 주장", 40; *God Has Many Names,* 14.

학생회(IVF)에 속하여 복음주의의 모든 것과 함께 “특정주의적 근본주의적 지성 꾸러미”(the particular fundamentalist intellectual package)를 받아들였었다고 한다.[13] 그러므로 그의 사상 형성기에 영향을 미친 다양한 요소들 가운데 하나로 우리는 영국적 복음주의적 신앙 운동도 말할 수 있다. 그러나 그는 자신의 삶의 여러 요인들, 즉 2차 세계 대전 중의 경험, 신학교에 가기 전에 철학을 공부하기 위해 옮긴 에딘버러(Edinburgh) 대학교에서 받은 칸트 사상의 영향, 그 후 옥스포드 대학교의 오리엘 대학(Oriel College)에서 프라이스(H. H. Price) 교수 지도 하에 “신앙과 믿음”(Faith and Belief)이라는 제목의 박사 학위 논문(D. Phil. dissertation)을 쓰는 과정,[14] 그리고 후에 신학부의 우드 교수(H. G. Wood Professor)로 있던 버밍햄에서 수많은 여러 다른 종교 사람들과의 교제 가운데서, 특히 〈하나의 인류를 위한 모든 신앙들〉(All Faiths for One Race)이라는 모임의 설립 위원과 초대 의장으로서의 경험에 근거하여 자신의 생각을 변화시켜 나아갔다.[15]

물론 그는 옥스포드에서 박사 학위를 한 후 캠브리지의 Westminster College에서 장로교 신학 과정을 하고 (나중인 1972년에 회중파 교단과 연합하여 〈연합 개혁 교회〉[the United Reformed Church]가 된) 영국장로교회(the Presbyterian Church of England)의 목사로 임직하고 노떰벌란드(Northumberland)의 벨포

---

13 Hick, “죤 힉의 주장”, 40f., 44; *God Has Many Names,* 15.

14 이를 후에 *Faith and Knowledge* (1957), 2nd edition (Ithaca: Cornell University Press, 1966; London: Macmillan, 1966)로 개정해 내었다.

15 이 과정에 대한 좋은 설명으로는 Hick, “죤 힉의 주장”, 50-53을 보라. 그래서 클락 피녹은 “힉의 인생에 있어서 운명적인 전환점은 버밍햄에서 일어났다”고까지 말한다(Clark Pinnock, “Clark Pinnock의 논평”, 84).

드(Belford)에 있는 장로교회에서 3년 동안 목회도 하였다. 그뒤 미국 코넬 대학교 철학부의 청빙을 받아 미국으로 건너가 종교 철학을 가르치는 조교수(助教授)로 일하게 된다(1956-59). 그는 자신이 이 때만 해도 도날드 베일리(Donald Baillie)의 역설적 기독론이 칼시돈 정통주의에서 벗어났다고 비판할 정도로 보수적이었다고 한다.[16]

그 뒤에 그는 프린스톤 신학교에서 한동안 가르치고, 영국에 돌아가 캠브리지 대학교에서 가르친 후 버밍햄 대학교 신학부의 우드 교수(H. G. Wood Professor)로 취임하였다(1967-1982). 그 후 그는 다시 미국으로 가서 캘리포니아의 클래어몬트 신학대학원(Claremont Graduate School)에서 가르치다(1979-92) 은퇴한 후에는 다시 영국으로 가서 버밍햄 대학교의 인문학 고등 연구소(the Institute for Advanced Research in the Humanities)의 연구원으로 있었다(1998년). 1986-87에는 에딘버러에서 기포드 강연을 하였고, 그 결과 나온 것이 『종교의 한 해석』(*An Interpretation of Religion*, 1989)이다. 일종의 불교적 명상을 주로 했던 그는 2009년부터는 퀘이커 모임에도 참여했고, 2012년에 90세의 나이로 사망했다.

힉은 1970년대, 특히 1977년에 몇몇 동료들과 함께 『성육신 하신 하나님의 신화』(*The Myth of God Incarnate*)라는 책을 내어서[17] 영국의 신학계를 놀라게 하고 도전을 주었다.[18] 이 책에서 힉과 그의

---

[16] Hick, "죤 힉의 주장", 44; *God Has Many Names,* 15.

[17] John Hick, ed., *The Myth of God Incarnate* (London: SCM Press, 1977). John Hick, Maurice Wiles, Frances M. Young, Don Cupitt, Michael Goulder 등이 기고했었다.

[18] 이에 대한 반응으로 나온 *The Truth of God Incarnate,* ed. Michael Green (London: Hodder and Stoughton, 1977); Brian Hebblethwaite, *The Incarnation: Collected Essays in Christology* (Cambridge: The University Press, 1988). 그리고 *The Myth of God Incarnate*의 입장을 더 제시하는 *Incarnation and Myth: The Debate Continued,* ed., Michael Goulder (Grand Rapids: Eerdmans, 1979)와 *The Myth/Truth of God Incarnate,* ed., D. R. McDonald (Witon:

동료들이 강조했던 바는 전통적 성육신 사상이 결국 4, 5 세기의 상황 가운데서 하나님께서 예수라는 인물 안에서 역사하신 것을 표현하는 그 시대적 방식이었지,[19] 어느 시대에나 보편적으로 타당하며 이해 가능한 진술 방식은 아니라는 것이다. 이때 힉과 그의 동료들의 생각은 기독교가 이 시대의 사람들에게 보다 쉽게 받아들여지도록 하기 위해서 현대인들에게 받아 들여지지 않는 형태의 기독교적 진술을 재해석하여 제시하자는 것이고, 이것은 그들에 대해 비판적인 입장에서는 기독교의 형태를 바꾸자는 시도로 이해되었다.

성육신 문제를 제기하면서 힉은 그리스도에 대해서만 개념을 바꾼 것이 아니라, 그리스도 중심적 접근보다 일반적인 "하나님 중심의 사고"로 우리의 생각을 바꾸어야 한다는 소위 신학에서의 코페르니쿠스적 전환(Copernican Revolution)을 경험하며 요청했다. 그는 1973년부터 이렇게 말했다: 우리의 "중심에 계신 분은 신(神)이시고, 우리 자신의 종교를 포함한 …… 모든 종교들은 그를 섬기며 그를 중심으로 돌고 있는 것이다."[20] 또 다른 곳에서는 이렇게도 말한다: "종교적 우주의 중심은 그리스도나 어떤 종교가 아니라, 신(神)이라는 사실을 깨달아야 한다. 신(神)이 바로 빛과 생명의 근원인 태양이며, 모든 종교들은 각기 다른 방식으로 신을 반영(反影)하는 것에 불과하다."[21] 그는 이런 접근을 통해서 그리스도를 중심으로 보는 기독교를 탈피하여 자신이 제시하는 기독론과 잘 조화할 수 있

Morehouse-Barlow, 1979) 등의 논쟁을 살펴 보라.

[19] Hick, "Jesus and the World Religions," 172, 175-76: [예수를 성부와 동일 본질의 성자로 표현하는 것은] "그런 문화적 맥락 가운데서는, 변혁을 통해 인간을 신과 만나게 해 주는 자로 예수의 의의를 표현하는 효과적인 방식이었다". Cf. John Hick, *God and the Universe of Faiths* (London: Macmillan, 1973; reprinted, London: Collins, 1977), 116.

[20] Hick, *God and the Universe of Faiths*, 131.

[21] Hick, *God Has Many Names*, 82, See also 1-5.

는 신-중심(God-centered)의 기독교와 신학을 생각한 것이다.

그러나 이 시기에도 힉은 그가 속한 전통이었던 "기독교적 신(神) 개념(槪念)에 가까운 신"을 중심으로 생각하는 자신을 발견한다. 이때까지만 해도 그는 신을 인격적으로 생각하고 있는데, 이 세상의 많은 종교들은 신을 비인격적으로 생각하기도 하고 특별한 신의 존재를 말하지 않기도 한다는 것을 깊이 의식하게 되었다. 그리하여 1980년대 이후로 그는 신중심의 모델(God-centered model)에서 실재 중심(Reality centered) 또는 구원 중심의 모델(salvation-centered model)로 나아간다.[22] 이것은 어떤 점에서는 그의 신중심의 모델을 좀 더 철저화하면서 신중심의 모델에 있는 문제점들을 극복하는 방향으로 자신의 사상을 좀더 정교하게 표현해 나간 것이라고 할 수 있다. 그러므로 이 시기의 신에 대한 생각은 이전에 신 중심으로 생각하여야 한다는 생각을 발전적으로 연장시키고 있는 것이다.

그리하여 그는 칸트의 현상계와 예지계의 구별을 원용하여 현상적(現象的) 신들과 예지적(叡智的) 신을 구별하고, 예지적 신에 해당하는 것을 실재(Reality or the Real), 궁극적 실재(Ultimate Reality), 또는 궁극적인 것(the Ultimate)이라고 부르기를 선호한다. 힉은 이렇게 말한다: "많은 이들은 무한히 큰 초월적 실재(a limitlessly greater transcendent Reality)와의 연관 가운데서 삶을 경험한다. 그것을 우리의 현존재를 넘어선 실재의 방향으로 인식하든지, 아니면 감춰어진 심연 안의 방향으로 인식하든지 말이다."[23] 이 궁극적인 실재에 대한

---

[22] 특히 Hick, *An Interpretation of Religion: Human Responses to the Transcendent* (New Haven: Yale University Press, 1989)을 보라.

[23] Hick, *Problems of Religious Pluralism* (New York: St. Martin's, 1985), 37.

힉의 묘사는 다음과 같다:

> 궁극적인 것은 그 자체 이외의 것을 초월하면서, 그 자체는 그 자체 이외의 그 어떤 것에 의해서도 초월되지 않는 추상적 실재이다. 이렇게 이해된 궁극적인 것은 우주와는 그 근원 또는 그것의 창조자로, 우주의 의식적인 부분인 우리네 인간들과는 우리 존재의 원천과 그 존재의 가치 또는 의미의 원천으로 연관된다.[24]

이런 궁극적 것, 즉 힉이 말하는 신[초월적 실재]과 관련해서 각각의 문화들 가운데서 문화적으로 조건화된 다양한 신의 표상(表象)들이 있게 된다고 한다.[25] 그 다양한 현상적 신들이 기독교의 하나님, 이슬람교의 알라, 유대교의 하나님, 힌두교의 브라만, 불교의 부처[佛] 등등이라는 것이다. 그것들이 궁극적 실재의 독자적 표현들(authentic manifestations of the Real)이라는 말이다.[26] 그러므로, 힉에 의하면, 이 각각의 종교에 속한 사람들은 "서로 다른 인간적 개념의 '렌즈들'을 통하여 신/거룩한 것/궁극적인 실재를 보며, 그에 상응하는 서로 다른 종교적 경험들의 형태들 속에서 각기 다른 영적 실천들을 통해 그들의 임재(臨在)를 경험한다. 그러나 그들 모든 종교들은 모두가 모든 것의 종국적 근거와 원천인 궁극적 존재, 즉 실재에 대한 참된 인간적 의식과 반응인 것처럼 보인다."[27]

---

[24] Hick, *Dispute Questions in Theology and the Philosophy of Religion* (New Haven: Yale University Press, 1993), 158.

[25] Cf. Hick, *Problems of Religious Pluralism,* 41.

[26] Hick, *An Interpretation of Religion,* 242.

[27] Hick, "John Hick의 주장", 60. See also Hick, "Pluralism and the Reality of the Transcendent," in *Theologians in Transition,* ed. James M. Wall (New York: Crossroad, 1981), 61=*God Has Many Names,* 22; idem, *God Has Many Names,* 18; idem, "A Response to Cardinal

그러나 힉은 우리가 실재하는 대로의 신(神)은 결코 의식할 수 없고, 오직 "우리 자신들의 전통의 개념적 렌즈를 통해서 생각되고 경험된"신(神), 즉 "현상적 신(神)들"만을 의식하게 된다고 한다. 이런 개념과 관련해서 힉은 자주 토마스 아퀴나스의 "알려진 것은 인식자의 방식을 따라서 인식자 안에 있는 것이다"라는 말을 이용해서 설명해 보려고 시도한다.[28] (그러나 그의 의도에 아퀴나스가 반대(反對)하리라는 것은 상당히 자명해 보인다).

힉은 그 궁극적 실재에 대해서는 이렇게 말한다: "우리는 실재 자체(the Real a se) 에게 그것이 인격적이라거나 비인격적이라는, 또는 선하다거나 악하다는, 목적을 가지고 있다거나 아무런 목적이 없다는, 또 본질이라거나 과정이라는, 심지어 하나라거나 많다고 하는 그 어떤 본질적인 속성들도 부여할 수 없다."[29] 단지 우리의 신 경험에서 인간적으로 생각되고 경험된 것들을 말하게 된다는 것이다. 이런 생각으로 힉은 자신이 신중심의 모델로 생각하던 시기에 가지고 있던 한 가지 난점, 즉 어떤 종교에서는 신이 인격적으로 진술되고 또 어떤 종교에서는 신이 비인격적으로 진술되는 그 문제를 해결하게 되었다고 생각한다. 즉, 실재(實在) 자체(自體)에는 인격적/비인격적 개념이 도무지 적용될 수 없지만,[30] 현상계에서는 인격적으로 생각되거나 경험될 수도 있고, 또 어떤 이에 의해서는 비인격적으로 생각되거나 경험될 수 있다는 것이다.[31] 그리고 그 궁극적 실재에

Ratzinger on Religious Pluralism," *Reviews in Religion and Theology* 1998/1 (Feb., 1998), 8.

[28] Thomas Aquinas, *Summa Theologica,* II/II, Q. 1, art. 2., cited in Hick, *God Has Many Names,* 24f.: "The thing known is in the knower according to the mode of the knower."

[29] Hick, "John Hick의 주장", 67.

[30] Hick, *Dispute Questions in Theology and the Philosophy of Religion,* 177.

[31] Hick, "The Theology of Pluralism," *Theology* 86 (1983): 337.

대해 어떤 개념을 적용하여 말하는 것은 기본적으로 신화적(mythical)인 것이라고 한다. 이때 자신이 사용하는 '신화(神話)' 라는 말의 개념에 대해서 힉은 다음과 같이 말한다:

> 나는 신화(神話)라는 말을 문자적으로는 참되지 않지만 그 주제에 대하여 성향적 태도를 유발하는 경향이 있는 이야기나 진술이라고 정의한다. 그러므로 신화의 진리성은 실천적 진리이다. 즉, 참된 신화는 우리가 신화적인 방식이 아니고서는 말할 수 없는 실재와 우리를 바르게 관련시키는 것이다.[32]

이런 신화 이해는 40년대의 불트만의 신화 개념과 유사(類似)하며, 힉과 함께 작업하는 사람들이 공유(共有)하고 있는 신화 개념이다.[33] 따라서 하나님이 성육신하셨다는 것이 이런 의미에서 "신화적"이며, 기독교의 상당한 주장이 다 그러하다는 것이다. 그리고 다른 종교의 진술들도 마찬가지라고 한다.

그러면서 힉은 궁극적 실재에 대해 이렇게 다양한 관점들이 있다는 것이 우리에게는 더 큰 도움이 된다고 한다. 그리고 각각의 관점은 진실하며 타당성이 있다고 한다. 그러나 각각으로서는 신(神)이라는 큰 실재를 온전하게 서술하기에는 부적합하다는 것이다. 왜냐 하면 각각의 개념과 이해는 그저 '전체의 한 부분' 일 뿐이기 때문이라는 것이다. 그러므로 그 각각의 진술은 결국 상대적일 뿐이고,

---

[32] Hick, *Interpretation of Religion*, 248.

[33] Cf. John Hick and Paul F. Knitter, eds., *The Myth of Christian Uniqueness: Toward a Pluralistic Theology of Religions* (Maryknoll: Orbis Books, 1987). Paul Knitter의 입장에 대한 비판으로 Paul R. Eddy, "Paul Knitter's Theology of Religions: A Survey and Evangelical Response," *Evangelical Quarterly* 65 (1993): 225-45를 보라.

궁극적 실재에 대해서는 '이것이냐, 저것이냐'(either/or)의 논리보다는 '둘 다'(both-and)의 방식으로 말하는 것이 더 옳다고 한다.

이 구원 중심의 모델을 취한 시기에는 종교들을 구원/해방/깨달음[覺]/성취(成就)의 척도로 잰다는 것이 이 시기의 힉의 사상의 두 번째 특성이라고 할 수 있을 것이다. 힉에 의하면 이 구원/해방/깨달음[覺]/성취는 개인이 전적인 자기(自記)-중심(中心)과 자기 관심으로부터 신(神)- 중심(中心)으로 변화하는 것이다.[34] 그러므로 힉에 의하면 모든 인간 해방의 주장이 다 종교적인 것으로, 궁극적 실재와 관련하는 것으로 여겨질 수 있는 것이 된다. 예를 들어서, 여성 해방 운동도 중요한 종교적 운동으로 인식되는 것이다. 힉은 여성이 자아(自我)를 가져야만 한다는 여성해방 운동의 주장과 관련하여 이렇게 말한다: "자아를 초월하기 위해서는 먼저 자아가 되어야 한다. 이것이 현대의 여성 해방 운동이 인간 해방의 큰 운동 중 하나로서 오늘날 우리의 세상에서 구원적 변화의 선두에 서 있음을 의미한다."[35] 이와 같이 이 세상의 모든 종교와 모든 인간 해방 운동을 설명하는 그의 종교 신학(theology of religions)의 중심 주제가 소위 종교 다원주의(religious pluralism)라고 할 수 있다.

II. 힉의 종교 철학적 논의의 특성들

[34] Hick, *An Interpretation of Religion*, 36; Hick, *The Second Christianity* (London: SCM Press, 1983), 86.

[35] Hick, *An Interpretation of Religion*, 52. See also Hick, *An Interpretation of Religion*, 52-55.

힉의 종교 다원주의는 과연 어떤 철학적 배경을 가지고 있다고 할 수 있을까? 가장 현저하게 드러나는 것은 힉이 에딘버러 대학교에서 철학 수업을 하면서 영향을 받은 **칸트의 사상**이라고 할 수 있다. 힉은 자신이 "칸트주의자"(Kantian)임을 공언한다. 그의 윤리 중심적 태도도 이를 확증해 준다고 할 수 있고, 특히 그가 현상계와 예지계에 대한 칸트의 구분을 긍정적으로 받아들이면서, 이를 종교, 특히 신의 문제에 적용하여 신(神) 자체(自體)는 알 수 없고, 그 어떤 개념도 신(神) 자체(自體)에 대해서는 적용할 수 없으나, 그 신 자체("예지계의 신")에 대한 다양한 개념들이 있을 수 있음을 말하는 것은 칸트의 사상의 자유로운 원용(援用)이라는 점에서 흥미롭다. 그는 이 세상의 다양한 신 개념들을 하나의 "예지적 실재"에 대한 "현상적 반응들"로 이해하는 것이다.[36]

그러나 여기서 우리가 구별해야 할 것은 (1) 힉이 칸트를 원용하면서 말하는 것과 (2) 칸트 자신의 생각이다. 현상계와 예지계의 구분은 분명히 칸트에게서 온 것이다. 그러나 칸트는 근본적으로 신(神)은 예지계에 있는 것으로 생각한다. 따라서 칸트에 의하면 신(神)의 현존(現存)은 자유, 영혼의 불멸성과 함께 실천 이성의 요청(要請, postulation)으로, 따라서 경험 세계 안에서 확인할 수 있는 것이 아니다. 그래서 칸트는 이들에 대한 이해를 인식이나 지식이라고 하지 않고 믿음이라고 부른다.[37] 물론 칸트는 신에 대한 인식(eine Erkenntnis Gottes)이 확실히 존재하기는 하되, 그것이 오직 실천적 관계에서만 존재한다고 한다.[38] 강영안 교수가 잘 정리하고

---

[36] 힉 사상에 대한 이런 정식화는 Carson, *The Gagging of God*, 146에 표현되어 있다: "phenomenal responses to the noumenal Reality."

[37] 이런 점들은 칸트 이해에서 거의 자명한 것이나 참조를 위해서는 다음을 보라. 강영안, 『도덕은 무엇으로부터 오는가?: 칸트의 도덕 철학』 (서울: 소나무, 2000), 137.

있는 대로, 칸트에 의하면,

> 신이 존재한다는 사실을 우리는 알 수 있거나 파악할 수 없다. 다만 실천 이성의 요청으로 인해 우리는 신을 세계의 창조자요, 주인이며, 통치자임을 믿음으로 받아들인다. 신은 세계에 존재하는 것을 모두 질서 있게 통치할 뿐 아니라 덕과 상응하는 행복을 누구나 누릴 수 있게 하도록 세계를 통치한다. 실천 이성의 요청은 신의 활동을 세계의 원인으로 수용해야 한다는 것이다.[39]

칸트가 이성적인 믿음을 통해 인식하는 하나님은 전능하고, 전지하며, 거룩한 하나님이시다. 칸트에 의하면 "자연의 최상 원인은, 최고선을 위해 그것을 우리가 전제하는 한에서 지성과 의지에 의해 자연의 원인인 존재자, 즉 하나님이다."[40] 칸트가 생각하는 실천 이성에 의해서 요청된 신은 지성과 의지를 지닌 인격적인 존재이고, 온 세상을 현세와 내세에 이르기까지 다스리며 판단하는 전능하신 판단자이다. 그런데 힉은 이런 신 개념도 신 자체에 대한 이해가 아니라 신에 대한 여러 가지 현세적 파악들 중의 하나일 뿐이라고 여길 것이다. 힉은 칸트의 신 개념을 절대적인 것으로 받아들이지 않는다.

이렇게 칸트와 힉의 신에 대한 생각이 다르다는 것을 지적한 후에는 칸트가 과연 힉이 시사하는 것과 같이 신 자체와 현상계에 있는 신에 대한 다양한 개념들의 가능성을 받아들이려는지도 또 하나의

---

[38] Kant, *Kritik der praktischen Vernunft,* 1790, in *Kants Gesammelte Schriften,* 5, 137, cited in 강영안, 『도덕은 무엇으로부터 오는가?: 칸트의 도덕 철학』, 158.

[39] 강영안, 『도덕은 무엇으로부터 오는가?: 칸트의 도덕 철학』, 152f.

[40] Kant, 5, 125, cited in 강영안, 163.

문제로 제기할 수 있다. 칸트는 아마도 그의 사상에 근거해 힉이 제시한 이런 개념을 받아들이지 않을 것이라고 생각할 이들이 비전문가들에게서보다는 칸트 전공자들 가운데서 더 많으리라고 생각된다.

그러나 이것은 힉에 대한 종국적 철학적 비판은 아니라고 할 수 있다. 칸트와 칸트 이후의 모든 철학의 목표가 칸트의 사유를 넘어서는 것을 목표로 하였다면, 힉과 그에게 동감적인 이들은 자신들이 말하려는 바는 칸트를 항상 그대로 말하자는 것이 아니라, 칸트의 기본적인 사유에 근거해서 우리 시대의 복잡한 문제인 종교의 문제, 특히 종교 분쟁의 문제를 해결하기 위해 제안한 새로운 시도라고 할 것이기 때문이다. 그런 의미에서 힉은 칸트 사상의 창조적 계승자라는 의미에서, 칸트의 사상과 구체적인 면에서 다른 점을 가졌다고 할지라도, 여전히 '칸트주의자'(Kantian)이라고 할 수 있을 것이다.

그 둘의 공통적인 사유 방식으로 칸트의 경우에 있어서는 도덕성, 힉의 경우에 있어서는 인간의 해방을 중심으로 종교를 이해해 보려고 하는 점에서 찾을 수 있을 것이다. 칸트에게 있어서 도덕 종교, 즉 이성적 기독교가 참된 종교인 것은 그것이 도덕성을 수립하는 데 도움을 주기 때문이다. 이와 비슷하게 힉은 이 세상에 나타나고 있는 것들 가운데 인간 해방에 기여하는 것은 어떤 것이든지 우리들이 살고 있는 세상에서의 구원적 변화에 기여하는 것으로 여기는 것이다. 종교를 윤리로 환원하는 그들의 이런 **환원주의**(reductionism)가 그들의 철학적 논의의 가장 심각한 문제로 지적될 수 있을 것이다. 이것이 힉의 종교 철학적 논의의 두 번째 특성으로 언급될 수 있는 점이다.

그리고 이런 구원적 변화를 강조하는 힉의 입장은 윤리와 도덕성을 강조하던 칸트의 입장과 가깝게 갈 수도 있으니, 힉은 이 세상에 종교라고 이름하는 모든 것을 다 옳고 바른 것으로 수납하지 않고, 오직 인간의 해방과 자유에 기여하는 것들에 가치를 두기 때문이다. 이런 입장에서 힉은, 예를 들어서 어떤 외진 곳에 사는 어떤 부족들 사이에서 어린 아기 희생 제사가 일어난다고 할 때 그들을 정죄할 수 없는 것은 그 부족에게 그런 희생 제사가 어떤 의미를 지니는지 모르기 때문이라고 주장하는 필립스의 입장과는[41] 다르게, 이런 인신제사(人身祭祀)를 하는 종교를 긍정적으로 수납하지 않는 것이다. 여기서 힉 입장의 철저한 환원주의적 특성이 잘 나타난다.[42]

힉은 어떤 종교가 다른 종교보다 우월(優越)한 것이라는 주장도 모든 사람에게 가능한 경험적 자료(experimental data available to everyone)에 근거해서 나타나야 하고, 그런 자료는 그 종교가 다른 종교들보다 더 인류의 복지를 증진시키는데 도움이 되는 것이어야 한다고 말하는데,[43] 이런 주장에도 그의 환원주의적 사유가 나타나고 있다고 할 수 있다. 또 다른 곳에서는 종교의 등급을 매길 수 있는지를 본격적으로 논의하면서 두 가지 기준, 즉 각각의 종교들의 "신념들에 적용된 이성과 그 신념들이 역사적 작용에 적용된 양심 또는 도덕 판단"을 제시한다.[44] 그런데 이 둘이 결국은 다 윤리적인 것으로 나타나게 되니, 첫 기준으로 말하는 복잡한 종교 경험에 적용된 이성도 인간 실존을 자기중심(自己中心)에서 실재(實在) 중심으로

---

41 D. Z. Phillips, *Faith and Philosophical Inquiry* (New York: Schocken Books, 1970), 237.

42 윤리성에 대한 힉의 강조에 대해서는 Hick, "John Hick의 주장", 117-22; 그리고 특히 이 논문 말미에 인용된 힉의 도전들을 보라.

43 Hick, "The Non-Absoluteness of Religion," in *The Myth of Christian Uniqueness,* 30.

44 Hick, "On Grading Religions," in *Problems of Religious Pluralism,* 79.

바꾸는 일에 있어서 효과적인가 하는 것으로 제시되기 때문이다.[45]

물론 힉은 이것이 종교의 독특한 측면을 보여 준다고 말하고 강조하나, 많은 이들은 여기서도 윤리적 측면에 대한 강조가 나타나고 있음을 알게 된다. 그리하여 힉은 결국 윤리적인 측면을 떠나서는 종교들을 비교하여 등급을 매길 수 없고, 그런 등급 매김이 가능하다면 그것은 역사가 끝나봐야 가능하다고 한다(그의 유명한 "종말론적 검증"이 여기서 나타난다!). 물론 각 종교는 그 나름의 좋은 점과 나쁜 점을 다 가지고 있다고 한다.[46] 그래서 그는 결론적으로 이렇게 말한다: "우리가 말할 수 있는 한, 모든 전통들 안의 성자(聖者)들에게서 볼 수 있듯이 모든 종교는 다 자아(自我)로부터 실재(實在)에로 전환시키는 데 있어서 동등하게 생산적(生産的)이다."[47] 이렇게 그는 아주 윤리적이지 않은 종교, 그리하여 그가 말하는 성인(聖人)적인 사람들을 전혀 내지 못하는 종교들을 제외하고는 세상의 큰 종교들이 다 같은 정도로 구원적 역할을 수행하고 있다고 판단하는 것이다.

세 번째로, 힉의 종교 철학적 논의의 특징으로 언급할 수 있는 것은 그의 "모든 종교가 결국은 다 같은 것에 관한 것이라는 것"에 대한 개연성(蓋然性)에 근거한 논의를 말할 수 있다. 힉에 의하면, 우리는 신(神)을 있는 그대로 알 수는 없지만, 그래도 다양한 종교적 경험들 배후에 어떤 실재(實在)가 있다고 믿는 것이 개연성이 있으며, 그 실재는 비록 서로 다르고 갈등하는 식으로 경험된다고 해도 그것은 본질적으로는 같은 것이라는 것이 개연성이 있다고 한다.[48]

---

45 Hick, "On Grading Religions," in *Problems of Religious Pluralism*, 80.

46 Hick, *God Has Many Names*, 21.

47 Hick, "On Grading Religions," in *Problems of Religious Pluralism*, 87.

이렇게 개연성에 근거한 힉의 논의의 핵심은 결국 이 세상 각각의 종교가 말하려 하는 바가 본질적으로는 다 같은 것이라고 주장하는 데에 있다고 할 수 있다. 가장 기본적으로 힉은 (1) 모든 제대로 된 종교는 궁극적으로 같은 궁극적 실재(the Real)에 대한 표상(表象)이라는 점에서, 그리고 (2) 모든 종교가 힉이 말하는 구원 중심적이라는 점에서 결국은 같은 것을 말하고 있다고 말한다. 힉이 거듭 강조하고 있는 것은 "각각의 (종교) 전통들은, 결코 완벽하지는 않더라도, 인간의 삶의 목적인 구원적 변혁의 참된 배경임을 나타내 보여준다"는 것이다.[49] 그리고 이것이 힉 자신의 거대담론(meta-narrative)이 되는 셈이다. 그는 카슨이 잘 지적하고 있는 바와 같이 다른 배타주의적 주장들이 결국은 상대적임을 주장하기 위해서 자신의 다원주의적 주장을 거대담론으로 제시하는 것이다.[50]

그러나 그것은 결국 각 종교들 사이의 차이 점을 경시하게 하는 문제를 낳는다. 이에 대해서 캐뜨린 태너는 식민주의적 논의(colonialist discourse)라고 하면서 다음과 같이 비판한다:

> 모든 종교에 공통성이 있다는 다원주의의 일반화는 진정한 대화를 하는 데 장애가 된다. 왜냐하면 그러한 일반화는 결과를 미리 가정하고 있기 때문이다. 공통성은 대화 과정 가운데서, 그리고 그 과정을 통해서 수립되어야 하는 것인데, 다원주의자들은 대화의 전제로 삼기 위해 미리 설정해 놓은 것이다. 그러므로 다원주의자들은 이러한 공통성에 대해서 다른 종교인들이 가질 수 있는 입장에는 귀 기울지 않는다. 더욱이 …… 공통

[48] Cf. Hick, *Dispute Questions in Theology and the Philosophy of Religion,* 178.

[49] Hick, "John Hick의 답변", 122. See also Hick, "A Response to Cardinal Ratzinger on Religious Pluralism," 9.

[50] Carson, *The Gagging of God,* 147.

성에 대한 다원주의의 강조는 세계 종교들 간의 차이 점을 경시한다.[51]

차이점이 많은 문제들을 정면으로 직면하지 않으면 참된 대화가 있을 수 없을 것인데도 힉을 포함한 다원주의자들은 그 점보다는 공통점에 너무 집착하는 경향이 있다. 그리하여 여러 종교들 간의 비슷한 것을 같은 것으로 단순화시키는 것이다.[52]

맥그라뜨는 이에 대해서, 그러다 보면 쉽게 조화를 찾기 위해서 고의로 차이를 억압하는 방향으로 흐를 수도 있다고 지적한다.[53] 그래서 결국 이런 접근은 "세계 종교들이 종교적 사상만큼이나 사회, 정치 문제에 대해서 중요한 차이를 보였으며, 앞으로도 계속 그럴 것이라는 지극히 명백한 사실을 그럴싸하게 얼버무리는 것이다"고 구체적으로 비판한다.[54] 맥그라뜨는 이렇게 비판하기도 한다: "사실 종교 다원주의는 종교들의 고유성을 진지하게 취급하지 못하므로 잠재적으로 극심한 억압적 성격을 띠고 있다. 모든 종교들이 궁극적으로 동일한 초월적 실재를 표현하고 있다는 신념은 기껏해야 허울뿐이며, 최악의 경우에는 억압적(抑壓的)이다."[55]

종교 다원주의가 다른 종교들의 차이보다는 공통성을 너무 강조하는 것의 문제점에 대해서는 다른 종교에 속한 이들도 비슷하게

---

51 Kathryn Tanner, "Respect for Other Religions: A Christian Antidote to Colonialist Discourse," *Modern Theology* 9 (1993): 2.

52 이 점에 대한 좋은 지적으로 Millard J. Erickson, *The Word Became Flesh* (Grand Rapids: Baker, 1991), 304를 보라.

53 Alister McGrath, *A Passion for Truth* (Leicester: Apollos, 1996), 김선일 역, 『복음주의와 기독교적 지성』 (서울: IVP, 2001), 239.

54 McGrath, *A Passion for Truth*, 241.

55 McGrath, *A Passion for Truth*, 262.

비판적인 입장을 취한다. 예를 들어서, 불교 사상가들도 도교(道敎)와 유교(儒敎)와 불교(佛敎)가 같은 산을 오르는 다른 길이라는 주장에 대해서 강력하게 반대하는 것이다.[56] 그리고 다원주의자들의 이런 일반화하려는 논의에 대해서 최후에는 "종교가 무신론보다 더 타당한 이유가 무엇인가?"라는 질문을 제기하기도 한다.[57]

물론 힉은 자신이 이미 이 문제에 대한 대답을 했다고 여길 것이다. 왜냐하면 그가 관심을 가지며 함께 비교해 보려고 하는 것은 유신론적 전통들과 함께 힌두교, 불교, 유교, 도교 등의 비유신론적 전통뿐만이 아니라, 마르크스주의, 모택동주의, 인도주의(humanism) 등의 비종교적 신앙들도 포함하는 것이라고 자주 말해 왔기 때문이다.[58] 이 모든 문제는 어쩌면 힉이 그 자신이 말하는 대로 여러 종교들과 신앙들을 보면서 자신의 입장을 종교 다원주의적으로 바꾸었다기 보다는, 다른 곳에서 그 자신이 말하듯이 "의미 있는 신정론(神正論)은 모든 하나님의 피조물의 궁극적 구원을 확언해야만 한다고 결론내린"것으로부터[59] 나온 생각이기 때문이라고 할 수 있을 것이다. 사실 그는 이런 결론을 가지고 버밍햄으로 옮겨 다양한 종교인들과

56 맥그라뜨는 이에 대해서 다음과 같은 문헌적 정보를 제공하고 있다. Phra Khantopalo, *Tolerance: A Study of Buddhist Sources* (London: Rider, 1964), 154, cited in McGrath, *A Passion for Truth*, 235.

57 이런 질문 제기의 대표적인 예로 Roger Trigg, "Religion and the Treat of Relativism," *Religious Studies* 19 (1983): 298을 들 수 있을 것이다.

58 Cf. Hick, *God Has Many Names*, 22. 그러나 여기서 힉에게 과연 마르크스주의, 모택동주의, 인도주의 등이 구원적 변화를 가져다준다고 생각하느냐 하는 강한 질문이 제기될 수 있을 것이다. 그는 이 문제에 직접적으로 대답하는 것 같지는 않다. 그러나 그가 생각하는 구원 개념이 해방/완성 등의 개념으로도 이해 되는 것을 보면 그는 나름대로 이 질문에 긍정적으로 대답할 용의도 있을 것이다. 바로 여기서 그의 구원 개념이 현세적이지 않는가 하는 본질적인 문제가 드러나는 것이다.

59 힉은 자신이 쓴 두 번째 책인 *Evil and the God of Love* (New York: Harper and Row, 1966)을 쓸 때 이런 결론에 이르렀다고 확언한다(*God Has Many Names*, 17). 그는 1968에 쓴 책인 *Christianity at the Centre* (London: SCM Press, 1968)에서도 "모든 사람들의 궁극적 구원"을 확언한다(91).

의 실제적 접촉을 시작하는 것이다.[60] 그러므로 여러 종교들의 유효성에 대한 관찰에서 종교 다원주의가 나왔다고 여겨지기보다는 그의 보편 구원론적인 전제가 그의 종교 다원주의를 낳은 것이라고 여겨진다.

넷째로, 힉의 종교 철학적 논의는 오늘날의 다른 많은 이들과 함께, **명제적 진리 개념을 부인하는 인격적 진리 개념에 근거한 논의**라는 점을 지적할 수 있다. 힉도 종교적 진리는 그 종교적 신념들을 만족스럽게 충용(充用)하는 사람들 안에서만 그 위치를 가진 것이고, 따라서 신자의 삶에 영향을 미치고 변화를 준다는 의미에서만 참되다고 한다.[61] 그런 입장에서 힉은 다음과 같이 단언(斷言)한다: "나는 신학을 인간의 창작물이라고 본다. 나는 히브리어로든, 헬라어로든, 영어로든 또는 어떤 다른 언어로든 하나님께서 우리에게 명제들을 계시하신다고 믿지 않는다."[62]

이 점에서 힉과 비슷한 입장을 지닌 스미뜨도 종교적 진리에는 진위(眞僞) 개념이 적용되지 않는다고 말한다.[63] 스미뜨는 다른 곳에서, 모든 교리는 인간 사상의 산물이므로 "우리의 지성이 스스로 만들어 낸 것을 절대화하는 것은 잘못된 것이고", 기독교에 대한 우리의 생각을 절대화하는 것은 우상 숭배라고까지 말한다.[64] 그는 아주 강하게 "그리스도인들이 기독교가 참되고 종국적이고 구원적이

---

60 이 문제에 대한 그 자신의 언급으로 *God Has Many Names*, 17을 보라.

61 Cf. Hick, "Jesus and the World Religions," 177-78. 이 점에 있어서 힉과 의견을 같이 하는 이의 하나로 W. C. Smith, *Toward a World Theology*, 187을 보라.

62 Hick, "John Hick의 주장", 49.

63 W. C. Smith, *The Meaning and End of Religion* (New York: Harper & Row, 1978), 322.

64 W. C. Smith, "Idolatry in Comparative Perspective," in *The Myth of Christian Uniqueness*, 56-57.

라고 생각하는 것은 우상 숭배의 한 형태이다. 그리스도인들이 하나님께서 기독교를 구성하셨다고 상상하는 것은 …… 우상 숭배이다"라고까지 말한다.[65]

따라서 우리가 후에 논한 성육신에 대해서도 힉은 이것이 형이상학적인 진리가 아니고, 또 신약 성경이 그런 의도를 가지고 성육신을 기록하고 있는 것도 아니며, 이는 단지 "하늘 아버지를 자신에게 실재적이게 해주신 분으로서의 예수 그리스도에 대한 그리스도인의 헌신과 믿음을"표현하는 것이라고 하는 것이다.[66] 힉은 초기부터 이런 생각을 표현해 왔다: "예수께서 성육신하신 하나님의 아들이셨다는 것은 문자적 의미를 지니고 있지 않으므로 문자적으로 참된 것이 아니라, 고대 사회에서 왕에게 돌려지는 신적 아들 됨의 개념의 기능과 유사한 기능을 하는 신화적 개념을 예수께 돌리는 것이다."[67] 그러므로 이런 **신화적이고, 비유적인 의미에서만 예수를 하나님의 아들이라고 할 수 있다는 것**이다.

우리는 힉의 종교 철학적 논의의 특성들을 정리해 보았다. 철학자들과 종교철학자들은 이 하나하나의 요소들의 큰 문제점을 지적할 수 있을 것이다. 그러나 힉의 종교 다원주의 사상의 보다 근본적 문제점은 그가 자신의 종교 다원주의를 주장하기 위해서 기독교와 다른 종교들의 성격을 바꾼다는 것이다.[68] 이에 대해서는 모든 종교가 각기

---

65 Smith, "Idolatry in Comparative Perspective," in *The Myth of Christian Uniqueness,* 59.

66 Hick, *God Has Many Names,* 125-26, 19.

67 Hick, "Jesus and the World Religions," in *The Myth of God Incarnate,* 178.

68 종교 다원주의와 종교간의 대화를 통한 종교의 변혁에 대한 힉 자신의 기대와 그 방향에 대한 언급들로 다음을 보라: Hick, *God and the Universe of Faiths,* 146-67; "Whatever Path Men Choose is Mine," in *Christianity and Other Religions,* John Hick and Brian Hebblethwaite, eds. (Philadelphia: Fortress, 1980), 188-89=*God Has Many Names,* 75-77;

나름의 주장을 할 수 있겠으나 기독교 전통과 관련해 있는 우리들로서 그가 종교 다원주의와 양립(兩立)할 수 있는 기독교를 만들기 위해서 기독교를 어떻게 변경시키고 있는 지를 논의해 보기로 하자.

III. '힉의 기독교'와 그 특성들

힉이 말하는 기독교, 그의 다원주의 사상 안에 있는 기독교, 또는 그의 다원주의와 양립할 수 있는 기독교는 과연 어떤 모습을 하고 나타나는지를 다음 몇 가지 주제를 중심으로 생각해 보기로 하자.

1. 예수님에 대한 이해

기본적으로 힉의 기독교에서는 예수님이 신인(神人, the God-man)으로 여겨지지 않는다. 힉은 처음부터 그런 개념은 정합성을 가지지 못한 자기 모순(自己矛盾)적 개념이라고 천명해 왔다.[69] 그는 자기 중심으로부터 온전히 실재 중심으로의 전환을 이룬 분이며, 다른 이들의 이 전환을 자신과 관련하여 가능하게 하시는 분이라는 것이다. 힉은 이렇게 말한다:

> 예수님이 성육신하신 하나님이라는 개념은 결코 문자적인 의미로 받아

---

idem, *God Has Many Names*, 21, 28; idem, "The Outcome," 151-52.

[69] Cf. Hick, "Jesus and the World Religions," 178.

들여질 수 없으며, 적어도 이것은 아직까지 증명되지 않았다. …… 예수님은 하나님께서 그 안에, 그리고 그를 통하여 세상에서 행동하실 수 있었다고 말할 수 있을 정도로 신적 영감에 개방적이고, 신적인 영에 반응하며, 하나님의 뜻에 복종하였다는 뜻에서 이것은 강력한 은유적 의미를 가지고 있다. 내가 믿기에는 이것이 참된 기독교적 성육신 교리이다.[70]

이처럼 힉은 성육신 교리에 대한 개념을 전통적인 개념으로부터 자기 나름의 방식으로 전환(轉換)하고 있는 것이다. 힉에 의하면 예수는 자신이 하나님이라고 의식하지도 않았고, 또 그렇게 주장하지도 않았다고 한다.[71] 힉은 이렇게까지도 말한다: "실로 예수는 아마 그가 성육신하신 하나님이라고 하는 개념을 신성 모독적인 것으로 간주하였을 것이다!"[72]

힉은 "유한한 존재는 무한한 속성들을 가질 수 없다"고 단언하면서, "칼빈주의 신학이 강조하는 '밖에서'"(*extra-Calvinisticum*)를 생각하지 않고, "그러므로 우리는 '그 안에는 신성의 모든 충만이 육체로 거하신다'(골 2:9)라고 말하기보다는, 예수님께서는 유한한 인간적 삶 속에서 표현될 수 있을 만큼의 무한한 신적 도덕성들을 구현하였다고 말해야 할 것이다"고 말한다.[73] 그리고 예수는 그저 "신의 실재를 강력하고도 넘칠 정도로 의식하고"있었고, "그의 영은 하나님께 대해서 열려 있었고, 그의 삶은 하나님의

70 Hick, "John Hick의 주장", 78.

71 Hick, "Jesus and the World Religions," 171-73; idem, *God and the Universe of Faith*, 113-14, 163; idem, *God Has Many Names*, 28, 72-73, 83-84, 125; idem, "John Hick의 주장", 71, 73.

72 Hick, "John Hick의 답변", 116.

73 Hick, "John Hick의 주장". 77.

사랑에 대한 계속적인 반응"이었다고 말한다.[74] 그래서 그가 "손을 대면 병든 자가 고침을 얻었고, 심령이 가난한 자들이 그의 면전에서 새로운 힘을 얻었다"고 한다.[75] 힉은 이렇게 말한다:

> 하나님의 영감을 받은 이 사람은 자신의 역할을 세상에 올 하나님 나라의 임박함을 선포하는 마지막 선지자로 이해하고 있었던 것처럼 보인다. …… 로마의 황제들, 애굽의 왕들, 그리고 위대한 철학자들과 종교적 인물들은 때로 '하나님의 아들'이라고 불렸으며, '신적'이라는 말이 당시에 지니고 있던 폭넓은 의미에서 '신적인 존재'로 간주되었다.[76]

따라서 힉은 성육신이라는 용어를 유지한다고 해도 이를 문자적인 의미로 받아들이지는 않고 신화적 또는 비유적(은유적)으로만 받아들이는 것이다.[77] 힉은 이렇게까지 말한다: "성육신 개념에 대해 문자적 의미를 부여하는 것이 불가능했던 이유는 단지 그것이 문자적 의미를 가지고 있지 않기 때문이다."[78]

이런 비유적 성육신 개념에 근거해서 그는 성육신의 의미를 매우 확대한다. 그리하여 힉은 다음과 같이도 말한다:

---

74 Cf. Hick, "An Inspirational Christology for a Religiously Plural World," in *Encountering Jesus*, ed. Stephen T. Davis (Atlanta: John Knox, 1988), 5-38; idem, *God and the Universe of Faith*, 115.

75 Hick, "Jesus and the World Religions," 172. Cf. Hick, *God Has Many Names*, 58-59.

76 Hick, "John Hick의 주장", 47-48.

77 Cf. Hick, *God Has Many Names*, 19, 28, 30, 65, 83, 142; idem, *Metaphor of God Incarnate: Christology in a Pluralistic Age* (Louisville: Westminster/John Knox, 1993); idem, "John Hick의 답변", 123.

78 Hick, *God Has Many Names*, 74.

> 그리고 이런 은유적 의미로, 우리는 누구든지 하나님의 뜻을 행하는 한, 하나님이 인간의 행위 안에서 '성육신하셨다', 구현되셨다고 말할 수 있다. 누구든지 몸이나 마음이 병든 사람들, 연약해서 억압받는 사람들, 난민들, 나약한 아이들, 착취를 당하는 가난한 사람들, 사별하여 슬퍼하는 사람들을 위해 사랑으로 행한다면, 언제든지 그곳에서 하나님의 사랑은 세상에 성육신하게 된다.[79]

그러므로 이렇게 변용(變容)된 성육신 개념에 의하면, 우리가 진정 사랑해서 어떤 행동을 하면 그곳에 성육신이 있게 되는 것이다: "어떤 이가 무사(無私)한 사랑 가운데서 행할 때마다 아가페가 인간의 삶 가운데서 성육신하는 것이다".[80] 따라서 힉에 의하면 성육신은 예수님에게만 한정되는 것이 아닌 것이다. 물론 예수님에게서는 그 사랑의 성육신이 놀랍고 획기적일 정도로 일어났고, 그의 실제 역사적 영향력은 그 정도에 있어서 독특한(unique) 것이라고 말하지만 말이다.[81]

이렇게 자신이 새롭게 구성한 성육신 개념에 대해서 그는 이렇게 말한다: "인간이 자유롭게 하나님의 뜻을 행하고, 하나님은 그들을 통해서 행동하시고 그들의 행위들 안에 '성육신하시게'(incarrnate) 된다고 하는 하나님의 성육신이라는 은유는 강력하면서도 이해하기가 쉽다."[82] 그리고 그가 다시 구성한 예수님의 가

---

[79] Hick, "John Hick의 주장", 78.

[80] Hick, *God Has Many Names,* 28.

[81] Hick, *God Has Many Names,* 28.

[82] Hick, "John Hick의 답변", 124.

르침, 특히 주께서 가르치신 기도에 의하면 "우리와 하나님 사이에 중보자가 있을 필요성이나 하나님으로 하여금 용서하도록 하기 위한 속죄적 죽음의 필요성에 대한 시사가 없다"는 것이다.[83] 따라서 힉에 의하면 예수는 중보자가 아닐 뿐만이 아니라, 예수 자신이 중보자가 있을 필요가 없다고 가르쳤다고 하는 것이다.[84]

2. 신 개념(神槪念)의 변화

힉에 의하면 성육신 개념의 변화로부터 자연스럽게 신 개념(神槪念)의 변화가 나타난다. 위에서 그리스도에 대해 말한 것과 연관해서 말한다면 "힉의 기독교"의 신(神)은 삼위일체 하나님이 아니다. 예수님께서 온전한 하나님이 아니시라고 하므로 결국 그는 삼위일체론을 포기하는 입장에서 신론을 새롭게 제안하는 것이다. 힉에 의하면 "역사적 예수는 이 교리[삼위일체 교리]를 가르치지 않았다". 오히려 "그것은 교회의 창작물로서, 예수 자신은 아마도 (그것을) 신성모독이라고 여겼을 교리"라고 한다.[85] 따라서 힉의 새로운 예수 이해에 따라 나온 새로운 신 개념(神槪念)에서 "세 위격들은 한 하나님이 인간과 관련하여 행동하심으로써 경험되어지는 세 가지 방법들 – 창조주로서, 변혁자나 구속주로서, 그리고 내적인 영(inner spirit)으로서 – 이다."[86] 이 문장 자체는 양태론에 가까운 이해를 제시하나, 엄

83 Hick, *The Metaphor of God Incarnate*, 127; idem, "John Hick의 답변", 123.

84 Hick, "John Hick의 주장", 78-79.

85 Hick, "John Hick의 주장", 71. 이는 성육신 교리에 대해서 하는 말이나 결국 삼위일체에 대한 함의도 가진 말이다.

86 Hick, "John Hick의 주장", 78.

격하게 힉 자신의 생각을 따지면 그는 삼위일체론을 가지지 않는 것이다. 즉, 그는 양태론적 이단 개념에도 못 미치는 신 개념을 가졌다고 할 수 있다.

물론 "힉의 기독교"의 신(神)은 인격적인 신이다. 그러나 그는 동시에 신에 대한 비인격적 표현도 자연스럽게 받아들일 수 있는 "인격성과 비인격성의 피안(彼岸)에 있는 신"으로 나타난다. 우리네 기독교인들은 신(神)을 인격적인 분으로 말하지만 힉은 우리가 말하는 신(神)이나 불교도가 말하는 궁극적 실재는 다 같은 것이라는 시사(示唆)를 주는 것이다.

3. 구원 개념의 변화

힉의 기독교에서는 구원 개념도 자아 중심에서 신 중심에로의 변화를 이루는 것으로 재정의(再定意, re-define)된다. 그에게 전통적인 의미의 구원, 즉 예수 그리스도의 십자가 사역을 통해 죄용서 함을 받고 하나님과의 긍정적인 인격적 관계성 가운데서 삶을 살다가, 죽어도 그의 존재의 중심이 하나님의 사랑에서 끊어지지 않고 의식적으로 복락을 누리고 있다가, 부활하여 하나님 나라의 극치에 참여하는 의미의 구원은 신 중심으로의 전환을 이룬 삶을 신화적으로 표현하는 **한 방식**으로서 밖에는 의미를 갖지 않는다. 사실 우리가 이미 위에서 살펴본 바와 같이, 힉이 재구성한 예수의 가르침에 의하면 우리의 죄가 용서되는 속죄적 죽음의 필요성이 없다.[87] 또한 힉에 의하

[87] Hick, *The Metaphor of God Incarnate*, 127.

면, 용서가 희생 제사로 이루어진다면 그것은 힉이 생각하는 구원 개념에 미치지 못하는 것이 된다. 그래서 힉은 전통적 기독교의 구원에 대한 가르침은 용서를 제대로 이해하지 못하는 것이라고 판단하며 비판한다. 그는 이렇게 말한다:

> 그리고 이런 이해[은유적 성육신 이해와 이로부터 나온 신론]에 따르면 하나님께서 어떻게 예수님의 죽음으로 말미암아 우리의 죄를 용서하실 수 있게 되었는지에 대한 이론이라는 의미에서의 그 어떠한 구속 교리(atonement doctrine)도 필요하지 않다. 왜냐하면 예수님은 주기도문에서 어떠한 중재자나 속죄 제물이 없이 하늘에 계신 우리의 아버지이신 하나님께 직접 나아가며, 구하고, 하나님의 용서를 받을 것을 기대하도록 우리에게 가르쳤기 때문이다.[88]

사실 힉은 그의 사상의 초기부터 이런 입장을 가지고 있었다. 1977년의 논문 가운데서 그는 이렇게 말한 바가 있다:

> 만일에 예수께서 참으로 성육신하신 하나님이시고, 그의 죽음으로만 사람들이 구원받을 수 있고, 그에 대한 사람들의 반응[즉, 믿음]으로만 그 구원을 충용할 수 있다면, 영원에 이르는 유일한 길은 기독교 신앙이 된다. 그것은 인류 중의 대다수가 구원을 받지 못했다는 것이 되는 것이다.[89]

그러므로 전통적인 기독교는 옳을 수 없다는 것이다. 이처럼 힉은 상

---

88 Hick, "John Hick의 주장", 78-79.

89 Hick, "Jesus and the World Religions," 180.

당히 초기부터 대다수(大多數)의 인간 구원을 중심으로 그의 사상을 진전(進展)시켜 왔다. 그 과정에서 결국 구원 개념의 심각한 변화가 나타나게 된 것이다. 힉의 구원 개념은 다음과 같이 정의된다: "그것의 가장 근본적인 의미에서 구원은 …… 현세에서 시작되는 본성적인 '자아 중심'으로부터 '신/궁극적 존재/실재-중심'으로 새롭게 방향을 전환하는 인간적 변혁이다."[90] 그러므로 힉에 의하면 인간이 자기중심의 이기성에서 벗어나 이타적(利他的)인 삶을 살면서 삶의 의미를 추구하며 살려고 노력하기만 하면 그는 그가 누구든지 이 구원적 변화에 동참(同參)하는 것이라는 것이다. 따라서 힉은, 우리가 위에서 살펴 본 바와 같이, 여성 해방 운동이 "이 세상에서의 구원적 변화의 선두에 서 있다"고 단언할 수 있었던 것이다.[91]

그리고 힉은 이렇게 현세에서 일어나는 것은 구원적 과정의 시작이라고 생각한다. 그리하여 그는 "구원적 과정은 이 세상에서의 삶을 넘어서 계속되어야만 한다"고 시사적(示唆的)인 말을 던진다.[92] 그러나 그때 그가 무엇을 생각하는지를 자세히 논의하지 않는다. 이 책을 우리말로 옮긴이는 "이때 그는 (1) 이 세상에서 구원적 과정을 시작한 이들이 이 사후의 과정을 통해서 완성된다고 하는 것인지? 아니면 (2) 모든 이들이 사후에는 구원 과정 안에 있게 된다고 말하는 것인지? (3) 아니면 사후에도 각자의 선택에 따라 그 최종 운명이 결정된다는 것인가가 모호하다"고 하면서 "힉은 (3)번째 대안을 생각하는 듯하다"는 역주(譯註)를 달고 있다.[93] 이는 피녹의 사후

[90] Hick, "Clark Pinnock에 대한 John Hick의 논평", 178f.

[91] Hick, *An Interpretation of Religion,* 52.

[92] Hick, "Clark Pinnock에 대한 John Hick의 논평", 179 (영어판, 127).

[93] Hick, "Clark Pinnock에 대한 John Hick의 논평", 179, 역주 2.

구원가능설(死後救援可能說에) 대해서 힉이 하고 있는 말에 비추어 볼 때 개연성 있는 생각이라고 할 수 있다. 그리고 그것은 결국 "현세에서 시작되어 현세를 넘어 완성될 때까지 계속되는 신적인 창조적 과정"의 한 부분인 것이다.[94]

4. 선교 개념의 변화

따라서 힉의 입장에 따르면, 그리스도인이 다른 종교를 가진 이들에게 자신이 생각하는 의미에서의 구원을 위해 복음을 제시하고 자신의 소망을 나누는 것은 정당성이 없는 일이 되고 만다. 왜냐하면 힉에 의하면, "다른 영적 지도자들과 다른 계시적 역사들이 다른 종교적 전통들 내에 있는 다른 사람들을 위하여 [예수에게서 우리에게 주어진 것과] 동일한 방식으로, 그리고 동일한 정도로 가능하다는 것을 부인할 필요가 없다"고 하기 때문이며,[95] 또한 "어떠한 종교적 전통을 가졌든지, 또는 아무런 종교적 전통을 갖지 않았다 할지라도, 이 세상에서 사는 동안 많은 사람들에게 이러한 과정[구원/깨닮음/해방의 과정]이 시작되었다는 것 또한 분명하다"고 보기 때문이다.[96] 그러므로 이런 상황에서는 개종을 권유하는 것은 무의미한 일이 되고 만다.

필요한 것은 각자(各自)가 자신의 전통에 충실해서 자기중심으로부터 실재 중심에로의 변화를 이룬 사람답게 그 의미를 깊이 생각하고 그런 전환의 삶을 살아가는 것과 서로 다른 신앙간의 의미 있는

---

94 Hick, "Clark Pinnock에 대한 John Hick의 논평", 180.

95 Hick, "John Hick의 주장", 79.

96 Hick, "Clark Pinnock에 대한 John Hick의 논평", 180.

대화를 진전시켜서 서로의 형태를 바꾸어 가는 것이 된다.

IV. 힉의 기독교와 전통적 성경적 기독교의 관계

이렇게 '힉의 기독교'를 살펴 본 뒤에는 그의 기독교와 전통적 성경적 기독교의 관계를 생각해 보는 것이 우리의 최후의 과제로 남게 된다. 그 둘이 서로 대립적인 것이라고 하는 것은 앞의 논의로 분명해졌을 것이다. 문제는 이 대립을 어떻게 이해하고 받아들여야 할 것인가 하는 것이다.

힉과 그를 따르는 이들도 이 대립을 인정한다. 그러나 그들은 이 대립이 기독교가 성숙해 가는 것으로, 시대적 정황 속에서 타당한 기독교적 진술을 하는 것으로 생각한다.[97] 힉은 이미 1977년『성육신 하신 하나님의 신화』에 실린 다른 논문의 저자들과 함께 신약 성경의 사람들은 예수 그리스도에 대해서 성육신하신 하나님으로 말할 수밖에 없었으며, 4-5세기의 교부들도 칼시돈 정의와 같이 그리스도에 대해서 말할 때 그들로서는 그렇게 말하지 않을 수 없었다고 한다. 자신들이 예수님에게서 발견하고 파악한 바를 그렇게 그 시대의 표현이라는 옷을 입혀 진술했다는 것이다.

따라서 20세기에 있는 사람들은 우리 나름으로 예수 안에서 우리가 발견한 바를 진술해야 한다는 것이다. 그렇게 하는 이들은 신약의

---

97 우리나라에서 이런 입장을 취하며 종교 다원주의를 적극적으로 제시한 예들로 다음을 보라: 변선환 편,『종교 다원주의와 신학의 미래』(서울: 종로서적, 1989); 한국기독교학회 편,『종교 다원주의와 신학의 과제』(서울: 대한기독교서회, 1990); 박종천,『상생의 신학』(서울: 한국신학연구소, 1991); 조성노, "종교 다원주의신학", 조성노 편,『최근신학개관』(서울: 현대신학연구소, 1993): 213-65. 이 외에도 김경재, 이정배, 홍정수 교수의 글들을 보라.

저자들과 칼시돈 교부들과 같은 연장선상에서 같은 작업을 하는 것이라고 한다. 물론 그 결과는 칼시돈적 진술의 문자적 의미를 부인하는 방식으로 나타나지만 말이다. 그렇게 성경의 기독교를 이 시대에 적응(適應)시켜 말한 것이 "성육신 하신 하나님의 신화/은유"이고, 그리스도 안에서와 같이 우리 안에서 그리고 모든 다른 종교와 종교인들 안에서 역사하시는 하나님에 대한 언급이며, 예수를 존경하는 영적 지도자요, 영감이시오, 모델인 분으로 여기는 것이라는 것이다.

둘째로, 힉의 기독교와 전통적 성경적 기독교의 대립을 인정하면서 기본적으로 그렇게 변화된 현대적 상황 속에서 기독교를 제시해 보려는 노력을 높이 사면서도 힉이 너무 지나치게 나아갔다고 비판하는 이들이 있다. 그러나 이런 태도를 가진 이들의 스펙트럼도 상당히 넓다고 할 수 있다.

힉의 종교 다원주의를 비판하면서 내포주의를 주장하는 클락 피녹이나 죤 샌더스 같은 이들이 이 안에 있는가 하면,[98] 바르트와 그의 입장에 동조하면서도 바르트주의적 배타주의를 주장하는 이들도 이런 입장에 서서 힉을 비판하고 있다. 그러나 이들은 기본적으로 힉이 시도하는 어느 정도의 변화의 시도는 반드시 있어야 하는 것으로 생각한다. 시대 속에서 살아남기 위해서 기독교는 자체의 변형을 시도해야 한다는 것이다. 이런 입장에 대해서 힉은 왜 그들이 더 나아가지 아니하고 중도에 멈추어 서는지에 대해서 의아해하는 것이

---

[98] Cf. Clark H. Pinnock, "The Finality of Jesus in a World of Religions," in *Christian Faith and Practice in the Modern World,* eds., Mark A. Noll and David F. Wells (Grand Rapids: Eerdmans, 1988), 이승구 역, 『포스트 모던 세계에서의 기독교 신학과 신앙』 (서울: 엠마오, 1992): 277-313; idem, *A Wideness in God's Mercy* (Grand Rapids: Zondervan, 1992); idem, "Clark H. Pinnock의 주장", in *Four Views on Salvation,* 129-71; John Sanders, *No Other Name* (Grand Rapids: Eerdmans, 1992).

다.[99] 그러면서 힉은 우리는 "조만간 이 다리를 통해 건너편으로 가야 한다"고 말한다.[100]

마지막으로, 힉의 기독교와 전통적 성경적 기독교의 대립을 참된 대립이라고, 즉 그들은 헤겔적인 지양이나, 변증법적 신학적인 역설 제시로 극복할 수 없는 대립이라고 생각하는 이들이 있다.[101] 이런 입장의 배타주의자들은 힉의 종교 다원주의가 결국 기독교에 대립하는 사상을 제시하는 것으로 이해하는 것이다. 카슨 같은 이는 "힉이 제안하는 예수는 신약의 예수와는 너무나도 다르므로 조만간에 힉이 왜 신약을 인용하는지 모르겠다는 질문이 나오게끔 된다"고 말할 정도이다.[102] 사실 힉 자신도 고전적인 교리들, 전통적인 성육신 이해, 양성론 이해, 삼위일체 이해, 구속에 대한 이해, 특히 성경 무오성 교리 등은 "지성의 희생"이라고 여기면서, 우리가 그런 것을 믿는 것은 자유지만 "그와 같은 지성의 희생을 (우리들의) 학생들에게까지 강요하지 않기를 바란다"고 말한다.[103]

---

99 Cf. Hick, "Clark Pinnock에 대한 John Hick의 논평", in *Four Views on Salvation,* 175, 178, 180.

100 Hick, "Whatever Path Men Choose is Mine," 180-81=*God Has Many Names,* 69. See also idem, *God and the Universe of Faiths,* 120-31.

101 이런 입장에서의 종교 다원주의 비판의 좋은 예들로 다음을 보라: Erickson, *The Word Became Flesh,* 275-304; E. David Cook, "Truth, Mystery and Justice: Hick and Christianity's Uniqueness," in *One God, One Lord: Christianity in a World of Religious Pluralism,* eds., Andrew D. Clarke and Bruce W. Winter (Grand Rapids: Baker, 1992): 237-46(이 책에 실린 다른 논문들도 보라); Richard Lints, *The Fabric of Theology* (Grand Rapids: Eerdmans, 1993), 245-59; Ronald Nash, *Is Jesus the Only Savior?* (Grand Rapids: Zondervan, 1994); Carson, *The Gagging of God* (1996); McGrath, *A Passion for Truth* (1996), chapter 5; R. Douglas Geivett and Gary Phillips, in *Four Views on Salvation* (1996), 이승구 역, 『다원주의 논쟁』(2001): 297-340; 김영한, "현대신학의 종교 다원주의 운동"그리고 "종교 다원주의와 그리스도의 유일성", 『21세기와 개혁신학 II: 포스트모더니즘과 개혁신학』(서울: 한국장로교출판사, 1998); 13-41, 43-76.

102 Carson, *The Gagging of God* 320.

103 Hick, "John Hick의 답변", 123.

이런 배타주의에 대해서는 오해가 많이 있다. 첫째 오해는 이들은 전혀 변혁을 시도하지 않는다는 오해이다. 둘째 오해는 이런 이들은 입장만 달라서 이론적으로 대립할 뿐만 아니라, 인격적으로도 투쟁적이라는 오해이다. 셋째로, 이런 배타주의만이 배타적이고 독단적이라는 오해이다.

이 세 가지가 다 오해인 것은 사실이나, 이런 입장을 지닌 이들이 때때로 (때로는 너무 자주!) 실제로 그런 실수를 범함으로 그런 생각이 고정화되었을 수 있다는 점을 간과해서는 안 된다. 배타주의자들은 참으로 성경에 충실하기 위해서 항상 성경의 가르침에 근거해서 자신들의 전통과 삶과 심지어 교리도 변혁시켜 왔음을 생각해야 한다. 물론 입장이 달라도 인간적으로는 잘 해주는 것이 가장 중요하다고 한 것이나,[104] 종교 다원주의자들 자신의 이론적 비관용과 독단적 주장을 생각하면[105] 이상의 오해가 진정한 오해임이 드러나게 될 것이다. 그리고 우리는 어떤 입장을 논의할 때 일단은 그 이론의 최상의 형태를 가지고 논의한 후 다른 모든 요인들을 고려해야 할 것이다.

최종적으로 우리에게 남는 문제는 힉의 기독교와 전통적 성경적 기독교의 대립적 관계에 대해서 우리 자신이 과연 어떤 입장을 취할 것인가 하는 것이라고 할 수 있다. 이것은 단지 이론적인 문제가 아니라, 우리의 구체적인 삶을 문제 삼는 것이라는 점을 강조하기 위해 다

---

104 이런 태도를 나타내는 배타주의자들이 많이 있어 왔다. 이런 입장에 대한 진술을 인용하면 다음과 같다: "우리 그리스도인들은 다른 전통의 세계관에 잘못된 요소가 있음을 이성적 근거에서 믿으면서도, 그 대표자들을 존중하고 그들에게 경의를 표하는 것이 논리적으로도 실천적으로도 가능하다"(Paul Griffiths and Delmas Lewis, "On Grading Religions, Seeking Truth, and Being Nice to People: A Reply to Professor Hick," *Religious Studies* 19 [1983], 78).

105 종교 다원주의의 교조주의적, 패권주의적 오류에 대한 지적으로 McGrath, *A Passion for Truth*, 227, 234, 241, 261f.; Pinnock, "John Hick에 대한 Clark Pinnock의 논평", in *Four Views on Salvation in a Pluralistic World*, 87.

음과 같은 힉의 윤리적 도전을 인용함으로 이 논문을 마치고자 한다:

> 기독교가 정말로 하나님 자신에 의해 세워진 유일한 종교이며, 따라서 우리만이 완전한 진리를 안다면, 그리고 교회 안에서 우리가 필적할 수 없는 완전한 진리를 가지고 있다면, 왜 이것이 그리스도인의 삶 속에서 명백하게 드러나지 않는가 하고 묻게 되기 때문이다. 우리의 전통적인 신념-체계가 인간 생활에서 관찰될 수 있는 사실들과 과연 잘 들어맞는가?[106]

> 만약 예수님께서 성육신하신 하나님(즉, 삼위일체의 제2위)이시라면, 따라서 그리스도와의 연합을 통해 하나님과의 새로운 관계와 그에게 나아감을 구현함으로써, 그리고 필적할 수 없는 은혜의 방편들의 은택을 입음으로써, 기독교가 하나님 자신에 의해 직접적으로 세워진 유일한 종교라고 한다면, 이 모든 것은 기독교적 삶의 질에 있어서 적어도 몇 가지 가시적인 차이를 만들어내야만 하지 않겠는가? …… 확실히 바울이 갈라디아 5:22-23에서 말하는 "성령의 열매"의 평균 수준은 기독교적 구원의 영역 밖에 있는 사람들의 삶에서보다는 그리스도인의 삶 속에서 보다 분명하게 드러나야만 한다. 그럼에도 불구하고, 실상은 그렇지 못한 것처럼 보인다![107]

---

106 Hick, "John Hick의 답변", 114.

107 Hick, "John Hick의 답변", 119-20.

5

복음주의적 내포주의자 클락 피녹(Clark Pinnock)의 신학과 그 문제점

클락 피녹

20년 전까지만 해도 일반적으로 내포주의(內包主義, inclusivism)하면 로마 가톨릭 신학자인 칼 라너(Karl Rahner)와 그의 신학적 주장을 상기(想起)하곤 했다. 라너의 이른 바 "익명의 그리스도인들"에 대한 주장, 즉 기독교의 복음이 전파되기 전에 자신들의 종교 내에서 나름대로 신실하게 산 자들은 실질적으로 그리스도의 구속의 은혜 아래 있는 것으로 보아야 한다는 주장은 많은 이들에게 기독교와 기독교적 복음의 정체성에 대한 심각한 도전으로 받아들여졌었다. 급진적 견해를 가진 이들은 라너의 이런 주장을 적극적으로 받아들

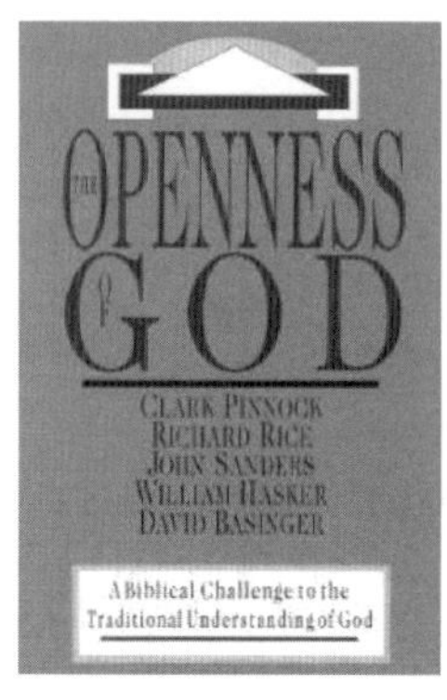

클락 피녹의 책

이거나, 아니면 그것조차도 여전히 기독교의 진리 주장을 제국주의적으로 고수하려는 충분치 못한 견해라고 하면서 종교 다원주의(religious pluralism)에로 나아갔다. 그런가 하면 정통적 기독교에 충실하려고 하는 이들은 이런 두 가지 노력을 모두 심각하게 살피면서 그것이 궁극적으로 복음을 선포하여 세상을 구원하시려는 하나님의 뜻에 반하는 것이 아닌가 하는 우려를 하여 왔다. 그리하여 신학계가 그리스도를 통한 구원만을 주장하는 배타주의(排他主義, exclusivism), 그리스도 안에 그리스도를 의식적으로 믿지 않는 이들도 있을 수 있다고 주장하는 내포주의(內包主義, inclusivism), 그리고 구원에 이르는 다양한 길이 있다고 주장하는 종교 다원주의(religious pluralism)의 주장들도 나뉘어 있는 듯이 보였었다.[1]

그런데 얼마 전부터 클락 피녹(Clark Pinnock)이나 존 샌더스(John Sanders) 같은 스스로를 복음주의자로 자처하는 사람들이 소위 '복음주의적 내포주의'를 주장하면서 문제는 좀더 심각해졌다. 그들은 자신들이 기독교 복음에 충실한 수호자이며 복음에 신실한 복음주의자임을 주장하면서, 그 복음의 주장에 따라 내포주의적 주장을 해야만 한다고 여기며, 자신들만이 아니라 수많은 기독교 사상

[1] 이런 식으로 나누어 제시한 가장 대표적인 예로 Alan Race, *Christians and Religious Pluralism: Patterns in the Christian Theology of Religions* (Marynoll, NY: Orbis Books, 1982)을 들 수 있다. 그러나 알란 레이스 자신은 최근에 그런 분류 방식의 문제를 제기하기도 하였다.

가들이 사실은 내포주의적 생각을 하여 왔다고 주장하면서 자신들의 주장을 펴고 있다. 정통주의적 주장을 하는 사람들 중의 일부가 신학적 생동력(生動力)을 나타내 보이지 못하자 많은 전통적 입장을 지녀 온 젊은이들이 이런 복음주의적 내포주의 주장에 흥미를 나타내 보이고 있고, 그것이 앞으로 **소위 복음주의권이라는 복합체**에 어떤 영향을 끼치게 되려는지가 큰 문제이다.

그러므로 우리는 이런 이들의 사상을 잘 검토해서 과연 성경에 비추어 어떻게 평가할 수 있는지를 잘 검토해 보아야 할 것이다. 이런 검토를 좀더 구체적으로 하기 위해서 이 글에서는 이런 주장자 중 대표자라고 할 수 있는 클락 피녹의 사상과 주장을 좀더 면밀히 살펴 보려고 한다.

클락 피녹(Clark Pinnock, 1937-2010)은 캐나다 침례교회에서 자라나 토론토에서 고대 근동 연구로 학부를 하고(1960), 영연방 장학금을 받아 영국 맨체스터 대학교에서 F. F. Bruce를 지도 교수로 하여 "바울의 성령론 연구"("The Doctrine of the Holy Spirit in St. Paul")라는 논문으로 박사 학위를 하고, 미국 뉴올리언즈 침례교 신학교(1965-69), 트리니티 신학교(1969-1974), 그리고 캐나다 리전트 칼리지(1974-1977)에서 가르친 후에 캐나다의 맥마스터 신학교(1977-2002)에서 은퇴할 때까지 가르쳤고, 2010년에 사망하였다. 더구나 그는 성경을 중요시하는 입장에서 신학을 공부하였으며 영국 맨체스터 대학교에서 박사 학위를 하고, 복음주의적 신념을 가지고 캐나다와 미국에 IVF의 신학생 모임 격이라고 할 수 있는 모임인 The North American Theological Student Fellowship을 창설하는 데 중요한 역할을 한 캐나다인 복음주의자였다고 할 수 있다. 2002년에 은퇴할 때까지 캐나다 온타리오에 있는 맥마스터 신학교(McMaster Divinity College)의 조직신학 교수로 있었던 그는『성경적 원리』(*The Scripture Principle*)를 쓸 때만 해도 복음주의적 특성을 드러내고 있다고 할 수 있다. 그러나 1976년과 1981년에 쓴 논문들로부터[2] 시작해서 1985년도 휘튼 대학교에서 열렸던 "후-기독교 세계에서의 기독교 신학"이라는 학술회의에서 발표했던 논문인 "종교 세계에서의 예수 그리스도의 종결적 성격"에서 그의 "복음주의적 내포주의"주장을 잘 나타냈다.[3] 그의 입장과 다른 주장과의 대조는『다원주의 논쟁: 구원에 대한 네 가지 견해들』에[4] 잘 대조되어 제시되어 있다.

피녹의 내포주의 주장

피녹은 누가가 특히 사도행전에서 다른 신앙을 가진 사람들에 대한 상당한 **개방성**과 함께 그리스도의 **최종성**(finality)을 표현하고 있는 것을 높이 사면서, 이런 누가의 입장을 조금 확대하면서 다음과 같은 세 가지 명제를 제시한다: (1) 예수 그리스도는 만유의 주(主)이시라는 이 신앙은 기독교적 문법에서 가장 기초적인 것이고 결코 희석될

---

2 Clark Pinnock, "Why Is Jesus the Only Way?" *Eternity* (Dec., 1976); "Can the Unevangelized Be Saved?" *The Canadian Baptist* (Nov., 1981).

3 이는 이 학술회의 내용을 편집해 책으로 낸 *Christian Faith and Practice in the Modern World,* eds. Mark A. Noll and David F. Wells (Grand Rapids: Eerdmans, 1988), 이승구 역,『포스트모던 세계에서의 기독교 신학과 신앙』(서울: 엠마오, 1994), 277-313에 수록되어 있다.

4 필립스, 오콜롬 편, 이승구 옮김,『다원주의 논쟁: 구원에 대한 네 가지 견해들』(서울: 기독교문서선교회, 2001). 이하 본문 중에 인용되고 면수면 밝힌 것은 이 책으로부터의 인용임을 밝힌다.

수 없는 것이다; (2) 그러나 하나님께서 교회의 선교 안에서와 그 밖에서도 세상에서 사역하고 계시다는 신념은 우리로 하여금 다른 신앙을 가진 이들에 대해 개방적(開放的)이고 사랑하는 태도를 유지하게 한다; (3) 그리고, "이것은 누가의 글의 범주를 넘어가는 것이지만, 나는 구주를 열망해 왔으나 그들의 생애 동안에 그리스도를 들어본 일이 없는 수많은 '복음화 되지 못한 사람들'의 최종적 구원에 대한 희망을 감히 가져 본다"(280).

이를 다시 말하면서 피녹은 다음과 같이 표현하기도 한다: "신앙으로 우리는 그리스도의 주되심을 고백한다. 사랑으로 우리는 다른 이들이 하나님으로부터 얻은 진리에 대해서와 그들 자신들에 대해 개방적이다. 그리고 소망으로 우리는 그 스스로의 잘못이 아닌 방식으로 하나님의 사랑을 품을 수 있는 기회를 얻지 못한 모든 사람들이 멸망하지 않기를 예기(anticipate)하는 것이다"(312f.). 즉, 피녹은 그리스도의 사역과 계시가 종결적인 것이라고 하면서도 그것은 그가 말하는 "내포적 종결성"(the inclusive finality)을 지닌 것이라고 한다(281). 그는 자신의 이런 주장이 "아주 논란의 대상이 될만한 신학에로 나아가는"것이라는 의식을 가지고 있다(281, 283). 그러나 그는 이것이 복음주의적 사유를 새롭게 하는 것이 되기를 바라면서 자신만이 아니라 많은 복음주의자들이 이런 방향으로 나아가기를 바라는 마음으로 자신의 주장을 제시한다.

피녹이 복음주의적 신념에서 출발한다는 것은 사실이다. 그는 예수 그리스도의 최종성에 대한 신념이 예수님 자신의 강력한 주장에서 나온 것이라는 것을 믿는다(185). 그리고 예수님의 주님 되심은 "그 어떤 강한 압력이 주어진다 해도 포기될 수 없는 것이다"(184)라고 단언하며, 이는 궁극적 실재에 대한 일차적 주장을 하는 것이며, 이는 종교간 대화의 거래거리가 될 수 없는 것이라고 강하게 주장한다(284). 그는 심지어 칼시돈 신조가 그리스도의 참된 정체성에 대한 항구적이며 정확한 묘사라고 믿는다는 것을 단언한다(285). 그는 이런 입장에 서서 힉(John Hick) 등이 말하는 종교 다원주의를 매우 강하게 비판하면서 "기독교를 세상이 사유하는 방식에 맞추어 보려고 하는 것은 그리스도인들이 수납할 수 없는 변증적 전략이다"라고 아주 분명한 입장을 표명하기도 한다(289). 그리고 라너(Karl Rahner)를 비판하면서 "우리는 회개하고 복음을 믿지 않아도 되는 사람이 있을 수 있다는 인상을 주는 말을 해서는 안 되는 것이다"라고 말한다(306).

그러나 그는 이 복음주의적 주장을 자기 나름의 방법으로 확대하면서 하나님은 교회와 이스라엘 밖에서도 적극적 계시를 주시고 관용하여 오셨다고 말하고, 성경에는 보편적 계시에 대한 긍정적 증언이 있다고 하면서(295) 자신의 입장을 복음주의적 입장과 구별하기도 한다: "어떤 이유에서인지 복음주의자들은 성경에 나타나는 하나님의 관용성을 은닉(隱匿)하려는 경향을 가져 왔다"(294). 그 자신은 이렇게 본다는 것이다: "예수 그리스도 안에서의 하나님의 은혜를 고백하기 위해서 다른 곳에서의 하나님의 은혜를 부인해야만 하는 것은 아니다"(297).

그리하여 결국 그는 이렇게 말하는 데에로 나아간다: "만일 복음을 듣고 받아들일 수 있는 이들에게만 구원이 있다고 한다면, 결국 하나님은 당신의 구원하시고자 하는 이들을 다 구원하시지 못하는 것이 되고 마는 것이다"(301). 그래서 그는 복음이 전파되지 않은 때와 장소에 사는 사람들은 그들의 구원에 대한 열망(熱望)으로 이미 만유의 주되신 그리스도에 내포되어 구원을 얻게 된다는 내포주의(inclusivism)를 주장하는 것이다. 그래서 그는 이렇게 말한다: "'가난한 자들은 복이 있나니' 라는 지복(至福)은 눈물을 흘리면서 찾아보고자 했었어도 하나님에 대한 구원적 지식을 가질 수 없었던 사람들에게도 적용되는 것은 아닐까?"(307)

그리고 그것을 보충하기 위해서 피녹은, 다른 복음주의적 내포주의자인 존 샌더스는 부인하는, 사후 복음 전도(post-mortem evangelism)와 사후 결단에 의한 구원의 가능성을 말한다(306-11). 물론 그는 모든 이들이 결국 그 안에 있게 될 때까지 계속 기회를 주신다는 힉(Hick)의 『영원한 삶』(*Eternal Life*)에서의 입장이나, 결국 사후의 고난 뒤에 모든 이들이 하늘에 갈 것이라고 시사하는 윌리엄 바클레이의 시도까지는[5] 나아가지는 않고, 그렇게 나아가는 이들을 비판한다(310). 그러나 피녹은 "모든 이가 구원받을 기회를 가질 것이라고, 그래서 구원의 가능성이 보편적으로 주어져 있다고 결론짓는 것이 정당하다고 느낀다"고 한다(310).

피녹의 내포주의 주장에 대한 논의

피녹의 문제는 일차적으로 그가 누가에게서 출발한다고 하면서, 그 자신이 인정하고 있듯이, 누가의 글의 범주를 넘어 서서 자신의 소망을 주장하고 있다는 데에 있다. 그가 복음화되지 못한 이들의 최종적

---

[5] William Barclay, *A Spiritual Autobiography* (Grand Rapids: Eerdmans, 1975), 58-61.

구원에 대한 희망을 갖는 것이 과연 성경적으로 정당화될 수 있는 것인가가 근본적인 문제가 된다. 우리가 어떤 희망을 갖는 것과 성경에 근거한 바른 신념을 가지고 그에 근거한 성경적 희망을 가지는 것은 별개의 문제이다. 우리가 아무리 복음화되지 못한 이들의 최종적 구원에 대해서 어떤 희망을 가지고 싶어도 우리의 희망의 정당한 근거는 성경의 분명한 가르침뿐이기 때문이다. 그가 말하는 멜기세덱적 요소와 고넬료의 신앙은 그것으로 구속사 밖의 구원을 말할 수 있는 것이 아니다. 그들 모두가 구속사의 한 부분으로 있었던 것이며, 고넬료가 결국 복음을 듣고 구원 안으로 들어 와야 한다는 것이 사도행전의 의도이기 때문이다. 그러므로 피녹 자신은 자신도 인정하듯이 성경의 가르침을 넘어서서 자신이 성경의 가르침이라고 생각하는 것에 근거하여 추론하면서 복음화되지 못한 이들의 최종적 구원을 감히 희망한 것이라고 할 수 있다.

둘째로 피녹은 결국 하나님의 특별 은총과 일반 은총을 명확히 구별하지 않으려는 성향이 있다고 여겨진다. 우리는 피녹과 함께 하나님께서는 교회의 선교 안에서와 그 밖의 다른 방법으로 이 세상 안에서 활동하고 계시다는 것을 기꺼이 인정한다. 그것은 복음주의자들이 아주 강하게 주장해 온 요점이기도 하다. 그런데 교회와 그 선교 가운데서 역사하시는 것과 그 밖의 세상 안에서 역사하시는 것의 명확한 구별을 성경은 요구한다. 그것을 전통적으로는 구원을 위한 특별 은총과 구원과 상관없는 일반 은총의 구별이라고 했던 것이다. 그런데 피녹은 마치 일반 은총적 사역 안에서도 구원적 은혜가 있는 듯이 언급하는 경향이 있다.

피녹의 이런 태도를 보여 주는 한 부분을 인용해 보자: "특히 복음주의자들은 일반 계시의 실재를 인정하면서도, 일반 계시가 어떤 선한 것을 이루는 지에 대해서는 부인하려는 듯하다. 나는 이것을 섬뜩하게 여긴다. …… 하나님께서는 그들이 하나님을 찾아 결국 발견하게 하시려고 일반 계시와 일반 은총을 주시는 것이다”(296). 결국 그는 하나님의 은총을 하나로 말하려는 성향이 있고, 바로 이 점에서 그의 복음 밖에 있는 이들에 대한 하나님의 은총에 근거한 최종적 구원의 희망이 나오는 것이다. 물론 피녹은 다른 종교들을 복음을 위한 일종의 준비로 여기는 것이고, 결국은 그것이 억압되어야 할 필요가 있는 것으로 여기고 있다고 말한다(300).

그러나 그는 복음이 전파되지 않은 사람들의 문제를 다루면서 이런 제한을 훨씬 넘어서 나아간다. 한 곳에서 그는 이렇게 말한다: “나의 제안은 그것이 일반 계시의 맥락에서 일어난 것이어도 하나님께서는 그 안에 있는 신앙을 인정하시고, 자연 계시의 빛에 반응하는 이들은 그들이 그리스도의 죽음 이전에 있었건, 그 이후에 있건 예수 그리스도와 만난 것으로 간주하셨다는 것이다”(302). 어쩌면 이것이 피녹의 주장 가운데 그가 강조하려는 그의 가장 독특한 주장이라고 할 수 있다. 이런 점에서 그는 자신이 공언하는 알미니안주의보다도 더 일반 은총의 효과를 극대화하고 있는 새로운 주장을 하고 있다고 할 수 있다. 따라서 전통적 알미니안주의자들도 피녹의 내포주의에 대해 이론적 비판을 하는 것은 당연한 일이다.

셋째로, 그런데 결국 이런 식으로의 진전은 기본적인 알미니우스주의적 사유에서 그것을 논리적으로 끝까지 몰아갔을 때에 나타나게 된 것이라고 말하지 않을 수 없다. 따라서 피녹이 “예수 그리스도는 만유의 주이시다”고 아주 성경적으로 보이는 진술을 할 때부터도 그것을 말하는 그의 의도에는 일차적으로 알미니우스주의적 의미의 만유의 주라는 생각이 있었다. 예를 들어서, 그는 이를 다음과 같이 해석하는 것이다: "그의 죽으심과 부활의 공로로 모든 믿는 자에게 구원이 제공될 수 있게 하신 것이다"(by virtue of his death and resurrection has made salvation available to all believers"(155=한역, 283); "그리스도께서는 …… 모두를 위해 죽으신 것이다"(289). 그리고 이런 사유가 더 진전되어서, 의식적으로 그리스도를 믿지 않은 이들도 그들이 구주를 갈망하고 있었다면 궁극적으로 구원함을 받을 것이라는 주장이 나오게 된 것으로 보아야 한다.

마지막으로, 이런 주장은 피녹이 처음부터 받은 중요한 비난의 대상이 될 만하다는 것을 더 확증시켜 준다고 할 수 있다. 그가 이런 입장을 시사하기 시작한 1976년부터 그는 이런 주장이 선교 사역을 망치며, 수정주의 신학자들에게 중요한 진리를 양보하는 것이 된다는 비판을 받아 왔다(282). 사람이 늘 그렇지만 이런 주장을 하기 시작한 후에는 이런 비판에도 불구하고 계속 그런 방향으로 나아가며 더 강한 주장을 하게 되기 쉬운데, 사실 피녹은 그렇게 나아가서 근자에는 비슷한 주장을 하는 이들과 함께 전통적 유신론의 신관을 바꾸어 "개방된 유신론"(open theism)을 제시해야 한다는 데로 나아가고 있는 것이다.

그러므로 피녹과 같은 이들의 주장 앞에서 우리는 결국 성경이 강조하고 있는 하나님의 주권을 중심으로 신학을 할 것인가 아니면 인간의 능력을 강조하는 방향으로 신학을 할 것인가 하는 오래된 양자택일 앞에 다시 서게 된다고 할 수 있다. 그런데 오늘날에는 인간의 능력을 강조하는 입장이 더욱 세분화되고 정교화되어서 극단적인 종교 다원주의로 나타나기도 하고, 구원을 스스로의 힘으로 갈망하는 이들은 구원받을 것이라는 주장하는 피녹 식의 내포주의가 나타나기도 하고, 고전적인 알미니우스주의, 즉 타락했으나 복음에 대해서 결단하고 믿을 수 있는 능력은 인간에게 있다는 식의 주장이 나타나기도 하는 것이다. 또한 오직 그리스도와 하나님의 주권을 강조한다고 하면서도 이 세상에 모든 것이 그리스도 안에서 부정되고 긍정되어졌으므로 스스로를 그 은혜에서 제외시키지 않는 한 구원받을 것이라고 바르트주의적 입장이 나타나기도 한다. 우리는 이 다양한 형태의 인간중심주의에 대하여 성경의 가르침에 근거하여 그것이 과연 유지될 수 있는지를 심각하게 물어야 한다.

그와 동시에 성경에 충실한 하나님 중심주의가 인간의 자유의지와 책임을 아주 강조하면서 잘 유지되도록 하는 일에 힘써 나가야 할 것이다. 사실 다양한 인간 중심주의적 주장이 나오는 이유는 하나님의 주권을 강조하는 이들 중의 일부가 인간의 책임을 무시하는 초칼빈주의적인 방향으로 나가거나, 이론적으로는 정통적 칼빈주의의 하나님의 주권과 인간의 책임을 다 잘 드러내는 입장을 강조하면서도 그에 충실한 삶의 모습을 보이지 않는 위선적이고 바르지 않은 태도를 보여 왔기 때문이라고 할 수 있다. 따라서 개혁주의자들이 성경에 참으로 충실한 이론을 잘 제시하고 그것에 근거한 바른 삶을 드러내어야만 우리 시대의 다양한 도전들에 정당하게 맞설 수 있을 것이다.

제 3 부

칼 바르트와 그 영향

Theologies Next Door:

A Reformed Response to
Various Theologies of Our Neighbours

6

계시와 역사의 관계에 대한 초기 바르트의 이해

-『로마서 주석』 제2판을 중심으로

칼 바르트

계시와 역사 사이의 관계는 무엇인가? 이것이 우리가 이 논문에서 초기 바르트에게 물으려고 하는 질문이다. 초기 바르트라고 할 때 나는 주로 『로마서 주석』 제2판에서의 바르트를 지칭하는 것이다. 이 시기 전체의 저작이 논의되어야 하겠지만 효과적인 논의와 깊이 있는 분석을 위해서 나는 그의 『로마서 주석』 제2판을 중심으로 하여 초기 바르트가 계시와 역사 사이의 관계를 어떻게 이해하고 있는지를 논의하려고 한다.[1] 이 질문과 관련되

---

[1] Karl Barth, *The Epistle to the Romans*, trans. E. Hoskyns (London: Oxford University Press, 1933). 이는 1928년에 나온 제6판의 영역이지만 이는 1922년에 출간된 제2판(Munich: Chri. Kaiser Verlag, 1922)에 근거한 재판들이므로 내용의 변화는 없다. 따라서 이 논문에서 나는 호스킨스의 영어 역을 사용할 것이고, 이후로부터 이 책으로부터인 인용은 (*Romans*, 면

바르트의 가족들

어 야기되는 여러 문제들이 있다: 바르트의 『로마서 주석』에는 역사적 계시에 대한 어떤 여지가 있는가? 초기 바르트가 말하는 역사 안에 실제로 사셨던 역사적 예수와 계시의 관계는 무엇인가? 궁극적으로 초기 바르트에게는 계시가 역사와 어느 정도 관련이 있는가? 『로마서 주석』에 나타난 계시와 역사의 관계에 대한 바르트의 입장을 발견하기 위하여, 우리는 다음과 같은 개요를 따라 논의할 것이다. (1) 초기 바르트는 계시와 실제로 역사 안에 사셨던 역사적 예수의 관계를 어떻게 이해하는가? (2) 초기 바르트는 계시와 역사 일반의 관계에 대해 어떻게 이해하는가? (3) 초기 바르트는 Overbeck의 특별한 용어인 "*Urgeschichte*(원역사)"를 어떻게 이해하며, 그것을 계시와 역사의 관계의 문제에 어떻게 관련시키는가?

이 고찰을 통하여 나는 비록 계시 안에서 역사의 의미가 계시되었다는 점에서 역사가 계시와 관계가 있다 할지라도, 계시는 역사의 흐름 안에서 발생하지 않는다는 의미에서, 시간 안에서의 일련의 사건들로서 역사는 계시와 관련이 없다는 것이 초기 바르트의 입장이라는 것을 보이려고 한다. 초기 바르트에 의하면 심지어 예수님의 경우에도, 그가 시간 안에 있는 한, 그는 계시가 아니다. 오직 부활의 빛에서만 그리스도가 계시로 간주되어진다. 시간 안에 있지 않은 그리스도만이 계시로 여겨지는 것이다. 그러므로 초기 바르트에 의하

수)의 식으로 본문 안에 주어질 것이다.

면, 계시는 역사에 속하지 않고 역사 너머에 있는 "*Urgeschichte*(원역사)"에 속한다. 그리고 이런 사상은 그가 궁극적으로 칸트 철학적 이원론을 극복하지 않은 데서 나타난 결과의 하나이다.

이제 이 문제를 논하기 위해 1922년 바르트의 『로마서 주석』제2판에로 우리의 관심을 돌려보기로 하자. 1919년 제1판에 비해 그가 말하는 대로 "돌 하나도 돌 위에 남기지 않고"다 고쳐서 1921년에 집필하여 1922년에 출간한 로마서 제2판에서 바르트는 계시와 역사 사이의 관계를 어떻게 제시하는가?

I. 계시와 역사적 예수 사이의 관계

이 문제에 대한 고찰을 위해 계시와 역사적 예수 사이의 관계에 대한 초기 바르트의 이해로부터 시작해 보자. '역사적 예수'라는 말을 할 때 과거 역사에 실제로 사셨던 역사적 인물 예수를 의미한다. 바르트에 따르면,[2] 역사적 예수, 즉 나사렛 예수는 A.D. 1-30년에 사셨고 십자가상에서 죽으셨다. 그러나 바르트에게 중요한 것은 예수가 부활해서 "능력 있는 하나님의 아들"로 선포되었다는 사실이다. 바르트는 다음과 같이 말한다: "그의 삶의 가시적 의의는 성부의 불가시적 영화의 드러냄과 계시를 제외하고는 이해되어질 수 없다. 이것이 죽은 자들로부터 예수님의 부활이다"(*Romans*, 203).[3] 그러므로 예

---

[2] 이하 바르트는 특별한 지시가 없는 한 1922년 어간의 바르트, 나의 이른바 '초기 바르트'를 의미한다.

[3] 부활에서 예수의 삶과 죽음의 의미를 찾으려 한다는 점에 있어서 『로마서 주석』 제2판에서의 바르트의 견해는 부활은 비록 역사 안에 있지 않지만 예수의 의미를 밝혀 준다고 말하는 루돌프 불트만의 견해와 아주 유사한 입장을 드러내는 것이다. Cf. Bultmann, in *Kerygma and Myth*, I,

수는 부활의 빛에서만 의미를 갖는다. 그러나 부활의 빛에서 중요한 것은 "예수의 인격성"(*Romans*, 159)도 아니고, "예수의 종교"(*Romans*, 366)도 아니며, "예수의 행동"(*Romans*, 507)도, 그의 가르침(예를 들면, 산상 수훈)(*Romans*, 159, 507)도 아니다. 초기 바르트는 예수님의 역사적 삶에 관한 한, 그는 다른 어떤 사람보다 우월하지 않다고 한다. 예를 들자면, 성 프란시스는 " '사랑'에 있어서 예수를 능가한다"(*Romans*, 57)고까지 말하는 것이다. 초기 바르트에게 있어서, 부활의 빛에서 중요한 것은 단지 그의 죽음뿐이다(*Romans*, 159).[4] 그리고 부활의 빛에서 예수의 죽음은 시간과 역사 안에 있는 모든 것들에 대한 하나님의 부정을 의미한다.

부활의 빛에서 해석되는 예수님의 죽음에서 계시된 것은 시간과 역사와 우리 세계 안에 있는 모든 것들이, 그것들이 무엇일지라도, 하나님의 부정 하에 있다는 것이다. 그러나 이것은 부활에서 비로소 계시된다. 즉, 부활의 빛에서 십자가는 (예수님을 포함하여) 보이는 것은 무엇이든지 하나님의 부정 하에 있으며, 따라서 하나님과 긍정적 관계에 있는 것으로 간주될 수 없다는 것을 드러내어 준다는 것이다.

---

ed. H. W. Bartsch, trans. R. H. Fuller (London: SCM Press, 1961), 381ff. 초기 바르트와 불트만의 유사성에 대한 좋은 논의로 Van A. Harvey, *The Historian and the Believer* (Philadelphia: The Westminster Press, 1966), 139-46을 보라.

4 이 점을 정확히 지적하는 발타잘의 다음 말을 보라: "이제 (초기 바르트에게는) 성육신이 불가능하게 된다. 신적인 것이 접선적으로만 세상을 스치고 지나는 것이라면 ...... 그리스도의 생애와 같은 것은 있을 수가 없다. 실제로 있을 수 있는 것은 그리스도의 죽음뿐이다"(Hans Urs von Balthasar, *The Theology of Karl Barth,* trans. John Drury [Holt: Rinehart and Winston, 1971], 58).

1. 초기 바르트의 부활 이해

TIME 紙에 실린 칼 바르트

이 요점은 우리가 초기 바르트의 부활 이해를 고려해 보면 좀더 분명해진다. 다음 몇 문단에서 내가 고찰하려는 점은 초기 바르트에게 있어서는 그가 계시로 말하는 부활 자체가 역사와 시간 안에 있는 발생사나 사건이 아니라는 점이다. 그러므로 초기 바르트에게는 부활에서 계시된 것도 역사 안에 있지 않은 것이다. 바르트는 다음과 같이 말한다: “이 전환과 변혁(부활)은 다른 사건들과 나란히 놓을 수 있는 ‘역사적 사건’이 아니다. 오히려 그것은 ‘비역사적’ 사건이다”(*Romans*, 203). 왜냐하면 만약 부활이 역사적 사건이라면, 그것은 “예수님께서 십자가에서 포기하신 인간적 가능성들 중 다른 하나가 된다”(*Romans*, 203)고 보기 때문이다. 즉, 만약 부활이 역사 안에 있다면, 이 계시에서 계시된 것(하나님의 부정과 그의 긍정)은 완전한 부정과 긍정이 아니다. 그러므로 초기 바르트의 논의에 따르면, 절대적 부정과 긍정으로서 하나님의 부정과 긍정의 계시는 역사 안에 있을 수 없다. 초기 바르트는 이것을 다음과 같이 표현한다: “부활의 개념은 죽음의 개념과 모든 역사적인 것들, 그 자체의 종국의 개념과 함께 나타난다”(*Romans*, 205, 나 자신의 강조). 이와 같이 초기 바르트에게 부활은 역사 안에 있지 않은 사건이어야만 한다.

그러나 초기 바르트는 때때로 부활과 관련해서 “역사”라는 용어를 사용하기도 한다. 그리고 바르트가 그의 사상의 초기에도 부활을 비록 역사적 분석으로 다룰 수는 없는 것이지만 부활 자체는 역사적인 사건으로 보았다고 해석하려고 하는 학자들이 있기도 하다. 예를 들자면, 『로마서 주석』에서 바르트가 부활을 언급하는 몇 구절을 언급한 후에 맥킨토쉬는 다음과 같이 말한다:

> 바르트의 복잡한 사상 안으로 동감적으로 들어가기를 **실패해야만** 이런 말들은 그것이 표면적으로 말하려는 의미를 그대로 전달하는 것이라고 해석될 수 있다. 부분적으로 그것은 "역사"라는 말의 급진적 이중성의 영향을 받은 것이다. 또 부분적으로 우리는 바르트가 많은 헤겔주의자들과 같이 그가 참으로 "A는 단순히 B인 것이 아니다"라는 것을 말하려고 할 때에 "A는 B가 아니다"라고 말하는 경향이 있다는 것을 느끼지 않을 수 없다. 바르트는 그가 "그리스도 안에서 일어났으며 일어나고 있으며, 일어날 승리"에 대해 말할 때(*Romans,* 498), 그가 설명하고 있는 개념을 정당하게 표현한 것이라고 할 수 있다. 그리스도께서 죽은 자들로부터 일어나셨을 때에 최고로, 그리고 신자들 안에서도 간접적으로 하나님의 창조적이고 변혁적인 능력들이 시간 안으로 파고드는 것이다.[5]

그러므로 맥킨토쉬는 비록 바르트가 그것을 부인하는 것처럼 말하고는 있지만 실제로는 부활의 역사성을 긍정하고 있다는 것이다. 토마스 토랜스도 『로마서 주석』 제2판에 대해서만 말하는 것은 아니지만 초기 바르트에게도 부활(그리고 성육신, 승천, 그리고 파루시아 조차도)은 "시공간"과 밀접한 관계성을 가지고 있다고 말한다.[6] 토랜

---

[5] H. R. Mackintosh, *Types of Modern Theology* (London and Glasgow: James and Nisbet, 1937), 289-92.

[6] Thomas F. Torrance, *Karl Barth: An Introduction to His Early Theology:*

스는 초기 바르트를 『기독교의 본질』(*What is Christianity?*)에서의 하르낙과 비교하면서 다음과 같이 말하기도 한다:

> 바르트와의 대조는 성육신과 새로운 신체성으로서의 부활, 절대적 현실성으로서의 계시에 대한 바르트의 실재론적 선포에서보다 더 잘 나타날 수 없다고 말할 수 있다. 그 배후에는 사람들의 창조자와 구속자로서의 하나님 교리를 아주 심각하게 다루려고 하는, 그리고 인간의 실존과 역사를 창조하는 하나님의 목적과 행동과 온전히 그리고 실재론적으로 연관하려고 하는 새로운 결단이 있는 것이다.[7]

그러므로 토랜스도 과거의 구자유주의자들과 비교하면 바르트는 성육신과 부활 등을 아주 실재적으로 시공간 안에서 일어난 것으로 여기고 있다고 해석하는 것이다.

제임스 스마트는 좀 특이한 해석을 한다. 그는 한편으로는 초기 바르트에게서 "부활은 역사 안에 있지 않고, 역사를 넘어선 이 영역[*Urgeschichte*]에 속한다"고 한다. 그러나 또 한편으로는 "초기 바르트가 말씀이 육신이 되신 성육신을 주장했다. …… 짧게 말해서, 원역사(*Urgeschichte*)가 시간 안에 실재가 된다"고 말한다.[8] 이와 같이 초기 바르트가 부활을 실제 역사 가운데서 일어난 것으로 해석하는 이들이 있으므로, 여기서 이 문제를 좀더 구체적으로 살펴보는 것이 우리의 논의를 위해서 좋을 것이다.

1910-1931 (London: SCM Press, 1962), 74-79.

7 Torrance, *Karl Barth: An Introduction to His Early Theology*, 74.

8 James D. Smart, *The Divided Mind of Modern Theology: Karl Barth and Rudolf Bultmann, 1908-1933* (Philadelphia: The Westminster Press, 1967), 115.

『로마서 주석』 한 곳에서 바르트는 이렇게 말한다: "그러므로 부활은 그것이 거기서 '일어났다'(come to pass)는 것이 발견되고 인식되었다는 한(限)에서, A.D. 30년에 예루살렘 문밖에서 일어난 역사 안에서의 발생사이다"(*Romans*, 30). 이 구절을 어떻게 해석해야 하는가? 부활은 그 발생에 관한 한 시간과 역사 안에서 일어났으나, 그 의미나 역사적 분석 가능성과 관련해서는 단순한 역사적 사건이 아니라고 해석하는 것이 이 구절에 대한 바른 해석일까? 그러므로 우리는 독일어 *Geschichte*를 그 어원적 의미에서 부활에 적용할 수 있다고 할 수 있을까?

이것이 옳은 해석인지 아닌지는 이 해석을 『로마서 주석』의 다른 곳에서의 바르트의 주장들과 비교해 보아야만 드러날 수 있을 것이다. 초기 바르트가 부활에 대한 논의를 시작할 때 인용한 구절에서 그는 부활이 **그 어떤 의미에서도** 역사적 사건이 아니라고 한다(*Romans*, 203). 또한 다음 인용문에서도 바르트는 부활의 역사성을 강하게 부인하고 있다:

> 모든 역사적 가능성들과 개연성들과 필연성들과 확실성 가운데서 죽음이 최고의 것이다. 왜냐하면 그 모두가 죽는 것이고 부패에 종속되기 때문이다. (예를 들어서, 빈무덤이나 고린도전서 15장의 현현들과 같은) 부활의 역사적 사실들(facts)과 부활 자체 사이에 어떤 직접적이고 인과적인 연관성이 있다면, 즉, 부활이 그 어떤 의미에서도 역사 안의 한 '사실'(a 'fact' in history)이라면, 그 어떤 신앙의 고백이나 세련된 경건이라도 그것이 역사적 지평에서 일어나는 모든 것의 특징인 '긍정'과 '부정', 삶과 죽음, 하나님과 인간의 시소(see-saw)에 관여하는 것을 막을 수 없을 것이다. …… 그러므로 만일에 부활을 역사의 맥락 안으로 가져간다면, 그

것은 그 모호성과 오류 그리고 본질적 의문성을 공유하지 않을 수 없게 된다(*Romans*, 204).

이렇게 말할 때 바르트가 말하는 바는 무엇인가? 만일에 부활이 그 어떤 의미에서라도 “역사 안의 한 사실”(a fact in history)이라면, 그것은 역사적 분석에 종속되며 역사의 상대성에 사로잡히는 한 대상이 된다는 것이다. 그러므로 부활은 역사 안에서 일어나는 역사적 사실로 여겨질 수 없고, 오히려 그것은 역사의 영역 너머에서 일어나는 것으로 여겨져야 한다는 것이다. 초기 바르트에게는 그런 해석만이 부활로 하여금 그 의미를 지니게 하고 그 발생이 상대화되지 않을 수 있게 하는 유일한 해석이라고 여겨지는 것이다. 말하자면, 만일에 초기 바르트가 강조하듯이 부활이 계시라면, 그것은 역사의 영역 너머에서 일어나야만 하는 것이다. 그러므로 초기 바르트에게 있어서 부활은 역사의 흐름 가운데서 일어날 수 있는 것이 아니다.

초기 바르트의 부활 이해에 대한 이런 해석을 좀더 확증해 줄 수 있는 구절을 하나 더 인용해 보기로 하자. 그는 이렇게 말한다: “역사로서 그것[부활]은 역사가 아닌 것의 경계에 있고, 비역사로서 그것[부활]은 역사의 경계에 있다”(*Romans*, 222). 여기서 우리는 초기 바르트가 말하는 순간(moment)의 의미와 연관시켜서 이를 생각해 보아야 한다. 즉, 초기 바르트에게는, 마치 그가 말하는 영원한 순간이 있으나 그것은 시간 안에 있는 것은 아닌 것과 같이, 우리가 부활에 대해서 말할 수 있는 유일한 것은 그것이 일어나나 그것이 시간과 역사 안에서 일어나는 것은 아니라는 것이다. 바르트에게 있어서 이것은 매우 중요한 점이다. 왜냐하면 부활에서는 하나님의 진리가 계시되는데, "하나님의 진리는 '시간의 흐름'(the flux of history)에 의해 좌우될 수(liable to) 없기"때문이다(*Romans*, 277).

그러므로 우리가 위에서 인용한 바 있는 "그러므로 부활은 그것이 거기서 '일어났다'(come to pass)는 것이 발견되고 인식되었다는 한에서 A.D. 30년에 예루살렘 문밖에서 일어난 역사 안에서의 발생사이다"(*Romans*, 30)는 말로부터 우리는 초기 바르트가 부활은 그것의 발생에 관한 한은 역사적 사실이지만 그 의미에 있어서는 단순한 역사적 사건이 아니라 그 이상의 것이라는 해석을 이끌어 낼 수 없는 이유가 이제는 분명해졌을 것이다. 이는 또한 부활은 그 발생은 시간과 공간 안에서 일어나지만, 우리가 그 의미나 그 실재조차도 역사적 분석으로 찾아낼 수 있는 것은 아니라는 뜻으로 해석되어서도 안 된다는 것이 자명해졌을 것이다. 왜냐하면, 초기 바르트에 의하면, 우리가 살펴본 바와 같이 부활이 계시라면 부활 그 자체가 시간과 공간 안에서 일어날 수 없기 때문이다. 그러므로 우리는 이 구절에 대한 제랄드 오콜린스의 다음과 같은 해석이 옳은 것이라고 하지 않을 수 없다: "기껏해야 바르트는 특정한 시공간 안에 있는 어떤 사람들이 그것을 알게 되고 그것을 선포했다는 의미에서 '역사적'(historical)이라고 불릴 수 있다는 것을 인정한다."[9]

이와 같은 해석의 타당성은 다음 두 가지 사실들에 의해서도 뒷받침될 수 있다. 첫째로, 이런 해석은 "계시는 시간과 역사의 흐름 가운데서 일어나지 않는다"는 초기 바르트의 주장과 잘 들어맞는다. 만일에 부활이 바르트가 그렇게도 강조하려고 하는 바와 같이 계시

---

[9] Gerald O'Collins, "Karl Barth on Christ's Resurrection," *Scottish Journal of Theology* 26 (1973): 87f.

요 하나님의 행동이라면, 그것은 초기 바르트의 개념상 시간과 역사 너머의 영역에서 발생해야만 한다. 바르트는 이렇게 말한다: "하나님의 행동은 시간 안으로 들어 올 수 없다. 그것은 오직 …… 영원에서만 발생할 수 있을 뿐이다"(*Romans*, 435).[10] 그러므로 초기 바르트에게 있어서 부활은 역사 안에 있지도 않고 역사적 사건도 아니다. 그러나 이것은 초기 바르트에게 있어서 부활이 중요하지 않은 것이라는 말도 아니고, 부활이 전혀 일어나지 않은 것으로 여겨진다는 뜻도 아니다. 바르트는 부활이 비록 시간과 역사 가운데 있지 않아도 우리는 부활의 현실이나 실재를 인정해야만 한다는 점을 강조한다. 계시로서의 부활은 **영원한 순간**에서 일어나고 따라서 시간과 역사를 너머선 영역에서 일어나기 때문이다. 우리와 비슷한 해석을 제시하는 오글트리의 말을 들어 보라: "우리의 참된 희망은 시간 너머 영원한 순간에서 일어나는, 즉 시간과 영원의 경계에서 일어나는 사건에 있다. 바르트는 이 사건을 …… 예수 그리스도의 부활이라고 한다."[11]

둘째로, 바르트가 이 시기에 프란츠 오버벡(Franz Overbeck)으로부터 채용하여 사용하는 *Urgeschichte*라는 말을 사용하고 있으나 아직 부활에 대해 구별된 말을 사용하는 것 같지는 않다는 점을 지적할 수 있다. 후에 『교회 교의학』에서는 그가 부활을 *die Geschichte, die Geschichtssache, Faktum, die Ostergeschichte*

---

[10] 이런 점을 잘 관찰한 닐스 페레는 초기 바르트에 대해서 이렇게 말한다: "[바르트에게 있어서는] 하나님이 결코 역사 안으로 들어오지 않으신다 …… 역사는 하나님에 의해서 심판되고, 역사에 대(對)하여 영원이 서 있는 것이다"(Niels F. S. Ferre, *Searchlight on Contemporary Theology* [New York: Harper and Brothers, 1966], 98).

[11] Thomas W. Ogletree, *Christian Faith and History: A Critical Comparison of Ernst Troeltsch and Karl Barth* (New York: Abingdon Press, 1965), 202.

등으로 부른다.[12] 그러므로 초기 바르트에게 있어서는 아주 분명히 부활은 온전히 비역사적 사건이다. 즉, 부활은 오직 비역사적 맥락에서만 또는 역사의 영역을 너머선 영역에서만 일어나는 것이다.[13]

2. 부활에서 계시된 그리스도와 역사

그렇다면 부활에서 계시되는 것은 어떻게 되는 것인가? 부활에서 계시되는 '예수께서 그리스도라는 사실'은 시간과 역사 가운데 있는 것인가? 부활에서 십자가의 의미로 계시되는 "하나님의 부정과 긍정"은 시간과 역사 가운데 있는 것인가? 계시와 그 계시 가운데서 계시되는 것은 과연 시간과 역사 가운데 있는 것인가?

우리가 이 질문에 대답하려고 할 때 무엇보다 먼저 우리는 다음 세 가지 구절에 관심을 기울여 보아야 한다. 첫째로, 바르트는 부활을 "예수 안에서 알려지지 않았고 관찰할 수 없는 것"의 계시로 보고 있다는 사실이다(*Romans*, 30). 둘째로, 바르트는 주후 1-30년을 계시와 드러냄의 시기라고 말하기도 한다(*Romans*, 29). 그리고 한 곳에서는 이렇게도 말한다:

---

12 Barth, *Church Dogmatics* III/2, trans. H. Knight, G. W. Bromiley, J. K. S. Reid, and R. H. Fuller (Edinburgh: T. & T. Clark, 1960), 454, 545; IV/1, trans. G. W. Bromiley (1956), 298, 328.

13 초기 바르트의 부활관에 대한 같은 해석들로 다음을 보라: F. W. Camfield, *Revelation and the Holy Spirit: An Essay in Barthian Theology* (London: Elliot Stock, 1934), 137; Cornelius Van Til, *The New Modernism* (London: James Clark and Co., 1946), 97-100; Ogletree, *Christian Faith and History*, 100f; Harvey, *The Historian and the Believer*, 132-34, 154; Stanley R. Obitts, "Historical Explanation and Barth on Christ's Resurrection," in Gerald F. Hawthrone, ed., *Current Issues in Biblical and Patristic Interpretation* (Grand Rapids: Eerdmans, 1975), 366-67.

> 우리가 나사렛 예수에게서 그리스도를 발견하는 것은 하나님의 신실성의 모든 드러남이 우리가 '예수 안에서' 실제로 만난 것을 지시하고 증언한다는 사실에 의해서 보증되고 권위를 얻는다. 율법과 선지자의 감춰어진 권위는 예수 안에서 우리를 만나는 그리스도이시다. 구속과 부활, 하나님의 불가시성과 새로운 질서가 모든 종교의 의미를 규정한다. 바로 이것이 우리로 하여금 예수의 현존 앞에서 정지하도록 강요하는 것이다. …… 예수 안에서 우리는 하나님이 어디에서나 발견되시며, 예수의 전후를 막론하고 사람들은 하나님에 의해서 발견되었다는 것을 발견하고 인정했다. 그 안에서 우리는 그것에 의해서 모든 하나님 발견과 그에 의해서 발견됨이 바로 그런 것으로 알려지는 기준을 발견했다. 그 안에서 우리는 이 [하나님을] 발견하고 [하나님에 의해서] 발견됨이 **영원의 질서의 진리**(*the truth of the order of the eternity*)라는 것을 인식한다. 많은 이들이 구속과 죄 용서와 부활의 빛에서 그들의 삶을 살았다. 그러나 우리가 그들의 삶의 방식을 보는 눈을 갖게 되는 일은 한 분에게서 얻는 것이다(*Romans,* 96f., 나 자신의 강조점).

이 세 가지 인용문을 살펴볼 때 우리는 예수에 대한 바르트의 견해가 좀 모호하다는 것을 발견하게 된다. 한편으로 그는 예수를 과거 역사에 살았던 역사적 예수로 말한다. 그러나 또 한편으로 그는 바로 위의 인용문에서 볼 수 있듯이 예수를 그리스도와 바로 동일시하여 말한다. 우리는 이 모호성을 바르트가 역사적 예수와 부활의 빛에서 드러난 그리스도로서의 예수와 동일시하였다고 해석할 수 있을까?

어떤 의미에서 우리는 이 질문에 긍정적인 대답을 할 수도 있을 것이다. 바르트는 때때로 그런 시사를 주기 때문이다. 그러나 그렇다 할지라도, 초기 바르트에 따르면, 예수의 삶 자체는 계시일 수 없다.[14] 다른 말로 하면, 역사적 예수와 관련된 계시는 **예수의 역사적 삶 너머에** 있다: "바르트는 (계시로서, 복음의 핵심으로서의) 그리스도의 역사적 실재를 역사적 예수와 동일시하지 않는다. 오직 부활하신 분, 좀 더 조심스럽게 진술하자면 그의 부활이 그를 증언하는 그리스도와 동일시하는 것이다."[15] 아주 오랜 전에 매코나키도 같은 점을 잘 지적한 바 있다:

> 그리스도 안에서 우리는 옛 세상의 경계를 넘어선다. 그것은 예수에 대한 말이 아니라, 그리스도에 대한 말이다. 역사와 심리학의 표면에 움직이는 소위 역사적 예수는, 모든 역사적인 것과 심리적인 것과 같이, 부패할 수 있고, 모든 역사적인 것들의 불확실성에 참여한다. …… 그러나 그리스도는 우리 역사의 인물이 아니며, 인류라는 집의 모퉁이 돌도 아닌 것이다.[16]

---

14 초기 바르트에게 있어서 계시는 역사 안에 있으나 사람들이 그것을 파악할 수 없다는 그 자신의 해석에도 불구하고 웰스는 계시 그 자체는 역사 안에 있지 않음을 시사하는 흥미로운 진술을 하고 있다. 그의 말을 들어 보라: "비록 계시는 역사의 한 부분이 아니나, 그것은 역사에 영향을 남긴다. 즉, 역사 안에 타는 불이 꺼진 분화구의 흔적을(a burnt-out crater) 남기는 것이다. 그러나 계시 자체와 그 기연 사이에는 무한한 차이와 거리가 있다는 것이 주목되어야 한다"(William Walter Wells, III, "The Influence of Kierkegaard on the Theology of Karl Barth," unpublished Ph. D. Dissertation, Syracuse University, 1970), 197. 그러므로 바르트에 의하면 계시가 실제로 역사 안에 있다는 웰스 자신의 주장은 그 자신의 논의의 구조 속에서도 유지될 수 없는 것이다. 그러므로 웰스가 시도하는 바와 같이 초기 바르트의 계시관을 키에르케고어의 계시관과 동일시하는 것은 불가능한 일이다. 그 다름에 대한 논의로 졸저, *Barth and Kierkegaard: Karl Barth's Understanding of Revelation to that of Søren Kierkegaard* (St. Andrews: The University of St. Andrews, 1985; Seoul: Westminster Theological Press, 1996), chapter 1을 보라.

15 Peter Monsma, *Karl Barth's Idea of Revelation* (Somerville: Somerset Press, 1937), 92.

16 John MaConnachie, "The Teaching of Karl Barth: A New Positive Movement in German Theology," *The Hibbert Journal* XXV (1927): 393f.

이는 초기 바르트의 사상을 충실히 제시한 것이라고 할 수 있다. 이처럼 초기 바르트에 의하면, 오직 그 '초월'의 영역에서만 우리는 예수를 그리스도로 간주할 수 있다. 왜냐하면 초기 바르트에 따르면 그리스도는 영원의 영역에 있기 때문이며, 이 영역에서만 그리스도는 **위로부터 수직적으로** 우리에게 알려져 있는 지평을 가로지르기 때문이다. 그러나 이러한 가로지름은, 우리가 바로 앞 단원에서 본 바와 같이, 시간 안에 있지 않은 영원의 영역에서만 있다. 그러므로 만약 역사적 예수가 부활의 빛에서 그리스도와 동등시될 수 있다면, 그리스도와 동등한 분은 영원의 순간에만 존재한다. 시간과 역사의 흐름 안에서는 그는 그리스도가 아니다. 시간과 역사에 있는 한, 역사적 예수 자신은 계시도 아니며 그리스도도 아니다. 그러므로 예수가 그리스도라는 실재도 시간과 역사 안에 있지 않고, 시간과 역사 너머에 있다.

그러므로 우리가 결론 내릴 수 있는 것은, 부활에서 계시된 것조차도 역사 안에 있지 않다는 것이다. '나사렛 예수가 그리스도시다'라는 고백은 나사렛 예수가 실제로 살았던 시대 후에나 가능한 것이다. 이처럼 초기 바르트에게 있어서 계시 자체인 예수 그리스도는 시간과 역사 안에 있지 않으며, 예수 그리스도는 역사 너머에만 존재한다. 이 점은 신중한 바르트 연구가들 대다수가 동의하는 점이라고 할 수 있다. 초기 바르트 신학에 대한 학위 논문을 쓴 한스 프라이는 『로마서 주석』 "제2판에서 우리는 그리스도가 실제로 구체적인 시간 안에로 내려 오셨는지를 의아해 하게 된다"고 말하고 있으며,[17] 바르트와 여러 면에서 친근하다고도 할 수 있는 발타잘도 "[로마서 주석]

---

[17] Hans Frei, "The Doctrine of Revelation in the Thought of Karl Barth, 1909-1922: The Nature of Barth's Break with Liberalism," unpublished Ph. D. dissertation (Yale University, 1956), 147.

의 중요한 점은 기독교의 아주 중요한 중심점인 성육신이 이제 불가능하게 된다는 점이다"라고 말하고,[18] 아버딘에서 신약학을 가르치던 바버도 신약학자로서 바르트의 로마서 주석에 대한 평가를 하는 중에 "바르트의 로마서에서 우리는 예수의 삶에 대해서는 물론이거니와 성육신에 대해서도 거의 발견할 것이 없음을 발견한다"고 말하고 있는 것이다.[19] 그러므로 초기 바르트에게 있어서 그리스도가 시간과 공간 안에 있지 않다는 것에는 상당한 의견의 일치가 있는 것이다.

그러나 이것이 바르트에게 있어서 예수 그리스도가 존재하지 않는다는 것을 의미하지는 않는다. 바르트에게 있어서 예수 그리스도는 실제로 시간과 역사 너머에 존재한다. 바르트는 그것을 다음과 같이 표현한다: "그리스도이며 메시아인 예수는 역사의 종국이다"(*Romans*, 29).

II. 계시와 역사 일반

계시와 역사적 예수의 관계에 대한 바르트의 견해를 고찰했으므로, 우리는 이제 이 시기의 바르트가 계시와 역사 일반의 관계를 어떻게 이해했는가에 대한 질문을 고찰하는 데로 우리의 탐구를 확장할 수 있다. 우리가 이 확대된 탐구에서 발견하게 되는 것은 계시와 역사적 예수의 관계에 대한 우리의 논의에서 우리가 발견했던 것과 그렇게

[18] von Balthasar, *The Theology of Karl Barth*, 58.

[19] R. S. Barbour, "Karl Barth: The Epistle to the Romans," *The Expository Times* XC (1979): 266.

다르지 않다. 왜냐하면 어떤 의미에서 초기 바르트는 역사적 예수를 역사의 대표자로 생각하기 때문이다. 이것이 우리가 다음 몇 문단에서 논의해 보고자 하는 요점이다.

그렇다면 먼저 초기 바르트에 의하면 역사란 무엇인가? 바르트는 다음과 같이 답한다.

> 역사란 어떤 사람들이 다른 사람들보다 더 가지고 있는 소위 힘과 지성의 유익의 증시이며, 관념론자에 의해 정의와 자유를 위한 투쟁으로 위선적으로 묘사된 생존 투쟁의 증시이며, 모든 것이 엄숙함과 사소함에 머무르려는 것과 경쟁하는 인간적 의의 옛 형태와 새 형태의 밀물과 썰물의 증시이다(*Romans*, 77).

역사를 이와 같이 이해하는 초기 바르트에 따르면, 역사의 흐름 안에서 역사의 의미를 찾는 것은 불가능하다(Cf. *Romans*, 107). 유일하게 요구되는 것은 그것이 (즉, 시간의 흐름 안에 있는 역사가) 끝마쳐져야 한다는 것이다. 그러나 역사 안 어디에 역사의 끝이 있을까? **초기 바르트에게 있어서 역사 그 자체에 관한 한, 역사의 끝은 없다.** 역사 안에서 역사의 끝인 것처럼 보이는 것은 역사의 진짜 끝이 아니다. 왜냐하면 역사 안에 있는 것은 그것이 무엇이든지 결코 절대적일 수 없기 때문이다. 역사의 흐름 안에서는 역사의 절대적인 끝이 없다. 역사적 영역에서 모든 것은 상대적이다. 그 안에는 "정과 반, 긍정적이며 부정적인 인간의 가능성, 인간의 쉼 없음과 휴식"의 계속됨이 있을 뿐이다(*Romans*, 159). 이런 의미에서 바르트는 그의 주석의 앞부분에서도 "이 세상에 있는 모든 것은 **직접적 원인**을 가지고 있다.

어떻게 그렇지 않을 수 있겠는가?"라고 말하는 것이다(*Romans*, 4). 이 세상은 이런 인과 관계의 연속으로 이루어진 닫혀진 우주로 이해되는 것이다. 그러므로 "바르트에게는 역사가 상대적인 것으로만 보여지는 것이 아니라, 본래적으로 무의미하게 보여지기도 한다. 그것은 그 어떤 가치와 의미의 주장을 할 수가 없다. 그것은 단순히 이동하고 지나가는 영역일 뿐이다"라고 말하는 오글트리의 관찰은 정확한 것이다.[20] 따라서 초기 바르트에 의하면 역사 안에서는 절대적 '예' 도 없고 절대적 '아니오' 도 없다. 만약 역사에 진정한 끝이 있다면, 그것은 이 상대적 역사의 영역 너머에 있어야만 한다. 바로 이 시점에서 바르트는 우리에게 역사 너머에 있는 하나님의 심판을 우리에게 소개한다.

> 하나님의 심판은 새로운 두 번째 시기의 시초가 아닌 역사의 끝이다. 그것에 의해서 역사는 연장되지 않고 사라진다. 심판 너머에 있다는 것과 그것의 이쪽에 있다는 것의 차이는 상대적이 아니고 절대적이다. 그 둘은 절대적으로 분리되어 있다(*Romans,* 77).

절대적인 하나님의 심판은 역사의 참된 끝이다. 그러나 우리가 방금 인용한 구절의 마지막 문장은 무엇인가 하나님의 심판 너머에 있으며 그것이 역사와 절대적으로 분리되어 있다는 것을 함의한다. 그것이 무엇인가? **새로운 역사인가? 아니다.** 초기 바르트는 이 인용의 앞부분에서 그런 새로운 역사의 가능성을 부정한다. 초기 바르트는 앞선 인용에 계속하여 다음과 같이 말한다: "그의[하나님의] 말씀과

---

[20] Ogletree, *Christian Faith and History,* 90. 이 요점을 잘 논의하는 그의 *Christian Faith and History,* 81-114를 참조하라.

그의 심판에 의해 변혁은 너무 급진적이어서 시간과 영원, 여기와 저기, 사람의 의와 하나님의 의는 확고하게 서로 연결될 정도이다. 끝은 곧 목표이며, 구속자는 곧 창조자이며, 심판하시는 분이 곧 모든 것을 회복시키시는 분이다"(*Romans*, 77). 물론 이 인용의 앞부분에서 바르트는 확실히 변혁 혹은 회복을 시사한다. 그러나 변혁은 너무 급진적이어서 시간과 영원, 여기와 저기 사이의 구별이 없을 정도이다. 그러므로 변혁된 것, 곧 회복된 것은 심판 받고 그러므로 하나님의 부정에 의해 끝나는 역사 안에 있지 않다. 바르트는 다음과 같이 말한다.

> 하나님의 진노로부터 구원에 대한 한 주장이 있다. 그 주장은 모든 주장이 하나님 자신에 의해 포기되고 깨어지는 곳에 있으며, 그의 부정이 마지막이고 그의 분노가 불가피한 곳에 있으며, 하나님께서 하나님으로서 인식되어지는 때에 있다. 그 주장은 하나님과 사람 사이의 관계의 역사가 시작되는 곳에 존재하며, 기록할 어떤 역사도 없는 곳에 존재한다. 왜냐하면 그것은 영원히 발생하고 발생하는 것이어야만 하기 때문이다. 그 주장은 사람이 감히 - 그러나 이것조차 복됨을 위한 방법이 아닌 오직 인식의 영원한 근거이다 - 새로운 데로 나아가며 발견될 수 없는 하나님을 사랑하는 때에 존재한다. 그리고 이 사건은 예수 그리스도 안에서 존재한다(*Romans,* 76).

바르트가 이 구절에서 말하려고 하는 것은 절대적인 하나님의 부정이 있을 때, 구원에 대한 주장이 있다는 것이다. 그리고 구원에 대한 이 주장은 역사로서 기록될 수 없는 하나님과 인간 사이의 관계의 역사의 시작이다. 왜냐하면 그것은[하나님과 인간 사이의 관계] 영원히 발생하는 사건으로서 발생 혹은 사건으로서만 존재하기 때문이다. 그리고 마지막으로 바르트는 이 사건을 예수 그리스도와 관련시킨다. 이 사건은 예수 그리스도 안에 있다.

이 시점에서 우리는 바르트가 예수 그리스도를 역사의 종국이라고 말하고 있다는 것을 상기한다. 역사적 예수가 더 이상 존재하지 않을 때, 역사의 종국에 존재하는 예수 그리스도가 있다. 그러므로 예수 그리스도가 있는 순간에는 어떤 역사도 없다. 이와 관련하여, 역사적 예수는 역사의 대표이다. 예수님이 부정된다는 사실은, 바르트에게 있어서, 역사 안에 있는 모든 것이 부정되어야만 하고 부정된다는 것을 의미한다. 따라서, 그가 부활에서 그리스도로서 계시되었다는 사실은 예수 안에서 부정된 모든 것이 긍정된다는 것을 의미한다. 그러나 부활의 사실이 시간과 역사 안에 있지 않은 것처럼 하나님의 긍정의 실재도 시간과 역사 안에 있지 않다.

이와 같이 역사적 예수와 역사 일반 사이에는 밀접한 관계가 있다. 이런 의미에서, 바르트는 다음과 같이 말한다. "**예수 그리스도 우리 주**, 이 분이 복음이며 **역사의 의미**이다"(*Romans*, 29). 우리가 말해 온 바와 같이, 바르트에 따르면, 역사의 의미는 역사 그 자체 안에서 발견되어질 수 없다. 왜냐하면 역사의 영역은 상대성의 영역이기 때문이다.

마찬가지로, 역사적 예수의 의미는 예수의 역사적 삶 그 자체에서는 발견되어질 수 없다. 단지 부활에서만 그는 그리스도로서 계시된다. 이것이 또한 역사의 의미이다. 왜냐하면 그리스도 안에 있는 것은, 우리가 본 바와 같이, 예수 안에서 부정된 것의 긍정이기 때문이다.

전술한 모든 것을 최종적으로 분석해 볼 때 서로 대조되는 것은 역사와 영원이다. 즉, 시간 안에 있는 역사와 시간을 초월한 영원이 대조되는 것이다. 그러므로 계시와 역사 사이의 관계의 문제는 역사와 역사 너머에 있는 것 사이의 문제가 된다. 사실 바르트에게 있어서 계시 안에 계시된 것은 역사와 역사 너머(혹은 역사의 종국)에 있는 것 사이의 절대적 차이이다. 계시와 관련하여 인식되어져야 하는 것은 시간과 역사 너머에 모든 것의 절대적 기원과 종국이 있다는 사실이다.

이런 의미에서 바르트는 플라톤과 하나님을 믿은 아브라함 사이의 몇 가지 유사성을 발견한다. 바르트는 플라톤에 대해서 그는 "그의 지혜로 오래 전에, **보이는 것 뒤에** 모든 구체적인 것들의 기원인 **보이지 않는 우주**가 있다는 것을 인식했다"(*Romans*, 46)고 말한다. 그리고 아브라함은 그를 부르시는 하나님의 말씀대로 갈 바를 알지 못하고 갔다. 바르트는 그들에게 있어서 중요한 것은 역사가 아닌, 역사 너머에 있는 것이며, 둘 모두는 초월의 영역에서 역사의 의미를 찾는다고 말한다. 요약하면, 역사의 의미를 계시하는 계시는 역사 안에 있지 않고 역사 너머에 있다. 따라서 계시는 영원한 계시이다.

그러므로 초기 바르트에게 있어서 역사 안에서 발생한 것은 중요하지 않다. 중요한 것은 단지 역사의 의미이다. 그러나 역사의 의미는 역사 안에 있지 않다. 역사의 의미는 "비역사적 요소이다." 예를 들면, 우리가 창세기에서 아브라함의 역사를 읽을 때, 중요한 것은 역사적 사실 그 자체가 아니라 창세기의 묘사가 전달하려고 하는 의미를 발견하는 것이다. 그러므로 우리는 아브라함의 역사성을 믿지 않고도 아브라함 역사의 묘사를 읽을 수 있다. 바르트는 우리가 비역사적 요소(즉, 역사의 의미)의 중요성을 알아야만 한다고 강조한다.

> 영적 빈곤의 시대에는 역사적 분석이 우리가 채택해야만 하는 방법이다. 그러나 언젠가 그것 자체는 한계에 도달할 것이다. 한 예를 들자면, 아브라함의 인격성을 비역사적인 것으로 선언해야만 한다. 그리고 나서 그것은 또한 동일하게 요구되는, 창세기의 출발점인 종합의 필요성 앞에 서야 할 것이다. …… [그러나] 창세기가 아브라함에 대해 우리에게 말하는 것은 우리에게 아주 관심 있는 것이다. 우리가 그것이 말해야만 하는 것을 인식하기 힘들다는 것을 알지라도 말이다. 왜냐하면 우리의 사고 방식은 너무 너무 다르다. …… 그[아브라함]는 비평적 분석이 꿈꿔 왔던 것보다 더욱 더 '비역사적' 인물이다. 우리는 비평적 방법에 족쇄를 채우거나 의혹을 던지려는 어떤 열망도 없다. …… 왜냐하면 그것[비평적 방법]은 어쩔 수 없이, 역사적 아브라함은 정말로 우리에게 관심이 가지 않는다는 것을 보여준다. 그리고 그것이 이런 결론에 도달한 것과 같이 그것은 창세기 이야기의 비역사적 아브라함의 이해로 길을 연다.……(*Romans,* 147f.).

이 인용에 따르면 '비역사적' 인 것은 역사적인 것이 아니면서 역사의 의미를 우리에게 주는 것을 의미한다. 물론 초기 바르트에게 있어서 창세기 이야기 자체와 성경 자체가 중요하지 않은 것은 아니다. 그러나 그에게 중요한 것은 성경의 말들 너머에 있는 것이다. 『로마서 주석』 제3판 서문에서 바르트는 제2판에 대한 불트만의 서평을 비판적으로 언급하면서 이렇게 말한다:

오히려 우리는 [성경] 전체가 그리스도의 영의 심판(KRISIS) 아래 있다는 것을 파악하고 분명히 해야 한다. [성경] 전부는 문자(*litera*)이다. 즉, 다른 영들의 목소리들인 것이다. 문제는 그 전부가 그 참된 주제, 즉 그리스도의 영과의 관계 가운데서 이해되어야 하지 않는가 하는 것이다. 그 어떤 사람의 말도, 바울의 말도 절대적 진리가 아니다. 이 점에 있어서 나는 불트만과 그리고 모든 지성을 지닌 이들과 동의한다. …… 그러나 그럼에도 불구하고 우리는 바울을 넘어서 보기를 배워야 하는 것이다(*Romans*, 17, 19).

이 인용문에서 바르트는 자신이 더 논의하지 않겠다고 한 질문인 "우리들[바르트와 불트만 가운데서] 중에 누가 더 급진적인가?"하는 질문에 실질적으로 대답한 것이 된다(Cf. *Romans*, 16).[21] 따라서 이렇게 급진적인 초기 바르트에게 있어서 신앙은 역사 안에서 발생하는 '역사적인 것'과 관련이 없고 '비역사적인 것'과 관련이 있다. 왜냐하면 그것[비역사적인 것]은 역사 안에서 발생하지도 않았고 발생하지 않을지라도, 그것은 역사의 의미를 계시하기 때문이다. 이와 관련하여 흥미로운 것은 바르트가 단지 역사 분석에 의해서 다루어질 수 있는 것만이 역사 안에서 발생한다고 말할 정도로, 역사 비평을 받아들인다는 것이다. 즉, 역사 분석이 성경 안에 있는 어떤 것(예를 들면, 부활, 기적, 계시 등)을 긍정하지 않는 이유는 역사적 분석에 어떤 잘못이 있기 때문이 아니고, 역사 안에서는 어떤 발생(혹은 사건)도 없다는 사실 때문이다.

그럼에도 불구하고, 역사 안에서 발생한 사건 너머에 있는 '비

---

21 하르낙과 불트만이 초기 바르트에게 결여되어 있다고 비판한 역사 비평(historical criticism)에 대한 초기 바르트의 긍정적이고 더 급진적인 태도는 그의 *Romans*, 6-11에 잘 나타나 있다고 할 수 있다.

역사적인 것'의 중요성을 보지 못하는 것은, 바르트에 따르면, 영적인 빈곤이다. 중요한 것은 역사 안에서 발생한 사건들의 영적 의미, 즉 '비역사적인 것'이기 때문이다. 이런 점에서 바르트의 로마서 주석에 대한 반 하뷔(Van A. Harvey)의 다음 같은 관찰은 바르트의 역사 비평에 대한 태도를 아주 분명히 해 준다: "바르트의 주석은 새로운 신학적 시대를 도입시켰다. 무엇보다도 그것은 그와 그를 따르는 이들로 하여금 역사적 탐구의 방법을 온전히 다 받아들이나, 그 탐구를 성경이 사람에게 그의 개인적 실존의 가장 깊은 문제를 여전히 말하는 문서들로 해석되는 데 사용할 수 있도록 한 것이다."[22] 왜냐하면 초기 바르트에 따르면 신앙은 시간과 역사 안에서 발생한 사건을 믿는 것이 아니라, 역사의 영역 너머에 있는 역사의 의미를 믿는 것이기 때문이다. 그러므로 바르트에게 있어서 역사의 영역 안에서 발행하지 않거나 발생한 것은 신앙에는 중요하지 않다는 것이다. 중요한 것은 역사 안에 있는 것이 아니라, 역사 너머에 있는 것이다. 바르트는 이렇게 말한다: "하나님의 영에 의해서 드러나는 것은 바로 감춰어진 것이다. 그는 [역사 안에서] 죽은 자들에게 [영원에서의] 영생을 약속한다. 그는 [역사 안에서] 부패로 넘어가는 이들에게 [역사 너머의 영역에서의] 부활의 복됨을 말한다"(*Romans*, 20).

따라서 계시와 관련된 것 또한 역사 너머에 있다. 이런 의미에서, 바르트에게 있어서 계시와 역사의 관계는 역사 너머에 있는 것과 역사 안에 있는 것 사이의 관계와 다르지 않다. 이것은 또한 영원의 영역과 역사의 영역 사이의 관계와 같다. 역사 그 자체는 시작도 끝도 없으며, 역사의 의미도 없다. 이 모든 것들[시작, 끝, 역사의 의

---

[22] Harvey, *The Historian and the Believer*, 26.

미]은 역사 너머에 있는 것이다.

III. 계시와 원역사

계시와 역사 사이의 관계에 대한 바르트의 이해는 바르트가 '원역사'(*Urgeschichte*, Primal history)라는 용어에 부여하는 의미를 우리가 고려할 때 더욱 분명해진다. 바르트는 "*Urgeschichte*"라는 용어를 니체의 친구인 프란츠 오버벡(Franz Overbeck)에게서 빌려온다. 이 용어는 오버벡과 바르트에게 어떤 의미로 사용되고 있는가? 오버벡에 따르면, "원역사"는 아직 특별한 것과 보편적인 것의 구별이 없는 기원의 영역에 있는 역사이다.[23]

그러므로 "원역사"는 보통 역사 혹은 역사의 영역과 대조된다. "원역사라는 개념으로 오버벡은 우리 존재의 파악할 수 없는 초시간적 시작, 즉 역사 이전의 역사를 언급하는 것이다. 그것은 이 역사적 실존 안에서는 우리에게 알려지지 않은 채로 있는 점인 기원의 점을 지칭하는 것이다."[24] 오버벡에 대한 바르트의 요약에 따르면, 오버벡은 다음과 같이 생각한다. "전체적인 것으로부터 개별적인 것을 구별하는 경계가 여전히 유동적인, 시원적으로 구성된 초시간적이고 알 수 없으며 상상할 수 없는 초역사(원역사)로부터 우리는 왔다. 우리의 삶이, 우리의 생애를 통틀어 우리에게 알려진 세계 너머에 있는

---

[23] Franz Overbeck, *Christentum und Kultur* (Basel: Benno Schwabe und Co., 1919), S. 19, cited in Van Til, *The New Modernism*, 86. 오버벡의 "원역사"에 대한 이하의 논의는 오버벡의 『기독교와 문화』(*Christentum und Kultur*)에 대한 바르트의 서평인 "Unsettled Questions for Theology Today"(1920), in *Theology and Church*, trans. Louse Pettibone Smith (London: SCM Press, 1962), 55-73과 반틸의 위의 책인 *The New Modernism*에서의 분석에 근거한 것임을 밝힌다.

[24] Ogletree, *Christian Faith and History*, 86.

모든 것이 존재하는 미지의 영역으로 들어가는, 단 하나이고 파악할 수 있는 중요한 죽음의 순간으로 우리는 간다."[25] 오버벡에 있어서 이 두 극단(즉, 원역사와 죽음)은 사람과 역사의 근본 경계이다. 우리는 이 두 극단 사이에서 산다. "이 두 끝, 즉 이 두 개의 마지막 것들 사이에 있는 것은 세계, 즉 우리의 세계, 우리에게 주어진 이해 가능한 세계이다. '역사적'인 것 혹은 '역사적'일 수 있는 것은 무엇이든지 본질상(*eo ipso*) 이 세상의 일부분이다. '역사적'이라는 말은 '시간에 종속'된다는 것을 의미하기 때문이다."[26]

오버벡에 따르면, 이 세상 안에 있는 것은 무엇이든지 전제를 상대성으로 환원시키는 비평의 대상이다. 이 세상 안에서는 오직 회의적 세계관만이 가능하다. 그리고 역사 안에는 시작도 끝도 없다. "역사의 기원에 관해 묻는 것은 무의미하다. 역사의 여명기에 황금시대가 있었는가 혹은 순수한 야수성만이 있었는가 하는 질문은 부조리하다. 역사의 끝에 관해 묻는 것조차 어떤 의미도 없다. 역사 안에는 어떤 것도 끝나지 않는다."[27] 단지 이 역사와 세계 너머에 기원('원역사')의 영역이 있을 뿐이다. 이것이 역사와 원역사의 관계에 대한 오버벡의 기본적인 사고 구조이다.

오버벡에 따르면, 기독교의 기원 역시 '원역사'와 관계 있다. 참된 기독교는 오직 이 원역사의 영역에만 있다. 따라서 사실 기독교는 역사와 무관하다. 바르트는 다음과 같이 말한다: "확고부동하게 그(오버벡)는 우리로 하여금 선택하게 한다. 기독교라면 역사는 아닌 것이며, 역사라면 기독교는 아닌 것이다."[28] 즉, 기독교는 역사

---

[25] Overbeck, *Christentum und Kultur*, 20f., 297, cited in Barth, *Theology and Culture*, 58.

[26] Overbeck, *Christentum und Kultur*, 242를 인용하는 Barth, *Theology and Culture*, 59.

[27] Overbeck, *Christentum und Kultur*, 27, 30, cited in Van Til, *The New Modernism*, 88f.

와 무관하며, 따라서 역사의 영역에서 발견될 수 없다. 만약 어떤 사람이 역사 안에서 기독교를 찾으려 한다면, 그는 기독교로부터 그것의 참된 특징을 빼앗고, 그것을 인간의 조작에 종속시키고 마는 것이다. 오버벡은 다음과 같이 말한다.

> 역사의 영역에서는 사람이 최고이기 때문이다. 여기에서 그는 자신에 관해 구별 짓고 차별화 하는 것이다. 그 곳은 그가 자신의 소유라고 부를 수 있는 영역이다. 그곳에서 그는 단순히 자신을 다루므로 그는 이 영역에서 주인이다. …… 현상계의 물체의 성질은 그들이 과학적 조작의 대상이 되는 그들의 작용의 복합이다.[29]

바로 이런 이해 가운데서 오버벡은 다음과 같이 말하는 것이다. "역사적 기독교, 즉 시간에 종속된 기독교는 부조리이다."[30] 오버벡에 따르면, 역사적 기독교는 그것이 역사 안에 있기 때문에 그 말의 실재 의미로는 기독교가 아니다. 역사 안에서는 어떤 기독교도 있을 가능성이 없다. 기독교가 있을 유일한 가능성은 역사 너머에 있는 역사(원역사)에 있다. 여기서 흥미로운 것은 오버벡이 그리스도와 그를 따르는 그의 추종자의 신앙을 '원역사'의 영역에 둔다는 사실이다. "기독교는 그리스도와 그를 따르는 추종자의 신앙 외에 다른 것

---

[28] Barth, *Theology and Church*, 61.

[29] Overbeck, *Christentum und Kultur*, 16, 18, cited in Van Til, *The New Modernism*, 87f.

[30] Overbeck, *Christentum und Kultur*, 242, cited in Barth, *Theology and Church*, 64. 여기서 우리는 오버벡의 부조리(absurdity)와 키에르케고어의 역설(paradox)의 차이 점을 생각해야만 한다. 오버벡에 의하면 진정한 기독교는 역사 안에 있을 수 없다. 따라서 역사 속의 기독교는 부조리(an absurdity)이다. 그러나 키에르케고어에게는 기독교가 역사 속에 있지 않으면 기독교의 역설이 없는 것이다. 따라서 키에르케고어에 의하면 기독교는 그 역설을 가지고 역사 속에 있어야만 한다. 바로 이 이유 때문에 키에르케고어는 신약 성경이 말하는 교회의 참된 성질에 부합하지 않는 덴마크 국가 교회를 비판한 것이다.

을 의미하지 않는다. 그것은 시간을 초월한 무엇인데, 예수의 생애에서 그것은(그리스도와 그를 믿는 신앙) 아직 전혀 존재하지 않았다."[31] 그러므로 오버벡의 입장은 단지 다음과 같은 것이다. "기독교의 영원한 영속성은 단지 영원한 관점(*sub specie aeterni*)으로부터, 즉 시간과 시간에만 존재하는 젊음과 늙음의 대조를 알지 못하는 견지로부터만 주장되어질 수 있다."[32]

오버벡의 '원역사' 이해와 계시와 역사의 관계에 대한 바르트의 입장을 비교해 볼 때, 우리는 그들 사이에 강한 유사성을 발견할 수 있다. 가장 현저한 유사성은 역사와 시간의 영역과 이 영역 너머에 있는 영역과의 관계에 대한 그들의 이해이다.[33] 그들[바르트와 오버벡] 모두에게 있어서 시간과 역사는 하나님이 행동하시는 영역이 아니다. 시간과 역사의 영역에서 사람은 최고이다. 그러므로 만약 하나님과 그의 계시가 존재한다면, 그분과 그것은 시간과 역사의 영역 안에 있지 않을 뿐 아니라 있을 수도 없고, 단지 '비역사적 것'의 영역 혹은 '원역사'의 영역에만 있어야 한다. 하나님과 관련된 모든 것들은 왜곡된 형태 혹은 모순된 형태 이외로는 역사의 영역에 존재할 수 없다. 이상적인 것은 '원역사'의 영역에만 존재한다. 역사의 영역은 상대적인 것의 영역이기 때문이다. 역사의 영역에서는 절대적인 것이 있을 수 없다. 절대적인 것은 역사의 영역 너머에만 있다.

바르트와 오버벡의 사상 사이의 두 번째 유사성은, 우리가 시사한 바와 같이, 역사의 영역 너머에 있는 영역에 대한 그들의 가정이

---

31 Overbeck, *Christentum und Kultur,* 28, cited in Barth, *Theology and Church,* 62.

32 Overbeck, *Christentum und Kultur,* 71, cited in Barth, *Theology and Church,* 72.

33 오버벡과 초기 바르트의 밀접한 관계성에 대한 좋은 논의로 Monsma, *Karl Barth's Idea of Revelation,* 69-74를 보라.

다. 특별히 흥미로운 것은 그들이 이 영역에 부여한 특징이 플라톤과 칸트 철학의 특징과 밀접한 관계가 있다는 사실이다. 특별히 '원역사'의 영역에 있는 것은 시간과 역사의 영역에 있는 모든 것들의 기원이라는 그들의[바르트와 오버벡의] 이해는 우리에게 플라톤의 '이데아의 영역'과 칸트의 '예지계'를 생각나게 한다. 이 문제와 관련해서 베르까우어의 다음과 같은 관찰을 여기서 인용해 보는 것이 적절할 것이다:

> 바르트의 로마서 주석(*Römerbrief*)에는 어떤, 철학적 사상, 특히 플라톤주의적 사상이 큰 영향을 미치고 있다는 것에는 의심의 여지가 없다. 그리고 이것은 우리로 하여금 [바르트]가 살아 계신 하나님의 심판보다는 시간에 대한 영원의 심판(위기, crisis)에 더 관심을 가지고 있다는 생각을 자주 하도록 만든다. [바르트의 『로마서 주석』에서는] 우리로 하여금 복음보다는 철학적 관념론을 더 생각하도록 하는 초월적인 한계 개념에 의해서 성경적 사상이 계속해서 모호하게 되는 것이다.[34]

그러므로 우리는 이상의 논의에 근거해서 바르트가 '원역사'라는 용어에 부여한 의미는 오버벡과 다르지 않다고 결론지을 수 있다. 바르트에게 있어서도, 오버벡과 마찬가지로, '원역사'는 모든 역사를 조건 지우는 '비역사적'인 것이다(cf. *Romans*, 140). 바르트는 예수 그리스도를 원역사라고 부른다. 여기서 우리는 바르트와 오버벡 사이의 유사성을 발견한다. 바르트에 따르면, 시간과 역사 안에 사셨던 역사적 예수에 관한 한, 그를 원역사라고 부를 수 없다. 단지 그가

---

[34] G. C. Berkouwer, *The Triumph of Grace in the Theology of Karl Barth*, trans. Harry R. Boer (London: Paternoster Press, 1956), 31. 오버벡과 바르트 사상에 대한 칸트 철학적 배경에 대해서는 Van Til, *The New Modernism*, 42, 80-106의 논의를 참조하라.

더 이상 역사 안에 있지 않을 때, 즉 그가 역사 안에 있지 않은 부활의 빛에서 해석될 때, 그는 원역사라고 불려질 수 있다. 만약 예수 그리스도가 원역사라면, 그는 역사 안에 있는 것이 아니라 시간과 역사에 속하지 않는 역사의 기원이다.

IV. 결론: 키에르케고어와의 비교 가운데서

지금까지 우리는 세 가지 면에서 계시와 역사의 관계에 대한 바르트의 이해를 고찰해 왔다. 우리의 결론에 따르면, 바르트는 시간과 역사 안에 있는 것은 절대적일 수 없고, 그래서 하나님의 계시는 역사 안에 있을 수 없고 역사의 기원으로서의 역사 너머에 있어야만 한다고 생각한다. 그리고 그는 역사 너머에 있는 것을 오버벡을 따라서 "원역사"라고 부른다. 이제 계시와 역사 사이의 관계에 대한 바르트와 키에르케고어의 견해를 간단히 비교해 보자. 키에르케고어에게 있어서 계시는, 우리가 살고 있는 시간과 역사와 다르지 않은 시간과 역사 안에서 발생한다. 물론 계시는 절대적 사실로서 매우 특별한 사실이다. 그러나 계시의 발생에 관한 한, 그것은 다른 어떤 역사적 사실과 다르지 않다. 그것은 역사적 사실의 특징을 가지고 있다. 즉, 키에르케고어에게 있어서, 계시는 시간과 역사 너머에 있는 영역에서 발생하지 않는다. 만약 시간과 역사 안에 어떤 계시도 없다면, 계시는 전혀 있지 않은 것이다. 계시는 시간과 역사 너머 혹은 배후에 있는 어떤 것이 아니다.

여기서 우리는 계시와 역사의 관계에 대한 키에르케고어와 바르트의 견해 차이를 알 수 있다. 이 논문에서도 살펴본 바와 같이, 바르트는 계시를 시간과 역사의 흐름 안에 있지 않은 영원한 계시로 만들려 한다. 그는 모든 종류의 비평(예를 들면, 역사적 비평 등)으로부터 계시를 보호하기 위해서 이렇게 하는 것이다. 그러므로 바르트에 따르면, (역사적 요소 너머에 있는) 계시와 관련된 역사적 요소가 비평될 수 있고 파기될 수 있다 할지라도, 계시 그 자체는 어떤 어려움 없이 남아 있을 수 있다는 것이다.

여기서 한 가지 질문이 제기될 수 있다: 바르트는 시간과 역사 안에서 발생하는 계시의 절대적 특성을 강조하려고 하지 않는가? 만일 동일하게 강조한다면, 우리는 그들의 표현이 약간 다를지라도, 바르트와 키에르케고어 사이에는 실제로 차이가 없다고 생각해야 한다. 사실 이렇게 바르트를 해석하는 몇몇 학자들이 있다.[35] 그들의 중요한 주장은 20세기 초의 특별한 상황에서, 특별히 19세기의 인간학적 혹은 관계적 신학과 관련하여, 바르트는 하나님과 그 분의 계시의 절대성을 강조하려고 한다는 것이다. 계시가 시간과 역사 안에 있지 않다고 시사하는 것 같은 바르트의 표현은 하나님의 계시의 절대성을 강조하려는 바르트의 참된 의도의 빛에서 해석되어야만 한다는 것이다. 이런 주장의 함의들 중 하나는 바르트가 사실 계시의 역사적 발생을 부정하지 않는다는 것이다. 예를 들면, 한스 프라이(Hans Frei)는 『로마서 주석』 제2판에서 바르트의 의도에 대하여 다음과 같이 말한다.

---

35 초기 바르트를 이와 같은 방식으로 해석하는 이들로 Mackintosh, *Types of Modern Theology*, 289-92; Torrance, *Karl Barth: An Introduction to His Early Theology*, 74-79; Wells, "The Influence of Kierkegaard on the Theology of Karl Barth," 194ff.; Smart, *The Divided Mind of Modern Theology: Karl Barth and Rudolf Bultmann*, 115f.; Frei, "The Doctrine of Revelation in the Thought of Karl Barth, 1909-1922," 94ff. 등을 보라.

『로마서 주석』 제2판의 의도는, 계시와 관련하여서 계시의 소여성과 하나님과 사람의 함께함으로 항상 시작하는 자유주의의 관계 신학과 대조적으로, 주로 완전히 새로움과 은혜의 기적과 하나님의 자유를 지적하려는 것이다. 하나님과 사람의 함께함은 순수한 새로움이며 순수한 은혜와 기적이라고 단순히 말하는 것은 바르트가 반대하는 자들 편에서 동의해야만 하는 것이다. 그의 의도와 그들의 의도를 구별하기 위해서, 그는 (무엇보다도) 종말론으로서 계시 개념을 사용한다.[36]

'종말론으로서 계시' 라는 어구로서 프라이는 계시의 종말론적 특성에 대한 바르트의 강조를 드러낸다. 즉, 우리가 본 바와 같이, 계시가 영원한 순간에 전체적으로 주어질지라도, 우리는 그것을 시간과 역사의 영역 안에 사는 자들로서 기다려야만 한다는 것이다. 왜냐하면 계시는 영원한 순간에만 있고 시간에 속하지 않기 때문이다. 즉, 바르트 자신이 계시가 시간과 역사 안에 있지 않다는 사실을 인정하지 않는다고 드러내려는 방식으로 표현한 이유는 바르트의 의도가 관계 신학자들과 반대로 하나님의 절대적 새로움을 강조하려는 것이기 때문이다.

그러나 바르트의 의도가 계시의 역사성을 인정하려는 것이라고 말하는 것이 가능한가? 그리고 바르트가 계시의 역사성을 부정하는 듯이 나타내려는 방식으로 표현한 이유가 오직 하나님의 절대성을 강조하려는 것이며 하나님의 영역과 인간의 영역이라는 그의 2중 구조의 견해와 관련이 없다고 말하는 것이 가능한가?

내가 보기에는 이 질문들에 긍정적으로 대답하기는 불가능한 것

---

36 Frei, "The Doctrine of Revelation in the Thought of Karl Barth, 1909-1922," 94.

같다. 왜냐하면 우리들이 지금까지 살펴 본 바와 같이, 바르트에게 있어서, 계시가 시간과 역사 안에 있다면, 그것은 진정한 의미에서 계시가 아니기 때문이다. 바르트에 따르면, 시간과 역사 안에 있는 것은 상대적이고, 반면에 계시는 절대적이어야만 한다. 그러므로 계시의 역사성에 대해 말하는 것은, 바르트에게 있어서 계시를 상대적인 것으로 만드는 것이며, 역사 분석의 대상으로 만드는 것이다. 바르트가 계시에 대한 그의 논의에서 피하려고 하는 것이 바로 이 점이다.

따라서, 계시가 시간과 역사 안에 있지 않다는 바르트의 표현은 단순히 시간과 역사 안에서 발생하는 계시의 새로움과 절대성을 강조하는 문제만은 아니다. 하나님은 시간과 역사에 들어오시는 것이 불가능하다는 그의 사고 구조에 따르면, 계시가 시간과 역사에 속한다고 말하는 것도 불가능하다. 바르트와 대조적으로 키에르케고어에게 있어서 시간과 역사 안에 있지 않은 계시가 있다고 주장한다면, 이것은 기독교를 치워 버리는 시도인 것이다.

긍정적인 의미에서 바르트는 하나님의 주권성을 강조하려고 한 것이다. 그는 하나님의 계시를 시간과 역사 안에 두는 것이 하나님의 자유를 해친다고 생각한다. 만약 하나님이 주권적 하나님이시라면, 그는 그의 계시에서조차 자유하셔야만 한다. 그러므로 하나님은 그분 자신을 영원한 순간에서만 계시하여야 한다. 내재적 하나님이 아니기 위해서, 하나님은 사상과 역사와 인간 의지와 인간의 신의식 안에 있으면 안 된다. 하나님은 항상 하나님이셔야만 한다. 만약 그가 시간과 역사와 인간 세계로 들어오신다면 그는 상대적이 되고 만다. 그가 한 번 시간과 역사 안에 들어오기만 하면, 영원하고 절대적인 분이 있을 가능성은 없어진다. 그러므로 영원한 하나님으로 남기 위해서, 하나님은 시간과 역사 안에 들어오시지 않는다. 그는 절대적이고 영원한 하나님이어야만 한다. 바르트는 이런 방식으로 모든 관계적 신학과 '변증법 신학'의 시기 이전의, 자신의 초기 자유주의 신학까지도 극복하려고 한다. 바르트는 하나님의 절대성과 주권성을 강조하려고 한다. 그러므로 바르트는 "[초월성을] 분명하고 건조한 방식으로 표현해 보려는 직접적인 인간의 모든 시도에 대항해서 초월성을 보호하는 데 관심을 가지고 있다"고 말하는 맥코나키의 말은 정확한 것이다.[37]

그러나 부정적인 의미에서 우리는 "로마서 주석"의 변증법 신학 안에서의 그의 하나님의 주권성 강조 배후에 일종의 절대적 이원론이 있다고 말하지 않을 수 없다. 다음에서 나는 바르트의 절대적 이원론을 지적할 것이고, 그것을 키에르케고어의 이원론과 비교할 것이다. 여기서 내가 주장하려는 요점은 키에르케고어에게 있어서 하나님과 인간, 영원과 시간의 이원론은 시간과 역사 안에서 하나님의 계시 행위에서 극복된 이원론인 반면, 바르트에게 있어서 하나님의 영역과 인간의 영역, 영원과 시간, 원역사와 역사, 근원의 영역과 이 세상 영역, 시간과 역사 너머에 있는 것과 시간과 역사 안에 있는 것 사이의 이원론은 하나님에 의해서조차도 극복될 수 없다는 점이다.

바르트에게 있어서 하나님의 자유는 하나님께서 절대적으로 존재하기 위한 혹은 사람에 대한 절대적 타자이기 위한 자유이다. 따라서 계시의 경우에서도 하나님은 시간과 역사와 우리 세계에 들어오지 않는다. 하나님께서는 영원한 순간에서만 자신을 계시하신다. 그러므로 초기 바르트에게 있어서 계시는 시간과 역사 너머에 있는 영역에서 발생한다. 그리스도 안에서 하나님께서 하신 일은 시간과 역사의 영역

---

[37] MaConnachie, "The Teaching of Karl Barth," 387.

안에 있지 않다. 시간과 역사 안에 있는 것은 하나님도 아니고 하나님과 관계도 없다. 물론, 바르트는 때때로 다음과 같이 말하기도 한다: "하나님의 말씀은 우리가 인간성과 자연과 역사로 아는 모든 것의 변혁이며 따라서 모든 체계의 시작점에 대한 부정으로 이해되어져야만 한다. ……"(*Romans*, 278). 그러나 우리가 이 장 전체에서 본 바와 같이, 이 변혁은 영원한 순간에만 있다. 이것은 바르트에게 있어서 **순간**의 중요성이다. 시간의 흐름에 관한 한 어떤 변혁도 발생하지 않는 것이다. 그러므로 절대적으로 서로 다른 두 영역이 있고 이 두 영역 사이의 충돌이 없는 때는 없다. 바르트에게 있어서 이 두 영역들은 영원히 충돌하는 영역들이다. (이 세상의 기원과 끝의 영역이며, 근원적 창조의 영역이며, 부활의 영역이며, 구속의 영역이며, 종국적 승리의 영역인) **하나님의 영원한 영역**과 (시간의 흐름의 영역이고, 역사의 영역이며 사물의 영역인) **사람의 영역**이 초기 바르트에게서는 끊임없이 대립하는 것이다. 그러므로 바르트의 초기 저작들에 대한 빌헬름 폭(Wilhelm Pauck)의 다음 같은 관찰은 정확한 것이다: "[초기 바르트에 의하면] 영원은 시간에 한계를 지운다. 그 각각은 전혀 다른 영역들이다. 그러므로 영원과 동일시된 하나님이 사람의 수준으로 들어오시는 것은 불가능하다. …… 사실 하나님은 전적 타자이며, 알려지지 않은 분이시고, 우리와는 동떨어진 분이시다."[38]

물론 바르트의 이 두 세계 구조의 요청과 플라톤의 정적 이원론을 정확히 동등시할 수는 없다. 왜냐하면 바르트의 두 영역은 플라톤의 두 영역의 이원론의 경우보다 더 역동적 관계를 가지기 때문이다. 그러나 그들 모두의 이원론의 근본적 구조는 동일하다. 기원과 결과

---

[38] Wilhelm Pauck, "Barth's Religious Criticism of Religion," *The Journal of Religion* VIII (1928): 458.

들의 관계를 공유하는 두 세계가 있다. 어떤 의미에서 이 이원론은 사실의 세계와 의미의 세계 사이의 구별과 관련지을 수 있다. 바르트에 따르면 시간과 역사의 영역에서 역사의 의미를 발견하는 것은 불가능하다. 이 세계 안에 있는 것은 그 자체로는 의미가 없는 사실들이다. 그래서 이 사실들의 의미는 시간과 역사의 영역에서 발견될 수 없다. 따라서 사실의 영역의 의미 자체는 의미의 영역에서만 발견될 수 있다. 그러므로 시간과 역사의 영역 안에 있는 것의 의미를 이해하고 발견하기 위해서, 우리는 시간과 역사의 사실(혹은 사물)의 영역을 초월해야 하며 시간과 역사와 사물의 영역 너머를 보아야 한다.

십자가의 의미는 시간과 이 세계에 속하지 않는 부활의 빛에서만 발견될 수 있다는 바르트의 주장은 우리에게 사실의 영역과 의미의 영역 사이의 이 구별을 생각나게 한다. 이런 의미에서 바르트의 이원론은 일종의 절대적 이원론이다. 이원론 안에 있는 두 요소는 시간의 끝까지 지속된다. 이원론의 한 요소가 다른 요소에 의해 극복될 수 있는 때는 없다. 물론 바르트가 종국적 승리에 대해 말하는 것은 옳다. 그러나 우리가 이 장에서 본 바와 같이, 그리스도의 종국적 승리는 시간과 역사와 우리 세계 안에 있는 것이 아니라 시간과 역사의 영역 너머에 있다. 그것은 영원한 순간에만 있는 것이다. 이 세계 안에서 어떤 변화도 변혁도 없다. 그러므로 그 두 영역은 끝없이 충돌이 계속된다. 우리가 이와 같이 바르트와 키에르케고어의 이원론을 비교할 때, 우리는 그들 사고 구조 사이의 근본적인 차이를 알 수 있다.

7

B. S. Childs의 정경적 성경 신학과 개혁파 성경 신학

2007년 챠일즈(Brevard Springs Childs, 1923-2007)가 83세로 그의 생애를 마감했다는[1] 소식을 듣고 그의 정경적 신학을 성경 신학적 입장에서 비평하는 작업을 하기로 하였다. 현금 신학계에 큰 영향을 미친[2] 한 사람의 신학을 짧은 시간에 다 논의할 수는 없을 것이다. 그러나 개혁파 성경 신학을 계승하여 발전시키려고 노력하는 우리들은 개혁파 성경 신학의 입장에서 챠일즈의 신학적 작업의 일면을 평가해 보려고 한다.

---

[1] Cf. "Brevard S. Childs, an iconic figure in biblical scholarship, dies at 83," Yale Divinity School Homepage, available at: http://www.yale.edu/divinity/news/070625_news_childs.shtml. 또한 이를 보도하는 Christian Century, 2007년 7월 24일자 기사를 보라. "Yale's Brevard S. Childs, Biblical Scholar, dies," available at: http://findarticles.com/p/articles/mi_m1058/is_15_124/ai_n19393081, accessed on 10 August, 2007.

[2] 챠일즈가 정경적 접근이라는 새로운 방법론의 길을 열었다는 것은 일반적으로 인정되고 있다. 그 대표적인 언급으로 다음을 보라: Randy W. Nelson, "The Challenge of Canonical Criticism to Background Studies," *Journal of Bibilical Studies* 6/1 (June 2006): 10-34. 특히 10쪽을 보라 (Available at: http://journalofbiblicalstudies.org/Issue12/Nelson_Canonical_Criticism.pdf, accessed on January 25 2008). 챠일즈가 제시한 정경적 접근은 그 영향이 다양해서 오늘날은 직접적이지는 않지만 심지어 조직신학을 하는 데도 정경적 접근으로 하고자 하는 책이 나올 정도이다. Cf. Paul McGlasson, *Invitation to Dogmatic Theology: A Canonical Approach* (Grand Rapids: Baker, 2006).

챠일즈의 정경적 성경 신학에 대한 비판적 논의를 하기에 앞서 챠일즈의 생애와 학문적 활동에 대해서 먼저 간단히 소개를 하고 시작하는 것이 좋을 것이다.[3]

1. B. S. Childs에 대한 소개와 들어가는 말

B. S. 차일드

챠일즈는 1923년 9월 2일에 싸우뜨 캐롤라이나(SC) 주 컬럼비아에서 태어나 그곳의 미국 감독교회(Episcopal church)에서 유아세례를 받았고, 그의 아버지의 건강 문제로 뉴욕의 퀸즈로 이사했을 때부터 장로교회에 참여하기 시작했다고 한다.[4] 미시간 대학교에서 학사와 석사 학위를 하고, 제 2차 세계 대전 관계로 유럽 지역에서 군 생활(sargent)을 마친 후에 챠일즈는 프린스톤에 들어가 신학사(B. D.) 학위를 하였는데(1950), 이때 그는 제 2의 워필드가 되려

[3] 그의 생애에 대한 정보는 특별한 언급이 없는 한 휘튼대학에서 영문학을 공부하고, 2004년부터 2005년까지 영국 St. Andrews에서 구약학으로 M. Phil. Mode A course를 마친 뒤 박사 과정으로 받아들여져서 2005년부터 박사 과정에 있으면서 "Brevard Childs: The Logic of Scripture's Textual Authority in the Mystery of Christ"라는 박사 학위 논문을 썼던, 그리고 2008년부터 캐나다 토론토에 있는 틴델 유니벌시티 컬리지(Tyndale University College)의 구약학 조교수로 있는 Daniel R. Driver, "Brevard Springs Childs," available at: http://www.danieldriver.com/research/bsc.html, accessed on 25 January 2008를 참조했다.

2009년에 마쳐진 그의 구약학 박사 학위 논문은 *Brevard Childs, Biblical Theologian* (Mohr Siebeck, 2010)으로 출판되었고, 이를 좀더 편하게 고쳐 쓰고 증보한 미국판으로 *Brevard Childs, Biblical Theologian: For the Church's One Bible* (Grand Rapids: Baker Academics, 2012)이 나왔다. 챠일즈에 대한 또 다른 사이트로 다음도 보라: http://www.cjconroy.net/bib/ott-childs.htm#one.

[4] 다니엘 드라이버는 이것이 챠일즈가 남장로교 출신이라는 일반적 진술을 크리스토퍼 자이츠(Christopher Seitz) 교수가 고쳐준 정보임을 잘 밝히고 있다("Brevard Springs Childs").

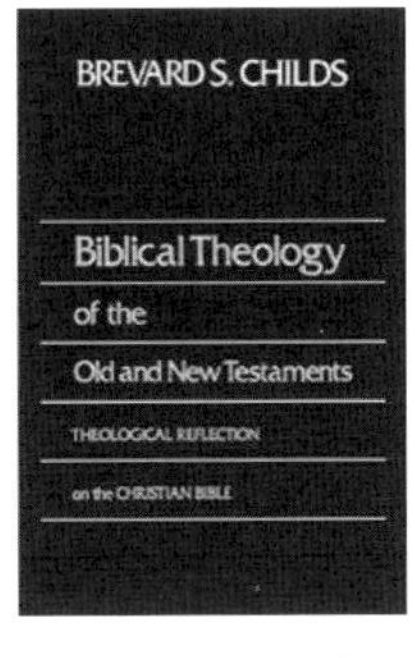

B. S. 차일드의 책

는 소원을 가지게 되었다고 한다.[5]

프린스톤에서의 공부를 마친 후 챠일즈는 스위스로 가서 바젤 대학교에서 박사 학위를 하였다. 그때 그는 발터 아이히로트(Walter Eichrodt) 등의 가르침을 받았다. 그는 이 바젤 시절에 함께 바르트의 강의에 참여했던 그의 부인 Ann을 만났다고 한다. 아이히로트의 후임이 된 발터 바움가르트너(Walter Baumgartner)의 지도 하에 1953년에 취득한 그의 학위 논문은 창세기 앞부분의 신화를 연구한 것으로 "구약의 신학적 개념으로서 신화"("Der Mythos als Theologische Problem im Alten Testaments")에 관한 연구였다. 바움가르트너는 챠일즈의 방법론을 문제 삼으면서 그로 하여금 양식 비평 방법에 의해 논문을 전면적으로 개정하도록 하였다고 한다. 그 후에는 챠일즈는 하이델베르크 대학교에서 고대 근동학(近東學)에 대한 연구를 하였다.

1954년 선교 신학교(Mission House Seminary)에서 가르치기 시작한 챠일즈는 1958년부터 Yale 대학교 신학부에서 가르치기 시작하였고, 1992년에 예일 대학교의 가장 뛰어난 교수에게 부여하는 지위인 스털링 교수(Sterling Professor)가 되었다. 1999년에 은퇴한 후에는 2007년 6월 23일에 소천하기까지 예일 대학교의 명예 교수로 있었다. 죽기 전 그는 바울 서신의 정경적 함의에 대한 책의 초고를 완성했다고 한다.[6]

---

5 이 정보는 나의 M. Div. 과정 때에 합동신학원의 김성수 교수께서 주셨었다.

6 이에 대한 정보는 SBL에 실린 자이츠 교수의 조사(弔詞)에서 얻었다. Cf. Christopher Seits, "B. S. Childs (1923-2007)," available at:

그의 학문적 작업을 일별해 보자면, 자신의 박사 학위 논문과 관련하여 영어로 『구약에서의 신화와 실재』를 낸 후(1960),[7] 일련의 양식 비평적인 작업(1960-67)을 하였다.[8] 그 후에 챠일즈는 유럽 대륙의 성경 신학이 미국에 수용되면서 1950년 이후로 위기를 맞이하고 있음을 밝히고, 이를 극복하기 위해 신구약 성경 모두에 대한 정경적 접근(canonical approach)을 해야 한다는 『성경 신학의 위기』를 내어 학계의 주목을 받게 된다(1970).[9] 그 후에 이에 연관해서 모든 비평적 방법을 동원하면서 자신의 정경적 접근을 사용한 출애굽기 주석을 내었다(1974).[10]

그 후 정경적 접근 방법으로 구약 서론을 제시하고(1979),[11] 구약 성경을 기독교 성경으로 신학적으로 검토하는 작품을 낸 후(1984),[12] 현대 학계의 관례를 깨고 자신이 제시하는 정경적 접근의

---

http://www.sbl-site.org/publications/article.aspx?articleId=691, accessed on 25 January 2008. 이 유작 원고가 출판된 것이 *The Church's Guide for Reading Paul: The Canonical Shaping of the Pauline Corpus* (Grand Rapids: Eerdmans, 2008)이다.

7 Brevard S. Childs, *Myth and Reality in the Old Testament* (London: SCM Press, 1960).

8 그 대표적인 예들로 다음을 보라: Childs, *Memory and Tradition in Israel* (London: SCM Press, 1962); idem, *Isaiah and the Assyrian Crisis* (London: SCM Press, 1967). 이 시기에 쓴 소논문들은 챠일즈에 대해서 박사 학위 논문을 쓴 Daniel R. Driver의 홈페이지 중 챠일즈 도서난에 잘 정리 되어 제시되어 있다. available at: http://www.danieldriver.com/research/bscbib.html, accessed on January 25 2008.

9 Childs, *Biblical Theology in Crisis* (Philadelphia: Westminster Press, 1970). 특히 99를 보라: "... the Canon of the Christian Church is the most appropriate context from which to do Biblical Theology."

10 Childs, *Exodus, A Commentary*. Old Testament Library (London: SCM Press and Philadelphia: Westminster, 1974).

11 Childs, *Introduction to the Old Testament as Scripture* (London: SCM Press and Philadelphia: Fortress, 1979).

12 Childs, *Old Testament Theology in a Canonical Context* (Philadelphia: Fortress Press, 1985).

방법으로 신약학에 대한 책을 내었다(1984).[13] 그리고 그 토대 위에

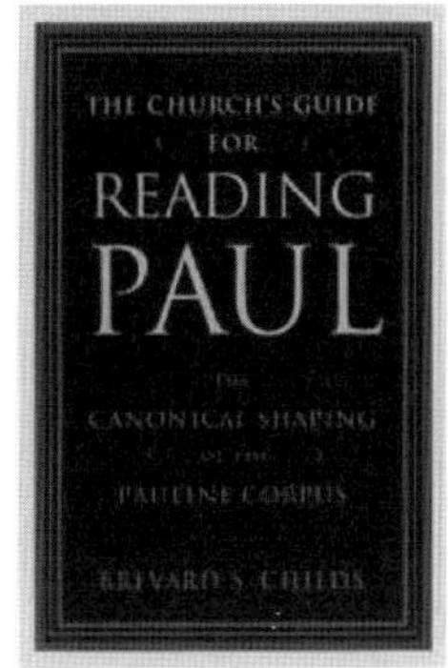

B. S. 차일드의 유작

서 그야말로 신구약 성경 신학을 제시하는 작업을 하였다(1992).[14] 이에 대해서 하이델베르크 대학교의 롤프 렌토르프(Rolf Rendtorff)는 많은 사람들이 불가능하다고 여긴 일을 챠일즈는 수행했을 뿐 아니라, 그것도 매우 인상적으로 해내었다고 평가했다고 한다.[15] 그는 1999년 은퇴 후에도 계속해서 작업하여 이사야서 주석을 내고(2001)[16] "구약의 독특한 목소리를 듣고 그 나름의 신학적 정체성(integrity)을 존중하기"[17] 위해 이사야서를 기독교의 성경으로 읽을 때 제기되는 해석학적이고 신학적 문제를 다루는 이사야서에 대한 기독교적 수용사 또는 기독교적 해석사라고 할 수 있는『기독교적 성경으로 이사야를 이해하려는 노력』을 내었다(2004).[18]

무엇보다도『성경신학의 위기』(1970)를 써내고 그 이후에 계속되는 작업으로, 제2차 세계 대전 이후 미국에서 유행하기 시작했으나 "1960년대 초에는 아주 명백히 미국 신학에서 중요한 힘을 상실하게 된"[19] 성경신학 운동의 위기를 극복하도록 하기 위해 새로운 성

---

[13] Childs, *The New Testament as Canon: An Introduction* (London: SCM Press, 1984; Philadelphia: Fortress Press, 1985).

[14] Childs, *Biblical Theology of the Old and New Testaments: Theological Reflection on the Christian Bible* (London: SCM Press and Minneapolis: Fortress, 1992).

[15] Seits, "B. S. Childs (1923-2007)"에서 재인용.

[16] Childs, *Isaiah: A Commentary*, Old Testament Library (Louisville: John Knox/Westminster, 2001).

[17] Childs, *Isaiah*, 4.

[18] Childs, *The Struggle to Understand Isaiah as Christian Scripture* (Grand Rapids: Eerdmans, 2004).

경 신학(new biblical theology),[20] 또는 진정한 성경신학(a genuine biblical theology)의 방법으로 자신이 제시한 "정경적 접근"으로 유명해졌다.

그러나 챠일즈는 과연 자신의 필생의 작업으로 성경신학을 위기에서 구원해 내었는가? 바로 이것이 이 글에서 필자가 묻고자 하는 핵심적 질문이다. 많은 사람들은 성경신학을 피상적으로 이해하거나 단일하게 이해하여 챠일즈는 성경 신학의 위기를 잘 파악하고 그 위기를 극복하는 데 일조(一助)하여 정경적 맥락에서의 성경신학을 제시하는 일에 성공하였고, 그것이 그의 큰 기여라고들 언급하곤 한다. 그러나 과연 그러한가? 과연 챠일즈는 그가 프린스톤 신학교에 입학할 때 제2의 워필드와 같은 공헌을 할 것이라고 생각한 바를 이루어 내었는가? 챠일즈의 필생의 사역이 마쳐져서 역사적 평가를 할 수 있는 오늘의 시점에서 우리는 이에 대해 과연 긍정적인 대답을 할 수 있는가?

이런 질문들을 염두에 두면서 필자는 이 소논문에서 챠일즈의 정경적 성경신학은 어떤 면에서 성경신학에 기여했는지를 밝히고(이 점은 챠일즈의 정경적 성경신학과 개혁파 성경신학의 공통점에 해당하는 내용으로 구성할 것이다), 그럼에도 불구하고 챠일즈의 성경신학은 그 나름의 독특성(*sui generis*)을 지닌 성경신학이어서 개혁파의 성경적 성경신학과는 다른 특성을 나타낼 뿐만 아니라, 참으로 성경적인 성경신학의 진전(進展)에 장애(障碍)를 주었고 또 지금도 그런 장애를 주고 있다는 것을 밝혀 보고자 한다.

---

[19] Childs, *Biblical Theology in Crisis*, 87: "virtual end as a major force in American theology in the early sixties."

[20] Childs, *Biblical Theology in Crisis*, 특히 91-96을 보라.

2. 챠일즈의 정경적 성경 신학의 기여점들

먼저 챠일즈의 성경 신학적 작업의 기여점들을 생각해 보기로 하자. 이는 챠일즈의 정경적 성경신학과 개혁파 성경신학의 공통점을 찾는 것으로 여겨질 수도 있다. 우리가 인정하는 기여점은 결국 챠일즈의 신학적 작업과 개혁파 성경신학적 작업의 공통점으로 나타나게 될 것이기 때문이다.

챠일즈의 성경신학적 기여 중 제일 큰 기여는 역시 그가 정경(正經, canon)을 매우 존중하는 성경신학적 제안과 시도를 하였다는 것이라고 할 수 있다. **물론 그가 말하는 정경 이해를 어떻게 볼 것인지에 대한 세심한 논의가 필요하다.**[21] 그럼에도 불구하고 챠일즈는 교회가 하나님 말씀으로 받아들인 66권의 책들만을 정경으로 받아들이면서 그 정경적 맥락에서 성경 신학을 하고, 신학을 해야 한다는 강한 주장을 한 것은 큰 의미를 지닌다. 그는『성경신학의 위기』에서 성경 해석자들은 단순한 종교적 경험의 예들로가 아니라, 계시의 수단으로 교회에 주어진 전체 정경에 자신을 헌신(獻身)해야 한다고 하였다.[22]

챠일즈는 후기에도 자신이 제시하는 정경적 접근이 "자유주의 개신교의 인간 중심주의적 전통과 대립(對立)하는" 것임을 강조한다.[23] 이전의 비평 방법들이 성경의 교회 안에서의 권위 있는 정경적

---

21 이에 대해서는 이 논문 아래의 문제점 (5)에서의 논의를 참조하여 보라.

22 이는 마르쿠스 바르트가 챠일즈 책에 대한 서평에서 챠일즈의 제안의 첫 요점으로 요약하고 있는 바이기도 하다. Cf. Markus Barth, "Whither Biblical Theology?," A Book Review of Childs' *Biblical Theology in Crisis, Interpretation* 25/3 (1971): 350-54, citation is from 351.

23 Childs, *Biblical Theology,* 72.

기능에 대해 전혀 관심을 기울이지 않은 것을 상당히 비판하면서, 챠일즈는 전체로서의 성경 신학을 할 때에든지, 아니면 성경의 각권을 주석할 때에도 기독교 정경으로서(as canonical scripture) 그 책들을 해석하려고 한다. 그런 의미에서 그는 책임 있는 주해는 "명확한 신앙의 틀 안에서"수행해야 한다는 것을 강조하는 것이다.[24] 이런 의미에서 챠일즈는 스텐달 등이 제시하고 수행했던 성경신학의 핵심은 묘사적인 접근(descriptive approach)이라는 것도[25] 그것이 신앙에 근거하지 않은 중립적인(neutral) 작업이라고 한다는 점에서 문제가 있다고 비판한다.[26] 그래서 챠일즈는 **명확히 신앙에 근거한, 정경을 믿는 정경적 맥락에서의 신학을 하기를 원하는 것**이다.

예를 들어서, 그는 자신의 출애굽기 주석의 목적을 말할 때에도 "이 주석의 목적은 기독교회의 신학 안에서 정경적 성경으로서의 출애굽기를 해석해 보려는 것이다"라고 말하고 있다.[27] 정경에 속한 것으로서 성경의 각 권은 기독교 공동체 내에서 권위 있는 역할을 한다는 것이 항상 가정되고(is assumed) 있다. 챠일즈는, 스테판 채프만이 잘 표현한 바와 같이, "성경을 다른 책들과 같이 읽으려고 해서는 안 된다"는 것을 분명히 한 것이다.[28] 그는 학생들에게 성경 본문

---

[24] Childs, "Interpretation in Faith: The Theological Responsibility of an Old Testament Commentary," *Interpretation* 18 (October 1964): 432-49, 인용문은 438에서 온 것임 ("from within an explicit framework of faith").

[25] Krister Stendahl, "Biblical Theology," *The Interpreter's Dictionary of the Bible*, George A. Buttrick, ed. (New York: Abingdon Press, 1962), vol. I, 423.

[26] Childs, "Interpretation in Faith," 438.

[27] Childs, *Exodus*, xiii: "The aim of this commentary is to seek to interpret the book of Exodus as canonical scripture within the theological discipline of the Christian church."

[28] Cf. Stephen B. Chapman, "How Scripture Speaks," *Christian Century* Sept. 4, 2007, available at: http://findarticles.com/p/articles/mi_m1058/is_18_124/ai_n20525202, accessed on 25 January 2008. 물론 챠일즈 입장의 독특성은 후에 비판될 것이다.

을 정밀하게 조사해서 무엇을 파헤치려고(interrogate)하지 말고, 성경 본문으로 우리를 점검하게(interrogate) 하라고 가르쳤다고 한다.[29] 정경적 형태로서 각 책은 '교회의 거룩한 유산'에 속한다는 것을 챠일즈는 강조한다(성경의 객관성). 그러나 동시에 각 시대의 교회는 성경의 말씀에 의해 "하나님의 성령의 사역을 통해서 그 메시지를 새롭게 충용(充用)할 수 있다는 것을 기대해야 한다"고 말한다.[30]

이 점에서 그의 신학적 작업은 **정경의 절단선을 분명히 하지 않으려는 신학들과는 상당히 다르다.** 즉, 챠일즈의 신학은 한편으로는 천주교의 신학적 작업과 다른 면이 있고, 또 다른 한편으로는 구(舊)-자유주의 신학과의 차별성을 지닌 것이다. 오늘날도 성경에서 주어진 것과 동일한 권위를 지닌 하나님의 뜻이 교황을 통해서 우리에게 전달될 수 있다고 하는 천주교 신학은 정경적 원리에 충실하지 않은 것이다. 마찬가지로 "오직 성경만"(*sola scriptura*)이라는 구호를 강조하면서도(즉, 형식적으로는 개신교에 속해 있으면서도) 성경 이외의 다른 계시가 지금도 주어질 수 있다고 생각하는 신학들도 정경적 원리에 충실하지 않은 것이다. 그것이 이전 종교개혁 시대의 신령파(Spiritualists)와 비슷한 직통 계시적인 입장을 취하는 입장이든지, 아니면 성경을 통해서뿐 아니라 성령님께서는 오늘날 그 어디서도 계시를 주실 수 있다고 하는 폭 넓은 의미의 자유주의적 입장이든지를 막론하고 말이다.

챠일즈는 적어도 정경의 독특한 지위를 강하게 강조하고 있다는 점에서 의미 있는 기여를 하였다고 할 수 있다. 또한 정경이라는

---

[29] Chapman, "How Scripture Speaks."

[30] Childs, *Exodus*, xiii: "... anticipate a fresh appropriation of its message through the work of God's Spirit."

것이 후대의 이스라엘 공동체나 교회가 만들어 낸 것이 아니라 성경을 형성하는 것 안에 "정경-의식"(canon-consciousness)이 깊이 뿌리박고 있다"는[31] 것을 아주 명확히 하고 있는 것도 챠일즈의 큰 기여이다. 정경은 후대에 덧붙여진 개념이 아니라 **성경 형성에 내재해 있는 개념**임을 강조하고 있는 것이다.

따라서 둘째로, 챠일즈는 성경의 인간 저자들의 권위와 독특성을 상당히 인정한다고 할 수 있다. (물론 후에 그가 과연 어디까지 이 점을 인정하는지가 비판적으로 논의될 것이지만) 그래도 챠일즈는 성경의 인간 저자들을 상당히 존중하면서 신학적 작업을 하고 있다고 할 수 있다. 사도들의 작업은 복음에 대한 아주 특별한 사도적 증언(the unique Apostolic witness to the gospel)이라고 하는 것이다.[32] 예를 들어서, 챠일즈는 바울이 사도로서 글을 쓰고 있으며, 바울이 "때때로 본래의 구약의 의미와는 다르게"(in a manner at times different from its original Old Testament meaning) 시도하고 있는 구약 성경에 대한 해석은[33] 사도적 권위를 지닌 것임을 분명히 하고, **우리가 그와 비슷하게 나름대로 해석할 수 없다**는 것을 아주 명백히 한다. 바울 같은 사도가 우리가 판단하기에 상당히 자의적(恣意的)으로 보이는 방식으로 구약을 인용하며 논의할 때에도 우리는 그것을 존중해야 하며, 그러나 우리들이 구약과 신약을 해석할 때는 상당히 엄격한 주해적 작업을 따라서만 해석할 수 있다는 것을 그는 강조했던 것이다. 오랫동안 그와 함께 가르쳤던 바울 신학자 리처드 헤이스(Richard B. Hays)가 바울 등의 신약적 인물들의 해석

[31] Childs, *Biblical Theology*, 70f.

[32] Childs, *Biblical Theology*, 72.

[33] Childs, *Biblical Theology*, 84.

과 같이 우리도 구약과 신약을 주해적 제한을 벗어나서 어느 정도는 자유롭게 해석할 수 있는 능력이 있음을 강조하는 것에 대해서 차일즈 자신은 동의하지 않고, 바울의 사도로서의 특권을 인정해야 한다는 것을 늘 강조했던 것이다.[34] 그러므로 차일즈는 성경의 인간 저자들의 특권과 독특성에 대해서 어느 정도의 인정을 한 것이다.

그리고 셋째로, 차일즈는 **구약과 신약을 상호 연관시켜서 하나의 정경적 맥락**에서 보며 해석해야 한다는 것을 분명히 하고 있다는 점이 그의 정경적 성경 신학의 공헌이라고 할 수 있다.[35] 요약하자면, 차일즈 자신이 어거스틴 이래(以來)의 오랜 기독교 전통을 반영하면서 잘 말하고 있는 바와 같이, "구약은 신약과의 관계에서 바르게 이해되나, 신약은 구약을 떠나서는 불가해하다(incomprehensible)"는 것이다.[36] 그런 점에서 그는 구약학은 구약학대로, 신약학은 신약학대로 나름의 길을 걸어가는 현대의 풍조를 적절히 비판하면서 구약과 신약은 서로 밀접히 연관되어 있다는 것을 아주 분명히 하며 그 모두가 기독교적 정경(the Christian canon)으로 읽혀져야만 한다고 한다.

---

[34] 이는 특히 (1991년부터는 Duke에서 가르치고 있는) 리처드 헤이스(Richard B. Hays)가 이전에 예일대학교에서 가르칠 때 그의 세미나에서 "그와 차일즈 사이에 오래 동안 계속되는 논의"(on-going discussion)라고 말했던 요점이다. 1990년 가을 학기 예일 대학교 신학부의 성경 해석에 대한 세미나에서 그는 이 점을 여러 번 강조하여 말하였던 것이 지금도 생생하다. 차일즈 자신은 이를 자신의 책 *Biblical Theology*, 84f.에서 언급하고 있다. 이때 그는 Richard B. Hays의 *Echoes of Scripture in the Letters of Paul* (New Have: Yale University Press, 1989), 154ff.와 관련하여 언급하고 있다. 차일즈는 헤이스의 제안이 (1) 이는 원증언의 목소리를 변화시키는 것이므로 역사적으로 받아들일 수 없고, (2) 이는 구약을 신약과 동일시하여 성경의 약속의 말을 성취의 말과 혼동시키므로 신학적으로 받아들일 수 없으며, (3) 신약의 모든 시간-제한성을 지닌 양상이 계속되는 용법의 보장이 되도록 사용될 수 있다고 가정하는 것이므로 해석학적으로 오류라고 비판하는 것이다.

[35] 그의 저작 전체에 이에 대한 강조가 분명히 나타난다. 특히 Childs, *Biblical Theology*, 73-77 ("Canonical Shaping and the Two Testaments of the Christian Bible)을 보라.

[36] Childs, *Biblical Theology*, 77.

사실 모든 바른 신학은 항상 이 점에 유의해야 한다. '나는 구약을 하는 사람이므로 그 성경 신학적인 현재의 함의에 대해서는 맹목적이어도 좋다' 든지, '나는 신약의 의미를 드러내는 일만 하는 것이므로 교회에 실천적으로 주는 함의를 생각하지 않고 말할 수 있다' 든지 하는 것에 대한 좋은 교정제(矯正劑) 역할을 하는 것이다. 챠일즈는 항상 구약과 신약을 연관시켜서 해석해야 한다는 것을 강조한다. 그 궁극적 이유로 그는 그 배후에 한 하나님이 계심을 보며 강조하는 것이다. 『성경 신학의 위기』의 마지막 부분에서 그는 구약과 신약에서 **같은 하나님**이 증언되고 있고, 그 같은 하나님이 회당과 교회들에서 경배되어 왔다는 것을 강조하면서, 오직 하나님의 백성의 공동체에서 읽혀지는 **전체 성경**만이 우리에게 신앙과 기도의 언어를 가르칠 수 있고, 지혜로운 윤리적 결단을 할 수 있도록 도울 수 있다고 했던 것이다.[37]

넷째로, 챠일즈의 성실한 노력에 근거한 신학적 작업을 그의 또 하나의 큰 기여로 제시할 수 있다. 필자는 목회학 석사 과정 중에 그의 출애굽기 주석을[38] 읽으면서 매 문단(pericope)에 대해서 본문 비평의 문제와 전승사와 문학사 문제를 언급하고 그 의미를 드러내는 것은 다른 주석들과 같으나, 각 본문의 구약적 맥락에서의 의미를 드러내고, 신약적 맥락에서의 의미를 제시하며, **특히** 각 본문의 주해의 역사를 제시하고 있는 것을 보면서 상당히 놀랐던 기억이 있다. 구약적 맥락에서의 의미와 신약적 맥락에서의 의미를 잘 드러내는 것은 그의 정경적 성경신학적 작업의 구체적인 실례를 잘 드러내는 것으로 여겨졌고, **특히 놀란 것은 각 본문의 주해의 역사**를 제시한 점이었

---

[37] 또한 Childs, *Biblical Theology*, 72에 나타나고 있는 비슷한 표현도 살펴보라.

[38] Childs, *Exodus* (London: SCM Press, 1974).

다. 대개 보다 넓은 맥락의 주해의 역사를 제시하거나 특정한 문제들의 주해의 역사를 제시하는 것은 많이 볼 수 있는 것이지만 주석하는 모든 본문들에 대한 주석사를 일일이 제시하는 것을 본 일은 드물었기 때문이다. 이런 것을 통해서 그가 출애굽기에 학문적 관심을 가지게 된 것이 그가 출애굽기 주석을 쓰기 20여년 전인 1952년 여름 바젤에서 월터 바움가르트너 교수(Prof. Walter Baumgartner)가 인도한 모세에 대한 세미나에서라고 하던 것을[39] 보면서 그것이 헛말이 아님을 생각했었다. 그렇게 오랫동안 그의 마음속에서 영글은 글이 쓰여졌던 것을 놀라운 마음으로 바라보던 기억이 지금도 생생하다. 이런 점에서 챠일즈의 출애굽기 주석은 그 형식에 있어서는 그 누구도 아직까지 따라 가기 어려운 큰 기여라고 할만하다.

다섯째로, 그 결과 챠일즈가 제시하고 있는 신학적 **결론의 상대적인 정통성**을 주목하여 보지 않을 수 없다. 정통적 목소리들을 상당히 부인하고 있는 시대적 정황 가운데서 챠일즈의 정경적 접근이 제시하고 있는 결과적 내용이 상당히 정통적 목소리와 유사하다는 점은 그의 정경적 접근이 한 큰 기여라고 할 수 있다. 그래서 챠일즈는 구약의 다양한 하나님 묘사 배후에 진정한 하나님의 실재가 있음을 확언하고,[40] 그 실재에 대해 오해하고 있는 극단들인 이신론(Deism)과 과정 신학(Process Theology)을 모두 비판하면서 성경이 말하고 있는 하나님에게 충실하려고 한다.[41]

챠일즈는 이런 입장에서 때로는 바울의 희망의 메시지는 새 창

---

39 Childs, *Exodus*, x.

40 Childs, *Biblical Theology*, 356, 358. 또한 다음도 보라. *Biblical Theology*, 85, 98 ("a divine reality which has entered into time and space").

41 Cf. Childs, *Biblical Theology*, 357.

조에 대한 선취적 기대와 맥을 같이 한다는 몰트만의 주장을 동감적으로 언급하면서도[42] 몰트만의 만유재신론적 신학은 이데올로기적인 정향을 많이 가지고 있다는 점을 잘 지적하고, 몰트만의 우주적 성령 이해의 문제점도 잘 지적한다.[43] 몰트만이 창조를 지금까지 열려 있는(still open-ended) "개방된 체계"(open system)라는 점을 강조하는 것에 대해서도 적극적으로 비판하는 것이다.[44]

구약의 안식일로부터 주일로 예배일이 변경된 것에 대한 챠일즈의 이해와 진술도 상당히 정통적이다. 그는 이렇게 말한다:

> 과거, 현재, 미래를 포함한 모든 피조계에 대한 예수님의 주님 되심에 대한 기독교적 신앙 고백의 확언 가운데서 교회는 점차 그 예배일을 안식일에서 주간의 첫 날로 옮긴 것이다. 주일은 부활을 기념하는 축제일이며 동시에 세대의 극치를 선취하는 날이 되었다.[45]

또한 챠일즈는 신구약 성경 전체에서 나타나고 있는 "하나님의 단일한 목적(the one purpose of God)과 하나의 구속사(the one redemptive history), 한 하나님의 백성(the one people of God)"에 대해서 강하게 말한다.[46] 또한 그는 "현대 교회는 하나님의 은혜

---

42 Childs, *Biblical Theology*, 394. 그는 이때 몰트만의 *The Future of Creation* (London and Philadelphia: SCM Press and Fortress, 1979), 115-30을 염두에 두면서 말하는 것이다.

43 Childs, *Biblical Theology*, 395, 407f. 이는 몰트만의 *God in Creation* (London: SCM Press, 1985), 100, 110 등을 염두에 둔 비판이다.

44 Childs, *Biblical Theology*, 398, 408.

45 Childs, *Biblical Theology*, 401-402: "It was in the affirmation of the Christian confession of Jesus's lordship over all creation – past, present, and future – that the church gradually shifted its day of worship from the sabbath to the first day of the week. Sunday became a festival of the remembrance of the resurrection and an anticipation of the consummation of the ages."

의 참된 중보자이신 살아 계신 주님이신 예수 그리스도에 대한 신앙에서 지식에로 나아가도록 계속해서 도전받아야 한다"고 강하게 말하는 것이다.[47] 이런 점에서 챠일즈는 여러 신학적 문제에 있어서 (그 논의의 과정에서 나타나는 문제들에 대해서는 후에 논의하겠지만, 적어도) 그 결론은 상당히 정통적 메시지에 가까운 결론을 내리는 성향이 있다는 점을 말할 수 있다.

그렇다면 이와 같은 기여를 하고 있는 챠일즈의 정경적 성경 신학적 작업은 개혁파 성경신학의 입장에서 모두 다 잘 수용될 수 있을 것인가? 그의 정경적 성경 신학과 개혁파 성경 신학의 차이는 과연 어떤 데서 찾아 질 수 있을까? 이하의 논의는 이에 대한 대답으로 구성되어져 있다. 이하에서는 몇 가지 측면에서 챠일즈의 정경적 성경 신학을 비판적으로 고찰해 보기로 한다.

3. 개혁파 성경 신학적 입장에서 본 챠일즈의 정경적 성경신학의 문제들

(1) 역사 비평적 방법론의 비평적 수용

챠일즈의 정경적 성경 신학과 개혁파 성경 신학의 큰 차이는 역시 성경 비평 방법에 대한 그의 비판에도[48] 불구하고 그 역시도 역사 비평

[46] Childs, *Biblical Theology*, 74.

[47] Childs, *Biblical Theology*, 483.

[48] 여러 곳에서 그리하지만 대표적인 예로 다음을 보라. Childs, *Biblical Theology*, 102f., 214-15.

을 상당히 긍정적으로 수용한 비판을 하고 있다는 점에 있다. 그런 의미에서 챠일즈의 정경적 접근(canonical approach), 혹 정경 비평(canonical criticism)은[49] 역사 비평의 비판자요 대립자라기보다는 역사 비평을 창조적으로 수용한, 역사 비평에 대한 비판적 수용의 토대 위에 있는 비평적 방법(critical method)이라고 할 수 있다.

챠일즈는 항상 성경 본문(text)의 종국적 형태(the final form) 배후에 있는 역사적 발전 과정을 구전적(口傳的) 형태와 문서적(文書的) 형태 모두를 존중하면서 찾고 분석하며 제시해 보려고 한다.[50] 물론 챠일즈가 "중립적 입장에서의 객관적이고 비판적으로 수립된

---

[49] 사실 챠일즈 자신은 "정경 비평"(canonical criticism)이라는 말을 애호하지 않는다. Cf. Childs, *Introduction to the Old Testament as Scripture*, 82. 또한 Gerald T. Sheppard, "Canonical Criticism," in *Anchor Bible Dictionary*, vol. 1 (New York: Doubleday, 1992): 861-66도 보라. 이 점은 특히 861 시작 부분에서 언급되고 있다. 『출애굽기 주석』 등 초기 저작에서 "canon criticism"이라는 말을 사용하기는 했지만 자신의 방법을 자료 비평, 양식 비평, 편집 비평 등 공식적 비평 방법들과 병렬시키는 것과 그로부터 비롯되는 오해를 피하기 위해 챠일즈 자신은 이 용어를 사용하지 않고 그 대신에 "정경적 접근"이라는 말을 애호하고 있다. 그럼에도 불구하고 챠일즈의 정경적 접근은 일반화하여 정경적 비평에 넣어 논의하는 일이 많다. Cf. Mikeal Parson, "Canonical Criticism," in *New Testament Criticism and Interpretation*, ed. David Black and David Dockery (Grand Rapids: Zondervan, 1991): 255-98; Sheppard, "Canonical Criticism," 861-88; and Nelson, "The Challenge of Canonical Criticism to Background Studies," 10.

"정경 비평"(canon criticism)이라는 말을 처음 사용하고 대중화시킨 것은 쉐파드와 오틀러, 그리고 클래어몬트(Claremont)의 제임스 샌더스이다. Cf. Sheppard, "Canon Criticism: The Proposal of Brevard Childs and An Assessment for Evangelical Hermeneutics," *SBT* 4 (1971): 3-17; Albert C. Outler, "'Gospel Studies' in Transition," in *The Relationship among the Gospels: An Interdisciplinary Dialogue*, Trinity University Monograph Series in Religion, vol. 5, ed. William O. Walker, Jr. (San Antonia: Trinity University Press, 1978), 24, n. 18; James A. Sanders, *Torah and Canon* (Eugene, OR; Cascade Books, 1972, 2nd edition, 2005), 또한 이 책의 서문(ix)에서와 *Canon and Community: A Guide to Canonical Criticism* (Philadelphia: Fortress Press, 1984), 18 등에서 샌더스는 "정경적 비평"(canonical criticism)이라는 말도 사용하고 있다.

[50] 그 대표적인 예로 Childs, *Exodus*, xiv 등을 보라. 또한 자신의 성경 신학에서는 자신의 정경적 접근이 본문의 종국적 형태에만 치중한다고 비판하는 Walter Brueggemann, Paul. D. Hanson, Bernard W. Anderson의 비판을 거부하면서 그런 비판보다 "사실에서 먼 것은 없다"(nothing could be further from the truth!)고 강하게 말하면서, 정경적 접근을 할 때 본문의 종국적 형태 이전의 증언의 형태들도 연구해야 하는 중요성도 강하게 말하고 있다(Childs, *Biblical Theology*, 104).

재구성"(an objective, critically established reconstruction from a neutral stance)을 비판하며,[51] "이스라엘의 전승 전달자들이 권위 있는 것으로 듣고, 받은 역사인 이스라엘의 정경적 역사"(Isreal's 'canonical' history, that is to say, that history as was heard and received as authoritative by Israel's tradents)를 강조하는 것은 사실이다.[52]

그러나 챠일즈는 정경적 역사를 찾기 위해 기사적 전승의 다른 층들(different levels of the narrative tradition), 즉 오경의 J 자료와 P 자료 등에 대한 탐구를 버리거나 부인하지는 않는다. 또한 그는 "주전 2,000년경의 시리아 팔레스타인(Syro-Palestine)의 고대 근동적 배경에 대한 연구를 통해서 이스라엘이 이전 문명의 역사와 문화에서 어떤 것을 **빌어 왔는지를** 찾는 것을" 매우 중요시하는 것이다.[53] 챠일즈는 이런 방법, 즉 전통적 역사 비평의 방법을 사용해서 이스라엘의 중립적 역사를 할 수 있는 데까지는 찾아보려고 하는 것이다.

그 결과 챠일즈는 주전 6세기의 예루살렘의 멸망과 같은 사건은 적대적 세력들의 자료들로부터도 이스라엘의 증언을 확언할 수 있지만, 어떤 경우에는 이스라엘의 증언과 성경 외적 자료들 사이에 전혀 관계가 없는 경우들도 있다고 한다(그 대표적인 예로 그는 출애굽기

---

51 Childs, *Biblical Theology*, 98. 다른 곳에서는 이를 "a neutral, phenomenological reconstruction"이라고 표현하기도 하고, 이를 이스라엘 역사의 외적 차원(outer dimension)이라고 말하기도 한다(Childs, *Biblical Theology*, 100).

52 Childs, *Biblical Theology*, 98. 이를 "이스라엘의 신앙 고백적 관점에서 역사를 보는 것"(viewing history from Israel's confessional stance), 또는 신앙 공동체의 관점에서 역사를 보는 것(viewing history from a community of faith)"이라고 부르기도 하며, 이를 이스라엘 역사의 "내적 차원"(inner dimension)이라고 말하기도 한다(Childs, *Biblical Theology*, 100).

53 이상에 대해서도 Childs, *Biblical Theology*, 98(강조점은 필자의 것임)을 보라.

14장의 홍해 사건을 들고 있다).[54] 그런 의미에서 챠일즈는 현존하는 본문(the final text) 배후의 전승 과정을 찾는 역사 비평적 방법을 포기하고 있는 것이 아니다. 사실 챠일즈는 본문 배후의 "다양한 전승들, **심지어 모순되는 전승들이** 어떻게 하나의 정경적 맥락(a canonical context)을 공유하고 있는지를 잘 관찰해 보려고"하는 것이다.[55]

챠일즈의 제자요 그와 함께 Yale 대학교 신학부에서 교수하기도 했던 동료요, 후에 St. Andrews에서 지난 10년간 가르치기도 했고 2008년 1월 1일자로 캐나다 토론토 대학교의 한 부분인 위클리프 컬리지의 성경 해석학 교수로 취임한,[56] 챠일즈의 정경적 비평에 충실하고자 하는 크리스토퍼 자이츠(Christopher Seitz) 교수도 챠일즈는 성경의 최종적 형태에 대한 관심을 불러 일으켰지만, 현대 성경 비평적 방법론에 전적으로 익숙해 있었다(entirely at home in modern biblical critical methodology)는 점을 잘 지적한다.[57]

마르쿠스 바르트도 챠일즈는 처음부터 "비판적 해석의 발견들과 방법들을 무시하지 않으면서"동시에 비평 이전의 발견들도 살펴야 한다고 주장했음을 잘 지적하고 있다.[58] 챠일즈나 같은 시기에 독일에서 성경신학 책을 낸 크라우스(H.-J. Kraus) 모두 다 "비판적 해석의 성과들을 더 좋은 목적을 위해 사용하는 것이 필요하다"고 했다고 바르트는 말한다.[59]

---

[54] Childs, *Biblical Theology,* 100.

[55] Sheppard, "Canonical Criticism," 863, 강조점은 필자의 것임.

[56] 이에 대해서는 http://www.wycliffecollege.ca/news_details.php?nid=127을 참조하라.

[57] Seitz, "Childs," available at: http://www.sbl-site.org/publications/article.aspx?articleId=691.

[58] Marckus Barth, "Whither Biblical Theology?" 351.

조오지 란데스는 더 나아가 "[챠일즈]의 제안을 조심스레 듣는 자들은, 역사 비평적 도구를 사용하지 않고서는 정경적 비평에 그도 역시 종사할 수 없거나 종사하지 않게 되거나 하는 것이 분명하다는 것을 알게 된다."고 말하기도 하는데[60] 이는 전적으로 옳은 것이다. 제랄드 세파드도 앵커 성경 사전에 실린 정경 비평에 대한 소개에서 "정경 비평과 연관된 접근들은 성경 각권의 저작과 형성에 대한 견해에 있어서 근대 이전의 역사적 개념들에 대한 역사 비평의 승리를 **전제한다**"는 말로 시작하고 있을 정도이다.[61] 즉, 정경 비평은 성경 전 역사(pre-history)의 평가에 대한 보수적인 입장에서 온 것이기 보다는 보다 자유주의적인 입장 안에서의 반응이라고 하는 것이다.[62]

이렇게 챠일즈는 한편으로는 성경이 다른 고대 근동의 문서와 다르다고 하면서도[63] 어느 정도까지는 다른 근동의 문서와 같은 식으로 읽혀야 한다고 생각하며 이런 점에서 역사 비평적 방법을 적용하는 것이다.[64] 챠일즈가 중요시한 방법론은 그가 바젤에서 익혔던

---

59 Marckus Barth, "Whither Biblical Theology?" 352f. 여기서 그는 H.-J. Kraus, *Die Biblische Theologie, Ihre Geschchte und Problematik* (Vluyn: Neukirchener Verlag, 1970)을 비교하면서 말하는 것이다. 챠일즈 자신도 자신의 방법론이 그러함을 언급한다(Childs, *Biblical Theology*, 104). 단지 비슷한 방법을 사용하는 크라우스의 작업에 대한 내용적 비판으로 Childs, *Biblical Theology*, 646-51을 보라.

60 George M. Landes, "A Book Review of B. S. Childs' *Introduction to the Old Testament as Scripture* (1979)," *Journal for the Study of the Old Testament*. 란데스의 이 서평은 김이곤, "차일즈의 성서 해석 방법론,"「신학연구」 22 (1980): 49-91=김이곤, 『구약 성서의 신앙과 신학』 (수원: 한신대학교 출판부, 1999), 제 1부 2장, available at: http://www.eekon.org/article/o3.html, accessed on January 25, 2008)에 번역되어 있음.

61 Sheppard, "Canonical Criticism," 861, 강조점은 필자의 것임.

62 Sheppard, "Canonical Criticism," 861: "Canonical criticism, regardless of the theological spectrum that may find it appealing, is a response from within a more liberal, rather than a conservative, assessment of the biblical prehistory."

63 이런 점을 잘 보여 주는 예로 구약과 고대 근동의 자료를 전혀 구분하지 않고 문화적 발달의 방법, 비교 종교학적 방법을 사용하는 Frank M. Cross에 대한 차일즈의 비판을 보라. Cf. Childs, *Biblical Theology*, 102.

양식 비판적인 방법과 후에 하이델베르크에서 익힌 전승사적인 방법이다.[65]

그래서 챠일즈는 자신의 『출애굽기 주석』에서도 양식 비평적 방법과 전승사적인 분석으로 구전(oral tradition)을 형성하는 데 작용한 이전 영향들을 분석하는 일에도 열심이다. 그는 심지어 성경에 나온 이야기들이 고대 근동의 이야기를 모체로 하고 있다는 해석도 적극적으로 받아들인다.[66] 또한 현 기사(narrative)를 구성하는 다양한 문학적 층들을 다루는 자료들에 대한 새로운 분석(새로운 자료 비평)도 상당히 시도하고 있다. 그리고는 편집사에 대한 관찰을 하여 구약 본문의 종국적 순서를 다루고 있다. 그러므로 챠일즈의 정경적 비평은 이전의 비평 방법들을(양식사, 전승사, 새로운 자료 비평, 편집사 연구 등) 모두 다 활용하되 **본문의 종국적 형태를 중시하면서** 그 의미를 찾는 방법이라고 할 수 있다.[67]

---

64 이 점에 대한 좋은 지적으로 Chapman, "How Scripture Speaks"을 보라: "In certain ways one does read the Bible like any other book, especially perhaps another ancient text. But not in every way."

65 때로 챠일즈 자신은 이 두 방법론을 그렇게 분리해 생각하지 않는 듯하다. 그래서 폰 라트의 방법론을 "양식 비평/전승사적 연구"이라고 언급하기도 한다(Childs, *Biblical Theology,* 102). 그리고 자신의 정경적 접근의 입장에서 자신의 스승인 폰 라트가 "그의 신학적 접근을 발전시키는 데 있어서 나타나는 해석학적 비일관성"의 문제를 지적하기도 한다(103). 역사 비평적 방법으로 재구성해낸 이스라엘의 '진정한 역사' 9real history of Israel)와 폰 라트 자신이 제시하는 이스라엘의 '고백적 역사' (confessional history) 사이를 조화시키기 어렵다는 폰 라트 자신의 적어도 솔직한 문제 진술을 잘 지적하면서, 그럼에도 불구하고 같은 비평적이고 이론적 재구성에 근거한 이스라엘의 고백적 증언들에 대한 폰 라트의 해석의 문제점을 지적하는 것이다. 다시 말하여 그의 소위 구약적 credo에 근거한 일종의 구속사의 재구성과 그에 근거해 구약 모두를 이해하려는 가정이 연약하고 잘못된 함의를 지니고 있음을 강하게 지적하는 것이다.

66 그 대표적인 예가 모세 출생과 성장 이야기를 바벨론의 사르곤(the Babylonian legend of Sargon of Akkad) 전설과 비교하여 설명하는 그레스만(H. Gressmann)의 논문을 비판하면서 받아들이는 데서도 잘 나타난다. Cf. Childs, "The Birth of Moses," *Journal of Biblical Literature* 84 (June 1965): 109-22; Childs, *Exodus,* 8-11. 특히 11쪽의 결론을 보라: "We conclude, therefore, that in respect to the history of traditions problem Gressmann's reconstruction remains the most probable one. Ch. 2 provided the primary tradition to which ch. 1 was secondarily joined."

한 마디로 챠일즈는 지난 200년간의 비평적 성경 연구를 버리고서 비평 이전 시대(pre-critical era)로 돌아가기를 원치 않는다.[68] 예를 들자면, 챠일즈는 항상 제 2 이사야라고 언급하며,[69] 창세기 1장을 사제 문서의 한부분이라고 보고,[70] 후대 편집자의 편집적인 연결(the redactional linkage)에 대해서 말하며,[71] 그것이 얼마나 성공적인 것이었는지를 말하는 것이다.[72]

챠일즈는 이전의 역사 비평가들과 같이 본문 배후에 있는 이전의 전승들의 관계성에만 관심을 가지는 것이 아니라, 그와 같은 관심을 가지고 **최종 본문에도** 좀더 깊은 관심을 기울인다는 데에 있다고

---

[67] 이런 점에서 정경 비평은 그 자체만으로 활용되어서는 안 되고 배경 연구들과 함께 상호 보완적으로 이루어져야 한다는 랜디 넬슨(Randy W. Nelson)의 주장("The Challenge of Canonical Criticism to Background Studies," 10-34)은 어떤 점에서는 챠일즈의 정경적 접근에 대한 오해에서 나왔다고도 할 수 있고, 챠일즈는 이 말에 동의하지 않을 것이니, 우리가 위의 본문에서 살펴 본 바와 같이, 챠일즈 자신은 그런 배경 연구를 하는 것이 **이미 정경적 접근에 포함되어 있다고 할** 것이기 때문이다. 물론 챠일즈는 넬슨이 오스본에게(Grant Osborne, *The Hermeneutical Spiral* [Downers Grove: InterVarsity, 1991], 127) 동의하면서 배경 연구들(background studies)을 역사 비평과 따로 떼어 말하는 것에 동의하지 않을 수도 있다. 챠일즈의 구약 해석을 살펴보면 그는 배경 연구를 역사 비평적으로 (특히 양식 비평과 전승사 비평, 그리고 편집 비평적으로) 수행하고 있기 때문이다. 챠일즈는 크라우스(H.-J. Kraus)의 성경 신학적 작업의 문제점의 하나가 편집 비평이 그의 신학에서 실질적인 역할을 하고 있지 않은 것이라고까지 말하고 있음에 주목하라(Childs, *Biblical Theology*, 650).

[68] Cf. Childs, *The New Testament as Canon*, 35. 또한 이 점을 잘 지적하며 논의하는 Nelson, "The Challenge of Canonical Criticism to Background Studies," 20도 보라: "In spite of this shortcoming, Childs *does not want to dismiss critical methods*. What is needed, according to Childs, is a method that *embraces the conclusions of historical criticism* but also takes seriously the confessional stance of the Christian faith"(강조점은 필자의 것임).

[69] Cf. Childs, *Biblical Theology*, 109, 352, 387, 435, 598.

[70] Cf. Childs, *Biblical Theology*, 107f., 110-12, 352, 385, 399, 400.

[71] Childs, *Biblical Theology*, 73, 84. 예를 들어서, 그는 사사기에 대해서는 옛 자료들에 새로운 편집적 틀(a new redactional framework)이 부과된 것이라고 한다(73). 또한 이사야 6-9장을 구성하는 후대의 편집적인 틀(the later redactional framework)이 그 전승의 이전 수준에서는 분명히 않은 것을 부가해서 해석해 내고 있다고 한다(84).

[72] 그 대표적인 예로 창세기 1:1-2:4a와 2:4b-25에 대한 편집적 연결의 성공에 대한 Childs, *Biblical Theology*, 113을 들 수 있을 것이다.

할 수 있다.[73] 그런데 챠일즈에 의하면 **때로는** 본문의 전역사(前歷史, pre-history)에 대한 탐구 결과가 정경적 본문을 해석하는 데 있어서 직접적으로 큰 영향을 미치며, **또 때로는** 그 전역사(前歷史, pre-history)가 성경 본문의 종합적 차원을 이해하는 데 있어 전혀 관련이 없다고도 한다.[74] 출애굽기 전체에 있어서 이 문제에 대한 일반적 이론이 구성될 수 없고 시도되지 않는다고 말하는 것으로 보아 이는 결국 자의적인 결과를 낼 수밖에 없는 것으로 여겨진다.

대개 챠일즈는 본문 형성 이전의 단계를 아는 것이 최종 본문의 의미를 밝히는 데 큰 빛을 비춰주지 않는다고 본다: "정경적 과정의 역사는 그것을 통해서 우리가 현존하는 정경 본문에 큰 빛을 비춰주는 길이 될 수 없는 듯하다."[75] 그는 이전의 비평적 방법이 비평적 방법을 동원해 재구성해낸 본문의 이전 역사(pre-history)가 아주 사변적(highly speculative)이라는 것을 아주 잘 드러내면서 비판한다.[76] 그러나 이런 비판이 그가 그런 재구성을 전혀 하지 않으려고 하는 것은 아님에 유의해야 한다.

챠일즈가 비판하는 것은 우리가 본문 자체에 대한 해석보다 더

---

[73] 출애굽기 주석에 나오는 챠일즈의 태도 표명을 잘 주목하여 보라: "The final literary production has an integrity of its own which must not only be recognized, but studies *with the same intensity as* one devotes to the earlier stages"(Childs, *Exodus,* 224, 강조점은 필자의 것임). 그러므로 챠일즈의 관심은 최종 본문에 대해서도 본문 배후에 있는 이전 단계의 역사적 과정과 전승을 연구하는 것과 같은 정도의 열심히 연구해야 한다는 것임이 분명히 드러난다. 챠일즈의 의도는 역사 비평이 필요하지만 충분한 것은 아니라는 것이다. 이런 챠일즈의 의도를 잘 드러내 지적하는 Norman K. Gottwalt, "Social Matrix and Canonical Shape," *Theology Today* 42/3 (October 1985), 307-21, 특히 310을 보라(available at: http://theologytoday.ptsem.edu/oct1985/v42-3-article3.htm, accessed on January 26, 2008).

[74] Childs, *Exodus,* xiv 등을 보라.

[75] Childs, *Introduction to the Old Testament as Scripture,* 67: "The history of the canonical process does not seem to be an avenue through which one can greatly illuminate the present canonical text."

[76] Childs, *The New Testament as Canon*, 50.

많은 시간을 그런 역사적 재구성에만 쏟아 붙고 있는 현실인 것이다. 그러므로 챠일즈는 어느 정도의 역사적 재구성 작업을 하고, 우리가 확정적으로 단언할 수 있는 종국적 형태의 본문의 그 정경적 맥락에서의 의미를 찾는 일에 좀더 집중해야 한다는 것이다. 그는 이렇게 말한다: "(어떤 말이나 어구가) 구체적으로 무엇을 지시하는 지 추정하려는 결과 메시지가 독특한 형태로 전달되는 정경적 양상들을 파괴하는 결과를 가져오기도 하는 일이 자주 있다."[77] 챠일즈는 그런 추정 노력도 해야 하지만, **정경적 맥락에서 독특하게 주어져 있는 의미를 찾는 일을** 무시하지 말아야 한다는 것이다. 그러므로 챠일즈는 본문 배후에 있는 본문의 이전 역사를 재구성하는 것에만 신경 쓰는 것은 아니지만, 그런 재구성에 대해 전혀 무관심한 것은 아니다. 그는 오직 역사 비평을 통한 재구성의 토대 위에서 정경적 맥락의 해석을 하려는 것이다.[78]

그래서 챠일즈는 "이스라엘의 증언의 성장 안에 있는 다양한 단계들이 역사적으로 연관되면 해석자는 다양한 증언들 사이의 내적 상호 연관적 관계를 더 잘 파악할 수 있는 경우가 자주 있다"고 말한다.[79] 바로 이런 의미에서 그는 때로 "(본문의) 전역사(前歷史)에 대한 연구는 최종적 본문을 밝혀 주는 그런 주해 안에서만 제 기능을 할 수 있다"는 말도 한다.[80] 또한 정경의 의도를 확인한 후에도 그 안

---

[77] Childs, *The New Testament as Canon*, 51: "Often the effect of postulating a specific, concrete referent is to destroy those very canonical features by which the message is rendered in its unique form."

[78] Cf. Childs, *Biblical Theology in Crisis*, 98, 102. 또한 이 점을 잘 지적하는 Leong Tien Fock, "Postliberalism of Brevard Childs" (posted on October 9, 2007), 각주 9 부분, available at: http://hedonese1.blogspot.com/2007/10/postliberalism-of-brevard-childs.html, accessed on January 26, 2008도 보라.

[79] Childs, *Biblical Theology*, 105.

에서 제한된 한도 내에서는 다양한 목소리가 허용될 수 있다고 하면서,[81] **다양한 비평 방법들은 이런 다른 목소리들을 확인하는 데 유용하다**고 말하기도 한다.[82] 그러므로 다시 말하지만, 챠일즈의 정경적 접근은 챠일즈 **이전의 비평적 방법들을 창조적으로 포용하는 해석 방법**이라고 하는 것이 정확한 것이다.

사실 챠일즈 자신도 자신이 제시하는 새로운 접근을 계몽주의 이후 성경학계의 정황에 대한 (성경에 대한 전통적 독법에 헌신한) 보수적 학자들의 접근(극단적 보수적 입장[Buddeus, Shuckford, Prideaux]과 중도적 입장[Hengstenberg)과 (역사 비평적 학문의 접근을 받아들이고 이를 다양한 형태의 신학적 교조주의를 피하기 위한 동맹자로 여기는) 자유주의적 접근을 대조시키고 있다. 그러면서 챠일즈는 자신의 새로운 접근이 이스라엘 증언의 신학적 참됨(theological integrity)에 공정하면서도 동시에 "모든 인간 지식의 복잡성들과 신적 계시 주장에 대한 근대주의의 심각한 도전을 자유롭게 인정하는"것이라고 한다.[83] 챠일즈는 자신의 이런 접근을 '정경적'(canonical)이라고 칭하든지, '케리그마적'(kerygmatic)이라고 칭하든지, '자유주의-이후적'(post-liberal)이라고 칭하든지 다 허용될 수 있다고 한다. 단지 이런 접근을 정통파와 자유주의 모두 공정하지 않으면서 그 두 가지 요소들을 융합시키려는 '중재신

---

80 Childs, *Exodus,* xiv: "the study of prehistory has its proper function within exegesis only in illuminating the final text. See also Childs, *Biblical Theology,* 105: "성경 본문에 대한 다양한 층의 독법(a multilayered reading of a biblical text)의 가능성은 그것의 최종적 정경적 형태(the final canonical form)에 의해서 사라지게 되는 것이 아니라, 오히려 특정한 정경적 제한들(certain canonical restrictions) 안에 놓이게 된다."

81 Childs, *The New Testament as Canon,* 28f.

82 Childs, *The New Testament as Canon,* 50.

83 Childs, *Biblical Theology,* 99.

학'(*Vermittlungstheologie*)의 범주로 묶는 것만은 거부하겠다고 한다.[84] 그러나 챠일즈의 정경적 접근은 (챠일즈가 신약과 구약의 관계를 표현하는 말을 원용해서 표현하자면) 이전의 역사 비평, 전승사 비평, 편집 비평, 사회학적 비평 등의 모든 비평적 방법들과 "비판적인 연속성과 비연속성"의 관계를[85] 지니고 있다고 말할 수 있다.

(2) 성경 여러 부분의 역사성 부인의 문제

그 결과, 그 누구라도 잘 살펴 볼 수 있듯이 챠일즈는 구약 앞부분의 사건들의 역사성을 인정하지 않는다. 그 대표적인 예로 창조에 대한 이해를 들 수 있다. 챠일즈가 창조를 강조하는 것은 사실이지만,[86] 그는 창조를 역사적 사건으로 받아들이지는 않는다. 사실 창세기 앞부분을 그런 식으로 생각하는 것조차 문제가 있는 것으로 본다. 챠일즈가 다른 비판 학자들과 함께 초기 왕국 시대의 산물로 여기는 창세기 2:4b-25도, 또한 챠일즈 자신이 앞장서서 포수기 이후의 산물로 여기는[87] 창세기 1:1-2:4a도 그것이 진술하는 사실들은 챠일즈에 의해서 모두 그대로 받아들여지지 않는다.

---

[84] Childs, *Biblical Theology*, 99.

[85] Childs, *Biblical Theology*, 477: "stands in both critical continuity and discontinuity." 사실 이 표현은 챠일즈가 자신의 제시하는 정경적 맥락에서의 신약과 구약의 관계를 표현할 때 사용한 말임에 유의하라.

[86] Cf. Childs, *Biblical Theology*, 384-412.

[87] 많은 이들이 그렇게 보지만 챠일즈 자신이 아이스펠트(O. Eissfeldt, *The Old Testament, An Introduction* {Oxford: Oxford University Press, 1965])와 스멘드(R. Smend, *Die Entstehung des Alten Testaments* [Stuttgart, 1978])와 자신을(Childs, *Introduction to the Old Testament as Scripture*, 1979) 이런 입장의 대변자로 언급하고 있다. Cf. Childs, *Biblical Theology*, 107.

아마도 챠일즈의 다음과 같은 말이 이 부분에 대한 챠일즈 자신의 입장을 잘 대변하는 것이다: "이스라엘이 그 주변으로부터 많은 것을 받아들여서 그것을 야웨에 대한 이스라엘의 신념과 연관시키기 위해 그것들을 점차 비신화화하였다는 증거가 상당히 있는 듯하다."[88] 왜냐하면 챠일즈는 창조에 대한 학계의 다양한 논의에 대한 자신의 결론을 다음과 같이 내리고 있기 때문이다: "이스라엘의 신앙은 애굽으로부터의 구속자로서 하나님을 처음 만난 것으로부터 역사적으로 발달하였고, 이 중심으로부터 창조 신학이 이스라엘의 신앙에 2차적으로 편입된 것이다."[89] 그러므로 챠일즈는 창세기에 있는 기록 자체가 창조에 대한 사실적 정보를 주는 것으로 보아서는 안 된다는 것을 분명히 한다.

또한 구약의 앞부분에 대해서 뿐만 아니라 성경에 대한 비평적 접근이 시작된 이래로 논란이 되는 부분들에 대해서 챠일즈가 그 역사성을 수용하는지의 여부는 항상 문제로 있게 된다. 예를 들어서, 챠일즈는 요나서를 그 나름의 모랄(Moral)을 지닌 짧은 이야기로 보는 해석도 비판하지만, 또한 역사로 보는 해석도 받아들일 수 없다고 비판하면서, 요나서를 해석하면서는 "그것을 통해서 교회가 하나님의 말씀을 들었다"는 것을 중심으로 해석해야 한다고 제안한다.[90] 이는 후에 우리가 언급할 바르트주의적 입장과도 연결될 수 있는 해

---

[88] Childs, *Biblical Theology,* 108: "The evidence seemed overwhelming that Israel had adopted much from its neighbours which it then slowly demythologized in order to bring it into line with its belief in Yaweh."

[89] Childs, *Biblical Theology,* 110: "Israel's faith developed historically from its initial encounter with God as redeemer from Egypt, and only secondarily from this centre was a theology of creation incorporated into its faith."

[90] Cf. Childs, "Jonah: A Study in Old Testament Hermeneutics," *Scottish Journal of Theology* 2 (1958): 53-61.

석이다. 요나서가 말하는 이야기가 우리에게 받아들이도록 시사하는 바와 같은 역사적 사실이 아니어도, 그것을 통해서 교회 공동체가 하나님의 뜻을 파악하고 하나님의 말씀을 들으면 된다는 바르트주의적 주장이 함의하는 문제를 챠일즈는 큰 것으로 여기지 않고, 오히려 그렇게 해석하는 것이 교회가 나아가야 할 길이라고 여기는 듯하다.

또한 모호하기는 하지만 그레스만(H. Gressmann)의 역사적 재구성을 받아들여 출애굽기 1장과 2장을 설명하는 챠일즈는 그 부분의 역사성을 과연 어디까지 받아들이는 것인지도 상당히 의문시된다.

여러 논의 가운데서, 그는 홍해 사건에 대해서 다음과 같이 말한다:

> 첫째로, 바다 전쟁에서의 신화적 언어의 영향이 갈대 바다 전승의 전달에 영향을 미쳤다. 특히 시적 구절들에서는 바다 괴물에 대한 승리로서의 창조 언어가 바다에서의 구속 언어와 곧바로 융합되었다. 그러다 사제 문서 시기(the time of the Priestly writer)에 이르러서는 신화에 한 부분이었던 바다를 가르고, 물을 말려서 마른 땅으로 건너고 하는 언어가 갈대 바다 사건을 묘사하는 정형적 언어가 되었다.
>
> 또한 갈대 바다의 언어는 바다 사이로 길을 내고 강이 멈추어 섰다는 언어를 도입하는 요단 도하의 전승에 영향을 받은 것이 아주 개연성 높아 보인다. 그러므로 '애굽에서 나옴'으로서의 출애굽(exodus)과 '그 땅으로 옴'으로서의 정복이 이스라엘의 구원에 대한 제의적 축제(a cultic celebration)에서 결합되고 함께 전달된 것이다.
>
> …… 마지막으로, 포로 후기 시대의 이스라엘의 제의에서 유월절이 가지게 된 새로운 역할이 바다 전승의 형성에 큰 영향을 미쳤다.[91]

---

[91] Childs, *Exodus*, 223.

이와 같은 챠일즈의 말을 잘 보면, 최소한으로 말해도 챠일즈는 홍해 사건을 성경이 기록하는 대로 생각하지 않음이 분명하다. 초기에는 (J) 갈대 바다 전승이 광야 전승과 연관되었고, 후에 갈대 바다 사건이 구속 사건으로 이해되었고, 사제 문서(P) 시기에 이르러서는 이를 표현하기 위해 신화적 언어가 정형적인 것으로 사용되었는데, 그런 표현도 요단 도하(渡河) 전승(傳承)의 영향으로 나왔다는 것이다. 이와 같이 포로 후기 시대에 이르러서야 이스라엘이 유월절을 중심으로 생각하게 되었으므로 비로소 이때부터 바다 전승(傳承)도 큰 영향을 가지게 되었다는 것이다.[92]

모호한 것은 챠일즈가 이런 모든 것의 최소한의 역사적 핵심(a historical kernel)을 어디까지 인정하는 것인가 하는 것이다. 아마 그의 스승 중 한 분이며, 그에게 전승사를 명확히 가르쳐 주었다고 할 수 있는 폰 라트(G. von Rad)가 생각하는 정도가 아니겠는가 하는 생각을 하지 않을 수 없다. 그러므로 챠일즈가 구약의 서술적 본문을 묘사할 때 지속적으로 "history -like" narrative라고 언급하는 의미는 이런 점을 염두에 둘 때에만 분명해진다고 보여진다.[93]

그런데 한 곳에서 챠일즈는 하나님께서 모세에게 주신 기본적인 법이 있었음을 시사하기도 한다.[94] 그리고 그에 더하여 이스라엘

---

92 이와 같은 이해는 챠일즈의 이전 논문인 "Traditio-historical Study of the Reed Sea Tradition (Exodus 14-15)," *Vetus Testamentum* 20 (Oct. 1970): 406-18에서도 언표된 바 있다.

93 챠일즈의 history-like narrative는 결코 역사가 아니라고 여겨진다는 것과 챠일즈는 구약의 상당 부분을 있는 그대로 받아들이지 않는다는 것을 잘 지적하는 Fock, "Postliberalism of Brevard Childs," 특히 각주 23-25 사이의 본문과 이 글의 마지막 문단을 보라.

94 Childs, *Introduction to the Old Testament as Scripture*, 152. 그런데 이에 대한 증거가 없이 제시되는 것이므로 이에 대한 챠일즈의 주장은 다른 부분에 대한 것과는 달리 주관적인 것이 된다는 논의로 Fock, "Post-liberalism of Brevard Childs," 각주 37-38 사이의 본문을 보라.

신앙 공동체는 여러 가지 법들을 모세의 이름으로 더하여 왔고, 그렇게 "모세에게 돌려진 법들은 권위 있는 것이 되고, 또 권위 있는 법들은 모세에게 돌려졌다"고 챠일즈는 말한다.[95] 이런 것은 기본적으로 전승사적 입장을 견지하는 챠일즈적인 이해에 어울리는 표현들이라고 여겨진다.

챠일즈는 그리스도의 성육신이 시간과 공간 안에서 독특한 것이라고 언급하고[96] 그렇게 인정하는 듯하다. 그러나 신약 성경에 기록된 성육신에 대한 모든 것을 다 받아들이지는 않는다. 또한 그는 그리스도의 부활에 대한 증언들도 독특한 것이라고 말한다.[97] 그러나 이는 그 모든 것을 다 받아들일 수 있다는 것이 아니라, 단지 양식비평적, 편집 비평적 작업을 통해서 주어진 본문의 역사적 핵심(a historical kernel)을 찾아낼 수 있다는 것이다.[98] 물론 어떤 사건에 대해서는 그런 역사적 핵심이 인정되기도 하고, 어떤 것에 대해서는 그것이 부인되기도 한다. 그러나 구체적으로 어느 정도의 역사적 핵심을 인정하는지는 모호하니 궁극적으로 챠일즈도 역사성에 관심이 없기 때문이다.

(3) 성경신학에서의 바르트주의? 바르트주의적 입장의 성경신학적 전개

[95] Childs, *Introduction to the Old Testament as Scripture*, 152-55, 마지막 인용문은 155에서 온 것임: "Thus laws attributed to Moses were deemed authoritative and conversely authoritative laws were attributed to Moses."

[96] Childs, *Biblical Theology*, 721.

[97] Childs, *Biblical Theology*, 721.

[98] Childs, *Biblical Theology*, 213.

그러므로 챠일즈의 정경적 성경 신학은 어떤 점에서 바르트주의를 성경신학적으로 제시한 것이라고 해도 과언이 아니라고 여겨진다. 이런 의미에서 챠일즈는 성경신학 영역에서의 바르트라고 할만하다. 이는 챠일즈가 바젤 시절에 바르트의 강의에 참여하고, 바르트에게 직접적인 영향을 받은 것을 잘 드러내는 점이 아닐 수 없다.[99] 그와 바르트 모두 역사 비평적 성경 해석을 비판적으로 수용하는 입장에서 그들의 신학을 전개한 것이다.

또한 챠일즈와 바르트 모두 성경에 대한 만전 영감(萬全 靈感, plenary inspiration)을 받아들일 수 없었다. 그들이 성경을 어떤 의미에서 존중하는 것은 사실이나 둘 다 성경은 계시 사건에 대한 증언(證言)의 역할을 하는 것으로 본다. 챠일즈의 성경 신학의 맨 마지막 페이지에서 그는 성경을 "세상의 구속이라는 은혜스러운 행위로서 성육신의 형태로 우리 역사 안으로 하나님이 들어오신 것에 대한 증언"이라고 말하고 있다.[100] 성경은 하나님의 계시인 그리스도에 대한 증언이라는 바르트의 주장이 그대로 나타나고 있는 것이다. 챠일즈가 정경적 해석자의 작업을 다음 같이 묘사하는 데서도 이런 태도가 잘 나타나고 있다:

> [···] 정경적 해석자는 받아들여진 전통 안에 서 있다. 그리고 그는 성경의

---

[99] 2007년 7월 24일자 *Christian Century* 기사에서는 챠일즈의 "생 전체에 걸쳐서 (바르트가) 가장 큰 영향력을 미치고 있었다"고 평가하고 있을 정도이다. "Yale's Brevard S. Childs, Biblical Scholar, dies." *Christian Century*, July 24, 2007. 장신대의 김중은 교수께서도 챠일즈를 "신정통주의 성서신학자"라고 소개하고 있다(김중은, "오늘의 성경관과 성경의 권위: 한국 장로교회 신학 100년 전통을 생각하며"[한국 성서학 연구소 창립 10주년 기념 강연, 2004년 10월 15일, 여전도회관 2층], available at: http://blog.naver.com/yins69/120009791216, accessed on January 26, 2008).

[100] Childs, *Biblical Theology*, 726. 또한 79, 85 등도 보라.

시간-제한성(time-conditionality)만이 아니라 자기 자신의 시간-제한성도 충분히 의식하면서, **그 케리그마적 증언으로부터** (본문과 독자의 역사적 제한을 극복하는) 하나님께 대한 길을 비판적으로 파악하기를 힘쓰는 것이다.[101]

따라서 챠일즈는 성경을 전승사적으로 구성된 것으로 보며 그런 전승사를 **제한된 한도에서나마** 재구성해 보려는 노력을 하고, 그 이후에 이미 주어진 정경의 맥락 가운데서 해석을 하고 신학을 하려고 하는 것이다.

사실 챠일즈는 정경 형성 작용에도 오류(誤謬)가 있을 수 있음을 인정하면서 그런 과정상의 오류에도 불구하고 "땅에 묶여 있고 본성상 깨지기 쉬운 이 수단을 통해서 하나님께서는 계속해서 자신의 뜻을 계시하신다"고 표현하는데,[102] 이런 데서 그의 바르트주의적 성경관이 아주 분명히 드러난다. 챠일즈는, 불트만이나 다른 비평적 입장의 사람보다 더 비판적으로 나아가 성경은 "모든 인간의 연약성으로 물들어 있고 그렇게 물들지 않은 것은 하나도 없는데", 그러나 "성경의 전적 시간 – 제한성(time-conditionality)에도 불구하고 성령의 계속적인 작용으로 말미암아 복음의 참된 증언은 거룩한 본문에서 들려질 수 있다"는 바르트의 입장에 기꺼이 동의하는 것이다.[103]

---

[101] Childs, *The New Testament as Canon*, 51f.: "... the canonical interpreter stands within the received tradition, and, fully conscious of his own time-conditionality as well as that of the scriptures, strives critically to discern from **its kerygmatic witness** a way to God which overcomes the historical moorings of both text and reader"(강조점은 필자의 것임).

[102] Childs, *The New Testament as Canon*, 44.

[103] Childs, *Biblical Theology*, 215.

챠일즈가 바르트에게 동의하고 있음을 가장 잘 드러내고 있는 곳은 창조에 대한 성경 기록을 보는 입장에서이다. 그는 창조 신학에 대해서 가장 풍성한 신학적 기여는 칼 바르트에게서 제공되었다고 여기면서, 그에 대한 깊이와 양에 있어서 현대 신학에서 바르트에 필적(匹敵)할 이가 없다고 한다.[104] 바르트와 그에게 동의하는 챠일즈에 의하면 창조 교리는 이 세상이 어떻게 시작되었는가에 대한 기원에 대한 성찰이 아니라, (그의 영원한 사랑의 목적 가운데서 사람들을 언약으로 선택하신, 그런데 그 언약 안에서 세상의 창조가 구속사를 위한 무대를 마련하게 되는) 창조자이신 하나님에 대한 증언이라고 한다.[105] 그런 점에서 챠일즈는 창세기 이야기의 장르를 "신화적인 것도 아니고 비평적으로 검증할 수 있는 역사적인 것도 아닌 (세상에 대한 하나님의 구속의 독특한 시작을 증언하고, 예수 그리스도의 부활 안에서 새로운 창조에 대한 종말론적 확언을 지향하게 하는) 독특한 문학적이고 신학적인 도구"(*Saga*)라고 보는 바르트의 제시를 동감적으로 높이 사는 것이다.[106]

(4) 계시의 유기적 연속성을 잘 드러내지 못한 점

그러므로 챠일즈의 정경적 성경 신학은 계시의 유기적 연속성을 온전히 잘 드러내었다고 보기 어렵다. 이런 의미에서 챠일즈의 정경적 성경신학은 개혁파 성경 신학의 입장에서는 충분히 성경 신학적이지 않은 것으로 판단된다. 왜냐하면 이제는 잘 알려진 바와 같이 개혁파 성

---

104 Childs, *Biblical Theology,* 404.

105 Childs, *Biblical Theology,* 405.

106 Childs, *Biblical Theology,* 405.

경 신학은 계시의 역사적 과정을 잘 드러내는 작업이고, 이는 계시의 유기적 발전 과정을 드러내야 하는 것이기 때문이다. 챠일즈는 신약과 구약의 연관성에 충실하려고 한다. 그런 점에서 개혁파 성경 신학에 매우 가까우나 그럼에도 불구하고 계시적 의미의 차이와, 그 역사성에 대한 인식의 차이로 인해 온전한 의미의 계시의 역사적 진전을 잘 드러내지 못하고 있다고 판단되어야 한다.

사실 이것은 비판적 입장에서 챠일즈의 작품을 검토하는 분들에게서도 제기되고 있는 질문이다. 김이곤 교수는 챠일즈의 작업에 대해 다음 문제를 첫 번째 문제로 제시하고 있다:

> 무엇보다 첫째로 차일즈는 성서신학에 대한 명백한 정의를 제시하지 않고 있다. 그는, 성서신학이 성서적 증언의 "규범"과 "본질"에 근거되어 있다는 것, 그것의 발판은 고백적인 것이라는 것, 그것은 부록으로 덧붙이는 것이 아니라 주석과 함께 이루어져야 한다는 것을 주장한다. 그러나 그것의 구체적 정의를 내리는 것을 잊고 있다. 차일즈에게 있어서 성서신학이란 구체적으로 무엇인가?[107]

김이곤 교수는 챠일즈가 제시하는 성경 신학이 무엇인지 분명하지 않다고 한다. 개혁주의 성경 신학의 입장에서 볼 때 우리는 좀더 구체적으로 챠일즈가 계시의 유기적 점진성을 잘 드러내지 못하고 있다고 말하고자 한다. 챠일즈는 계시의 유기적 점진성보다는 그가 파악한 정경적 의미의 전개에 더 관심이 있는 것이다. 이는 성경 형성에 대한 챠일즈의 견해를 볼 때 나타나는 자명한 결과의 하나이다.

---

107 김이곤, "차일즈의 성서 해석 방법론," available at: http://www.eekon.org/article/o3.html, accessed on January 25, 2008.

(5) 챠일즈가 말하는 정경 개념의 모호성과 그 문제점

정경적 접근을 제시한 챠일즈에게는 안타까운(pace Childs) 말이지만 챠일즈의 신학적 작업의 가장 심각한 문제는 역시 **그의 정경 개념의 문제**이다. 이는 그가 종국적으로 비평주의적 방법을 포기하지 않으려고 하는데서 나타나고 있는 문제라고 할 수 있다. 물론 챠일즈는 한편으로는 성경 본문을 현실화하는(actualizing) 계속되는 과정에 관여하는 "정경적 해석자"(canonical interpreter)로서의 해석자의 활동을 강조하며, 정경적 해석이 개방된 대화일 것을 강조하는 워터부르그만에 대해서는 물론이거니와[108] 제임스 샌더스(James A. Sanders)가 정경의 최종적인 형태를 중요시하기보다는 '이스라엘 문학사의 전 과정과 단계들'(all the stages of Israel's literary history)에서 작용하는 정경적 과정을 모두 중시하면서 좀더 열려진 입장의 정경적 비판을 시도하는 것을[109] 비판한다. 챠일즈는 샌더스보다는 고대 전승들의 성경-이전적(pre-scriptural) 기능과 정경적 맥락 안에서 감당하고 있는 기능의 **비연속성**을 강조하는 것은 아주 분명하다.[110] 예를 들어서, 챠일즈는 구약의 경우에 있어서는 맛소라 본문이 형성될 때까지의 과정은 정경적 과정이라고 여겨지고 존중되

---

108 부르그만에 대한 챠일즈의 비판의 대표적인 예로 Childs, *Biblical Theology*, 72f. 등을 보라. 이때 챠일즈는 Walter Bruueggemann, "Canoization and Contextualization," in *Interpretation and Obedience* (Philadelphia, 1991), 119-42를 특히 염두에 두면서 비평하고 있는 것이다.

109 그의 작업의 대표적인 예로 다음을 보라: Sanders, *Torah and Canon*; *idem*, "Adaptable for Life: the Nature and Function of Canon," in *Magnolia Dei-The Mighty Acts of God: Essays on the Bible and Archaeology in Memory of G. Ernst Wright*, ed. F. M. J. Cross *et al.* (Garden City: Doubleday, 1976): 531-60: *idem*, "Canonical Context and Canonical Criticism," *Horizons in Biblical Theology* 2 (1980): 173-97; *idem*, *Canon and Community*.

110 이 점을 잘 지적하는 Sheppard, "Canonical Criticism," 863도 참조하라.

지만, 그 이후의 변경은 정경적인 것으로 받아들여질 수 없다고 한다.[111]

그러나 챠일즈 자신에게 있어서도 정경이 정통적 기독교에서와 같은 확고한 지위(地位)를 차지하고 있다고 하기도 어렵다.[112] 챠일즈의 글을 세밀하게 읽은 사람들은 그가 과연 정경을 모든 면에서 믿도록 하는 일에 얼마나 기여하고 있는지 말하기 어려워진다. 왜냐하면 챠일즈는 이스라엘이 정경 형성에 영향을 미쳤고, 또 정경이 이스라엘에게 영향을 미치고 있다고 보며, 마찬가지로 초기 기독교 공동체가 거룩한 글들을 형성하고(shaped) 또한 그 거룩한 글들이 초기 기독교 공동체의 모습을 규정했다(shaped)고 보기 때문이다.[113] 즉, 그는 정경과 신앙 공동체의 관계를 변증법적으로 파악한다.

그래서 그는 일차적으로 신앙 공동체가 권위 있는 글들을 선택하고, 형성하고, 순서지은 정경적 형성(canonical shaping whereby the community of faith selected, shaped, and ordered authoritative writings)을 매우 중요시한다. 챠일즈는 이렇게 말한다: "종국적 정경적 문헌은 그 안에서 수없이 많은 결정에 의해서 받아들여진 전승이 선택되고, 전달되고, 형성된 긴 발전 역사를 반영한다."[114] 챠일즈는 우리가 알 수 없는 성경의 편자들이 행한 빼고 더하

---

111 Cf. Childs, *Introduction to the Old Testament as Scripture*, 96-106; Childs, *Biblical Theology*, 104.

112 정통 기독교의 정경관을 요약적으로 잘 표현한 예로 다음 말을 보라: F. Bruce, *The Canon of Scripture* (Downers Grove, IL: InterVarsity Press, 1988), 255: "초기 그리스도인들은 정경성의 기준에 대해 별 관심이 없었고, 그런 표현도 이해하지 못했을 것이다. 그들은 받아들여진 대로의 구약 성경을 받아들였다. 즉, 구약 성경들의 권위가 주님과 그의 사도들의 가르침과 모범으로 충분히 재가 된 것이다. 주님과 사도들의 가르침과 모범은, 그것이 입의 말로 전달되든지 기록된 글로 전달되든지, 그들에게는 절대적 권위(axiomatic authority)를 가졌다."

113 Childs, *The New Testament as Canon*, 25.

114 Childs, *Old Testament Theology in Canonical Context*, 11.

고 분리시키는 등의 수많은 **편집적 작업**(editorial work)이 과거의 신앙 공동체에게도 권위 있는 것이 되었고, 따라서 오늘날의 신앙 공동체에도 권위 있는 것이 될 잠재력(potential)이 있다고 한다.

이런 점을 잘 파악한 고트발트 같은 이는 "자신이 보기에는 [챠일즈]의 작품의 가장 독창성 있고 통찰력 있는 측면은 그 안에서 [챠일즈]가 정경적 형태의 현상학으로 진전해 나가고 있는 **편집 비평적인 것**이다."고 자기 나름의 입장을 부각(浮刻)시키는 지적을 하기도 한다.[115] 그러므로 "성경의 각 부분을 정경 전체의 맥락에서 읽어야만 한다는 챠일즈의 강조점은 옳지만, 챠일즈는 실제로 그렇게 할 수 있는 충분한 보장(a sufficient warrant)을 제공하고 있지 않다는 케

---

115 Gottwalt, "Social Matrix and Canonical Shape," 310: "For me, the most original and perceptive aspect of his work is *redaction critical*, in which he advances toward a phenomenology of canonical form"(강조점은 필자의 것임). 이는 고트발트의 역사 비평을 더 옹호하는 입장에서 나온 평가이다. 바로 이런 입장 때문에 고트발트 자신은 여러 자료를 모은 사람들, 편집자들 그리고 정경화를 이룬 사람들에 의해서 모호하게 되고 흐려져 버린 사회학적인 구별을 재건해야만 우리는 정경의 다양 형태성(pluriformity)에 대한 참된 감각을 가질 수 있으며 해석자들로서 우리 자신의 상황 가운데 작용하는 다양한 목소리들을 온전히 들을 수 있다는 자신의 의견을 표하기도 한다(ibid., 319: "only through recovery of-sociological distinctions which have been obscured" by collectors, redactors, and canonizers can we get a true sense of the pluriformity of the canon, and thus give a full hearing to its various voices in relation to all the factors at work in our own situations as interpreters.") 고트발트는 정경 비평과 자신이 열심히 시도하고 있는 사회과학적 비평을 결합시켜 가는 것이 최선의 길이라는 결론으로 나아가고 있다(ibid., 321). 사회과학적 비평에 대한 간단한 소개로 Bruce J. Malina, Norman K. Gottwald. and Gerd Theissen, in N. K. Gottwald (ed.), *The Bible and Liberation: Political and Social Hermeneutics* (Maryknoll: Orbis. rev. ed., 1983): 11-58을 보라. 우리가 위에서 지적한 바와 같이 챠일즈의 작업은 결국 역사 비평과 정경적 접근을 같이 사용하는 것인데, 고트발트가 보기에는 이때 챠일즈는 정경적 의미를 너무 중시한 나머지 역사 비평의 산물의 어떤 면들을 무시하는 성향이 있으므로 챠일즈가 용인한 것보다 더 적극적으로 다양한 비평을, 특히 고트발트의 경우에는 사회과학적 비평을 신뢰하면서 그것과 정경 비평을 결합시켜 가야 한다는 것이다. 고트발트의 구약에 대한 사회 과학적 비평(the social scientific criticism)의 시도들로 다음을 보라: Norman Karol Gottwalt, *The Tribes of Yahweh: A Sociology of the Religion of Liberated Israel,* 1250-1050 B.C.E. (Maryknoll, NY: Orbis Books, 1979); idem, *The Hebrew Bible: A Socio-Literary Introduction*, (Philadelphia: Fortress, 1985); idem, *Social Scientific Criticism of the Hebrew Bible and Its Social World: The Israelite Monarchy* (Decater, GA: Scholar's Press, 1986); idem, *The Hebrew Bible in Its Social World and In Ours* (Atlanta, FA: Scholars, 1993); idem, *The Politics of Ancient Israel* (Louisville: Westminster/John Knox, 2001).

빈 반후저의 말은 정확한 지적이라고 할 수 있다.[116]

챠일즈가 신약에 대해 말하면서 제시하는 정경에 대한 삼중적 정의에서도 이런 문제점이 나타나고 있다. 그는 정경을 일차적으로는 고정된 일단의 거룩한 문서(a fixed body of sacred literature)로 정의하는 일차적 정의를 가정하지만, 초기 기독교 공동체에서 형성되고 모아진 대로의 신약 문서에 대한 신학적 해석으로서의 정경에 대한 2차적 정의도 말하며, 더 나아가서 현대 기독교 독자들의 해석적 활동도 정경에 대한 셋째 정의로 논의하고 있음을 주의해 보아야 한다. 챠일즈의 주된 관심은 초기 기독교 공동체에서 형성되고 모아진 대로의 신약 문서에 대한 신학적 해석으로서의 정경과 그것이 세 번째 정경의 정의에 주는 함의에 있다고 할 수 있다.[117] 그러므로 챠일즈는 오랜 정경 형성 과정(the process of canonical formation)에 관심을 가지고[118] 그에 근거해서 정경적 해석을 하려는 것이다.

챠일즈는 4세기에 교회가 신약의 정경을 결정하였다는 견해에 반대하면서 신약의 정경화 과정이 2세기부터 시작되었다는 견해를 표명한다.[119] 그러므로 "신약의 초기 역사부터 종국적 정경적 안정화에 이르기까지 거룩한 글들이 수립된 정경으로 발전하는 역사적 과정에 유기적 연속성이 있다"는 것이 챠일즈의 주장이다.[120] 그러나 그 정경

---

116 Kevin J. Vanhoozer, *First Theology: God, Scripture & Hermeneutics* (Downers Grove, Ill.: IVP and Leicester: Apollos, 2002), 194.

117 이 점을 잘 지적하는 Nelson, "The Challenge of Canonical Criticism to Background Studies,"20f.도 참조하여 보라.

118 Childs, *Introduction to the Old Testament as Scripture,* 58f.

119 Childs, *The New Testament as Canon*, 24f.

120 Childs, *The New Testament as Canon*, 21: "There is an organic continuity in the historical process of the development of an established canon of sacred writings from the

화 과정에 대한 챠일즈의 설명은 하나님의 계시로 사도들과 사도적 저자들에게 주어진 것을 잘 전달한 것으로 나타나지 않고, 오히려 변경, 더함, 축소 등의 과정을 거치는 것으로 나타나는데 챠일즈는 이런 것도 다 정경화의 과정에 속하는 중요한 것으로 보고 있다.

구약에 대해서도 챠일즈는 비슷한 점을 언급하기도 한다: "때로는 본래의 역사적 배경을 의도적으로 흐리게 한 분명한 증거가 있다(예를 들자면, 제 2 이사야)."[121] 그러므로 챠일즈는 자신이 제 2 이사야라고 부른 부분에서나 다른 부분에서 본래적 정황을 흐리고 변경시킨 것이 있다는 것을 인정하면서, 최종 본문이 그렇게 하는 것은 정경적인 것이므로 그대로 받아들여야 한다고 보는 것이다. 또 챠일즈가 들고 있는 다른 예로 신명기는 요시아의 개혁 프로그램(왕하 22장 이하)과 연관하여 이스라엘 종교를 중앙 집중화하는 역할을 하는 주전 7세기 후기 왕정 시기의 문서이지만,[122] 현재의 정경적 맥락에서는 새로운 세대에게 가나안 땅에 들어가서 살 삶에 대한 모세의 연설로 나타나고 있으므로 그렇게 받아들여져야 한다는 것이다.[123] 그러므로 챠일즈는 정경 자체가 제시하는 대로의 역사를 받아들이지 않을 뿐만 아니라, 정경 자체가 이전의 정경적인 자료를 의도적으로 변경시키고 재구성하며, 수정한 것을 존중하려고 한다.

신약과 관련해서 이 점을 가장 잘 관찰하고 비판한 이는 칼 헨리

---

earliest stages of the New Testament to the final canonical stabilization of its scope."

121 Childs, *Introduction to the Old Testament as Scripture*, 79: "At times there is clear evidence for an intentional blurring of the original historical setting (e.g. Second Isaiah)." 또한 같은 책, 325f.도 보라.

122 Childs, *Introduction to the Old Testament as Scripture*, 205f., 211; Childs, *Biblical Theology*, 71.

123 Childs, *Introduction to the Old Testament as Scripture*, 211-12.

(Carl Henry)이다. 그는 일찍이 1990년에 이 문제에 대해서 다음과 같이 지적한 바 있다:

> 챠일즈는 주후 50부터 125년 사이의 본문을 필사하는 것과 연관하여 이런 '포괄시키는 본문 해석의 활동' (this activity of incorporating textual interpretations)을 강조한다. 때로는 이런 필사 과정에서의 포괄시키는 활동이 거짓 것으로 만들기 위하기보다는 정경적으로 인정된 견해를 증진시키기 위한 특정한 신학적 차원을 덧붙임으로 **의도적으로 변경시키고 재구성하는 것을** 포함하기도 한다고 보는 것이다.[124]

그러므로 챠일즈가 말하는 정경화 과정과 따라서 (그가 말하는) 정경의 의미는 정통적 기독교에서 말하던 정경화 과정이나 정경의 의미와는 다른 것임이 나타난다. 이는, 위에서 말한 바와 같이, 챠일즈가 역사 비평을 창조적으로 수용하면서 자신의 정경적 접근을 제시한 결과라고 보여진다. 챠일즈는 양식 비평은 구전들조차도 후대의 높은 기독론(high Christology)의 영향을 받았음을 드러내었다고 하고,[125] 편집 비평은 예수의 말씀들도 새로운 상황에 맞도록 자유롭게 해석되고 적용되었다는 것을 잘 보여주었다고 한다.[126] 단지 그런 변경이나 수정 등은 정경적 관점을 나타내는 것으로 존중된다는 것이 다른 비평적 입장과 챠일즈의 입장의 차이이다. 그런 변경이나 수정들은 "전

---

124 Carl F. H. Henry, "Canonical Theology: An Evangelical Appraisal," *Scottish Bulletin of Evangelical Theology* 8 (1990): 94: "Childs stresses this activity of incorporating textual interpretations in connection with copying the text between A.D. 50 and A.D. 125. At times the process involves *intentional change or reconstrual*, not to falsify but by adding a specific theological dimension to promote a canonically approved view"(강조점은 필자의 것임).

125 Childs, *The New Testament as Canon*, 26.

126 Childs, *The New Testament as Canon*, 23.

승을 그저 과거에만 정박하게 하는 것을 막는 방식으로 전달하기"위해 과거 자료들을 "역동화"(혹, 현실화, actualize) 하는 것이라고 챠일즈는 적극적으로 평가한다.[127] 그런 의미에서 챠일즈는 정경적 주해(canonical exegesis)를 강조하는데, 정경적 주해란 "저자가 그 자료가 어떻게 이해되기를 의도했는가를 알아보거나 그런 특정한 해석이 그 문헌 전체에 미치는 영향을 추적해 보려는 것"이라고 한다.[128]

그러므로 챠일즈는 저자의 의도성(authorial intentionality)보다는 종국적 본문의 정경적 의도성(canonical intentionality)을 더 강조하는 것이다. 그리고 초대 교회가 일련의 거룩한 문서들에 부여한 신학적 해석인 그 정경적 의도성이 결정적인 것이다. 챠일즈는 정경적 의미는 성경 본문에서 의도된 의미와 같은 것이 아니라고도 말한다.[129] 이런 의미에서 챠일즈에게 있어서 신약 본문의 자명한 의미(plain meaning)는 **초기 기독교 공동체가 부여한 의미인 정경적 의미이다.**[130]

그러므로 정통적 기독교나 개혁파 성경 신학에서 볼 때는 챠일즈의 정경적 의도성이라는 것이 과연 궁극적 저자인 하나님의 의도라고 할 수 있는가가 심각하게 질문될 수 있다. 이런 점에서 챠일즈의 접근에 따르면 "성경은 그 자체로 권위를 지니는 것이 아니라, (유대인과 교회 등 믿는 공동체가) 성경에 권위를 부여하기로 했기

---

127 Childs, *Introduction to the Old Testament as Scripture,* 78f.

128 Childs, *The New Testament as Canon,* 49: Canonical exegesis seeks for "traces either of how the author intended the material to be understood, or of the effect which a particular rendering has on the literature." "정경적 주해의 방법"을 다루는 48-53도 보라.

129 Childs, *The New Testament as Canon,* 49. Cf. Childs, *Introduction to the Old Testament as Scripture,* 79.

130 이 점을 잘 지적하는 Nelson, "The Challenge of Canonical Criticism to Background Studies,"25도 참조하여 보라.

때문에 권위 있는 것이 된다"는 폭 박사의 말은[131] 매우 정확한 것이라고 할 수 있다. 챠일즈는 정경적 의도를 따르는 해석들이때로는 "그 성장의 초기 단계들을 초월한다"고 말하기 때문이다.[132]

이런 의미에서 챠일즈는 "정경의 걸려 넘어지게 하는 것은 예수 그리스도의 증언이 사도 이후 시대의 해석 과정을 통해 그 규범적 형태를 갖추게 되었다는 것이다"라고 말하기도 한다.[133] 그러므로 챠일즈의 정경 비평은 "(성경) 저자가 영감되었다기보다는 (신앙) 공동체가 영감된 것으로 상정한다. 그러나 성경은 우리들에게 영감된 공동체에 대해서 말하는 것이 아니라 공동체에게 말하는 영감된 개인들에 대해서 말한다"는 죤 오스왈트의 말은[134] 매우 정확한 것이다. 이 모든 점을 깊이 생각해 볼 때 정통적 기독교의 입장, 특히 개혁파 성경 신학의 입장에서는 챠일즈가 말하는 정경화의 과정을 그대로 삼키기 어려운 것이다.

(6) 몇 가지 주해적 문제들

물론 모든 해석자들이 자기 나름의 해석을 할 수 있는 권리를 부인할

---

[131] Fock, "Postliberalism of Brevard Childs," 각주 1 윗부분을 보라.

[132] Childs, *The New Testament as Canon*, 32: "... often transcended the earlier stages of its growth."

[133] Childs, *The New Testament as Canon*, 28: "The *skandalon* of the canon is that the witness of Jesus Christ has been given its normative shape through an interpretive process of the post-apostolic age."

[134] John Oswalt, "Canonical Criticism: A Review from a Conservative Viewpoint," *Journal of Evangelical Theological Society* 30 (1987): 322: "Canonical criticism posits that inspiration resides in the community rather than in an author··· However, the Bible does not speak to us of inspired communities. Rather, it speaks of inspired individuals speaking to the community."

수는 없다. 그러나, 예를 들어서, 챠일즈가 잠언서 8장이 "태초에 하나님에 의해서 창조된 지혜에 대해서 증언한다"고 말할 때[135] 챠일즈의 주해와 그 함의를 과연 그가 잘 생각하고 있는지를 묻지 않을 수 없다. 특히 그가 이를 요한복음 1장의 로고스와 연관시키고 있는 문맥에서 이 말을 하므로, 그의 정확한 의도와 함의가 매우 궁금하다. 적어도 이런 주해에 대해서 우리는 동의할 수 없는 것이다.

3. 마치는 말: 개혁파 성경신학의 갈 길

이상에서 우리는 챠일즈의 정경적 접근과 정경적 성경 신학의 긍정적 기여가 무엇인지, 그리고 개혁파 성경신학과 비교할 때 어떤 점들이 아쉬운지를 논의하였다. 이 고찰을 통해서 챠일즈의 성경 신학이 복음주의나 개혁신학을 지향하는 이들이 적극적으로 따를 수 있는 것이 아니라는 것이 분명해졌을 것이다.[136] 또한 아마도 챠일즈의 정경적 접근에서 아쉽다고 우리가 지적한 것이 개혁파 성경신학이 지향하고 나아갈 길이라고 여겨진다.[137]

---

135 Childs, *Biblical Theology*, 86.

136 챠일즈의 정경적 접근은 그 자체로는 복음주의 해석학으로 적합한 것이 아니라는 비판으로 Henry Nelson, "The Challenge of Canonical Criticism to Background Studies,"25를 보라. 그러므로 후에 넬슨이 정경 비평이 배경 연구들과 함께 사용된다면 좋은 방법이 될 수 있다고 시사한 것(33쪽)은 정경 비평에 대해서 상당히 나이브한 입장을 나타내는 것이든지 (그런데 그렇게 보기에는 넬슨이 정경비평이 얼마나 역사 비평을 창조적으로 충용하고 있는지를 잘 분석하고 있다), 아니면 챠일즈가 사용하는 비평적 방법이 아닌 다른 방법으로 배경 연구하는 것을 생각하며, 챠일즈가 의도한 것과는 다른 정경적 접근을 생각하는 것일 수 있다. 이럴 경우에만 역사적 접근과 문예적 접근을 같이 사용하는 것이 최선의 길이 될 것이라는 넬슨(34)과 다른 이들의 입장이 성립할 수 있는 것이다. 복음주의적 입장에서 사용할 수 있는 정경적 접근은 어떤 것이지를 생각해 보는 것은 또 다른 논의를 필요로 하는 큰 문제이다. 그러나 적어도 그것이 챠일즈적인 정경적 접근과는 다른 것이라는 점은 챠일즈의 정경 이해를 볼 때 잘 드러나게 된다. 복음주의적 입장의 정경적 접근을 잘 제시한 예로 Paul House의 구약 신학과 그의 작업을 들 수 있을 것이다.

우리가 지향(指向)하는 개혁파적 성경 신학은 성경이 역사적인 것이라고 인정하는 역사성을 그대로 인정하고, 계시의 유기적 의미를 잘 드러내며, 정경의 의미에 참으로 충실한 성경 신학이어야만 한다. 그리하기 위해서는 여러 비평주의적 방법을 잘 알되, 그런 방법론에 빠지지 아니하며, 또한 바르트나 챠일즈와 같이 비평적 입장을 창조적으로 충용(充用)하는 것도 피하여 가야 할 것이다. 그런 점에서 오늘날 복음주의 진영에서, 그리고 심지어 개혁파 안에서도 성경 비평적 입장을 긍정적으로 사용하려고 하는 것에 대한 불안이 챠일즈의 성경 신학적 작업을 살펴보면서 우리의 마음속에 더욱 고조(高調)된다. 그런 식의 절충적(折衷的) 방법이 아닌 진정한 개혁파적 원리를 잘 드러내는 성경 신학과 그런 성경신학적 작업에 근거한 폭 넓은 신학이 지속적으로 시도될 수 있기를 원한다.

137 개혁파적 성경 신학의 방향에 대한 논의로 이승구, “성경신학과 조직신학”, 『21세기 개혁신학의 방향』 (서울: SFC, 2005): 189-21의 논의를 보라.

8

성경에 대한 성육신적 유비의 의의와 문제점
피터 엔스 교수의 『영감과 성육신』에 대한 서평적 논의

피터 엔스

피터 엔스(Peter Enns) 교수는 성경의 영감과 그리스도의 성육신 사건을 연관시켜서 성경 해석의 한 방법을 제시하였다. 사실 성경의 영감(inspiration)과 성육신 사건을 연관시키는 시도는 엔스 교수가 처음 시도한 것은 아니고 그 이전에도 많은 사람들이 두 가지를 연관시켜서 생각하였었다.[1] 그러나, 우

[1] 그 대표적인 경우로 바빙크, 워필드, 그리고 E. J. Young을 언급할 수 있다. Cf. H. Bavinck, *Reformed Dogmatics*, vol. 1: *Prolegomena*, trans. J. Vriend (Grand Rapids: Baker, 2003), 434-35; B. B. Warfield, "The Divine and Human in the Bible," *Presbyterian Journal* (May 1894), reprinted in *Evolution, Scripture, and Science: Selected Writings*, eds., Mark A. Noll and David N. Livingstone (Grand Rapids: Eerdmans, 2000), 57; Edward J. Young, *Thy Word is Truth: Thoughts on the Biblical Doctrine of Inspiration* (Grand Rapids: Eerdmans, 1957, 10th printing, 1978), 73을 보라. 또한 근자에 Kevin J. Vanhoozer, *Is There a Meaning in This Text?* (Grand Rapids: Zondervan, 1998), 310도 보라.

리가 후에 논한 여러 요점들에서 잘 드러나듯이, 엔스 교수의 시도는 엔스 교수가 그저 좀 더 확대시키기 원했던 복음주의적 성경 해석의 틀을 벗어난 것으로 판단되고 있다. 엔스 교수는 복음주의의 틀을 더 넓혀 보려고 했고, 지금도 그런 사람으로 서 있다고 여겨진다. 그러나 바로 그 점에서 그는 난관에 직면했고, 그 난관은 복음주의 개혁신학의 입장에서 신학을 하는 우리들도 깊이 생각해 보아야 할 문제라고 생각한다.

1. 피터 엔스의 “영감과 성육신”연결

피터 엔스는 칼케톤 정의(Chalcedonian Definition)에 매우 충실하면서 **“그리스도께서 동시에 하나님이시며 사람이신 것과 같이 성경도 그러하다”**는 것을 자신의 기본적 명제로 제시하고 있다.[2] 그는 이것을 성육신적 유비(incarnational analogy)라고 말한다.[3] 그리스

---

[2] Peter Enns, *Inspiration and Incarnation: Evangelicals and the Problem of the Old Testament* (Grand Rapids: Baker, 2005), 17: “… *as Christ is both God and human, so is the Bible.*" (Enns 교수 자신의 강조점). 또한 18, 67, 111, 167f. 등도 보라. 이 책은 김구원 옮김, 『성육신의 관점에서 본 성경 영감설』 (서울: CLC, 2006)로 번역되어 있다. 비교적 잘 번역되었으나 강조점 등이 출판사의 실수로 빠져 있고, 미묘한 어감과의 대화를 위해 영어 원문을 대본으로 하여서 논의를 하여 나가기로 한다.

[3] Enns, *Inspiration and Incarnation*, 16, 17f., 80, 106, 109, 167-69. Peter Enns, "Response to G. K. Beale's Review Article of *Inspiration and Incarnation*," *Journal of Evangelical Theological Society* 49/2 (June 2006): 313-26, at 322, 323, 324. 엔스는 이를 “(성경의) 성육신적 차원”(*incarnational dimension of Scripture*)이라고 하기도 하고(Enns, *Inspiration and Incarnation*, 67), “성육신적 병행”(Incarnational parallel)이라는 표현이 더 나은 것이라고 하기도 한다(Enns, *Inspiration and Incarnation*, 168; Enns, "Response to G. K. Beale's Review Article of *Inspiration and Incarnation*," 324). 다른 논문에서는 성경에 대한 성육신적 모델(*Incarnational model*)이라고 하기도 한다(Peter Enns, "Preliminary Observations on an Incarnational Model of Scripture: Its Viability and Usefulness," *Calvin Theological Journal* 42 [2007]: 219-36).

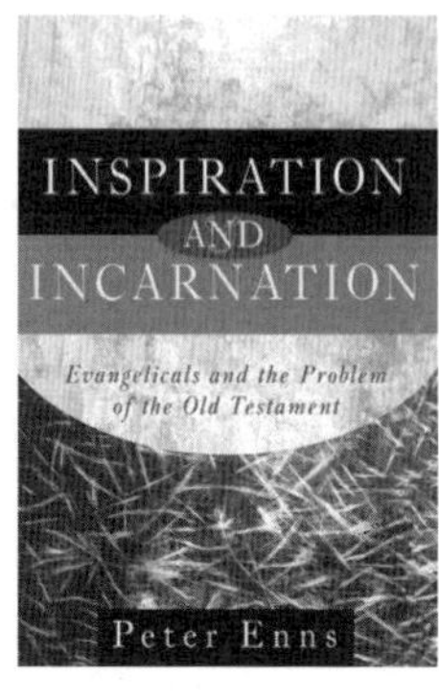

피터 엔스의 영감과 성육신

도의 온전한 신성과 같이 성경은 온전히 하나님 말씀이고, 또한 그리스도의 온전한 인성과 같이 성경의 인간성이라고 할만한 것이 있다는 것이다. 엔스 교수는 "성경이 인간의 언어로, 그것도 평범한 언어로 기록되었다는 것이 이미 하나님이 '성육신' 하신 한 예이다"고 말한다.[4] 이와 같은 논의는 엔스 외에도 여러 사람이 시도하고 있기 때문에 이런 연결 자체를 문제시하는 것은 너무 지나친 비판이라고 여겨진다.[5] 오히려 그가 기본적으로 칼케돈 정의에 더 충실하고 그에 근거해서 유비를 찾도록 요구해야 할 것이다.

2. 피터 엔스가 말하려는 것이 아닌 것들

이와 같은 이해는 어떤 결과를 낳는가? 이를 더 명확히 하기 위해서 먼저 그 자신이 자신은 어떤 주장을 하는 것이 아닌지를 분명히 언급하고 있는 점들을 열거하여 명백히 하는 것이 좋을 것이다. 이런 논의는 한편으로는 엔스 교수에게 공정한 것이고, 또 한편으로는 그의

[4] Enns, *Inspiration and Incarnation,* 19.

[5] 엔스에 대한 Beale의 비판(G. K. Beale, "Myth, History, and Inspiration: A Review Article of *Inspiration and Incarnation* by Peter Enns," *Journal of Evangelical Theological Society* 49/2 [June 2006]: 287-312) 중에서 가장 문제가 되는 부분은 이 부분에 대한 논의라고 할 수 있다(298f.). Beale은 이 부분을 제외하는 것이 나았을 것이다. 단지 그가 앙리 블로쉐(Henri Blocher)에게서 시사받았다는 성육신에서는 한 인격이 양성을 가지고 있는 것인데, 성경에서는 두 인격(신적 저자인 하나님과 인간 저자의 인격)과 단일한 성질(하나의 성경적 화행[話行], the one scriptural speech act)이 있다는 차이가 있다는 점은 숙고할 만하다고 여겨진다(299, n. 20).

주장을 바로 이해하기 위한 좋은 방안이기도 하다.

첫째로, 그는 창세기가 직접적인 방식으로 바벨론 이야기들을 그대로 가져 왔다고 시사하는 것이 아니다. 그는 자신이 그런 시사(示唆)를 의도적으로 피해 왔다는 것을 아주 분명히 한다.[6]

둘째로, 엔스 교수는 성경의 역사성에 전혀 관심을 가지지 않고 있는 것이 아니다. 그는 "자신이 역사는 전혀 고려할 가치가 없다고 말하는 것이 **아니라**"는 점을 매우 강조한다.[7] 오히려 그는 "우리들의 신앙은 역사적 신앙이고, 성경을 그 역사적 문맥에서 뽑아내는 것은 자가당착적인 것이다"라고[8] 말할 정도로 역사적 맥락을 중시(重視)한다. 더구나 그는 "구약에 묘사된 **이스라엘 왕정 시기의 기본적 역사적 성격은** 결코 부인될 수 없다"고 강하게 단언(斷言)한다.[9]

셋째로, 엔스 교수는 성경이 하나님으로부터 온 하나님의 말씀이라는 것을 부인하거나 거부하려는 것이 아니다. 그는 "성경이 궁극적으로 하나님으로부터 기원하였고, 교회에 주신 하나님의 선물이라는 확신과 같은 많은 복음주의적 통찰들이 옳고 계속 주장되어야

---

[6] Enns, *Inspiration and Incarnation,* 55. 5월 18일자로 올린 블로그 글에서도 엔스는 이 점을 여러 번 분명히 밝힌다(Peter Enns, "Genesis 1 and a Baybylonian Creation Story," posted on May 18, 2010, available at: http://biologos.org/blog/genesis-1-and-a-babylonian-creation-story/).

[7] Enns, *Inspiration and Incarnation,* 66: "I am by no means saying that history does not matter."

[8] Enns, *Inspiration and Incarnation,* 48: "Ours is a historical faith, and to uproot the Bible from its historical contexts is self-contradictory."

[9] Enns, *Inspiration and Incarnation,* 60, 강조점은 덧붙인 것임. 또한 43도 보라. 그러나 후에 논의되겠지만, 그렇다면 왕정 시기 이전의 역사에 대해서는 엔스가 과연 어떻게 생각하는지의 의문이 제기 될 수 있다. 엔스가 단언하지는 않지만 엔스의 책, 43, 44, 55, 56에 비추어 볼 때 창세기 기록에 대해서는 역사성을 생각하지 않으리라는 Beale의 논의로 그의 "Myth, History, and Inspiration," 292f.를 보라. Beale은 엔스가 왕정 시기 이전의 성경의 기록이 "본질적 역사성"을 가진 것으로 여기지 않을 것이라고 단언한다(Beale, 293).

만 한다는 것을 확언하는 데 열심"이라고 단언한다.[10] 그래서 그는 여러 번 성경은 하나님의 말씀이라고 단언한다.[11] "성경은 기록된 하나님의 말씀이다."[12] 그는 "성경이 하나님의 말씀이라는 것"이 "우리의 출발점이고, 우리의 신앙이다"고 분명히 단언한다.[13] 그는 창세기가 영감(靈感)되었다는 것을 믿지 않는 것도 아니고, 자신의 논의가 성경이 덜 영감(靈感)되게 하는 것이 아니라고 말한다.[14]

넷째로, 엔스 교수는 복음의 의미가 문화적 시류(時流)에 의해 변한다고 주장하려는 것이 아니라는 것도[15] 분명히 언급해야 한다. 물론 그는 복음이 우리가 살고 있는 세계와 어떻게 관련 되어야 하는지에 대해 많이 고민하면서 나름의 방안을 시사하는데, 그것이 다음에 우리가 논의할 문제를 낳고 있기도 하다. 그렇지만 그는 자기 자신이 아주 분명한 말로 복음이 시대에 따라 변하지는 않는다는 것을 천명하고 있다는 것은 부인되어서는 안 된다.

그러므로 엔스는 자신이 분명히 말하듯이 복음주의적 유산을 버려야 한다는 요란한 벨을 울리고자 하는 것은 아니다. 그는 복음주의적 유산 위에 무엇인가를 세우기를 원한다.[16] 그는 자신이 하는 일

---

10 Enns, *Inspiration and Incarnation*, 13f.

11 Enns, *Inspiration and Incarnation*, 15, 66, 108, 110, 161, *et passim*. See also Enns, "Response to G. K. Beale's Review Article of *Inspiration and Incarnation*," 313f., 315, 316, 317, 326, 특히 323, n. 20 (여기서 그는 "Apostolic Hemeneutics and an Evangelical Doctrine of Scripture: Moving beyond the Modernist Impasse," *Westminster Theological Journal* 65 [2003]: 279-81도 언급한다).

12 Enns, *Inspiration and Incarnation*, 110: "The Bible is God's word in written form."

13 Enns, *Inspiration and Incarnation*, 108.

14 Enns, *Inspiration and Incarnation*, 56.

15 Enns, *Inspiration and Incarnation*, 67: "This is not to say that the meaning of the gospel shifts with every cultural wind."

16 Enns, "Response to G. K. Beale's Review Article of *Inspiration and Incarnation*,"

이 복음주의를 공격하거나 폄하(貶下)하기보다는 오히려 복음주의를 지지하는 것이라고 말한다.[17]

3. 피터 엔스의 공헌

엔스 교수에게 좀 더 공정하기 위해서 그의 공헌점도 정리하고 나아가는 것이 좋으리라고 생각한다.

첫째로, 그는 성경을 하나님의 말씀으로 철저히 믿으면서도 학문적으로 연구할 수 있는 가능성을 열어 주고 있다.

둘째로, 그의 독특한 성경신학적 기여가 있다고 할 수 있다. 예를 들어서, 그는 구약 성경에 대한 기독교적 해석의 길을 제시한다. 그래서 그는 "예수님이 어떻게 구약 이야기 (각기 독립된 이야기들이 아닌 구약 전체 이야기)의 절정(絕頂)인지 보려면 구약을 그냥 객관적으로 보는 것 정도가 아니라 구약성경을 **기독교적으로** (Christianly) 읽어야 한다."고 말한다.[18]

이에 따라서 셋째로, 엔스는 예수 그리스도의 부활 이후에는 우리가 성경을 종말론적 문맥에서 읽어야 한다는 것을 잘 강조한다. 이를 위해 그는 우리가 사도들과 동일하게 "종말론적 시대"에 살고 있다는 것을 정확하게 강조한다.[19] 이제 우리는 종말(終末) 이전(以前)

316.

[17] Enns, "Response to G. K. Beale's Review Article of *Inspiration and Incarnation*," 318: "... not to attack or undermine evangelicalism but to support it."

[18] Enns, *Inspiration and Incarnation*, 120. 이런 부분의 한역은(169) 오역은 아니나 상당히 느슨하고 부정확한 전달이라고 할 수 있다

[19] Enns, *Inspiration and Incarnation*, 158: "we share the same 'eschatological

에 있는 것 같이 생각하거나 살거나 그런 용어를 사용해서는 안 된다는 것이다.[20] 또한 구약 성경을 "본래적 문맥에서만" 읽는 것과 같은 것은 사도들이 본(本)으로 보여준 구약 성경에 대한 기독교적 이해가 아니라는 것이다.[21] 그러므로 우리들은 엔스가 리처드 헤이스의 교회 목적적(ecclesiotelic)이라는 용어 사용으로부터 빌려서[22] 새롭게 만든 용어인 "그리스도 목적적"(Christotelic) 해석을 하는 것이다.

엔스가 말하는 그리스도 목적적 해석이란 구약 성경에 대한 그리스도 중심적 태도를 가지고,[23] 구약을 읽고 해석할 때 그리스도의 죽음과 부활을 구약 성경과 연결시켜서 해석하는 것이다. 그것은 구약 성경에서 무조건 그리스도를 지시하는 것을 찾으라는 것이 아니고, 그리스도의 죽음과 부활이 구약의 한 부분을 읽을 때 어떤 영향을 주는지를 생각하고 고려하는 것이다.[24] 엔스는 그리스도의 부활 이후에 살고 있는 우리들의 특권적 입장이 우리들의 구약 읽기에 반

---

moment,' that is, we too live in the postresurrection universe." 또한 159: "We, too, are living at the end of the story; we – as were the apostles – are engaged in the second, christotelic reading by virtue of our eschatological moment, the last days, the inauguration of the eschaton." 이 점에 있어서 그는 분명히 보스에게 빚지고 있는 것이다. 그런데 보스가 바울의 종말론은 어느 정도 이전의 신학적 발전에 **의존한다고**(*dependent*) 결론내렸다고 표현한 것은(Peter Enns, "Bible in Context: The Continuing Vitality of Reformed Biblical Scholarship," *Westminster Theological Journal* 68 [2006]: 203-18 [이 논문은 2006년 3월 15일에 있었던 그의 정교수 취임 연설 강연 원고를 개정한 것이다], at 213, 엔스 자신의 강조점) 상당히 무리한 표현이라고 여겨진다.

[20] Cf. Enns, *Inspiration and Incarnation*, 159: "... simply remains in preeschatological moment."

[21] Enns, *Inspiration and Incarnation*, 159.

[22] 이에 대한 엔스의 언급은 Enns, *Inspiration and Incarnation*, 164에 나온다. 리처드 헤이스는 "교회 중심적 해석학"(ecclesiocentric hermeneutics)이라는 용어를 많이 사용하며 강조한다. Cf. Richard B. Hays, *Echoes of Scripture in the Letters of Paul* (New Have, CT: Yale University Press, 1989), 86, 123, 162, 168, 177, 184.

[23] Enns, *Inspiration and Incarnation*, 158: "Christ-centered attitude toward the Old Testament."

[24] Enns, *Inspiration and Incarnation*, 159.

드시 반영(反影)되어야만 한다는 것이다.[25] "십자가에서 죽으시고 부활하신 그리스도의 실재는 기독교적 성경의 해석의 출발점이고 종착점이다"는[26] 엔스의 주장은 의미 있다고 할 수 있다. 이런 입장에서 그는 "우리가 성경 공부를 하는 이유는 하나님께서 그리스도 안에서 이미 완성하신 그의 나라에서 우리가 그의 동역자로 일하기 위함이다"라고 아주 옳게 주장한다.[27]

넷째로, 그 분야의 전문가들에게는 매우 일반적인 것이나 매우 유익한 정보를 권위 있게 정통적 입장에서 잘 제시하고 있는 공헌도 언급하지 않을 수 없다. 예를 들어서, 엔스 교수는 탈굼에 대해서 다음과 같은 유익한 정보를 주고 있다:

> 오늘날 남아 있는 탈굼역 최종 본문의 사본들은 중세의 것이지만, 아람어는 기독교 생성 이전에 이미 유대인의 공용어가 되었기에, 탈굼의 아람어 번역 작업은 분명히 기독교 생성 이전의 현상이다. (더 나아가, 탈굼의 일부가 사해 문서 가운데 발견되었다).[28]

또한 다섯째로, 성경 현상에 대해서 사람들이 흔히 지나치는 것을 정확히 지적해 놓은 것도 엔스 교수의 공헌으로 말할 수 있다. (1) 그는 아기 예수께 경배하러 온 동방 박사들의 수가 셋이라고 성경이 말하

---

[25] 우리나라에서 엔스의 "그리스도 목적적 접근"에 대한 가장 열렬한 후원자는 황창기 교수님과 그의 충실한 제자라고 할 수 있는 송영목 교수이다. 송영목 교수는 "삼위 완결적 해석"으로 이를 확대 보완하는 일도 시도하고 있다. Cf. 송영목, "에베소서 1-2장의 삼위 완결적 해석과 교회 완결적 적용", 『신약 신학』 (서울: 생명의 양식, 2008), 390-94.

[26] Enns, *Inspiration and Incarnation*, 163.

[27] Enns, *Inspiration and Incarnation*, 172f.

[28] Enns, *Inspiration and Incarnation*, 121.

고 있지 않다는 것을 정확히 지적한다.[29] (2) 고린도후서 6:2의 "지금"은 부흥회 때 흔히 하는 어떤 때이든지를 뜻하는 현재가 아니라 **"종말론적인** 지금"이라고 말하는 엔스의 주장,[30] 그리고 "그리스도의 오심과 더불어 마지막 날 때의 참이 우리에게 도래했다"는 것을 강조하는 것, 그리하여 "이사야서가 말했던 '그 날' 은 그리스도의 부활과 함께 시작되었고, 그 후 2000년 동안 지속되는 것이다"는 지적은[31] 매우 옳고 중요한 것이다. 또한 (3) 그는 마태복음이 유대인을 1차 청중으로 하고 있는 복음서라는 것을 자명한 것으로 여기며 논의를 전개한다.[32]

4. 피터 엔스 식(式)으로 연결된 "영감과 성육신"의 결과

그러면 엔스 교수의 논의는 과연 어떤 결과를 낳고 있는 것인가? 사실 다음에 우리가 언급하려는 결과들은 엔스 교수의 프로젝트 안에 이미 잔존(殘存)해 있던 것이라고 할 수 있다. 엔스 교수는 성경이 하나님의 말씀이라고 믿는 복음주의자들이 성경 고고학, 성경 역사학, 성경 본문에 대한 연구들에 상당한 기여를 하였다는 것을 높이 사면서 이런 분야에서의 연구 결과물의 **교리적 합의**(doctrinal implications)를[33] 이끌어 내려는 것을 자신의 책의 목적으로 삼고

---

[29] Enns, *Inspiration and Incarnation*, 122.

[30] Enns, *Inspiration and Incarnation*, 135: "an *eschatological* now"(엔스 자신의 강조점).

[31] Enns, *Inspiration and Incarnation*, 135.

[32] Enns, *Inspiration and Incarnation*, 133f.

[33] Enns, *Inspiration and Incarnation*, 13, Enns 교수 자신의 강조점. 같은 책, 67쪽의

있다. 그러므로 어떤 점에서 엔스 교수는 복음주의적 성경관이 근자의 학문적 논의의 결과로 변화를 가져야만 한다는 의식을 가지고 있었다는 생각을 할 수 있고, 복음주의적 성경관이 바뀌어지는 것이 복음주의 자체를 위해서와 성경 연구를 위해 유익한 것이라는 생각을 시사하고 있는 것이다.

엔스는 이것을 그 동안 좀 부족하였던 복음주의적 성경관과 지난 150년간의 현대 성서학계의 연구 사이의 대화가 이루어지는 것이라고 보며,[34] 이 대화를 통해 둘 다에 어떤 유익을 이끌어 낼 수 있을 것이라고 생각한다. 그래서 그는 "양 진영을 뛰어 넘는"(move beyond both sides) 것이 필요하다고 말하기까지 한다. 그는 성경을 하나님의 살아 있는 말씀으로 받아들이면서도 자료들을 설명하는 더 나은 방법을 찾는 길을 추구하는 것이다.[35]

결국 엔스 교수는 **복음주의적 성경관의 모종의 변화를 주려고 시도하였다**고 할 수 있다. 그는 복음주의적 성경관을 높이 사면서도 그와 함께 "성경에 대한 새로운 증거가 나타나거나 기존의 증거가 새롭게 재조명될 때에는 기꺼이 그러한 증거를 다루고, 그에 따라 우리의 교리도 조정(調整)해야 한다"고 말한다.[36] 피터 엔스가 말하는 것의 일반적인 것에는 사람들이 어느 정도 동의할 것이다. 문제는 이론

논의도 보라: "A doctrine of Scripture that does not think through this incarnational dimension is inadequate in light of the evidence we have."

[34] 이것은 이 책의 첫 문장에서 언급하고 있는 엔스 교수의 이 책을 쓰는 목적에 나타나 있는 바이다: "The purpose of this book is t*o bring an evangelical doctrine of Scripture into conversation with* the implications generated by some important themes in modern biblical scholarship – particularly Old Testament scholarship – over the past 150 years"(Enns, *Inspiration and Incarnation,* 13, 강조점은 필자가 덧붙인 것임). 이런 말을 하는 엔스의 의도가 좀 더 밝히 나타나는 부분은 47f. 이다.

[35] Enns, *Inspiration and Incarnation,* 15.

[36] Enns, *Inspiration and Incarnation,* 14.

적으로 이렇게 말할 때에는 많은 사람들이 동의할 수 있지만, 그가 구체적으로 어떤 논의를 할 때에는 그가 나아가려는 데까지 모든 복음주의자들이 나아가기 어려울 것이며, 또 상당수 복음주의자들은 엔스 교수가 너무 많이 나아간 것으로 판단할 것이라는 점에 있다. 이런 점에서 엔스는 "주류 자유주의 학계의 연구 결과들과 복음주의 성경관의 종합을 시도하려고 한다"는 그렉 비일(Greg K. Beale)의 평가는[37] 아주 정확한 것이라고 할 수 있다.

이제 그의 논의에서 복음주의적 입장에서 문제로 생각될 수 있는 점들을 하나하나 생각해 보기로 하자.

첫째로, "성경은 그것을 생성해 낸 고대 세계에 속한다"는[38] 엔스 교수의 말로부터 시작해 보자. 엔스 교수는 이런 표현을 자주 사용해 왔다. 그의 정교수 취임 강연에서도 그는 "성경은 고대 셈계 사람들과 헬레니즘적 사람들의 구체적이고 일상적인 세계에서의 하나님 자신과 그의 행동들에 대한 하나님의 은혜스러운 계시"라고 말하고 있다.[39] 그런데 이 말은 다양하게 이해될 수 있다. 이것은, 엔스 교수가 말하듯이, "창세기는 고대 사람들이 쉽게 이해할 수 있었던 방법으로 그 주장을 펴고 있다"는[40] 식으로 이해될 수도 있다. 그러나 엔스 교수가 설명하는 모든 것을 고려할 때에 그는 구약을 고대 근동의 세계관으로 이해하고 설명하려고 한다는 생각을 피하기 어려

---

37 Beale, "Myth, History, and Inspiration," 288.

38 Enns, *Inspiration and Incarnation,* 17: "It belonged in the ancient worlds that produced it." 한역에서는 "성경은 고대 근동 문화 가운데서 생산된 책이다"고 하여(23) 더 문제가 있는 것으로 여겨질 수 있는 표현을 사용했다고 할 수 있다.

39 Enns, "Bible in Context," 204: "Rather, Scripture is God's gracious revelation of himself and his actions in the concrete, everyday world of ancient Semitic and Hellenistic people."

40 Enns, *Inspiration and Incarnation,* 55.

워 보인다.

좀 더 구체적으로 말할 때, 그는 "창세기 기록은 그 고대적 맥락 안에서 이해해야 한다"고 주장한다.[41] 그래서 "창세기의 창조 기록과 에누마 엘리쉬는 분명히 세상의 시작에 대하여 말하는 같은 방식을 공유하고" 있고, 그 둘 다 "같은 공기를 마시는 것이다"라고 표현한다.[42] 좀 더 구체적인 예를 들면서, 하나님께서는 아브라함을 있는 모습 그대로 만나셨다(he "met" him where he was)고 하면서, 그 뜻을 "고대 근동의 공기를 호흡하는 고대 메소포타미아 사람으로서"(An ancient Mesopotamian man who breathed the air of the ancient Near East)의 아브라함을 만나셨다고 설명하고, 따라서 "그런 사람으로서 아브라함은 (현대 과학적 세계관이 아니라) 자신이 살고 있던 세계의 사람들과 동일한 세계관을 공유하고 있었다고 말할 수 있다"고 한다.[43]

이 진술 자체를 상당히 잘 받아들일 수 있는 사람들도 이런 진술에 대한 엔스의 함의에 대해서는 상당히 어려워할 것이다. 여기에 거의 비슷한 말을 하는 프린스톤 신학교의 윌리엄 헨리 그린의 말과 그

---

41 Enns, *Inspiration and Incarnation*, 27: "The Genesis account must be understood in its ancient context."

42 Enns, *Inspiration and Incarnation*, 26f.: "breathe the same air."이를 "같은 세계관에서 쓰여 졌다"(36)고 번역한 것은 잘된 번역이니 Beale의 서평에 대한 논의에서 Enns 자신이 이 용어를 사용하고 있기 때문이다(Enns, "Response to G. K. Beale's Review Article of *Inspiration and Incarnation*," 319: "… shared worldview"). 그러나 근자에 낸 블로그 글에서도 엔스 교수는 이전 표현을 즐겨 사용하고 있는 것을 볼 수 있다(Peter Enns, "Genesis 1 and a Baybylonian Creation Story," posted on May 18, 2010, available at: http://biologos.org/blog/genesis-1-and-a-babylonian-creation-story/: "… breathe the same air"). 그는 블로그에 실린 이 글들을 정리하여 *The Evolution of Adam: What the Bible Does and Doesn't Say about Human Origins* (Grand Rapids: Brazos Press, 2012)를 내었다.

43 Enns, *Inspiration and Incarnation*, 53: "Abraham, as such a man, shared the worldview of those whose world he shared and not a modern, scientific one."

것을 인용하면서 자신의 견해를 지지하는 전거로 제시하는 엔스의 차이가 나타난다. 그린은 이렇게 말한다: "영감은 사람들을 그들 자신의 시대에 연관시키는 그런 특성들과 특색들을 말살시키는 경향을 갖지 않는다."[44] 같은 말은 사용하는데 그들이 생각하는 것이 다른 것이다.

둘째로, 그런 함의의 하나로 엔스 교수는 창세기 기록이 우리가 '신화(神話)' 라고 부르는 장르를 사용하여 기록된 것일 수 있다는 시사를 하기도 한다.[45] 이런 표현이 그가 많은 복음주의자들에게 상당한 의심을 받게 되는 이유의 하나이기도 하다. 더 나아가서 그는 '신화' 라는 말이 어떤 의미로 사용되는 것인지를 아주 명확히 제시하기도 한다. 이스라엘 주변의 고대 근동 사람들이 궁극적 존재와 의미에 대해서 질문하다가 특히 창조에 대한 "이야기들이 만들어졌다"고 한다.[46] 그 이야기들이 신화들인데 **"신화는 우리가 누구인가, 우리는 어디서부터 왔는가와 같은 궁극적 기원들과 의미에 대한 질문들을 이야기의 형태로 언급하는 고대적이고, 전-근대적이며, 전-과학적인 방식이다."**[47]

이런 표현이 이전에 자유주의자들이나 신정통주의자들에 의해서 사용되던 표현이었다는 점에서[48] 많은 복음주의자들은 의혹의 눈

---

44 Cf. William Henry Green, *Moses and Prophets* (New York: Robert Carter, 1883), 17-18, quoted in Enns, "Bible in Context,"208, n. 8.

45 Cf. Enns, *Inspiration and Incarnation,* 50.

46 Enns, *Inspiration and Incarnation,* 41.

47 Enns, *Inspiration and Incarnation,* 50: "*Myth is an ancient, premodern, prescientific way of addressing questions of ultimate origins and meaning in the form of stories: who are we? Where do we come from?*"(Enns 자신의 강조점). 한역, 68에서는 이런 필자 자신의 강조점을 다 제거해 버렸다.

48 불트만이 신화에 대해서 언급한 바와 엔스의 이 표현을 비교해 보라. 그 유사성이 매우 분명히 드러나게 될 것이다. Cf. Bultmann, in *Kerygma and Myth,* I, ed., H. W. Bartsch, trans.

길을 그에게 보내는 것이다.[49] 이는 그의 선임자의 한 사람인 영(E. J. Young)이 창세기와 고대 근동의 신화의 관계에 대해서 어떤 입장을 지니고 있었는지를 그가 잘 알고 있었다는 점에서[50] 매우 안타깝다. 그는 자신의 정교수 취임 연설에서 영(Young)은 그런 방향을 지시하였지만 "이 일반적 주제에 대한 발전된 신학적 평가에는 못 미친다"는 말로[51] 자신의 아쉬움을 나타내면서 영(Young)과 자신의 차이를 이미 시사(示唆)하고 있었다고 말할 수 있다.

엔스 교수는 하나님께서 아브라함을 받아들이셨을 때 하나님께서는 "그 당시의 다른 사람들과 같이 아브라함이 그 안에서 생각하던 (고대 세계의) 신화적 범주들도 채용하셨다"고 까지 말한다.[52] 물론 이때 하나님은 아브라함을 단순히 신화적 세계에 머물게 하신 것은 아니고 "고대인의 신화를 변화시키셔서 이스라엘의 이야기가 실재하는 하나님에게 초점을 맞추도록 하셨다"고 말한다.[53] 창세기 이야기는 실재하는 하나님에게 초점을 맞추고 있는 이야기라는 것이다.

셋째로, 그러므로 창세기의 이야기들에 기록된 것은 그것이 기

R. H. Fuller (London: SCM Press, 1961), 381ff. 또한 바르트가 *Saga*나 *Urgeschchte*에 대해서 말하는 바와도 비교하라. Karl Barth, *Church Dogmatics*, III/1: *The Doctrine of Creation*, trans. J. W. Edwards, O. Bussey, and H. Knoght (Edinburgh: T. & T. Clark, 1958), 80, 84f., 90.

[49] 엔스의 신화라는 개념이 결국 신화의 일반적인 의미, 즉 본질적 역사성을 가지지 않은 이야기의 뜻으로 사용된다는 것을 밝히려는 Beale, "Myth, History, and Inspiration," 특히 296-97을 보라.

[50] Cf. Edward J. Young, *Studies in Genesis One* (Phillipsburg, N.J.: Presbyterian & Reformed, 1964), 15-30.

[51] Enns, "Bible in Context,"207, n. 7.

[52] Enns, *Inspiration and Incarnation*, 53: "he also adopted the mythic categories within which Abraham -and everyone else - thought." 한역, 75의 번역은 "아브라함이 속한 당시 고대 세계의 신화적 사고 방식도 받아들이셨다"고 옮겼다.

[53] Enns, *Inspiration and Incarnation*, 53: "... Israel's story ... to focus on its God, the real one."

록하고 있는 대로 사실이 발생했음을 말하는 것으로 여겨서는 안 된다는 함의가 엔스의 논의 속에 강하게 시사되고 있다. 특히 창조 이야기가 포함된 창세기 1-11장까지에 대한 엔스의 논의는 이런 시사를 강하게 하고 있다.

이에 대하여 엔스는 최근의 자신의 한 블로그에서 창세기의 아담 창조 이야기는 결국 인류의 시작에 관한 것이 아니라 이스라엘의 시작에 관한 이야기라고 해석하는 소위 "이스라엘-중심적"아담 읽기(Israel-centered Adam reading)를 제시하고 있다.[54] 그 결과 그는 아담 이외의 다른 인간들이 에덴동산 밖에 살고 있었고, 그들이 가인이 혼인하거나 두려워하는 사람들이라는 해석을 하는 것이다.[55] 그러므로 엔스에 의하면 성경에서 인간의 창조에 대한 사실적 기록을 찾을 수 없는 것이다. 그리고 모든 인류가 아담과 하와로부터 기원하였다는 주장을 할 수 없다고 한다.[56] 엔스는 성경이 그런 읽기를 허용하지 않는다고 말한다.

엔스는 심지어 구약 923장 가운데서 창세기 2-5장과 포수기 후의 한 장인 역대상 1:1에만 나타나는 아담을 중심적 인물로 바울이

---

54 Enns, "Adam is Israel," posted on March 2, 2010, accessed on 5th, April, 2010, available at: http://biologos.org/blog/adam-is-israel/ Cf. Peter Enns, *The Evolution of Adam: What the Bible Does and Doesn't Say about Human Origins* (Grand Rapids: Brazos Press, 2012).

55 한국의 한 이단 단체는 엔스의 이런 해석을 매우 즐길 것이라고 예상할 수 있다.

56 엔스의 2010년 3월 9일자 불로그 글에서는 여러 근거에서 인류가 한 조상으로부터 기원하였다고 볼 수 없다는 논지를 펴고 있다(Peter Enns, "Paul's Adam (1)," posted on March 9, 2010, available at: http://biologos.org/blog/pauls-adam-part-i/). 예를 들어서, 그는 인류가 10만년 이상 되었다는 증거들로 크레타 섬에 13만년 전 석기 도구가 발견되며 이들이 섬에 사는 것으로 보아 배를 타는 기술을 가졌었다고 추론하며, 터어키에는 11500년 전(피리미드보다 7천년)의 것으로 추정되는 신전 터가 발견된 것을 예로 들고 잇다.

그러나 그의 논의는 인류가 오래 되었다는 증거 제시뿐이므로 인류가 다 한 조상에서 왔다는 논의에 대한 반론을 구성하기는 어려워 보인다.

어떻게 말할 수 있었는가 하는 질문을 제기하기도 한다.[57] 그리고 결국 그는 바울의 구약 읽기는 있는 그대로 구약을 읽는 것이기보다는 **선택적이고, 신학적인 의도 하에 이루어진 것이라는**[58] 결론을 내린다.

더 나아가 바울은 현대인이 아니고 고대인이기 때문에 그의 모든 표현에서 우리와 같은 것을 기대해서는 안 된다는 것이 엔스의 결론이다.[59] 즉, 바울은 고대인으로서 아담과 하와가 모든 인류의 조상이라고 생각하였지만 그것은 그 시대에 살던 바울에게는 당연한 것이었으므로 우리도 바울 같이 생각하여야 한다든지, 또 바울이 우리와 같이 생각하지 않으니 틀렸다는 생각을 해서는 안 된다는 것이다. 엔스의 이런 주장 앞에서 복음주의적 입장을 지닌 사람들은 적지 않게 당황하게 될 것이다. 더 나아가서 엔스는 만일에 우리가 바울이 아담 이야기를 문자적으로 읽는 것이라고 주장한다면 그것은 구약 이야기를 창조적으로 사용하고 있는 바울을 실제적으로 잘못 읽는 것은 아닌지 묻기까지 한다.[60]

---

57 Enns, "Paul's Adam (Part 2), posted on March 16, 2010, available at: http://biologos.org/blog/pauls-adam-part-2/.

58 Enns, "Paul's Adam (Part 3)," posted on March 23, 2010, avialable at: http://biologos.org/blog/pauls-adam-part-3/: "Paul's Jesus/Adam parallel does not stem from a 'plain reading' of Genesis. It is *selective and theologically driven.*"(강조점은 덧붙인 것임).

59 Enns, "Paul's Adam (Part (IV)," posted on March 30, 2010, available at: http://biologos.org/blog/pauls-adam-part-4/. 그의 질문은 매우 도전적이기까지 하다: "Should we expect him, therefore, to share views of the world, of humanity, the cosmos, etc., common to his time? Or, does *Paul's inspired status mean that his view of physical reality transcends his time and place?.... Does his inspired status mean Paul cannot share the view of the "ancient science" of his first-century world?*"(강조점은 덧붙인 것임).

60 Enns, "Paul's Adam (Part (IV)," available at: http://biologos.org/blog/pauls-adam-part-4/: "Are we actually misreading Paul when we insist that he is reading the Adam story literally?"

여기서 우리는 "겸손과 사랑과 인내의 해석학"을 요청하는[61] 엔스의 해석학적 다양성 허용 요구가 사실은 자신의 해석을 주장하는 것일 뿐이라는 것에 대한 확증을 얻게 된다. 사실 엔스는 성경으로부터 이런 주장을 하는 것이 아니고, 최근의 블로그에 쓴 글에서 말하듯이 과거에 대해서 우리가 알고 있는 바와 인간의 기원에 관한 성경 이야기의 문자적 읽기가 잘 맞지 않는다는 것에 근거해서[62] 이 논의로 나아가는 것이다.

아담 창조 이야기는, 엔스의 해석에 의하면, 인간 창조에 대한 이야기가 아니라 특정한 백성인 이스라엘 창조에 대한 이야기인데 이 이야기를 태고적 형태로 제시하는 것이라고 해석한다.[63] 창세기의 아담 이야기는 이스라엘 형성에 대한 상징적인 이야기로 보아야 한다는 것이다.[64] 그러므로 먼저 아담 창조 이야기가 있고, 그 후에 이스라엘이 등장하는 것이 아니라, 이스라엘의 형성이 있고, 그 이야기를 반영하면서 아담 창조 이야기가 나타났을 가능성이 높다고 하는 것이다.[65] 엔스는 **성경 자체가** 이런 상징적 읽기를 유도하고 있다고 한다.

---

61 Enns, *Inspiration and Incarnation,* 172.

62 Enns, "Paul's Adam (1)," available at: http://biologos.org/blog/pauls-adam-part-i/: "A strictly literal reading of the Adam story does not fit with what we know of the past."

63 Enns, "Adam is Israel," available at: http://biologos.org/blog/adam-is-israel/: "... the Adam story is really an Israel story *placed in primeval time.* It is not a story of human origins but *of Israel's origins.*"(강조점은 필자가 덧붙인 것임).

64 Enns, "Paul's Adam (1)," available at: http://biologos.org/blog/pauls-adam-part-i/: "the Adam story could be viewed symbolically as a story of Israel's beginnings..."

65 Enns, "Adam is Israel," available at: http://biologos.org/blog/adam-is-israel/: "Maybe Israel's history happened first, and *the Adam story was written to reflect that history.*"(강조점은 필자의 것임).

단순히 이 부분에 대해서만이 아니라 엔스 교수는 "역사적 사건에 대한 보고, 즉 역사 서술(historiography)에는 언제나 특정한 목적을 위한 형성 작업이 동반된다"고 하고, "성경에서 어느 정도로 이러한 재구성이(shaping) 이루어졌으며, 그 목적이 무엇인지는 계속되는 논쟁의 주제라는 것은 의심할 여지가 없다"고 하고 있으므로,[66] 경우에 따라서는 성경의 역사 서술 전체에 대해 상당한 논의를 불러일으키는 역할을 엔스 교수는 자처(自處)하고 있는 셈이다.

넷째로, 구약 성경에 대한 엔스의 어떤 설명들은 이전의 복음주의자들의 주장과 상당히 충돌하는 것이라는 점이 언급될 수 있다. 예를 들어서, 엔스는 "창세기의 이야기들은 BC 2,000년대에 존재하였으나, BC. 1,000년 이전 어느 시점에 오늘날의 형태와 같은 문자로 기록되었을 수는 없다고 가정하는 것이 안전할 것이다"고 한다.[67] 그러므로 엔스는 창세기 기록 자체는 주전 1000년 이후의 어느 시점이라고 생각하는 것이다. 그 동안 이 문제에 대해 많은 논의를 벌여온 복음주의자들은 이에 대해서 상당히 놀랄 수밖에 없을 것이다.

또한 엔스가 "코헬렛은 기독교인들이 당연한 것으로 받아들이는 내세(來世)에 대한 관념이 전혀 없다는 것은 아주 분명하다"와 같이 말하는 것에[68] 대해서도 전도서 해석의 복잡한 문제를 인정하면서도 많은 복음주의자들은 성경의 통일성을 생각할 때 엔스 교수가 너무 지나치게 나아가 말하는 것은 아닌지에 대한 의문을 충분히 제기할 수 있다고 여겨진다.

---

66 Enns, *Inspiration and Incarnation,* 66.

67 Enns, *Inspiration and Incarnation,* 52. 한역, 71의 번역은 너무 단정적이어서 엔스의 조심스러운 논의가 잘 전달되지 않는다.

68 Enns, *Inspiration and Incarnation,* 79: "For what it's worth, Qoheleth clearly has no notion of the afterlife such as Christians take for granted - see 3:18-21."

그는 심지어 서로 모순(矛盾)되는 것으로 보이는 현상을 나열한 후에 "구약 성경의 다양성을 존중하는 것은 하나님께서 구약성경을 우리에게 주신 모습 그대로 구약 성경을 인정하는 것이다"고 까지 말한다.[69]

다섯째로, 이와 같은 구약 이해에 근거해서 엔스 교수는 "구약 성경의 특정 부분을 삶의 규범으로 사용하는 것에 의문을 제기하게 된다"고 말하고 있는데, 이것은 엔스 교수 자신이 인정하듯이 "매우 광범위한 주제"이고 매우 심각한 논쟁을 가져 올 수 있는 주제이기도 하다. 물론 67쪽에서 엔스 교수가 말하는 것은 번역서가 강하게 표현한 것보다는 좀더 부드러운 뉘앙스로 표현되어 있기는 하다.

예를 들어서, 엔스는 "구약의 중심적 기능은 '우리에게 어떻게 하라' 고 말하기 위해 있는 것이 아니다"고 말하는 것이다. 이것은 우리말 번역이 말하는 "결국, 구약 성경은 우리가 따라야 할 규칙을 기록한 책이 아니다"라는[70] 표현보다는 훨씬 균형 잡혀 있고 조심스러운 어투이다. 그 누구도 구약의 중심적 기능을 구속사적 메시지를 떠나서 우리에게 주는 지침으로 말할 사람은 없기 때문이다. 그러나 엔스 교수가 우리를 인도해 가는 방향에 대해서는 많은 의문들이 제기될 수 있는 것도 사실이다. 이런 입장이 극단화되면 우리는 구약에 근거해서 우리의 삶에 대한 어떤 규정적 주장을 전혀 할 수 없게 되기 때문이다.

여섯째로, 결국 엔스는 우리의 모든 신학적 논의들을 다 잠정적

---

69 Enns, *Inspiration and Incarnation*, 80.

70 Enns, 번역서, 94. 이런 강한 번역투는 우리들로 하여금 번역서에 근거해 학문적 논구를 하는 것을 주저하게 하는 이유가 된다. 그러므로 다시 한번 더 번역은 될 수 있는 대로 원문에 가장 가까운 방식으로 이루어져야 한다는 것을 확인하게 된다.

인 것으로 여길 수밖에 없다고 본다. 기본적으로 성경 자체가 철저히 문화의 옷을 입고 있으므로 "우리의 신학적 사고도 우리 문화의 옷을 입고 있다는 사실에 놀라서는 안 된다"고 엔스 교수는 판단하며 이를 강하게 천명하기 때문이다.[71] 이에 따라서 엔스는 "하나님의 말씀이 무엇인가를 규정하려는 우리들의 시도들은 필연적으로 잠정적인 차원을 지닐 수밖에 없다"고 말한다.[72]

그는 심지어 "우리들의 모든 신학적 작업은 시간 제한적(制限的)이고 잠정적(暫定的)이며 더 나아가 타락한 성격을 가지고 있다"는 것을 강조한다.[73] 또한 "어떤 개인이나 전통도 잘못될 수 있다는 것을 인식하여, 상대방의 동기에 대해 성급한 결론은 내리지 말아야 한다"고도 주장한다.[74] 이것이 틀린 말이 아니지만 이 진술의 함의는 심각한 것이다. 매우 핵심적인 교리에 대해서도 전통적 교리를 그대로 유지해 가지 않을 수도 있다는 말이 되기 때문이다. 그동안 정통주의적 입장에 도전하는 분들이 사용하던 이런 논의가 엔스에 의해서 사용되고 있는 것에 대해서 우리는 많이 당황할 수도 있다. 이런 입장에 의하면 잠정적 성격을 지니지 않은 그래서 그것에 대해서 우리가 확실히 말할 수 있는 신학적 진술은 없는 것이 되고 마는 것이다.

일곱째로, 엔스 교수가 말하는 가현설적인 성경관(scriptural docetism)에 대해서 생각해 보기로 하자. 흥미로운 것은 이런 생각

---

71 Enns, *Inspiration and Incarnation,* 67: "But, if even the Bible is a cultural phenomenon through and through, we should not be surprised to see that our theological thinking is wrapped in a cultural clothing as well."

72 Enns, *Inspiration and Incarnation,* 49, 168, 169.

73 Enns, *Inspiration and Incarnation,* 169.

74 Enns, *Inspiration and Incarnation,* 172.

과 표현이 이전에 신정통주의 신학자들이 정통주의적 성경관을 비판할 때 사용하던 용어라는 것이다. 그들은 대개 정통주의적 기독론을 가현설적인 것이라고 하였었고, 정통주의적 성경관에 대해서도 비슷한 지적을 한 일이 있었다. 그런데 이 책에서 피터 엔스가 전통적 복음주의적 성경관을 가현설적인 성경관이라고 하고 있다는 것은 우리들로 여러 가지를 생각하게 한다. 엔스 교수는 "성경의 인간적 특성들을 잘 듣고 그로부터 배워야 한다"고 시사(示唆)한다.[75]

5. 사도들의 구약 해석에 대한 엔스의 이해와 그 문제점

이 논의와 관련한 또 하나의 고전적인 큰 문제로 사도들의 구약 해석을 과연 어떻게 여겨야 할 것인가의 문제가 있다. 내가 보기에 이것은 두 가지 다른 문제가 포함된 문제라고 여겨진다. 첫째는 사도들의 구약 해석을 보는 현상에 대한 질문이고, 또 하나는 그 해석과 우리의 해석의 관계에 대한 질문이다. 이 두 가지 문제 모두에 대한 엔스의 생각과 논의는 과거 복음주의자들의 생각과 논의와 상당한 차이를 드러내고 있다.

첫째 문제, 즉 사도들이 구약 성경을 어떻게 해석하고 있는가에 대한 현상적 관찰에서 엔스는 비교적 정확하다. 그는 사도들의 성경 해석을 있는 그대로 이해할 것을 강조한다.[76] 예를 들어서, 누가복음 20장 34-38절에서 출애굽기 3장 6절을 인용하고 논의하는 방식에

75 Enns, *Inspiration and Incarnation*, 18.

76 Enns, *Inspiration and Incarnation*, 132.

서 누가는 적어도 문법적-역사적 주해를 하고 있지 않다는 엔스의 지적은[77] 옳다고 할 수 있다. 또한 히브리어에서 집합 명사로 (따라서 복수로) 사용된 "자손"이라는 말을 생각하면서, 갈라디아서 3:29에서 바울이 의도적으로 복수로 적용하므로 "제 2 성전기의 관행에 따라 그 단어의 문법적 모호성을 이용하여 그리스도와 그의 백성에 대한 심도 있는 신학적 메시지를 전달하고 있다."고 할 때[78] 엔스는 ("제 2성전기의 관행을 따라"라는 말을 차치해 놓고 본다면) 기본적으로 옳다.

그러나 이런 현상을 "제 2성전기 현상으로서의 사도들의 해석학"으로 제시할 때[79] 복음주의자들은 상당한 의문을 엔스에게 제기할 수 있다. 그렇다면 신약 저자들이 구약을 해석하여 제시하는 것에는 '영감'은 어떻게 되는가? 그들의 구약 해석은 과연 틀린 것인가, 옳은 것인가? 사도들이 구약을 이렇게 해석하는 것은 그저 관례를 따른 것이기만 한 것이고 거기에 '영감'은 작용하지 않은 것인가? 복음주의자들이 아닌 사람들에게는 이런 것이 전혀 문제 되지 않는다. 그러나 복음주의자들을 설득시켜야 할 책임이 복음주의자로 자처하고 복음주의적 해석을 발전시키기 원하는 엔스 교수에게는 있는 것이다.

이와 관련해서 엔스 교수가 호세아서 11장에 실제로 예언적 요소가 있다는 것을 인정하지 않으려는 듯이 나아가는 것에[80] 대해서 의문을 제시할 사람들이 있는 것이다. 마태가 호세아서를 인용하는 다른 동기를 찾으려고 하는 것에 기뻐하는 사람들도 호세아서에 예

---

77 Enns, *Inspiration and Incarnation,* 132.

78 Enns, *Inspiration and Incarnation,* 137f.

79 Enns, *Inspiration and Incarnation,* 132-56.

80 Enns, *Inspiration and Incarnation,* 133.

언적 요소를 부인하는 것에는 의문을 제기할 수도 있기 때문이다.

비슷한 예로 디모데 후서 3:8에 등장하는 모세를 대적한 얀네와 얌브레에 대해서 디모데의 잘못된 지식에 맞추어 주려고 인용한 것은 아니라고 **정확히 말하면서도** "바울이 이 이름을 언급한 것이 오늘 우리에게 있어서 역사적 선언으로 이해되어서는 안 된다"고 말할 때에도[81] 엔스가 영감과 역사적 사실성을 과연 어떻게 생각하는지에 대한 의문이 나타나게 되는 것이다. 기본적으로 엔스는 신약의 저자들이 자신들의 해석된 성경에 맞추어 구약 성경의 일화를 설명한다고 보는 것이다. 그러므로 그는 신약 저자들이 말하는 바가 그대로 옳다고는 보지 않는다.

이와 비슷한 문제의 하나로 바울이 고린도전서 10장 4절에서 말하는 "저희를 따르는 신령한 바위"라는 표현과 관련해서 엔스는 성육신 이전의 그리스도께서 광야에서 이스라엘 백성을 지켜주셨다는 의미를 말하려는 것이라고 옳게 지적하면서도,[82] "저희를 따르는"이라는 말은 고대 유대인들의 해석적 전통에 따라서 그 바위가 그들을 따라다닌 것이라고 해석하고 있는 점이다.

엔스의 해석에 의하면 출애굽기 17장의 광야 생활 초기의 반석에서 물이 나온 이야기와 민수기 20장의 광야 생활 마지막 즈음의 반석에서 물이 나온 이야기를 연결시켜 볼 때 초기 성경 해석가들은 이 두 바위를 같은 바위로 보아 이 바위가 40년 동안 이스라엘 백성과 함께 움직여 갔다는 생각이 형성되어,[83] 바울 시대보다 좀 후기의 문

---

[81] Enns, *Inspiration and Incarnation*, 143. 엔스는 얀네라는 이름이 쿰란 문서의 다마스커스 언약(5:17-19)에 나타나고 탈굼의 위 요나단에 출 1:15에 얀네와 얌브레의 이름이 모두 나타난다고 지적하고 있다.

[82] Enns, *Inspiration and Incarnation*, 150.

[83] Enns, *Inspiration and Incarnation*, 151.

서이기는 하지만 신약 성경 시대의 가까운 문헌인 *Tosefta*의 *Sukkah*에는 이스라엘을 따라 다닌 바위에 대한 이야기가 있고(숙카 1:11), 바울에게 좀더 가까운 시기의 성경 고대사(Book of Biblical Antiquities)에도 이스라엘을 따라 다니는 우물들에 대한 언급(10:7, 11:5)을 예로 들면서 이는 이스라엘 백성들 사이에 이미 이 문제에 대한 상식화된 전통이 있음을 보여 주는 것이라고 해석한다.[84]

엔스는 또한 이와 연관해서 신명기 21:16-20에 대한 탈굼 옹켈로스에 바위에 대한 언급은 없지만 이스라엘을 따라 다니는 샘에 대한 언급이 나타나는 것도 이와 같은 상식화된 전통과 연관된다고 본다.[85]

물론 이런 해석이 있을 수 있는 해석이기는 하지만, 이와 같은 설명은 후기 유대교 문서에 나타나고 있는 것에 근거해 바울과 유대인들이 공동의 해석적인 전통 속에서 사유하였다는 것을 강조하는 것이므로 바울 사상의 계시적 의미를 좀 더 생각하는 사람들에게는 조금은 당황스럽고 엔스가 선뜻 동의하기 어려운 시사를 하고 있다고 생각하게 될 것이다. 그는 최소한 그저 성육신 이전의 그리스도께서 그들과 함께 있으며 그들을 지키셨다는 것을 그들을 따르는 바위라고 표현한 것으로 해석할 수 있는 여지도 남겨주어야 할 것이라고 판단한다.

이 첫째 문제는 신약 성경의 구약 해석을 어떻게 볼 것인가 하는 문제와 밀접히 관련된 문제이고, 결국 신약 성경의 독특한 해석적 지위를 어떻게 보아야 하느냐 하는 문제와 관련된 문제가 아닐 수 없다.

둘째 문제, 즉 사도들의 해석과 우리들의 해석의 관계 문제에 대

84 Enns, *Inspiration and Incarnation*, 150f.

85 Enns, *Inspiration and Incarnation*, 150.

해서 엔스 교수는 성경적으로 옳은 정답을 잘 알고 그것을 언급하고 있다.[86] 가장 균형 잡힌 대답은 역시 리처드 롱게네커가 제시하고 있는 방식이다.[87] 그것은 사도들의 해석 가운데서 우리가 따라야 할 것과 따르지 말아야 할 것을 주의 깊게 분별하는 것이다. 즉, 사도들이 문법적-역사적 방식으로 주해하고 있을 때는 사도들을 따라야 하지만, 그렇지 않을 때는 우리들로서는 주의를 해야 한다는 것이다.[88] 그러나 엔스 자신은 이런 방향으로 가기 어렵다는 시사를 강하게 하고 있다. 우리가 사도들의 시대에 살고 있지 않기에 **주해 방법**(exegetical method)에서 어떤 면에서는 사도들의 해석을 따라가지 않을 수 있다는 데에 대해서는 롱게네커와 입장을 같이 하면서도[89] 엔스는 적어도 우리의 **해석적 목적**(hermeneutical goal)은 사도들의 것과 같아야 한다는 것이다.[90] 이 생각 자체에 문제될 것은 없다. 그러나 롱게네커와 엔스의 입장을 비교하면 엔스는 롱게네커보다는 리처드 헤이스의 생각에 좀더 동감적이라는 것이 여러 곳에서 드러난다. 엔스의 롱게네커에 대한 비판은 매우 강하게 제시된다. 그는 다음 같이 말한다:

---

86 사도들의 해석과 우리 해석의 관계성에 대한 아주 잘 정리된 성경적 해결 방식에 대한 엔스 교수의 간명한 정리 논의로 Enns, *Inspiration and Incarnation*, 156-58을 보라.

87 Cf. Richard N. Rogenecker, *Biblical Exegesis in the Apostolic Period*, 2nd edition (Grand Rapids: Eerdmans, 1975), esp., 219.

88 롱게네커의 입장에 대한 엔스의 좋은 요약으로 Enns, *Inspiration and Incarnation*, 158; 이에 대한 논의와 다른 의견 제시로는 Hays, *Echoes of Scripture in the Letters of Paul*, 18-83을 보라.

89 Enns, *Inspiration and Incarnation*, 159. 그런데 엔스는 계속해서 "우리가 제 2 성전 시기에 살고 있지 않다"는 식으로 표현한다.

90 주해 방법과 해석학적 목적을 구분하여 접근해야 한다는 논의로 Enns, *Inspiration and Incarnation*, 158을 보라.

> 내가 염려하는 것은 롱게네커가 사도의 권위를 제한하는 듯이 비췬다는 것이다. 롱게네커와 같이 사도들의 성경 해석을 문법적-역사적 주해라는 기준에 맞추어 취사선택하는 것은 사도들의 성경 해석을 제대로 따르는 것이라고 말할 수 없는 것 같다. 롱게네커의 궁극적 기준은 여전히 우리의 기준이고, 사도들의 기준이 아니다.[91]

이 비판에 의하면 엔스가 롱게네커보다 사도들의 의도와 성경 해석에 더 충실한 것처럼 보인다. 그러나 이런 인상을 주는 것이 상당히 지나친 면이 있다고 여겨진다. 일반적으로 롱게네커의 해석이 엔스의 해석보다 훨씬 조심스럽기 때문이다. 엔스의 해석은 리처드 헤이스와 같이 좀더 자유스럽다. 이런 자유로움은 엔스가 "한 개인이나 학파나 전통이 하나님의 말씀의 깊이를 소진시켜 버리지 못할 **그런 다중의 의미**"에 대해서 말할 때[92] 잘 드러난다. 이것으로 엔스가 지나치게 나갈까봐 불안하다.

엔스는 왜 그런 방향으로 나아가는 것일까? 제2성전 시대의 맥락과 그 시대의 해석을 중시하는 엔스에게는 롱게네커가 1세기의 문화 현상에 가까운 해석을 거부하는 것에 대한 거부감이 있는 것이다.[93] 사실 엔스는 우리의 구약 해석 방법이 어떠해야 한다는 결론적 논의를 하지 않고 시사(示唆)만 하고 있다.[94]

어쩌면 엔스의 궁극적 관심은 자신이 계속해서 강조하는 바 하

---

91 Enns, *Inspiration and Incarnation*, 158: "... *multiful layers of meaning* insofar as no one person, school, or tradition can exhaust the depth of God's word" (강조점은 덧 붙인 것임).

92 Enns, *Inspiration and Incarnation*, 161.

93 이런 거부감이 표현된 Enns, *Inspiration and Incarnation*, 158을 보라.

94 이런 시사는 Enns, *Inspiration and Incarnation*, 160에 나타나고 있다. 엔스가 이 논의를 더 발전시키지 않은 것이 안타깝다.

나님께서 계시를 구체적 맥락 안에서 주셨다는 것을 좀더 강조하는 것이었는지도 모른다. 그래서 그는 "하나님의 계시는 특정한 시대와 장소에서 그 시대와 장소의 모든 문화적 내용을 입고 표현된다."고 말하며,[95] 이로부터 "성경 저자들의 역사적 맥락이 하나님의 계시의 형태에 결정적 역할을 하였다"는 결론과 "우리 자신들의 역사적 맥락도 우리의 성경 읽기에 결정적으로 중요한 역할을 한다"는 결론을 이끌어 낸다.[96] 그리고 이런 진술 배후에는 전통적 복음주의적 해석이 엔스의 어떤 해석을 막고 있는 것에 대한 거부감과 저항 의식이 있다고 보여진다. 그러므로 좋은 논의로 받아들여질 수 있는 글도[97] 그 맥락 속에서는 다른 함의를 전달하는 것이다.

6. 지혜롭지 못한 표현들?

위에서 언급한 것들은 엔스의 논의 가운데서 매우 심각하게 문제가 제기 될 수 있는 점들에 대한 열거라고 할 수 있다. 이 점들은 심각한 문제점이고, 이는 엔스 교수님께 대한 심각한 문제 제기이다. 이외에도 엔스 교수의 논의에는 사람들이 오해할 만한 안타까운 표현들이 가끔 나타나고 있는 것도 매우 아쉽다. 물론 여기 속하는 점들도 그것에 대해서 엔스 교수가 부여하는 함의에 따라서는 상당히 심각한 것으로 이해될 수도 있는 것이다.

첫째로, 엔스 교수는 "율법들이 결코 그들[이스라엘]에게만 있

---

95 Enns, *Inspiration and Incarnation,* 160f.

96 Enns, *Inspiration and Incarnation,* 161.

97 그 대표적인 예로 Enns, *Inspiration and Incarnation,* 162f.를 들 수 있을 것이다.

는 독특한 것이 아니다"고 말하고 있는데,[98] 그가 말하려는 의도는 "율법들을 지킴으로써 이스라엘이 신적인 공동체가 되어 가는 것"임을 강조하고 율법의 서문인 출애굽기 20:1-6의 독특성이라는 것은 이해되지만, 많은 사람들은 그의 표현 방식에 대해 불편해할 것을 알면서도 굳이 이렇게 표현한 것에 대해 안타까움을 느끼게 된다.

둘째로, 이스라엘의 역사 서술이 자기 성찰의 결과로 이루어진 것이므로 "편견을 가진"(biased) 것이라는 말은[99] 그의 설명을 충분히 들은 후에도 많은 사람들이 꼭 그렇게 표현하는 것보다는 다른 표현이 더 좋지 않겠느냐는 질문을 할 만할 정도로 오해를 사기 좋은 표현이라고 여겨진다.

셋째로, 예수님의 성전 청결 사건이 반드시 두 번 있었다고 해석하는 것은 "엄청난 왜곡"(a distortion of the highest order)이라고 주장하는 것은[100] 엔스 교수가 너무 강하게 표현한 것으로 생각할 수 있다. 물론 필자 자신도 성전 청결 사건이 두 번 있었다고 해석하지는 않는다. 그러나 성전 청결 사건이 두 번 있었다고 주장하는 사람들이 엄청난 왜곡(歪曲)을 하고 있다고 말하기보다는 A. Plummer, B. F. Westcott, R. V. G. Tasker, R. G. Gruenler, Leon Morris,[101] D. A. Carson,[102] A. Köstenberger[103] 등 두 번의

---

[98] Enns, *Inspiration and Incarnation,* 57.

[99] Enns, *Inspiration and Incarnation,* 61.

[100] Enns, *Inspiration and Incarnation,* 65.

[101] Leon Morris, *The Gospel According to John,* NICNT, revised edition (Grand Rapids: Eerdmans, 1995), 166-68. 여기서 그는 Plummer, Westcott, Tasker, Gruenler 등의 해석을 언급하고 있다.

[102] D. A. Carson, *Matthew,* EBC (Grand Rapids: Zondervan, 1995), 441.

[103] A. Köstenberger, *John,* BECNT (Grand Rapids: Baker, 2004), 111. Craig Blomberg, *The Historical Reliability of John's Gospel* (Downer's Grove: IVP, 2001), 87-91에서는 두 입장 다 결정적인 근거는 없으나 자신은 두 번의 청결 사건이 있었다는 쪽으로 기운다는 견해

성전 청결 사건이 있었다고 보는 분들이 그렇게 해석할 수 있는 해석학적 자유를 허용할 수 있어야 한다고 본다.[104]

물론 Beale의 서평에 대한 논의에서 Enns는 자신이 "값싼 조화"(cheap harmonization)를 비판하는 맥락에서 이 말을 하고 있는 것이고, 이런 해석을 하는 학자들을 심각하게 비평하는 것은 아니라고 말하고 있다.[105] 그럼에도 불구하고 성경에 두 번 나타나면 반드시 두 번 나타난 것으로 여겨야만 한다는 입장을 심각하게 비판하고 있는 것은 사실이 아니라고 하기 어렵다.

넷째로, 성경 본문의 문학적 표현에 지나치게 유의함으로써 엔스는 창세기 22장에 대해서 설명하면서 **"이 이야기에서** 하나님은 (아브라함이) 그 시험을 통과하기 전까지 아브라함의 마음을 모르고 계셨다"고 쓰고 있는데,[106] 이는 최소한으로 말한다 할지라도 오해를 불러일으키는 표현이며, 최대한도로 말하면 오늘날의 개방된 유신론자들의 논의와 비슷한 논의를 이끌어 갈 수 있는 표현이기에[107] 이런 식으로 표현한 것에 대한 안타까운 마음이 든다.

사실 노아 홍수 사건 기록에 대한 언급에서 엔스 교수는 우리가

를 말하고 있다. 또한 두 가지 견해가 다 가능하다고 시사하는 R. A. Whitacre, *John*, IVPNTC (Downers Grove: IVP, 1999), 82도 보라.

104 Beale, "Myth, History, and Inspiration," 207f.에서도 이 점을 비슷하게 지적하고 있다.

105 Enns, "Response to G. K. Beale's Review Article of *Inspiration and Incarnation*," 316, n. 7.

106 Enns, *Inspiration and Incarnation*, 103: "*In this story*, God did not know until after the test was passed."(Enns 자신의 강조점, 한역, 144쪽은 이런 강조점들을 다 제거하고 있어 오해의 여지를 더 많이 전달하고 있다.

107 엔스 자신이 이런 논의가 개방된 유신론 논의를 연상시키며 이와 연관된다는 것을 의식하고 있다. Cf. Enns, *Inspiration and Incarnation*, 105f. 그는 자신의 논의가 개방된 유신론이 말하는 추상적 개념들을 직접 다루는 것은 아니라고 말한다(Enns, *Inspiration and Incarnation*, 106). 자신이 관심하는 것은 성경에 하나님이 어떤 분으로 묘사되고 있느냐에 대한 것이라는 것이다. 그러나 그는 결국 이것이 개방된 유신론 논의에 미칠 함의를 잘 알면서 논의하는 것이다.

우려한 방향으로 나아가고 있다는 더 강한 시사를 받을 수 있다. 그는 이 세상에 죄가 들어오는 것과 그에 대한 하나님의 멸함에는 "예기치 못한 어떤 것이 있는 식으로 이야기가 전개된다"고 말하며, 더 나아가서 "**창세기 6장의 하나님**을 어떤 신학적 틀에 맞추어 넣으려 하거나 여기서의 이 묘사를 성경의 다른 구절들과 조화시키려고 하는 것은 이야기를 읽지 않는 것과 같은 것이 되고 만다."고 말한다.[108] 이것은 최소한 이야기 속에서 하나님은 미래에 속한 어떤 것을 모르는 분으로 묘사되고, 그런 것의 발생에 의해 놀라는 분으로 나타난다는 것이다. 그는 결국 "비록 그것이 나에게 불편하다고 해도, 나는 **성경이 하나님에 대해 이야기하는 방식대로** 하나님에 대해서 말해야만 한다고 느낀다"고 말한다.[109] 그러면서 "성경이 참된 권위를 가지는 때는, 우리가 성경이 말씀하도록 허락할 때이다."는 말도 덧붙인다. 이렇게 말할 때 그는 전통적인 하나님 개념을 유지하려고 하는 것은 진정으로 성경을 듣지 않는 것이며, 성경의 권위를 무시하는 것이 된다고 시사하는 것이다. 이렇게 인식하도록 하려는 엔스 교수의 궁극적 의도는 무엇일까?

7. 마치는 말

이 모든 것을 생각한 후에 우리들은 결국 엔스 교수가 복음주의 성경관에 주려고 한 변화에 동의하기 어렵다는 결론을 내리지 않을 수 없

---

108 Enns, *Inspiration and Incarnation,* 104.

109 Enns, *Inspiration and Incarnation,* 106. 여기서는 고쳐 제시했지만, 우리 말 번역서의 자유로운 번역(149) 때문에 원문을 첨부한다: "I feel bound to talk about God *in the way(s) the Bible does,* even if I am not comfortable with it."

다. 물론, 성경의 문화적 정황을 깊이 있게 생각하자는 것, 특히 역대기와 열왕기의 기록의 독특성을 생각하면서 그 의도를 숙고하자는 것,[110] 그리고 욥의 친구들이 추상적인 개념에서는 잘못된 것이 없음에도 불구하고 이를 상황의 특수성을 고려하지 않고 기계적으로 적용한 것에 문제가 있다고 하는 것,[111] 그리고 더 나아가서 성경에서 발견한 것이 우리의 신학적 진술에 영향을 미쳐야 한다는 것에 동의하지 않을 사람은 없을 것이다.

그러나 엔스 교수가 이런 성경 해석을 넘어서서 **복음주의적 성경관을 근본적으로 수정할 것을 요구하고, 따라서 우리의 성경 해석을 상당 부분 획기적으로 변화시켜야 할 것을 요구하는 것에 대해서는 부정적 판단을 하지 않을 수 없다.** 때때로 그는 복음주의자들이 해석학적 다양성을 가지고 서로 허용할 수 있는 것의 한계를 넘어 가고 있고, 복음주의라는 틀 자체를 위험하게 할 수 있는 발언(發言)도 하고 있는 것이다. 더구나 이 책에서도 그리했고,[112] Beale의 서평 논문에 대한 답변에서 엔스가 **강조하듯이** 이 책의 본래적 독자가 학자들이나 신학 공부하는 학생들도 아니고 복음주의적 성도들이라면[113] 엔스의 이런 논의로 그들을 오도(誤導)할 위험은 더 크다고 하지 않을 수 없다.

물론 이런 것이 하루아침에 나타난 것은 아니다. 그 동안 소위 복음주의권 안에서, 심지어 웨스트민스터 신학교 안에서도 점점 이런 방향으로 나아가는 움직임이 있어 온 것이 사실이다. 그 중의 일부

---

[110] Enns, *Inspiration and Incarnation*, 82-85 참조.

[111] Enns, *Inspiration and Incarnation*, 80-82 참조.

[112] Enns, *Inspiration and Incarnation*, 9, 13, 168.

[113] Enns, "Response to G. K. Beale's Review Article of *Inspiration and Incarnation*," 314.

는 바람직한 방향으로 나아가는 것이었고, 일부는 위험한 방향으로 가는 것이었다. (다른 복음주의권 학자들이 자유주의나 신정통주의 입장에 대해서 개방성을 지녀가던 동향은 말할 것도 없거니와) 웨스트민스터의 브루스 왈키나 레이몬드 딜라드 교수나 트렘퍼 롱맨 교수의 구약 해석의 일부분이 그런 방향을 지향하고 있었다고 여겨진다.[114] 이사야서의 저작권 문제에 대한 견해나 창세기 해석 문제들을 그 대표적인 예로 언급할 수 있을 것이다.

물론 엔스를 비롯한 구약 교수들은 로버트 딕 윌슨과 영이 신명기 34장의 모세의 죽음에 대한 이야기를 모세 자신의 주장으로 인정하지 않고 후대에 저자의 산물로 인정한 것,[115] 아가서의 히브리어가 상당히 아람어(Aramaic)에 가깝다는 근거에서 그린과 영이 아가서를 솔로몬의 저작이 아닌 포수기 이후의 작품으로 인정한 것들은[116] 이미 프린스톤과 초기 웨스트민스터가 이런 전통을 가지고 있었는데 그런 전통에 서서 진전해 간 것이라고 말할 것이다.

그러나 단순히 그렇게만 보기에는 영과 엔스 사이에는 상당한 입장의 차이가 있다는 것을 부인하기 어렵다.[117] 그러므로 그 이후에

---

114 Cf. Raymond B. Dillard and Tremper Longman, III, *An Introduction to the Old Testament* (Zondervan, 1994); Bruce K. Waltke, *Genesis: A Commentary* (Grand Rapids: Zondervan, 2001); Tremper Longman, III, *How to Read Genesis* (Downers Grove, IVP, 2005).

115 Robert Dick Wilson, *A Scientific Investigation of the Old Testament* (1929), 11: "That the Pentateuch as it stands is historical and from the time of Moses; and that Moses was its real author, though it may have been revised and edited by later redactors, the additions being just as much inspired and as true as the rest." quoted in Edward J. Young, *Introduction to the Old Testament* (Grand Rapids: Eerdmans, 1949), 45.

116 W. H. Green, *Old Testament Literature: Lectures on the Poetical Books of the Old Testament* (Princeton: Princeton College, 1884), 56 and Young, *Introduction to the Old Testament* (1949), 341=(1964 edition), 349, quoted in Enns, "Bible in Context," 209.

117 엔스 자신이 William H. Green과 E. J. Young과 근자의 창세기에 대한 복음주의 학자들(Bruce Waltke, John Walton, Tremper Longman, III)의 견해를 비교해 보라고 하면서 그 거리를 지적할 정도의 거리를 가지고 있다. Cf. Enns, "Preliminary Observations on an Incarnational

나타난 웨스트민스터의 구약 학자들에게 있던 비평적 견해 수용의 집적이 이번 엔스 교수의 강하고 과감한 주장으로 폭발한 것이라고 감히 표현할 수 있을 것이다. 영 교수가 늘 매우 조심하면서 표현하였다는 것을 잘 아는 엔스 교수는[118] 그 조심스러운 행보와 보조를 맞추지 못하고 결국 어느 정도의 한계를 지나치게 빨리 넘어선 것일까? 엔스 교수가 자신의 취임 연설에서 이전의 구약 교수들이 전통을 보존하는 지속적 개혁파 입장에 있으면서도 그로부터 진전하는 항상 개혁적인 작업 사이에 끼여 있었다고 말할 때[119] 그는 자신도 역시 그 사이에 있음을 느끼면서 말하였던 것으로 여겨진다. 그러나 그는 그런 끼임의 위치에서 개혁파 적이기 보다는 계속해서 개혁하는 쪽으로 한발 더 나간 것으로 판단된다.

필자가 보기에는 개혁신학, 심지어 복음주의 신학을 위협할 수 있는 그런 위험한 방향성 자체에 근본적 문제가 있다고 여겨진다. 그 때 그때마다 **적절한 논의가 있었다면** 이러한 폭발을 막을 수 있었을 것이다.

Model of Scripture: Its Viability and Usefulness," 234.

118 Cf. Enns, "Bible in Context," 209, 210 그리고 209, n. 13. 엔스는 이전 교수들의 조심성을 다음과 같이 비유적으로 표현하기도 한다: "they may have tested the water ten times before entering."

119 Enns, "Bible in Context," 210: "They were caught between preserving tradition and moving it forward, between always reformed and always reforming."

제 4 부

매력적이나 먼 이웃의 신학들

Theologies Next Door:

A Reformed Response to
Various Theologies of Our Neighbours

9

우리는 존 요더(John Yoder)와 어디까지 같이 갈 수 있을까?

존 요더의 젊은 시절

20세기 말과 21세기 초에 기독교계에 강한 영향을 미치고 있는 사람들 중 하나로 우리들은 존 하워드 요더(John Howard Yoder, 1927. 12. 29-1997. 12. 30)를 들지 않을 수 없다. 그는 비주류 종교개혁 운동으로 시작하였고 항상 주류(mainline stream)에 속하기를 거부(拒否)해 온 아나뱁티스트들 가운데 하나인 메노나이트 전통의 한 주장을 기독교계 주류(main stream)의 목소리로 들리게 한 중요한 인물이다. 그래서 나는 요더와 관련하여 재세례파의 아이러니(Anabaptist irony)라는 말을 자주하곤 하였다. 처음부터 그리고 근본적으로 주류(主流)이기를 거부(拒否)하는 주장을 주류의 목소리의 하나가 되게 한 인물이기 때문이다. 그 주장은 일단 신약 성경이 말하는 예수님의 목소리를 그대로 순종하자는 것이니 감사한 일이 아닐 수 없다.

일단 이 짧은 글에서는 요더가 어떤 인물인지를 간단히 언급하고, 그의 주장에 대해서 우리가 즐거운 마음으로 환영하며 따라 가야만 하는 점들을 언급한 후에 그러나 우리가 요더를 성경을 존중하는 그리스도 안에서의 한 형제로 인정하면서도 우리로 하여금 끝까지 요더와 같이 하지 못하도록 하는 점들이 무엇인지를 고찰해 보기로 한다.[1]

1. 요더, 그는 누구인가?

죤 요더

일반적으로 사람들은 요더를 "20세기의 가장 명석하고 영향력 있는 기독교 윤리학자 중의 한사람"으로 또는 "가장 강력한 기독교 평화주의의 변증가"라고 평가한다.[2] 1927년 12월 29일 미국 메노나이트 가정에서 태어나 메노나이트 대학인 고센 대학을 졸업한 그는 21세 때인 1949년에 오하이오주 우스

[1] 이하 논의는 기본적으로 John Howard Yoder, *The Original Revolution: Essays on Christian Pacifism* (Scottdale, PA: Herald Press, 2003), 김기현, 전남식 옮김, 『근원적 혁명: 기독교 평화주의에 대한 에세이』 (대전: 대장간, 2011)에 대한 서평으로 이루어질 것이다. 그러므로 이하의 이 책으로부터의 인용은 한역판의 쪽수만을 본문의 괄호 중에 밝히는 식으로 이루어질 것이다.

[2] 이 평가는 미국 동부 메노나이트 신학대학원 교수인 마크 네이션(Mark Thiessen Nation)이 위의 책의 서문에서 제시하고 있는 평가이다(23).

터(Wooster)에서 프랑스의 로렌(Lorraine) 주 낭시(Nancy) 시로 이주(移住)하였다고 한다. 여기서 그는 메노나이트 중앙위원회(Mennonite Central Committee)와 협력하여 2차 세계 대전 중에 고아된 아이들을 살피고 돌보는 일을 하게 되었다. 수년간에 걸친 요더의 사역은 효과적이어서 많은 프랑스 메노나이트들은 "요더가 없었더라면 많은 이들이 평화와 정의의 복음을 수용하기를 거부하는 것은 물론이고 교회와 기독교 신앙까지를 포기했었을 것이라고 말했다"고 한다(25).

아주 자연스럽게 요더는 1952년 프랑스 메노나이트인 앤 마리 구트(Ann Marie Guth)와 혼인하였고, 1950년 가을부터 스위스 바젤 대학에서 시간제로 강의를 듣기 시작했던 그는 1954년 가을 바젤로 이사하여 본격적으로 공부하기 시작하였으니 당시 바젤 대학에 있던 칼 바르트, 오스카 쿨만, 발터 아이히로트, 보 라이케, 발터 바움가르트너, 핸드릭 반 오옌, 하인리히 오트, 그리고 칼 야스퍼스 같은 이들의 강의와 colloquia에 참여하면서 에른스트 슈태헬린의 지도 하에서 1923년-1938년 사이의 스위스 주류 종교개혁자들과 재세례파의 논쟁에 대한 박사 학위 논문을 썼다. 또 이때에 평화에 대한 에큐메니칼 대화에서 여러 차례 강연하였고,[3] 당시 평화 문제에 대한 신학적 거장들인 바르트와 니이버에 대한 소논문을 써서 발표하였고,[4] 유럽 메노나이트 들의 신학적 대화에 참여하였다.

---

3 그 강의들에 대한 축약 된 형태들의 논의가 Donald Durnbaugh, ed., *On Earth Peace: Discussions on War/Peace Issues between Friends, Mennonites, Brethren and European Churches, 1035-1975* (Elgin, IL: The Brethren Press, 1978)에 실려 있다고 한다.

4 John Howard Yoder, "Reinhold Niebuhr and Christian Pacifism," *The Mennonite Quarterly Review* 29 (April 1955): 101-17. 바르트에 대한 1957년의 논문은 후의 요더의 책인 *Karl Barth and the Problem of War and Other Essays on Barth*, ed., Mark Thiessen Nation (Eugene, OR: Wipf & Stock Publishers, 2003)으로 출간되었다.

1957년 미국으로 돌아간 요더는 1959년부터 1965년까지 인디아나주 엘크하르트(Elkhart)에 있는 메노나이트 선교부(Mennonite Board of Missions)에서 해외 선교 담당 행정 부국장으로 사역하면서 선교사들을 섬기며 NAE, NCC, WCC 등의 활동을 광범위하게 하였다. 그러다가 1966년에는 남미의 해방신학에 대한 초기 대화에 참여하였고 계속해서 남미 신학에 관심을 가지고 그들을 비판하면서 도움을 주어 남미 신학회(Latin American Theological Fraternity) 명예 회원으로 추대되기도 하였다고 한다.[5]

그 후 요더는 자신의 모교인 고센 대학, 그 후에 메노나이트 연합 성서신학교(AMBS), 그리고 천주교 대학인 노트르담 대학교에서 교수로 재직했고, 미국 기독교윤리학회 회장을 역임하기도 했다.

2. 요더의 성경적 증언에 대한 공감과 '철저한 따름'에의 요청

요더의 주장 가운데서 성경적인 가르침과 일치하는 것들은 모든 그리스도인들이 다 같이 공감하고 찬동하며 그야말로 우리의 모든 것을 다하여 철저히 따라야 한다. 이것이 우리가 요더에게서 배우는 가장 중요한 점이기도 하다. 기본적으로 요더는 성경에서 발견되는 예수님의 요구에 모든 것을 다하여 철저히 따를 것을 스스로와 모든 그리스도인들에게 요청한다. 이는 요더와 더불어 모든 그리스도인들이

---

[5] 남미 신학에 대한 요더의 의미에 대해서는 Samuel Escobar, "Latin America and Anabaptist Theology," in *Engaging Anabaptism,* ed., John D. Roth (Scottdale, PA: Herald Press, 2001), 75-88, 189-90을 보라고 한다.

항상 힘써 오던 것이다. 비록 요즈음에는 그렇지 않다고 다른 소리를 발(發)하는 사람들이 늘어 가고 있지만, 고래(古來)로부터 진지한 그리스도인들은 누구나 성경에 있는 그리스도의 명령에 철저히 복종할 것을 주장해 왔다. 그러나 이를 구체적으로 말할 때 사람들은 의견을 달리 하기 시작한다. 그래서 일단 요더가 말하는 것 가운데서 성경적 메시지를 정확히 잘 드러내어 있다고 생각되어 우리가 철저히 따라야 하는 것들을 언급해 보기로 하자.

첫째로, "예수와 우리의 우선적 의제(議題, agenda)는 죽음이나 불안이 아니라 불의(不義)와 불법(不法)이다. (그러므로) 위안이나 수용이 필요한 것이 아니라, 인간이 서로 사랑하며 더불어 살아가기 위한 새로운 질서가 필요한 것"(40)인데, 그것은 "현 질서에 대한 하나님의 심판과 또 다른 질서의 임박에 대한 약속"이라는 요더의 말은 매우 중요하다. 이 하나님 나라와 관련하여 예수님께서 12제자를 부르셨으며 "이 숫자가 이미 이스라엘을 재구성하겠다는 의지를 상징적으로 보여준다"는 지적, 그리고 "이 모든 것은 새 시대가 이제 막 시작되고 있음을 극적으로 선포한다"(58)는 말은 매우 옳은 것이다. 그는 "새 시대는 성육신과 그리스도의 전체 사역과 함께 결정적인 방식으로 역사 속으로 들어 왔다"(79)고 정확히 말하며, 그러므로 신약 성경은 "현재 시대를 두 시대가 겹치는 시기로 보고 있다"고 바르게 지적한다(78).

또한 제자들에게 예수님께서 요구하시는 것이 "이런 기준을 사용하는 사람이 그것에 따라 믿지 않는 세상을 통치할 수 있다거나, 번영하고 유명해질 것이라고 제안하지 않는다. …… 그것은 '성공'이나 '효율성' 보다는 그분에게 더 많은 관심을 기울인다"(60)는 말은 매우 옳다.

예수님의 하나님 나라에 대한 선포에 대립하여 서는 다른 길들, 즉 (1) 현 상황을 있는 그대로 받아들이는 현실주의 노선(예수님 시대의 헤롯당과 사두개인들의 노선), (2) 혁명적 폭력을 주장하는 노선(열혈당원들, the Zealots, 1960년대 젊은이들의 주장들), (3) 광야로 나가 자신들만의 순수성(純粹性)을 지키려는 "외부로의 이주"의 길(사해 문서를 탄생시킨 그룹, 아미쉬 공동체나 모든 이민 세대들, 캘리포니아 협곡의 히피들), (4) 그리고 문제 한가운데 살면서도 순전하고 분리적인 삶을 살려고 하는 소위 적합한 종교의 길인 내부로의 이주의 길(바리새주의의 길)과 다르다고 말하는 것도 옳다. 그리고 예수님께서 택하시고 제시하신 길은 아브라함부터 시작되는 것이라고 언급한 것도 옳다(49). 순례의 길을 떠나 이 세상 사람들의 삶과는 전혀 다른 삶의 길을 향해 예수님께서 사람들을 불러 모으셔서 "자기 주변에 인류가 전에는 보지 못했던 전혀 다른 사회를 창조하셨다"(50)고 말하는 것도 옳다.

둘째로, 산상수훈에서 예수님께서는 사실 구약의 의도를 잘 드러내신 것임을 지적하고 있는 점에서 옳다고 할 수 있다. 특히 "나머지 세 가지 대조는 이전의 율법이 실제로 의도했던 바를 파악할 때 이해하게 된다"는 것이 매우 옳은 지적이다(65). 즉, "비록 예수가 보복폐지를 강력하게 한 걸음 더 밀고 나갔을지라도, 그것은 고대의 율법 조항과 같은 방향성을 띠고 있다"(66). 예수님의 의도는 "구약의 전면적인 부정이 아니라, 서기관들과 바리새인의 의라는 당대의 전통적 해석의 부정이다"라고 지적한 것은 매우 옳은 것이다(66).

셋째로, "예수님에 의하면, 폭력적 혁명은 너무 많은 것을 변화시키기 때문이 아니라, 변화시키는 것이 거의 없기 때문에 잘못된 것이다"(45). 또한 그는 "칼로 만들어낸 질서는 본디 예수께서 공표했던 새로운 백성됨이 아니었다"(46)고 정확하게 지적한다. 우리는 그 어떠한 저항도 하지 말아야 하니 "우리가 거절하는 저항은 악을 악으로 갚는 반응이다"(71)라고 하면서, 예수님이 제안하시고 우리가 따르는 "대안은 자신의 목표를 거절당하고, 악에 굴복당한 사람에 대한 창조적 관심"이라고 말하는 것도(71) 매우 옳다.

넷째로, 요더는 교회를 하나님의 백성으로 잘 이해하면서 이 교회 공동체가 "사회 변혁을 위한 가장 강력한 도구"라고(53) 지적하고 있는 것은 매우 옳은 점이다.

3. 요더의 논의에 대해 아쉬운 점

이와 같은 요더의 논의 가운데서 가장 아쉬운 점은 예수님께서 세우신 그 새로운 공동체와 십자가가 이룬 구속의 관계가 분명히 제시되고 있지 않다는 점이다. 이것은 요더의 진정한 의도가 무엇인가에 따라서 (만일에 요더가 구속(救贖)을 마음속으로 분명히 전제하고 논의하는 것이라면) 이를 분명히 드러내지 못하여 사람들로 하여금 별로 의식(意識)하지 못하도록 하는 불명료(不明瞭)성의 문제를 드러내는 사소(些少)한 것이라고 할 수 있지만, (만일에 그가 구속을 실질적으로 심각하게 생각하지 않는다면) 이것은 요더의 가장 심각한 문제가 될 것이다. 우리가 지금 검토하고 있는 책인 『근원적 혁명』에서나 요더의 가장 중요한 저작으로 인정되는 『예수의 정치학』에서도 구속과 하나님 나라 백성됨의 관계가 상당히 모호하게 나타나고 있다. 그러므로 이 세상에 있는 모든 복음주의적 그리스도인들은 이 점을 가장 심각하게 질문하지 않을 수 없다.

최대한으로 말한다면, 요더에게 있어서 십자가의 길은 모든 사람이 그를 따라 가야 할 길이지, 그로 말미암아 구원 받는 길은 아닌 것이 된다. 그래서 요더가 "재차 말하거니와 우리의 본보기는 십자가다"라고 할 때(87) 우리는 일면(一面) 불안(不安)한 것이다. 그렇게 되면 십자가의 길은 이 세상에서 진정한 평화를 이루기 위해서 우리들이 애쓰고 노력하며 갈 길이 되기 때문이다. 또한 요더는 제자도의 윤리를 "예수가 내린 윤리적 결단을 묘사함으로 표현할 수 있다"고도 표현하고 있다(56). 또한 다음 같은 인용문도 우리들의 이런 의혹을 증폭(增幅)시키기에 충분하다.

> 옛 언약에서 한쪽 눈에는 오직 한쪽 눈만으로 보복을 제한했던 것이 이제는 공격한 사람을 구제(redemption)하기 위해 필요한 특별한 사랑의 척도가 되었다. 이것이 완전한 사랑이다. 이것이 바로 율법이 일점일획도 없어지지 않고 다 성취된다는 의미이다(71).

요더는 여러 곳에서 이웃 사랑이 "실제로 가능하다"고 하며(73), "하나님 사랑의 본질과 그의 나라에 대한 가장 적절한 증언이다"라고 말한다(73f.). 이와 같은 말이 우리가 예수님을 본받아서 원수를 사랑하는 것을 철저히 하여 선으로 악을 이겨야만 완전한 사랑이 성취되며 율법을 이룬 것이 된다고 한다면, 결국 요더는 또 다른 율법주의적 구원론을 제안하는 것이 된다. 그러므로 요더와 관련하여 가장 심각한 논의의 문제가 바로 여기에 있다고 하지 않을 수 없다.

그러나 아주 최소한으로 말한다고 해도 요더는 구속에 대해서 별로 명확하게 말하지 않으며, 그래서 구원 문제에 대해서 모호하게 하는 문제점을 드러내고 있다고 말하지 않을 수 없다.

요더의 논의에 대한 둘째 아쉬움은 하나님 나라의 현재성과 미래성에 비교적 충실하게 말하면서도 때로는 그 구조와 일치하지 않게 표현하는 말도 나타난다는 점이다. 예를 들어서, 그는 산상수훈에 대해 말하면서 "그것은 하나님 나라가 다가올 때 그 자신을 그 나라에 부적합한 자가 아닌, 그곳에 편안함을 느끼고, 그에 합당한 삶을 사는 사람들로 발견되기를 사모하는 것이다"라고 말하여(62) 하나님 나라의 현재성의 여지를 인정하지 않는 듯한 말도 하고 있어 불편하다.

셋째로, 교회 공동체가 "의도적 공동체"(intentional community)임을 강조하기 위하여 출생으로 가입하기는 불가능하며 오직 회개를 통해 왕에게 자원하여 충성을 맹세함으로써만 들어올 수 있다는 것을 강조하는 것은(50f.)[6] 이해할 수 있으나 이로부터 이 공동체에는 "제2세대 구성원이 존재하지 않는 사회"라고 하면서(51) 마치 유아 세례는 비성경적인 듯한 인상을 주는 것은 또 다른 깊이 있는 논의를 필요로 하는 심각한 문제가 아닐 수 없다.

넷째로, 지옥 교리를 "최후의 순간에 이르기까지 자유를 존중한 것"이라고 해석하는(85) 요더는 구원론적으로는 최대한 말해야 알미니우스적임을 드러낸다. 성경적으로 알미니우스에게 동의하지 않는 분들은 이 점에서는 요더와 같이 갈 수 없을 것이다.

---

6 이와 연관해서 요더는 "자발적으로 그의 제자단에 가입한 사람에게만 (제자도의 윤리가) 구속력이 있다"고 지적한다(60).

4. 요더의 근원적 문제점들

요더의 근원적 문제는 역시 그의 **절대적 평화주의 주장**에 대한 것이다. 요더를 비롯한 모든 평화주의 주장자들은 평화주의의 주장에 사로잡혀서 그것에 근거해서 성경 전체를 해석하려고 시도한다.

이런 평화주의 주장은 결국 다른 사람들의 주장에 기생(寄生)하는 주장이라고 할 수도 있다. 요더가 말하는 절대적 평화주의 주장이 있을 수 있는 것은 이 세상의 다른 사람들이 모두 다 그리하지 않을 것이기 때문이다. 자신들은 이렇게 주장하여 빛을 비추면 그것으로 빛이 나고, 이 세상은 다른 사람들의 권력 투쟁으로 그 질서가 한 동안은 유지되리라고 생각하는 것이 되기 때문이다. 예를 들어서, 미국 내의 메노나이트 주장이 설 수 있는 것은 다수(多數)의 사람들이 이에 동의하지 않고 미국에 대항하는 세력들과 계속 싸울 것이기 때문에 그 안에서 계속 그와는 다른 목소리를 발하며 빛을 비추려고 하는 것처럼 보일 수 있다. 이것을 우리나라 정황으로 옮기면 만일에 북한이 무력을 사용할 때 요더의 절대 평화주의 주장에 동의하는 사람은 전혀 무력을 사용하지 말아야 하는데, 그것은 이 땅의 모든 사람들이 다 그리하지는 않으리라는 것을 전제로 하고서 우리들은 절대 평화주의를 주장하는 입장을 천명할 것이라고 하는 것이므로 결국 다른 이들의 불순종에 기생하여 가는 주장이라는 것을 면하기 어려운 것이다.

또한 절대 평화주의는 이 세상에 대해서 책임지려는 의식이 없는 주장이라고 하지 않을 수 없다. 사실 이것은 종교개혁 당시부터 사회 전체에 대해서 고려하는 주류 개혁자들과는 달리 일정한 집단의 사람들만을 중심으로 논의하는 비주류 종교개혁, 또는 좌파 종교개혁자들(left reformers)의 특징을 그대로 물려받은 것이다. 이런 입장에서는 사회 전체에 대한 이상을 제시할 필요가 없기 때문이다. 요더는 제자도의 윤리는 "그들이 세상에서 소수자가 될 것이라고 전제한다"고 하면서 "모든 사람이 그들처럼 행동한다면 세상이 어떻게 될까에 대한 물음에 즉각적으로 대답할 필요도 없다"고 말한다(60f.). 왜냐하면 요더가 이해한 바에 의하면 그리스도 초림과 하나님 나라의 도래에도 불구하고 "국가는 그리스도의 도래로 변하지 않기"때문이다(83).

그 부산물로 이런 절대 평화주의 주장은 결국 모든 군대의 군목(chaplain)이 없어져야 한다고, 병원에 원목이 없어져야 한다는 것이 되고, 의회(議會) 내에 함께 기도하는 모임이 없어져야 한다고 주장하는 것이 된다. 그것이 현실적으로 더 좋은 결과를 만들어 내는지, 아니면 더 많은 문제를 양산(量産)하게 될지를 더 심도(深度) 깊게 생각해야 한다.

둘째로, 이런 평화주의 이데올로기에 사로잡힌 요더는 개신교의 정통주의적 주장이 잘못된 이해라는 인상을 광범위하게 드러낸다. 그리하여 요더는 그리스도께서 율법의 마침이 되신 것을 강조하는 개신교의 주장을 "개신교적 도피 수법"이라고 말하면서 "결코 충족시킬 수 없는 불가능성으로 우리를 몰아넣은 율법의 요구는 나만을 구원코자 하는 신앙으로 우리를 인도한다"(64)고 말하고 있는데, 물론 그런 개인주의적 오해를 한 사람들이 있겠지만 개신교 정통주의를 제대로 이해할 때에 신앙을 그렇게 개인주의적으로만 이해하고 제시할 수는 없기에 요더의 이런 주장은 자신의 메노나이트적 주장을 세우기 위해 개신교 정통주의에 대한 허수아비를 세워 놓고 공격하는 것이라는 인상을 주게 된다.

그의 논의를 따라 가다 보면 전통적 주류 개신교의 입장은 서기관들과 바리새인들의 의와 같이 합리적 수준의 정당한 자기 이익을 전제하면서 예수님의 의도에 철저하지 않은 것으로 희화(戱畵)되어 제시된다. 예를 들어서, (요더에 의하면) 주류 개신교의 주장은 "자아 훈련은 요구하지만 자기 부인은 요구하지 않는다. …… 멍에를 메라고 하지만 십자가를 지라고는 말 못한다.…… 국가든 개인이든 생존의 순간에는 도덕적 엄격성을 제한한다."는 것이다.(68) 그러나 과연 개신교 정통주의에 대해서 이와 같이 말할 수 있는 것일까?

이런 태도 때문에 요더는 개신교의 주장도 콘스탄틴적 이교(異教)의 한 부분으로 묘사하는 것이다. 이런 요더의 입장과 주장에 의하면 예수님의 순수한 가르침에 따르던 순수한 초대 교회가 콘스탄틴의 인가로부터 이교(異教)화하고 국가의 마성화(魔性化)를 돕는데 기여하였고, 종교 개혁 시대의 재세례파가 이에 저항하였으며, 우리시대에 필요한 것은 이런 콘스탄틴적 이교화를 벗어나서 순수한 형태의 교회로 회복해 가는 것이라고 한다.

마지막으로 성경 비판에 대한 요더의 태도에 대해서 말하지 않을 수 없다. 이를 잘 드러내는 가장 대표적인 예로 우리는 "본문과 역사적 예수 자신의 말을 구분하는 것은 우리의 관심사가 아니다"(57)와 같은 말을 들 수 있다. 요더가 성경에 대한 비판적 견해들을 적극적으로 찬동하면서 논의하는 것은 아니지만 **최소한으로** 말하면 성경에 대해서 비판적 견해를 지닌 사람들과도 아주 오래 같이 갈 수 있는 사람으로서 말하고 있다고 할 수 있고, **최대한으로** 말하면 성경에 대해서 비판적인 입장을 가지고 있으면서도 성경에 대해서 철저하기를 바라는 듯이 말하는 것이다. 그래서 요더는 "마태복음서 전체, 특히 마태복음의 확장된 강화는 구체적인 교리문답식 기능을 위해 초대교회가 유지해 왔고, 전수해 온 것이라는 학자들의 합의가 모이고 있다"고 논의한다(74, n. 1). 철저한 복음주의적 입장을 지닌 사람들은 때때로 요더가 말하는 방식이 불편한 경험을 하게 될 것이다.

예를 들어서, 요더는 마리아의 찬가(Magnificat)를 "마카비의 언어"라고 하며 "혁명적이고 전투적 외침"이라고 말한다(35). 또한 그는 히브리인들이라는 말이 "본래 '강을 건넌 사람들'을 뜻하는 호칭이었다"고 아주 당연시하며 말한다(50). 또한 "더 광범한 역사적 분석을 토대로 한 학파의 해석에 의하면"이라고 하면서 그것이 바른 해석이라는 시사(示唆)를 주면서 요더는 "예수께서 유대교 바리새파의 한 분파에서 기인하였으며 그 안에서 사역했다는 결론을 내렸다"고 하면서 "산상수훈은 그 자체가 랍비적이면서 바리새파 전통 속에 속하는 자료이다"고 말한다(74f. n. 4).

이와 연관해서 요더는 때때로 성경에 대한 비판적 견해를 반영하면서 **확인할 수 없는 다소 과장된 주장**도 하니 대표적인 예로 요더는 "제자 중에는 …… 다른 무리보다는 열심당 출신들이 더 많았고"라고 하는데(44, 88), 이를 분명히 확인하기는 어려운 것이다.

그 결과로 요더는 자신은 결과적으로는 다른 말을 하려는 것이지만 많은 혁명 신학과 같은 방식으로 말하기를 즐겨한다. 예를 들어서, 요더는 복음은 1960년대의 의미로는 "배트남전의 종식"을 의미하니 이는 "우리 중의 일부만을 행복하게 만드는 사건이 아니라 우리 모두의 공통 삶을 더 나은 모습으로 변화시킨다는 의미"에서 그렇게 말할 수 있다고 하는 것이다(37). 그는 또한 "하나님께서 이제 막 시작하시려는 그 일은 가난한 자들에게는 좋은 소식이요, 거만한 자와 부자에게는 나쁜 소식이 될 것이다"라고 말한다(38). 물론 이렇게 말할 때 그의 의도는 하나님이 가져오시는 변혁은 "경제적, 사회적 변혁을 포함한다"는 것을(38) 말하려는 것이기에 그의 표현 방식은 오해를 낳는 것이라고 할 수 있다. 그가 말하려는 바는 그저 가난한 자에게 좋은 소식이요 그저 부자에게 나쁜 소식이라는 말은 아니기 때문이다. 그러므로 모든 표현을 오해 사지 않도록 하는 방식으로 표현하는 것이 필요했을 것이다.

10

레슬리 뉴비긴(Leslie Newbigin)의 신학에 대한 한 고찰[1]

레슬리 뉴비긴

대학생 때 친구의 권면에 따라 매일 점심시간 전 30분 동안 성경을 읽고 기도하면서 기독교적 이해를 추구하던 한 젊은이, 웨일즈 지역 실업 광부들을 위한 휴일 캠프를 도우면서 그 일의 효과에 대해서 의문에 차 있던 중에 십자가가 나타나는 환상을 보고 가장 비참한 환경에까지 미치는 하나님으로부터 오는 희망의 약속을 본 듯하다고 확신한 한 젊은이, 몇 년 후 기독교

[1] 이 글은 Leslie Newbigin, *The Gospel in a World of Religious Pluralism* (London: SPCK, 1989), 허성식 역, 『다원주의 사회에서의 복음』 (서울: IVP, 1998)에 대한 서평 중심의 논의로 쓰여진 것이다. 탁월한 번역에 감사를 드리고, 때때로 나타나는 번역과 음역의 문제는 본문 가운데서 논의하는 중에 시사될 것이다. 이 글은 「목회와 신학」 편집부의 요청으로 쓰여져서 그 잡지에 게재되었던 글임을 밝힌다.

사역(Christian Ministry)에 헌신하고, SAM의 지체와 간사로 활동하면서 그의 아내가 된 헬렌과 선교사로 결단한 젊은이, 그 일을 이루기 위해 신학교에서 (영국에 슐라이어마허를 진지하고도 체계적으로 소개한) 존 오만(John Oman) 밑에서 자유주의적 신학을 공부한 신학생, 그러던 중 로마서 공부를 통해 **구속의 중심성과 객관성**을 확신하는 사람이 된 젊은이, 그리하여 그 열정을 가지고 1936년 인도의 선교사로 가서 효과적으로 사역하며 남인도 주교(Bishop of South India) 역할을 오랫동안 수행했던 그 사람이 바로 레슬리 뉴비긴(Leslie Newbigin)이다.

레슬리 뉴비긴

그는 남인도 주교로 있으면서 또한 〈세계교회협의회〉(WCC)의 여러 활동들, 특히 〈세계 선교와 복음화 위원회〉에서 활발하게 활동하고, 1952년에는 칼 바르트, 에밀 부룬너, 라인홀드 니이버 같은 신학자들과 함께 구성된 25인 위원회의 의장으로 그리스도인의 희망에 대한 성명서를 작성하는 일을 하기도 하던 WCC의 중요한 지도 인사였다.

1974년 은퇴 후에는 인도에서 도보 여행으로 영국으로 돌아가(65세) 버밍햄의 〈셀리 오크 선교사 훈련 대학〉에서 가르치고, 영국 교회의 여러 문제에 관여한 후 그가 발견한 문제를 지적하는 영국을 포함한 서구 교회에 대한 도전서라고 할 수 있는 *The Otherside of 1984: Questions to the Churches*를 내었고,[2] 프린스톤의 워필드

[2] Leslie Newbigin, *The Otherside of 1984: Questions to the Churches* (Geneva: WCC, 1983). 이는 서정운 총장의 번역으로 『서구 기독교의 위기』 (서울: 대한기독교서회, 1987)로 소

강좌를 하고 *Foolishness to the Greeks: The Gospel and Western Culture*를 낸,[3] 그러면서도 늘 겸소하고 따뜻한 이웃 환대가로 노년을 보내고, 1998년 1월 30일에 88세의 나이로 세상을 떠난 따뜻하고 겸손하면서도 용감하게 서구 기독교의 문제를 지적할 수 있었던 **인도와 영국 두 세계 모두에 대한 선교사**라고 칭할 수 있는 이 영국인에 대해서 우리는 무엇이라고 말할 수 있을까?

레슬리 뉴비긴의 공헌

『종교 다원주의 사회 속에서의 복음』에서 뉴비긴은 종교 다원주의와 내포주의의 문제점과 특히 그 이데올로기적 성격을(36) 잘 드러내어 효과적으로 비판하고 있다고 할 수 있다. 특히 레슬리 뉴비긴은 이런 종교 다원주의와 내포주의가 지난 300년 동안 서구 사회에서 발전되어 온 사상에 그 뿌리를 두고 있음을 잘 드러내어 주고 있다(2장, 3장, 4장, 13장). 지난 300여 년 동안 서구 사상은 결국 '사실의 세계'(world of facts)와 '가치의 세계'(world of values)를 철저히 나누는 새로운 이원론(二元論)을 발전시켰는데, 이것이 옳지 않으므로 우리는 이런 이원론에 근거한 사상을 가져서는 안 된다는 것을 뉴비긴은 잘 보여 준 것이다. 더구나 이런 이원론에 근거한 전통적 기독교 비판은 결국 인본주의적이고 합리주의적 전통이라는 또 다른 신앙(믿음)에 근거한 것임을 뉴비긴은 잘 보여 주었다. 그래서 뉴비긴

개되었다.

[3] Leslie Newbigin, *Foolishness to the Greeks: The Gospel and Western Culture* (London: SPCK and Grand Rapids: Eerdmans, 1986).

은 기독교의 합리적 전통과 인본주의의 합리적 전통을 대조(對照)시키는 것이다. 더 나아가서 뉴비긴은 종교 다원주의자들이 말하듯이 기독교나 기독교의 유일성이 신화가 아니라, 오히려 옥스포드 대학교의 경제학자였던 데니스 먼비(Dennis Munby)가 1960년대 초반에 쓴 『세속 사회의 개념』(The Idea of a Secular Society)과 이에 근거해 나온 저작들에 전제된 "세속 사회"라는 개념이 신화(myth)라는 것을 잘 지적하여 내고 있다(제17장).

그리고 그리스도를 통한 구원에 대한 강조와 그것의 사실성, 그리고 이 그리스도를 통한 구원에 대한 증언에서 우리가 자신감을 가져야 한다는 뉴비긴의 강조는 모든 것을 다 상대적인 것으로만 취급해 버리는 이 포스트모던 사회 속에서 매우 중요한 공헌이 아닐 수 없다. 그러므로 『종교 다원주의 사회 속에서의 복음』에 대한 서문을 쓴 크리스토퍼 두레이싱이 잘 말하고 있듯이, 뉴비긴이 복음에 대해서 "견지하는 용기와 확신 …… 때로는 전혀 승산이 없어 보이는 것에 대항하는 확신, 복음에 대해 전혀 흔들림이 없는 확고한 확신"을 나타내 보여 주는 것이 그의 큰 공헌이다. (특히 『종교 다원주의 사회 속에서의 복음』, 28 등을 보라.)

그 한 부분으로 예수 그리스도의 초림(初臨)으로 이 세상에 임하여 역사 가운데서 진행하여 가고 그리스도의 재림(再臨)으로 극치에 이를 하나님 나라[=하늘 나라, 天國]와 교회, 그리고 선교의 의미를 잘 연결하여 쉽고도 바르게 설명하는 일을 뉴비긴은 잘 해 내었다(제9, 10장). 이와 연관해서 그가 선교는 인간의 의무감에서 나타나는 인간적 행동이나 우리 자신의 사업이 아니라, "기쁨의 폭발로 시작"하고(191), 불신자의 질문에 대한 응답으로 나타나는(192f.), "새로운 실재의 현존, 곧 능력 가운데서 나타나는 하나님의 성령의 현존에 의한 것"이라는 점을 강조한 것(195), 그리고 그것은 "진리를 나누는 것"이고(205), 이런 선교의 중심에는 "단순하게 그[하나님]와 함께 있고 싶어 하는 열망과 그분을 우리의 삶으로 섬기고자 하는 열망"이요(208), "감사와 찬양이 있고"(205), 그것은 하나님을 영화롭게 하려는 목적을 지닌 "행동으로 표출되는 송영"이라고 말한 것은 매우 귀한 설명이 아닐 수 없다(209).

마지막으로, 뉴비긴이 "복음 해석자로서의 회중"을 강조하며 예수님께서 만드신 믿음의 공동체는 찬양 공동체요, 진리의 공동체이고, 이웃의 관심사에 깊이 있게 관여(關與)하는 공동체, 성도들이 모두 이 세상에서 제사장직을 수행하도록 준비되고 지탱되는 공동체, 서로 책임지는 공동체, 희망의 공동체라고 잘 제시하고 있는 것을 우리는 높이 사게 된다(제18장).

레슬리 뉴비긴의 논의에서 아쉬운 점

그런데 뉴비긴은 기독교 신앙의 정당한 변호를 하려고 하면서 "성경에 뿌리를 둔 기독교 신앙은 우선 이야기, 즉 자연의 역사를 배경으로 한 인간의 이야기에 대한 해석으로서 이해되어야 한다"고 옳게 지적하면서(32f.), (오늘날 이런 주장을 하는 이들이 대개 그리하려 하듯이) 이를 명제적인 진술과 좀 대립시키면서 논의한다.

우리가 뉴비긴에게서 받는 인상은 기독교적 이야기에서 명제(命題, proposition)를 도출해 내는 모든 시도를 다 "신과 자연과 인간에 대한 영원한 형이상학적 진리의 체계"를 추구하는 것으로 여기는 듯하다는 것이다(32). 그러나 우리는 정확히 그런 시도를 하였던 헤겔 같은 이가 되지 않으면서도 기독교 이야기로부터 얼마든지 명제적 진리들을 이끌어 내고 진술할 수 있는 것이다. 마이클 호튼이 잘 표현하고 있는 바와 같이 "이 이야기[성경의 큰 이야기]로부터 수많은 중요한 교리들이 생겨난다."[4] 사실 전통적 신학은 계속해서 그런 작업을 하여 왔다고 할 수 있다.

문제는 성경이 제시하고 있는 기독교 이야기 가운데서 **바르게** 기독교적 명제를 이끌어 내느냐 못 하느냐이지, 그런 명제적 진술을 하는 것이 모두 다 잘못된 것이라고는 할 수 없다. 만일 그렇다면 뉴비긴의 책 자체도, 그리고 뉴비긴의 논의도 성립할 수 없는 것이다. 그러므로 우리 모두가 명제를 도출해 내고 그것에 근거해서 신학적 토론을 하고 있는 이런 상황 가운데서, 이제부터 신학적 논의는 전혀 명제화와는 상관없는 일종의 기사 신학(narrative theology), 이야기 신학(story theology)이 되어야 한다고 하면서 **기사(narrative)와 명제를 대립시키는 것은 공정하지도 않고 옳지도 않은 시도로 보인다.**[5] 이는 뉴비긴만의 문제가 아니고 이런 성향을 지닌 모든 이들의 공통된 문제이다.

사실 이런 주장의 선구자들은 신정통주의 신학자들이었다고 할 수 있다. 그들은 인격적 진리와 명제적 진리를 대립시키면서 기독교의 진리는 전혀 명제적 진리가 아니고 오직 인격적 진리라고 주장해

---

[4] Michael Horton, *The Gospel Commission: Recovering God's Strategy for Making Disciples* (Grand Rapids: Baker, 2011), 김철규 옮김. 『위대한 사명』 (서울: 복 있는 사람, 2012), 252.

[5] 이에 대한 필자의 강조로 이승구, 『기독교 세계관이란 무엇인가?』, 개정판 (서울: SFC, 2005), 235-37, 258-60을 보라.

왔던 것이다. 1920-30년대부터의 이런 주장이 한동안 정통적 입장을 지닌 사람들에 의해서 심각하게 비판되었으나, 오늘날은 소위 복음주의 권에서도 이야기와 명제를 대립시키는 일이 자주 나타나고 있는 것은 복음주의자들이 신학사적 의식(神學史的 意識)이 없어서든지, 버나드 램과 같이 복음주의 신학을 바르트주의적 입장에서 제시하려고 하기 때문이다.

둘째로, 뉴비긴이 이 세상에 있는 다양한 전통들 가운데서 "어느 전통이 믿을만한 것인지를 미리 결정할 수 있는 기준이 될 만한 외부 기준도 없다. 만일 내가 기독교 전통 안에서 과거에 일어난 일을 이해하려고 전념한다면, 그것은 내가 책임져야 할 결단이 된다"(128f.)고 말하는 것에 대해서 어느 정도 동의하면서도 이에 대해서 상당히 아쉬움이 크다. 물론 뉴비긴은 폴라니(Michael Polanyi)의 『인격적 지식』(Personal Knowledge)의 논의를 따르면서, 우리의 이런 결단과 헌신은 "보편적 의도"를 가짐으로 단순한 주관성에서 벗어나게 된다고 하며(129, 207), 또한 "다른 어떤 전통보다도 모든 경험에 대해 더 비중 있는 일관성과 인지성을 줄 수 있는 합리적 전통임을 오늘날의 삶의 현장에서 반드시 보여 주어야 한다"고 말한다(129). 그는 또 다른 곳에서도 "두 가지 전통의 활력과 온전성을 비교하는" 것이 남아 있다고 하며, "그러나 궁극적 결론은 홀로 재판장이 되시는 분이 …… 판결을 내리는 종말에야 알 수 있을 것이다"(111)라고 말한다(125 참조).

결국 이것은 뉴비긴이 일종의 "종말론적 검증"(eschatological verification)을 생각하면서, 그때까지는 모든 전통들의 대조 가운데서는 "다른 어떤 전통보다도 모든 경험에 대해 더 비중 있는 일관성과 인지성을 줄 수 있는 합리적 전통"으로 드러나는 것, "어떤 전통이 활력과 온전성을 가지고 있느냐 하는 것"이 일종의 기준(基準) 역할을 하는 것으로 **그 자신도 모르게 전제하면서** 논의하고 있는 것이 아닌지를 묻게 한다.

그는 물론 뒤에서 우리의 결단은 "그보다 먼저 하나님의 결단에 대한 응답"이라는 말로 앞의 진술을 보완한다(129). 만일에 그가 진정 이 후자의 보완하는 말에 충실하고자 한다면 그는 하나님께서 객관적으로 보여 주신 계시가 있고, 그 계시에 충실한 반응만이 믿을 만한 전통이라고 할 수 있다고 그것을 "외적 기준(外的基準)"으로 제시했어야 하지 않았을까? 뉴비긴은 자주 계시라는 용어를 사용하고, "예수 그리스도가 세상을 구원하시는 하나님의 유일하고 결정적인 계시"라고도 말하지만(277), 그것을 그런 외적 기준으로 제시하는 데까지 나아가려고 하지는 않는다. 이런 그는 세속적 인본주의, 국가주의, 마르크스주의와 이슬람교 등을 거짓 그리스도의 출현으로 강하게 논의하는 제10장에서의 논의(특히 200, 201)의 요점을 잊은 사람인 것처럼 보인다. 오히려 그는 계시를 말하는 기독교 전통도 다른 합리적 전통과 나란히 선다고 말하면서 알라스데어 맥킨타이어(Alasdair MacIntyre)와 함께 강조하기를 "이런 경쟁적 주장들의 유효성에 대해 판결을 내릴 만한 중립적인 재판석(裁判席)은 없다"(109)고 말하는 것이다.

이런 점에서 그는 그가 때때로 따르고 있는 맥킨타이어가 드러내는 입장과(136) 상당히 유사한 입장을 나타내 보인다. 정통 신학에서 말하는 "성경적 기준"과 같이 모든 것을 포괄(包括)할 수 있는 기준이나 모든 정황에 대해 다 적용될 수 있는 합리성이나 정의 같은 것은 있지 않음을 잘 드러내면서도, 여전히 서로 다른 전통의 사람들이 함께 살아 갈 수 있는 기준을 암묵리에 전제하고 그것에 근거해서 논의를 진행하고 있다는 점에서 말이다.

셋째로, 그가 때때로 복음 전도(선언적 기능)와 정의와 평화를 위하는 행동을 우선 순위에 두는 것(봉사적 기능)을 대조시키고 있는 것과 그에 대한 그의 조화의 시도는 좀 애매한 반응을 불러일으킬 수 있다. 그는 "하나님의 선교 개념이 교회를 무시하고 심지어는 예수님의 이름도 무시해 버리는 선교 개념을 지지하는 데 사용되어 왔다는 것을 알고 있다"고 말한다(221). 그러면서 이런 것이 "그 개념을 지나치게 극단적으로 잘못 사용한 경우다"라고 말하고 있다. 그것이 사실이라면 그것을 비판하는 이들과 여전히 그런 극단적 오용을 주장하는 이들을 앞에 놓고 그것이 "현재 기독 공동체를 철저히 분열시키는 선교에 대한 두 가지 잘못된 개념"이라고 말한다는 것이(221, 222) 과연 정당한지를 물어야 할 것이다.

마지막으로, 뉴비긴의 논의에서 가장 아쉬운 점은 결국 그가 말하는 100년 전까지도 스코틀랜드의 학교에서 "사람의 제일된 목적은 하나님을 영화롭게 하며 그분을 영원히 기뻐하는 것이다"라고 배우고, **그것이 별들의 운행만큼이나 사실로 받아들여진 것**(36)이었다고 말하고 있음에도 불구하고, 그동안 다원주의자들에 의해서 더 이상 사실이 아닌 개인적 의견으로 여겨진 것에 대항해서, 뉴비긴의 논의의 결과로, 아니면 적어도 그의 논의 안에서는 이것이 다시 자명한 사실로 회복되었는가에 대해 물을 때 아주 편안한 마음으로 "그렇다"라고 말하기에는 무엇인가 모호한 점이 그의 논의 속에 남아 있음을 발견하게 된다. 즉, 뉴비긴이 제시하는 기독교가 19세기 말 스코틀랜드 장로교인들이 믿고 신봉하던 기독교와 본질적으로 같은 것인가에 대해 뉴비긴 자신이 과연 적극적으로 그렇다고 말하려는지가 의심(疑心)스러운 것이다.

특히, 그가 하나님의 선택에 대해서 말하면서 "그분은 어떤 사람은 영광을 받게 하고, 어떤 사람은 멸망에 처하도록 만드시지 않았다"(138, 141)라고 단언할 때 이런 점을 강하게 느끼게 된다. 물론 선택은, 뉴비긴이 잘 강조하는 바와 같이, "특권적 신분으로서의 선택"이 아니다(139). 하나님의 백성이 된다는 것은 고난과 비난과 굴욕을 의미하는 것이다. 그러나 그렇다고 해서 결국에 모든 사람이 구원을 받게 되어 있다(140, 141)고 시사(示唆)할 수는 없는 것이다.

그러므로 뉴비긴이 바르트와 같이 "예수님은 나중에야 세상에 나오신 분이 아니다. 그분 안에서, 그분을 통해서, 그리고 그 분을 위하여 우리와 모든 만물이 존재한다. 그 분이 인간의 본질을 취하시고 우리 가운데 오실 때 일어난 일들이 하나님의 선택의 의미를 분명하게 밝혀준다"(142)고 할 때 그가 염두에 두고 있는 함의(含意)가 과연 무엇인지를 진지하게 묻지 않을 수 없다.

한편으로 그는 자신의 논의가 "보편 구원론적 기조를 가지고 있다"고 인정한다(물론 그는 "우리가 로마서에서 공부한 말씀은 보편 구원론적 기조를 가지고 있다"고 표현한다, 145). 그러나 그는 또한 가장 엄격한 자기 훈련의 요구가 고린도전서 9:27 같은 말씀에 나타나고 있으므로 "복음의 전체적 성격이 긴장을 유지하라고 요구하는 것처럼 보인다"고 말한다(145). 그는 이로부터 (1) 모든 사람이 다 구원받는 것은 아닐 가능성을 부정하는 "합리적 보편구원론"을 거부하며(145, 146), 또한 (2) "누구는 구원받을 것이고 누구는 못 받을 것인가를 따지는 일에 휘말리는 것과 같은 쓸데없는 논쟁으로 문제를 해결하려 들지 말도록"한다고 말한다(145). 그러나 그는 왜 "우리는 누가 어디에 해당되는 것인지는 모르지만, 성경은 분명히 어떤 구별을 말하고 있다"고 단언하지 못하는가? 바로 이런 곳에서 뉴비긴의 기독교와 정통 기독교의 차이가 느껴지는 것이다.

한국에서의 종교 다원주의 논쟁에서 유의할 점

무엇보다 먼저 한국 사회는 서구 사회나 또 어떤 점에서는 인도 사회와도 달리, 이미 종교적으로 다원적 상황 가운데 있었다는 점을 유념해야 한다. 뉴비긴도 말하고, 다른 많은 이들도 말하듯이, "초대 그리스도인들이 복음을 전한 세계도 종교적으로 다원적인 곳이었다"(254). 초대 교회의 상황과 한국에서는 종교적으로 다원적인 상황이 오히려 그리스도인들로 하여금 복음에 자신의 존재 전체를 헌신하도록 하는 기연(起緣)이 되었다. 종교적으로 다원적인 사회 가운데서 예수를 믿는다는 것은 결단에 근거한 신앙의 선택을 의미했던 것이고, 때때로 그 결단에는 큰 희생이 동반되기도 하였다. 그러므로 어떤 의미에서 한국 상황에서의 종교 다원적 상황은 서구에서 최근에 겪고 있는 종교 다원주의적 상황으로의 변이와는 성격이 전혀 다른 것이다.

서구인들 가운데 일부는 이 책에서 레슬리 뉴비긴이 잘 지적하고 있듯이 이런 종교 다원주의적 상황에 직면해서 지난 몇 세기 동안의 정신사적 작업에 근거해서 이데올로기적인 종교 다원주의나 내포주의를 제시하고 그것이 우리가 취할 수 있는 결론인 양 제시하고 있다. 그러나 그런 입장은 상당한 비판을 받아야 하는 입장이라는 것을 뉴비긴을 포함한 여러 비평가들이 잘 제시하고 있다. 그러므로 우리는 (1) 종교 다원적 현상과 (2) 종교 다원주의를 구별해야 한다. 종교 다원적 현상은 불가피한 것이고, 어떤 의미에서 종교적으로 다원적인 상황은 우리에게 핍박을 받지 않으면서 또 강제 받지 않으면서 참되게 신앙하고 전도할 수 있는 기회를 제공해 주는 것이다. 그러나 종교 다원주의는 그 자체가 하나의 사상이고 이데올로기라고 할 수 있다. 그것은 전통적 기독교의 위치를 허락하지 않고, 기독교 등 모든 종교의 형태를 종교 다원주의에 맞도록 변경하도록 요구하는 아주 강한 프로메테우스의 침대인 것이다.

이런 비판에 직면해서 서구의 종교 다원주의자들이나 내포주의자들은 그러면 종교 다원주의적 상황 속에서 우리가 나아갈 길은 무엇인가고 물을 것이다. 바로 여기서 종교 다원주의적 상황 가운데서 기독교를 유일한 진리요 바른 신앙으로 선택했던 한국 등의 나라의 그리스도인들이 기여할 바가 있다고 여겨진다. 유교나 불교나 도교의 도리를 다 살펴보고, 그들이 제시하고 삶의 길을 정진하며 그 안에서 힉(John Hick) 등이 동료 종교인들에게서 발견하는 성인적(聖人的) 삶의 길을 열심히 걷다가도 기독교 복음을 접하고서는 그들이 이제까지 추구하던 것은 그저 인간이 자신의 노력으로 종교적 완전함을 향해 나아가려는 노력일 뿐, 이 세상의 참다운 실재에 충실한 것이 아니며, 또한 그것은 참되신 하나님의 계시에 부합한 것이 아니라는 것을 깨닫게 된 한국의 그리스도인들은 이전의 자신들의 노력과 구원에의 열망이 참된 것이 아니며, 그것이 진정한 해방(liberation)과 구원을 가져다 줄 수 없는 것이라고 하면서 유일한 진리이신 예수 그리스도를 믿고 그를 선언하며 다른 사람들도 이 유일한 구원의 길로 초청하는 일에 열심히 노력한 것이다. 이것이 종교 다원주의적 상황 가운데서 복음에 충실한 그리스도인의 마땅한 모습일 것이다.

그러므로 우리와 같은 종교 다원적 상황 가운데서 기독교를 믿게 된 이들은 서구 학자들이 요즈음 발견하고 놀란다고 하는 종교 다원주의적 상황에 이미 오래 전부터 있어 왔던 것이고, 우리들은 이 종교 다원주의적 상황에서 또 다른 종교라고 할 수 있는 종교 다원주의나 내포주의적 주장으로 나아 간 것이 아니라, 오히려 종교 다원적 상황 가운데서 모든 사람을 진정으로 도울 수 있는 길은 유일한 복음을 전하는 것이라고 믿고 그 길로 나아 간 것이며, 이를 서구의 사상가들에게도 강하게 주장해야 할 것이다.

둘째로, 종교 다원주의와 내포주의에 반대하는 배타주의(exclusivism)가 다양한 형태를 지니고 있다는 점에 유의하면서 우리는 종교 다원주의 문제에 대해 논의해야 한다. 그 다양한 배타주의적 입장 중에서 어떤 태도가 과연 성경이 가르치는 것에 가장 충실한 것인지를 물으면서, 종교 다원주의와 내포주의 비판에서는 다양한 배타주의가 의견을 같이 하고 있음을 분명히 하면서도, 과연 우리가 어떤 사상을 우리 자신의 사상으로 가져야 하는지를 심각하게 물어야 하는 것이다.

종교 다원주의와 내포주의에 반발하는 배타주의에는 크게 나누어서 (1) 바르트주의적 배타주의와 (2) 정통적 알미니안적 배타주의, 그리고 (3) 정통적 개혁주의적 배타주의가 있다고 할 수 있다.

바르트주의적 배타주의는 오직 예수 그리스도만이 구원의 유일한 길임을 강조하면서, 그러나 그리스도 안에서는 모든 사람이 다 선택된 사람이고 인간 예수만이 버려진 인간이고 하나님은 선택하시는 하나님이시며, 그리스도 안에서는 모든 것이 다 부정되고 다시 긍정된다고 하므로, (1) 실질적으로 그리스도 안에서 모든 것이 다 구원에 동참하게 된다는 만인 구원론적 정향의 결론으로 나아가든지, 아니면 (2) 그리스도 안에 모든 것이 긍정되나 그 구원에서 자기 스스로를 배제할 사람이 있고 그들은 어린양의 진노를 받게 될 것이라는 입장으로 나아간다. 때로 뉴비긴도 이와 비슷한 주장을 한다: "그분에 대한 나의 신뢰가 내가 그 분의 신뢰를 배반할 수도 있다는 인식을 배제시키지는 않을 것이다"(146).

그리고 이런 입장을 취하는 이들은 대개 최종적 구원은 하나님의 대권에 속하는 것이므로 그것에 대해서 우리는 무엇이라고 전혀 말할 수 없다는 말을 강조하여 말한다(인간 편에서의 불가지론). 뉴비긴의 비슷한 강조를 보라: "그러나 궁극적 결론은 홀로 재판장이 되시는 분이 …… 판결을 내리는 종말에야 알 수 있을 것이다"(111, cf. 125, 286, 287, 290, 296); "이런 관계에서는 하나님의 은혜에 어떤 제한을 두거나, 어떤 사람은 하나님의 구원의 사랑의 영역 밖에 있다고 고려의 대상에서 제외시켜 버리고자 하는 어떤 유혹도 받아들이지 않을 것이다"(146). 이때 뉴비긴은 끝까지 예수를 주와 하나님으로 믿지 않는 분들까지도 포함시켜서 생각하고 있다.

이런 의미에서 뉴비긴은 "그리스도를 믿지 않는 사람은 죽어서 어떻게 되는가?"라는 질문은 "잘못된 질문이며, 그것이 중심적 질문으로 남아 있는 한 우리는 결코 진리에 이를 수 없음을 단언"하면서 논의하고 있다(285f.). 그는 바르트와 크래머에게 동의하면서 "정말로 신중한 신학자라면 불가능해 보이는 구원의 가능성을 이해하는 법을 배워야만 될 것이다”라고 말한다(287). 그래서 뉴비긴은 자신의 입장을 규정하기를 “예수 그리스도 안에 있는 계시가 유일한 진리임을 긍정한다는 의미에서는 배타주의적이다. 그러나 비그리스도인들의 구원의 가능성을 부인하는 의미에서는 배타주의가 아니다”라고 말한다(295).

이에 비하면, 정통적 알미니우스적 배타주의는 그리스도께서는 만민을 위해 죽으셨으나[보편 구속, universal atonement], 타락한 인간 중에서 자기 스스로의 힘으로 이 구속을 믿은 이들은 구원함을 받고, 자기 스스로 이를 저버린 이들은 구원함을 받지 못한다고 주장한다(제한 구원, limited salvation). 이를 정통적 알미니우스적 배타주의라고 언급한 이유는 복음주의 입장에서 내포주의를 주장하는 클락 피녹 등은 자신들의 내포주의가 알미니우스적 해석에 충실한 것이라고 지나치게 주장하기 때문이다.

이에 비해서 정통적 개혁주의적 배타주의에서는 그리스도께서는 궁극적으로 구원 받을 이를 위해 구속을 이루셨으므로(제한 구속, limited atonement), 그리스도의 흘리신 피는 결코 무(無)로 돌아 갈 수 없고 **반드시 효과를 내고야 만다**는 것을 강조한다. 하나님께서 행하시는 구원은 반드시 유효한 결과를 내고야 만다는 것이다. 그리스도께서는 그렇게 튼튼하고 믿을 만한 구속을 이루셨다고 주장하는 것이다.

그러므로 배타주의나 특정주의 입장을 주장한다고 해서 다 같은 사상이라고 하기 어렵고, 이런 크게 다른 배타주의적 입장 가운데서 과연 어떤 것이 성경에 일치(一致)하는 것인지를 잘 살펴서, 우리는 **성경에 일치하는 일관성 있는 사상을 견지해 나가야** 한다. 이것이

이 문제를 다루는 우리들에게 최종적으로 부과된 과제라고 할 수 있을 것이다. "과연 우리는 성경의 가르침을 어떻게 해석하고, 우리는 어디까지 성경의 가르침에 복종하여 나가려고 하는가?" "오직 예수의 이름으로?"라고 묻는 이들에 반해서, "오직 예수의 이름만으로!"를 외치거나 논의한다고 모든 문제가 다 해결되는 것이 아니라, 이 말을 해석하는 우리의 해석은 과연 어떤 것인가를 각자가 진지하게 물어야 할 것이다. "오직 예수의 이름만으로!"를 외치거나 논의하면서도 결국은 기독교의 온전한 진리성에 충실하지 않을 수도 있기 때문이다. 기독교의 진리는 나만을 위한 진리, 우리 집단만을 위한 진리, 마지막까지는 그 진리성을 배타적으로 주장할 수 없는 진리가 아니라, 유일한 길이요 진리요 생명이신 예수 그리스도의 배타적이고 객관적인 진리이다. 그 진리는 물론 나의 삶 가운데서 주체적으로 살아져야 하는 주체적(主體的) 진리(眞理)이기도 하지만 말이다.

11

레슬리 뉴비긴의 교회 이해의 기여와 문제점

Newbigin, Lesslie. *The Household of God*. Milton Keynes, UK: Paternoster, 2002.

홍병룡 옮김. 『교회란 무엇인가?』 서울: IVP, 2010에 대한 서평적 논의

레슬리 뉴비긴의 교회에 관한 책은 우리의 관심을 끌기에 충분하다. 특히 인도에서 선교사로서 35년의 사역을 마치고 영국으로 돌아온 1974년부터 영국 상황을 새로운 이교적 상황으로 보고, 이교적 인도에서 선교적 교회를 섬기며 복음을 증언하는 일에 신경 쓰던 그가 새로운 이교적 상황 속에 있는 자신의 조국과 그 영국이 한 부분인 유럽을 보면서 이런 정황 속에서 자신이 생각한 복음을 증언하는 일에 관심을 가지다가 1998년 돌아간 그의 이력을 아는 사람들은 그의 교회론에 대해서 상당한 관심을 기울이게 되는 것은 당연한 일이다. 이

런 상황 속에서 나온 교회론은 우리들의 고민에 대한 좋은 대답을 해 줄 수 있는 책으로 생각될 수 있기 때문이다. 사실 이 책은 그가 남인도 교회의 감독으로 섬기다가 안식년에 스코틀란드 에딘버러에 있으면서 글라스고우에 있는 트리니티 컬리지에서 행했던 커 강좌(Kerr Lectures)로 1952년 11월에 행했던 강연을 1953년에 출판한 그의 초기 저작 중의 하나이다. 사실 당시에 레슬리 뉴비긴은 이 책으로 명성을 더 얻게 되었다고 해도 과언이 아니다.

이 책의 큰 기여는 기본적으로 이 책 제목이 신약 성경이 말하는 교회의 중요한 측면을 우리에게 잘 말해 준다는 점으로부터 찾을 수 있다. 〈하나님의 가족〉이라고 번역하면 적절한 이 책의 제목인 *The Household of God*은 신약 성경이 말하는 교회가 무엇인지를 우리에게 분명히 각인시키고, 이 제목이 그로부터 나온 디모데 전서 3:15을 우리 말 성경에 '하나님의 집' 으로 번역한 말의 참된 의미를 알게 해 주는 말이다. 즉, 디모데서가 말하는 '하나님의 집' 이 (한국 교회의 예배당 건물 초석에 자주 인용되어 있어서 사람들은 혼동시키고 오도하는 대로) 건물이 아니라 바로 "하나님의 가족"이라는 것을 그 누구도 잊지 않도록 해 주는 것이라는 말이다. 다시 말한다. 교회는 건물이 아니라 바로 그리스도의 십자가 구속으로 이루어진 '하나님의 가족' 이다.

둘째로, 이 책은 몇몇 중요한 요점을 긍정적으로 진술하는 데서 매우 중요한 기여를 하고 있다고 할 수 있다. 특히 복음과 이신칭의를 잘 설명하는 레슬리의 설명 부분은(제 2장 앞부분) 요즈음에 와서 (샌더스[E. Sanders]나 제임스 던[James Dunn]이나 라이트[N. T. Wright] 등의 주장으로 말미암아) 이런 진리를 손상시키는 일에 매우 친숙해진 우리들이 처한 상황에 대해 매우 큰 기여를 하고 있다고 할 수 있다. 특히 "생명에 이르는 길은 예수를 주님이라고 고백하고 그분의 부활을 **마음으로 믿는 길밖에 없다**"(52, 강조점은 덧붙인 것임)고 하며, "**의로움은 믿음으로만 말미암는다.** 신자가 하나님의 은혜로운 약속들을 **의존함으로써만 의롭게 된다는 말이다. 다른 길은 없다**"(55, 강조점은 덧붙인 것임)고 단언하는 그의 강한 말들은 이 책이 처음 출간된 1953년에 대해서만이 아니라 종교 다원주의적 가르침과 내포주의적 가르침이 더 심화되고 있는 오늘날의 상황에 대해서도 매우 중요한 기여를 하는 것이라고 하지 않을 수 없다. 더 나아가서 "스스로 의롭게 될 수 있다는 생각 자체가 바로 죄의 본질이다. 그러므로 죄인을 향한 하나님의 자비에 의존하지 않고도 거룩함이나 의로움을 얻을 수 있다는 주장이 조금이라도 제기되면, 우리도 바울처럼 단호히 반대해야 마땅하다"(156)는 말이나 그리스도의 자비를 강조하면서 "그 자비가 아니면 그분 앞에 설 수 있는 자는 아무도 없다"는 말(163), 특히 "믿음의 의를 행위의 의로 보충하려 한다면, 그리스도를 죄의 앞잡이로 만드는 셈이다"(45), 또한 "은혜를 행위로 보충하려 한다면, 이는 은혜를 저버리는 것이다"(48)와 같은 주장은 우리 시대에도 매우 강하게 선언되어야 할 말이 아닐 수 없다.

또한 교회는 그리스도의 죽음과 부활과의 연합임을 잘 설명하는 부분도 그가 아주 긍정적으로 기여하고 있는 부분의 하나이다(제5장 앞부분). 특히 이를 설명하면서 그리스도의 부활의 날을 말하면서 "그 날 아침 무덤이 비어 있지 않았더라면 교회도 없었을 것이다"고 단언한 것은(137) 부활 사건을 부인하는 것이 상당히 보편화된 오늘날의 신학계와 교회에 상당히 중요한 기여를 하는 것이라고 하지 않을 수 없다. 그리스도의 실질적 부활이 없이도 기독교회가 있을 것이라고 생각하며 그런 방향으로 나아가려고 하는 분들은 레슬리 뉴비긴의 이런 말에 강한 도전을 받아야 할 것이다. 그저 부활을 말하지 신약 성경이 말하는 부활을 그대로 받아들이지 않고 그저 비유적으로만 받아들이려고 하는 분들도 역시 같은 도전을 받아야 할 것이다.

이와 연관해서 신자는 그리스도와 함께 옛사람이 죽고 부활하신 주님이 그 사람 안에서 사는 새사람의 삶을 사는 것이라고 잘 설명하는 부분도(특히 141, 151-53) 레슬리 뉴비긴의 중요한 기여라고 하지 않을 수 없다.

또한 "그리스도의 초림과 재림 사이의 기간"은 교회가 그리스도의 "증인이 되도록 주어진 시간"임을 강조하면서 선교 사명에 대한 순종을 낳지 않는 종말론은 그릇된 종말론임을 천명하고(165, 169), "교회가 그 선교적 정체성을 회복하지 않고서는 진정 교회다운 모습을 회복할 수 없다"고 하며(181), "그리스도인이 선교 사역에 참여할 때 진정 교회다운 교회가 되는 것이다"라고 하면서(185), "교회가 선교적 정체성을 상실하면 신약 성경이 말하는 그 찬란한 호칭들을 받을 자격을 잃게 된다고 단도직입적으로 말해야 한다"(175)고, 그 대표적인 예로 그는 "세상을 향해 그리스도의 대사로서의, 역할을 실제로 수행하지 않으면 '하나님의 왕 같은 제사장'이라는 호칭도 잃어버릴 수밖에 없다"고(175) 말하는 데, 이렇게 강하게 말하는 것도 레슬리 뉴비긴의 큰 공헌이다.

이와 연관해서 "교회들은 (거의 천 년 만에 처음으로) 선교적 상황에 던져졌다"(20)고 말하는 것도 서구 교회가 처한 상황을 잘 지적한 말이 아닐 수 없다.

셋째로, 이 책에서 레슬리 뉴비긴은 몇 가지에 대하여 중요한 비판을 시도하고 있는데 그 중에서 중요하고 정확한 비판이라 할만한 것들로 다음을 들 수 있을 것이다. 무엇보다 먼저 교회의 사건으로서의 성질을 제시하는 칼 바르트의 사건적 교회론에 대한 레슬리 뉴비긴의 정당한 비판을 치하해야 할 것이다. 여러 면에서 바르트의 신학과 유사한 입장을 전개하는 뉴비긴이 이점에 대해서는 매우 날카로운 비판을 한 것은 역시 어느 한 사상에 얽매이지 않음을 보여주는 주요한 기여라고 하지 않을 수 없다. 뉴비긴은 바르트가 "종교개혁자들의 역동적 교회 개념"을 "상당히 극단적으로 해석"하고 있음을 아주 잘 드러내고 있다(59, 60). 교회는 사건이라는 바르트의 이해 속에서는 "교회의 역사적 연속성이나 다른 장소, 시기에 속한 회중들 사이의 유기적 관계가 들어설 자리가 없는 것 같다"고 매우 옳은 비판을 하고 있다(60). 한마디로 그는 바르트의 교회론에서는 "종말론적인 특징이 역사적 성경을 완전히 밀어낸 것이다"라고 하면서(60) 바르트의 역동주의가 지닌 문제점을 잘 드러내고 있다. 뉴비긴이 잘 지적하고 있듯이 "교회는 단순히 복음 전파와 성례 집행이라는 사건으로 구성되는 것이 아니다. 교회의 참된 본질은 그것이 연속성을 지닌 역사적 사회, 곧 예수 그리스도에 의해 단 한번에 구성되고 파송된 사회라는 데에 있다"(70, 71).[6]

또한 교회를 성육신의 연장으로 언급하며 그렇게 보려는 일부 천주교회와 어떤 신학자들의 생각에 대해서 레슬리 뉴비긴은 강한 비판을 하고 있다는 점이 중요하다. 그가 잘 지적하고 있듯이 신약

---

6 사실 이것이 성경적 입장이다. 그런데 뉴비긴은 개신교회의 교회론이 이 점을 잘 드러내지 못하고 있다고 이 문장으로 개신교 교회론을 비판하려고 한다(71). 이는 그가 개신교 교회론을 신정통주의적 교회론의 빛에서 보고 개신교 교회론을 오해하여 잘못 비판하고 있는 대표적인 예로 언급할 만한 것이다.

성경에서는 교회가 그리스도의 몸으로 언급되나 "성육신의 연장으로는 거론되지 **않는다**는 점을 강조하는 것이 중요하다"(97, 그 자신의 강조점). 더 나아가서 "사실 성육신의 연장이라는 것은 존재하지 않는다"(100). 교회는 성육신의 연장이 아니라 "하나님의 구속의 은혜를 나르는 수레와 같고, 그 자체가 자신이 전하는 구속 이야기의 일부"인 것이다(113).

또한 자신과 비슷한 교회론을 제시하는 호켄다익의 교회론을[7] 소개하면서, 그가 교회를 하나의 목적으로 보는 관념에 반대하면서 순전히 도구로 생각해야 한다고 주장한 것에 대해서는 반드시 반론을 제기하는 것이 필요하다고 하면서 교회는 "(하나님 나라의) 맛보기이므로 수단인 동시에 목적"이라고 하면서(180) "교회가 그 선교적 정체성을 회복하지 않고서는 진정 교회다운 모습을 회복할 수 없다"(181)고 비판적인 논의를 잘 전개하고 있다. 교회는 선교 사역을 위한 수단이기만 한 것이 아니라, 비록 궁극 이전의 것이기는 하지만 교회 자체가 하나의 목적이기도 하다는 것을 잘 드러낸 것은 레슬리 뉴비긴의 중요한 기여이다. 교회는 "단순히 그 사명에 의거하여 정의해서는 안 된다. …… 기능적 견지에서만 정의하면 안 된다"(182). 교회는 하나님 나라 때문에 존재하게 되었고, 하나님 나라를 위해 존재하는 것이기 때문이다.

그러나 이 책을 쓸 때 레슬리 뉴비긴이 품고 있었던 근본적인 주제(agenda)와 그 배후에 있는 그의 신학은 우리가 앞서 말한 모든 긍정적인 기여를 **상당히 무색하게 한다**. 레슬리 뉴비긴은 장로교, 회

---

[7] Cf. J. H. Hoekendijk, in *International Review of Mission* (July, 1952). 특히 334: "교회의 본질은 그 기능으로 충분히 규정지을 수 있다. 바로 그리스도의 사도적 사역에 참여하는 것이다."

중교회, 성공회, 감리교회의 연합으로 탄생한 남인도 교회의 초대 감독 중 한 사람으로서의 경험과 WCC 형성에 대한 노력과 방향을 생각하면서 이 책을 쓰고 있다. 그는 자신이 잘 모르는 동방 정교회를 제외한 개신교회, 천주교회, 그리고 오순절교회들을 다 포괄할 수 있는 세계교회협의회(WCC)의 에큐메니컬 운동을 위한 일종의 교회론적 토대를 제공할 목적으로 이 강연을 하고 이 책을 썼다고 할 수 있다. 그는 이 셋이 "모두 복음의 본질에 뿌리를 두고 있기에 어느 하나라도 부인하면 교회의 모양을 손상시키고 그 메시지를 왜곡하게 된다는 것을"자신의 책이 보여 주었다고 한다(133). 또한 그는 "우리는 어떻게 그리스도에게 영입되는가"에 대한 천주교, 개신교, 그리고 오순절 운동의 대답이 "모두 옳다"는 것을, 그리고 "이 가운데 어느 하나만을 결정적인 요소로 주장할 경우에는 왜곡과 오류가 따른다는 것을"보여 주려고 했다고 말한다(159). 결론적으로 그는 이렇게 말한다: "이제는 우리 모두가 교회의 바람직한 모습을 갖추지 못했음을 참회하는 심정으로 서로를 인정할 때다. …… 우리는 '모두 길을 빗나갔고, 모두 무익한 존재가 되어 버렸다'"(163). 그러나 이 은혜롭게 들리는 말이 결국은 이신칭의와 교회의 표지를 버리게 하는 부메랑이 되어 돌아 올 때 레슬리 뉴비긴은 과연 어떻게 반응하려는지를 우리는 심각하게 물어야 한다.

이런 입장에 따라 상당 부분에서 레슬리 뉴비긴은 개신교회와 천주교회를 절충적으로 다루려고 애쓴다: "교회는 [천주교]의 주장이나 개신교의 주장 중 어느 하나라도 양보해서는 안 된다"(115). 더 나아가서 그는 에큐메니컬 논의에서 개신교와 천주교의 목소리뿐만 아니라 오순절 운동의 목소리도 들어야 하며, 그 셋이 함께 참여해야 한다고 주장하는 것이 이 책의 기본적 주제이다. 이 책을 읽다 보면 그는 결국 개신교와 천주교, 오순절 교회, 그리고 자신이 잘 몰라서 다루지 않은 동방 정교회까지를 포괄하는 교회 연합 운동과 그런 교회를 지향하고 있는 것인가 하는 생각을 할 수 있게 된다. 기본적으로 그는 개신교와 천주교의 논쟁은 "오순절 운동에 의해 보완 되어야 한다"는 것을 강하게 자신의 입장으로 제시한다(113). 그는 이렇게 말한다: "에큐메니컬 대화가 적당한 열매를 맺으려면 오순절파의 기여가 필요하다"(130, 131). 물론 그는 "성령이 우리에게 가르치신 것을 그들에게[오순절파 사람들에게] 증언해야 한다"고 하면서 "그들에게, 에큐메니컬 운동에 성령의 역사를 분명히 보여 주는 표지가 있음을 인정하도록 요청해야 한다"고 한다(130).

뉴비긴은 WCC에 참여하고 있는 사람들의 교회관이 다양하다는 것을 기꺼이 인정하면서 "그 자체가 일종의 교회론적 특성을 갖고 있다"고 한다(24). 그러면서 그는 WCC가 연방 형태의 연합을 이루는 것에 상당한 불만을 토로한다. 현재의 WCC는 "분열에서 연합에 이르는 과도기의 한 단계일 뿐"이라는 것이다(24). 이런 점에서 그는 오늘날 WCC가 교회의 실질적 하나 됨을 지향하지 않는다고 말하는 오늘날 WCC 인사들보다 훨씬 솔직하다. 그는 WCC가 "연방 연합의 상태에 안주하게 할 위험이 있다"고 하면서 "그렇게 되면 치명적 결과를 초래할 것"이라고 주장하는 것이다(28). 그는 궁극적으로는 마치 남인도에서 여러 교단이 하나가 된 것과 같이 하나가 되기를 지향하는 것이다. 물론 그는 하나님 나라의 극치 상태에서 이 일이 분명히 될 것을 원하고 안다. 그러나 그는 그 이전에라도 그런 방향으로 가기를 원하는 것이다. 그리고 이때 그는 아직 믿지 않는 사람들 가운데 "누가 교회에 속하고 속하지 않는지는 우리가 정할 필요는 없다"고 하면서(30), 후에 그가 『다원주의 사회 속에서의 복

음』에서 말하는 이런 문제에 대한 불가지론의 복선이 될 만한 것을 깔아 놓고 있다.[8]

그는 가시적 교회를 매우 중요시하므로 전통적 종교개혁신학이 말하는 비가시적 교회 개념을 비판적으로 바라보며 언급한다. 그런 교회관은 교회 회원이 되는 것에 대해서 "각자가 내키는 대로 자격을 정할 수"있고, 결국 우리 이상에 따른 교회를 생각하는 것이라고 한다(33). 그러나 이 점에 있어서 그는 하나님 눈에만 보이는 선택된 사람들로서의 불가시적 교회는 반드시 이 세상에 가시적 교회로 드러나야만 한다는 점을 강조했던 개혁자들의 의도와 용어 사용에 충실하지 않은 것이다.

기본적으로 뉴비긴은 개신교와 천주교와 오순절 교회를 하나로 묶어 보려고 한다. 그래서 그는 각자의 장점을 말하면서 각자를 비판하는 일을 하는데, 그 과정에서 상당한 왜곡이 발생한다. 그는 개신교는 역동적 교회 개념을 가지고 있어서 "그리스도 안에서 여러 세대를 하나로 묶는 교회의 연속성을 중시하지 않는다"는 약점을 가지고 있다고 하는데(59, 70), 과연 진정한 개신교도가 그의 이런 말에 동의할 수 있으려는지, 특히 루터나 칼빈이 과연 그에게 동의할 수 있으려는지 강하게 묻지 않을 수 없다. 앞서서 그가 비판적으로 언급한 불가시적 교회 개념이 이런 교회의 연속성과 연관하여 생각되고 사용된 개념이라는 것을 무시하는 그는 아마도 바르트와 그를 따르는 이들인 신정통주의적 독일 개신교도들의 논의와 생각에 사로 잡혀서 그들이 왜곡하고 있는 루터나 칼빈 등의 개혁자들의 의도를 왜곡하는 것으로 보인다(이 점은 특히 68쪽의 진술에서 잘 나타나고 있다

---

[8] Leslie Newbigin, *The Gospel in a World of Religious Pluralism*(London: SPCK, 1989).

고 여겨진다).

이와 비슷한 맥락에서 과연 성경적 개신교도가 말씀만을 중요시해서 지적인 것만을 강조하여 문서로 작성된 신학적 진술이 교회를 좌우하는 중심적인 위치를 차지하게 되었다고 하려는지(62) 강한 의문이 들 수 있다. 과연 신실한 개신교도가 "복음을 듣고 믿음으로써만"이라고 응답하고 "복음이 우리에게 오는 그 친교의 맥락을 도외시할"수(63) 있겠는가? "신자가 그리스도 안에서 그분과 그리고 다른 신자와 하나가 되는 일은 지적인 동의보다 훨씬 깊은 차원의 것이다"라는 말은(63) 뉴비긴이 시사하는 대로 개신교도들이 무시하는 말이기보다는 개신교도들 자신이 강하게 주장하는 것이지 않은가? 루터의 진술에 "가시적 공동체로서 교회의 통일성을 주장할 여지도 아예 남겨 놓지 않는다"는 말에(64, 이로부터 67까지를 보라) 동의할 사람이 과연 얼마나 되려는지 모르겠다.

또한 뉴비긴은 성경이 무오한 계시라는 것을 인정하지 않으려는 마음을 가지고 그렇게 성경을 명제적으로 취급하기보다는 예수님과의 관계성을 중요시하는 입장을 가져야 함을 시사한다(74-75). 그리하여 그는 한편으로는 성경과 예수님을, 또 한편으로는 성경과 성령님의 사역을 분리시키는 일을 하는 것이다. 이런 시사를 하는 다음과 같은 말을 들어 보라: "주님은 어떤 교리 체계를 만들어 놓고 그 교리를 믿는 자들을 불러 모임을 조성하신 것이 아니다. …… 그 분은 그들에게 어떤 공인된 신조도 주시지 않으셨다. 그 공동체에의 소속 여부는 어떤 공식적 신학에 대한 찬성에 의해 좌우되는 게 아니었다"(91).

우리가 "세례를 통해서 그리스도의 지체로 영입된다"고 말하는(73, 82) 뉴비긴의 의도는 무엇인지 모호하기는 하다. 한 곳에서는 가시적 교회에 들어가는 것이 "세례를 통해서 가시적으로 표현된다"고(82) 상당히 이해할 만하게 표현하기도 한다. 그러나 그는 영적인 세례를 통해서 이미 그리스도의 몸에 들어 온 사람들에 대해서 세례로 그 사실을 표하고 인치는 것이라는 종교 개혁자들의 이해를 상당히 무시하거나 괘념치 않고, 상당히 물로 받는 세례를 통해 그리스도의 몸에 들어온다는 천주교 개념을 중심으로 표현하는 경우가 많이 있다(특히 94).

또 때로는 바르트주의적 입장에 서서 전통적 교리를 재해석하는 레슬리 뉴비긴의 모습도 보게 된다. 선택에 대한 그의 다음 같은 진술이 그 대표적인 예라고 할 수 있다: "하나님의 선택을 받은 자, 그분의 사랑을 받은 자는 바로 그 예수다. 우리의 선택은 오직 우리가 그분의 몸에 영입됨으로 이루어지는 것이다. 우리는 각각 개별적으로 선택된 것이 아니고, 그 분의 몸의 지체로서 선택된 것이다. 그분이 우리를 선택하신 동기는 바로 사도로 사명을 주시기 위함이다"(123). 여기서는 바르트에게서와 같이 선택이라는 전통적 용어는 보존되었지만 개별적 선택은 사라지고 선택의 시점도 불명료하게 되어 성경과 개혁신학이 말하는 선택의 의미는 다 증발해 버린 것이다.[9]

마지막으로 우리는 레슬리 뉴비긴이 "시간은 하나님의 노동의 양태이고, 영원은 그분의 안식의 양태다. 그 둘 다 똑같이 실재한다. 우리는 하나님이 이미 종말을 붙잡고 계시기 때문에 안식을 취하신다고 믿어야 한다"고 말할 때(147) 결국 그것이 시간을 무의미하게 하는 것이 될까봐, 하나님의 창조하신 역사를 무위로 하는 것이 될까봐 못내 불안하다. 비슷한 불안이 그가 "아가페와 에로스를 절대적으로 구별하

[9] 뉴비긴은 이것이 칼빈주의의 문제점을 극복하는 방향이라고 생각한다(122). 그러나 이는 레슬리 뉴비긴의 신학의 성경을 알 수 있게 하는 비판일 뿐이다.

는 것은 한 마디로 잘못이다"라고 말할 때도(158) 일어날 수 있다.

그러므로 레슬리 뉴비긴은 1953년에도 WCC적인 교회의 일치를 위해서 개신교, 천주교, 오순절 교회를 하나로 묶고자하는 WCC적인 에큐메니컬 신학을 가지고 있었는데, 때때로 바르트에 대한 비판도 하지만 상당히 많은 곳에서 바르트 신학적 동기를 가진 신학을 드러내고 있는 것이다. 그러므로 그는 WCC의 초기 중요 인사 가운데 한 사람인 비셜 후프트와 함께 바르트주의적 에큐메니컬 신학을 가진 사람이었다고 할 수 있을 것이다.

레슬리 뉴비긴이 자신의 이런 기본적 생각(agenda)을 버려 버릴 수 있다면, 우리가 앞서 말한 긍정적 기여를 중심으로 그가 말하고 논의하고 있는 바를 의미 있게 사용할 수 있을 것이다. 교회는 참으로 그리스도의 십자가에서 이루어진 구속으로 이루어진 하나님의 가족(the household of God)이다. 뉴비긴의 WCC에 대한 기본적 아젠다 때문에 이런 중요한 기여가 무시되기 쉽다는 점이 매우 아쉬울 뿐이다. 그의 기본적 아젠다가 강하게 언급되면 언급될수록 그가 교회를 하나님의 가족으로 언급하는 그 범위가 매우 크게 되어 그가 말하는 하나님의 가족이 과연 하나님의 기족인가를 묻게끔 하기 때문이다. 우리 모두가 성경의 교회에 대한 가르침에 충실해서 레슬리 뉴비긴을 포함한 WCC적 **에큐메니컬 운동을 극복하고** 참으로 그리스도의 구속 사역과 성령님의 구속을 적용하시는 사역에 충실한 참된 **성경적** 에큐메니즘에 충실할 수 있게 되었으면 하는 바람을 가지게 된다.

레슬리 뉴비긴이 잘 지적하는 대로 "선교의 맥락에 계속 충실하지 않으면 에큐메니컬 운동은 타락할 수밖에 없다"(21). 이것은 그가 생각하는 대로 국제선교협의회(IMC, International Missionary

Council)와 세계교회협의회(WCC, World Council of Churches)를 통합한다고 이루어지는 것은 아닌 것을 역사가 증명하고 있는 것이다. 이 책이 출간될 때인 1953년에 두 기관이 아직 나뉘어져 있었으나, 그의 이 책에서의 주장과 노력의 결과로 1961년 WCC 제 2차 총회라고 할 수 있는 뉴델리 회의(1961)에서 통합되었으나 그 결과 과연 어떤 열매를 거두고 있는지를 생각해 보아야 한다. 중요한 것은 성경을 그대로 믿고, 성경에 근거하여 성경이 말하는 복음을 온 세상에 선포하고, 그대로 살며, 그렇게 성경적 복음에 충실한 교회들이 그리스도의 구속 사역에 근거한 성령님 안에서의 연합에 의존한 연합 운동을 하는 것이기 때문이다. 오늘날과 같이 성경에 충실하지 않은 교회들과 하나가 되려고 하고, 성경적 복음을 손상하고 있는 교회들과도 같이 있으려 하는 것은 진정한 선교적 맥락에 충실한 것이라고 하기 어려운 것이다. 나는 그가 지금도 "WCC의 회원이 되는 것은 우리 시대에 하나님이 열어 놓으신 연합의 길이며 이 길을 거부하는 것은 하나님의 부르심을 외면하는 것이라고 확신한다"고(26) 주장하려는지 의문이 강하게 든다. 그런 의미에서 1953년의 책을 지금에서야 우리말로 소개하는 이 책의 한국어 번역이 혹시 잘못된 에큐메니컬 운동(WCC적 에큐메니컬 운동)을 지원하는 결과를 내게 된다면 그것은 **하나님 나라와 성경적 에큐메니컬 운동에 큰 손상을 주는 일이 될 것**이다. 그러므로 우리는 이 책과 이 책의 메시지를 비판적으로 읽어 가야 할 것이다.[10]

10 이와 대조되는 성경적 에큐메니컬 운동에 대한 논의를 위해 코넬리우스 반틸의 『개혁신앙과 현대 사상』. 개정역 (서울: SFC, 2008)의 해당 부분을 읽어 보라.

12

남미의 해방신학과 해방신학적 정향

남미 지역에서 1970년대부터 나타나 세계 신학계에 영향을 끼치고 있는 신학이 해방신학이다. 신학이란 언제든지 시대적 문화적 영향을 받는다는 것을 강조하면서 가난과 비민주적 체제를 지니고 있는 남미 특유의 상황에서는 아주 새로운 방식으로 신학을 해야만 한다고 주장하면서 나타난 신학이 해방신학이다. 남미의 해방신학은 흔히 북미 지역과 남아공 같은 데서 피부색과 인종에 근거한 차별로부터 사람들을 해방시키고, 세계 곳곳에서 성별에 의해 여성 차별하던 것으로부터 여성들을 모든 억압과 차별에서 해방시키는 것과 함께 사회의 잘못된 구조와 경제적 착취와 억압으로부터 억눌린 사람들을 해방하는 운동의 하나로 언급되는 일이 많다. 그러므로 남미의 해방신학(liberation theology)은 흑인 신학(black theology), 여성 신학(feminist theology)과 함께 넓은 의미의 해방적 운동을 진작시키는 신학으로 여겨진다.[1] 이와 같은 남미의 신학인 해방 신학이 어떻

---

[1] 이런 틀로 셋을 묶어 제시하는 일은 상당히 일반적이다. 특히 7장 해방 신학들이라는 이름으로 이 셋을 제시한 Stanley J. Grenz and Roger E. Olzen, *20th Century Theology: God and the World in a Transitional Age* (Downers Grive, Ill: IVP, 1992), 200-36을 보라.

게 나타나게 되었으며, 이를 어떻게 보아야 하는 지에 대해서 검토해 보기로 하자.

전형적인 해방신학자들과 그들의 주장들

남미 컬럼비아의 메델린(Medellín)에 남미의 천주교 주교들이 모여서 남미의 사회 문제를 심각하게 숙고하면서 모종의 변화가 있어야 함을 선언한 일이 있었다(1968년 제2 남미 주교회의). 이때는 교회가 가난한 자들을 돌보고 그들과 함께 해야 한다는 것을 천명하는 정도였는데, 1973년 페루의 신부인 구스타보 구티에레즈가 『해방의 신학』이라는 책을 낸 것이[2] 구체적인 해방 신학을 형성하는 중요한 계기가 되었다고 할 수 있다.

리마의 상당히 가난한 집안에서 1928년에 출생한 구티에레즈는 1959년에 프랑스 리용 대학교에서 신학으로 학위를 하고(Ph. D.) 신부가 되었고 리마의 천주교 대학에서 신학을 가르치면서 해방신학을 제시했다. 구티에레즈의 해방의 신학에 동의하는 분들은 브라질의 레오나르도 보프(Leonardo Boff) 신부, 브라질의 파울로 프레리(Pualo Feire), 멕시코의 호세 포르피리오 미란다(José Porfirio Miranda), 우르과이의 환 루이스 세군도(Juan Luís Segundo), 엘살바도르의 요한 소브리노(Jon Sobrino) 등의 천주교 신학자들이 그 대표이다.

그리고 아르헨티나의 감리교 신학자인 호세 미구에즈 보니노

---

[2] Gustavo Gutierrez, *A Theology of Liberation* (New York: Orbis Books, 1973).

(José Míguez Bonino) 등이 힘을 합하여 책을 내고 해방신학의 구체적인 전략을 제시함으로 해방신학은 70년대에 본격적으로 형성되었다고 할 수 있다. 보니노는 1924년에 아르헨티나의 산타 페(Sata Fe)에서 감리교 중산층에서 태어났으나, 점차 사회주의자로 전향했고, 아르헨티나 개신교 신학교에서 공부한 후 미국 아틀란타에 있는 에모리 대학교와 뉴욕의 유니온 신학교에서 공부하여 1960년에 박사학위를 하고, 아르헨티나를 중심으로 개신교적 해방신학을 제시하였다. 이들이 제시한 해방신학은 남미의 민주화 운동과 공산주의 운동, 계급투쟁, 가난 문제를 구조적으로 해결하기 위한 노력, 그리고 기초공동체(grass-root community) 운동, 그리고 가난을 극복하는 구조적 항쟁을 하도록 하기 위한 의식화 교육 등으로 전개되었다.[3]

전형적 해방신학의 의의와 문제점들

이와 같이 전개된 해방신학이 남미의 경제가 북미의 경제에 종속된 구조 속에서 소수의 부유한 자들이 부를 독점하여 가난한 자들은 대를 이어 가난에서 허덕이는 문제를 고민하며 이를 해결하는 방식으로 나아가야 한다고 생각한 것은 의미 있다. 신학이 주어진 현실의 문제를 가지고 고민하여 그것과 대화하려 한 것은 참으로 의미 있는 일이다. 더구나 자신들은 "해방에 대해서 말하기만 하는 것이 아니라, 실제로 해방하는 일에 더 관심을 가지고 있다"고 선언하는 것도 어떤 측면에서는 의미 있는 일이다.[4] 또한 이를 해결하기 위해 사회

[3] 13명의 해방신학자들의 글을 전체적으로 제시하는 책으로 Rosino Gibellini, ed., *Frontiers of Theology in Latin America* (1975), trans. John Drury (New York: Orbis, 1979)을 보라. 이 책의 305-18에 이들의 삶이 과정에 대한 자세한 안내가 실려 있다.

과학과 경제학을 고려하였다는 것도 어느 정도는 의미 있는 일로 여겨질 수도 있다.[5]

그런데 (1) 해방신학자들은 인간을 행동의 주체자로 여기면서 "개입된 구체적인 역사적 사건 밖이나 그 너머에는 진리가 없다"는 입장을 표명한다는 데에 문제가 발생하기 시작한다.[6] 그러므로 해방신학은 기본적으로 실천적인 진리관, 그리고 결국은 상대주의적 진리관을 드러낸다. 진리는 객관적으로 있는 것이 아니라고 하면서, 주어진 상황을 실제로 변화시킬 수 있는 것이 진리라는 생각을 한다. 그들이 "하나님을 위한 행동"을 강조하고 실천을 강조하는 것은 좋은 점이다. 이런 점에서는 "신학적 숙고는 반드시 사회와 교회가 하나님의 말씀에 의해 부름 받고 명령받은 한 사회와 교회를 분석하고 비판하는 것이어야 한다 …… 그것은 역사적 프락시스와 분리할 수 없다"고 말하는 것에 모든 그리스도인들이 기꺼이 동의할 수 있다.[7]

그러나 그런 구체적 행동 밖에는 객관적 진리가 없다는 입장 천명이 문제가 된다.[8] 바로 이런 생각 때문에 해방신학자들과 이와 연관된 분들은 때때로 마르크스주의적 혁명가들의 무력적인 계급 투쟁적 활동을 간접적으로 또는 직접적으로 지원하는 일도 하였었다. 그들은 서구의 경제력이 통제하는 구조를 벗어나게 하기 위해서는 무력 항쟁을 통해서 사회주의적 체제로의 전환을 하는 것도 좋은 방법

---

4 Juan Luis Segundo, S.J., *The Liberation of Theology* (New York: Orbis Books, 1976), 9.

5 그리고 이 점은 오늘날 공적 신학의 선구로서의 모습을 보인 것으로 언급될 수도 있다.

6 Jos Miguez Bonino, *Doing Theology in a Revolutionary Situation* (Philadelphia: Fortress, 1975), 88.

7 Gutierrez, *A Theology of Liberation*, 11.

8 이런 실천적 진리관에 대한 문제 제기와 논의로는 이승구, 『기독교 세계관이란 무엇인가?』, 개정 판 8쇄 (서울: SFC, 2013), 149를 보라.

의 하나라고 생각했다. 해방신학의 입장에서는 어떤 방법이든지 해방에 도움이 되는 것은 허용 가능하기 때문이다.

같은 입장에서 (2) 해방신학은 남미 사회의 구조를 분석하는 일에 있어서도 종속이론이라는 분석의 틀을 사용하며, 이에 대한 해결 방식도 주로 사회 과학과 경제학의 논의를, 그것도 종속이론의 논의를 상당히 그대로 채용하고 있다는 것이 근본적인 문제의 하나라고 할 수 있다. 그들은 현재의 사회 과학 가운데서 자본주의적 소유와 생산의 문제를 가장 잘 다룰 수 있는 것이 마르크스주의적인 분석이라는 이유에서 그렇게 했다. 그러나 과연 현실적으로도 이것이 유효한 것이었는지, 더구나 하나님도 그렇게 할 것을 요구하시는지가 문제이다. 보니노는 마르크스주의적 사회 분석을 그리스도인이 사용할 수 있을 뿐만 아니라 그리스도인이면서 마르크스주의자가 되는 일이 가능하다고 강하게 주장하였다.[9]

그러므로 (3) 하나님과 세상의 관계에 대한 이해에서 정통적 기독교의 이해와는 상당히 다른 이해를 가지고 있다는 것이 문제다. 예를 들자면, 하나님이 이 세상의 문제를 해결하기 위한 가난한 편에 있는 하나님으로 제시된다: "하나님 자신은 [가난에] 반대하는 투쟁에 개입하신다. 그는 분명히 가난한 자의 편에 서신다."[10] 예수에 대해서도 그는 "가난한 사람들을 유독 사랑하셨다. 그들 때문에 그는 그 시대의 권력자들과 맞서게 되고 결국에는 반동자로 몰려 죽임을 당하게 되었다"고 이해한다.[11]

---

[9] Bonino, *Christians and Marxist: The Mutual Challenge to Revolution* (Grand Rapids: Eerdmans, 1976).

[10] Bonino, *Doing Theology in a Revolutionary Situation,* 112.

[11] Gustavo Gutierrez and Richard Shaull, *Liberation and Change* (Atlanta: Jphn Knox Press, 1977), 83.

(4) 해방신학에 의하면 교회도 따로 있는 것이 아니라 바로 가난한 자와 함께 행동하는 곳에 있는 것으로 파악된다. 보니노는 이렇게 주장한다: “교회는 하나님의 복음이 가난한 자를 해방시키는 일에서 선포되고 나타날 때에 현재한다.”[12]

이는 (5) 해방신학을 제시한 분들이 기본적으로 서구로부터 받은 자유주의적 신학 교육으로 인한 성경에 대한 비판적 이해와 몰트만 등의 신학을 긍정적으로 받아 들인데서 오는 결과라고 할 수 있다. 그러므로 해방신학자들은 성경 자체가 성경이 기록될 당시의 시대적 분위기로 채색되어 있다고 보며, 따라서 성경 해석도 항상 구체적 정황에서 당파성을 가지고 해야 한다고 본다. 그래서 세군도는 “모든 해석학은 의식적이든 무의식적이든 간에 당파성을 수반한다.”고 하면서 모든 해석학은 당파적이라는 점을 강조한다.[13] 또한 문제를 해결할 수 있는 바른 해석은 항상 이전의 전통적 해석을 극복하는 것이어야 한다고 주장한다: “만일 신학이 성경에 대한 관습적인 해석의 방법을 변경시키지 않고도 새롭게 제기된 치명적 문제에 답을 제공할 수 있다고 가장한다면, 곧바로 해석학적 순환을 멈추는 것이 된다.”[14]

그러므로 (6) 해방신학은 결국 인간이 인간 해방을 위한 노력을 해야 하고, 할 수 있다고 주장한다. 그러므로 이들은 근본적으로 펠라기우스적이다. 보니노는 예수와 그의 활동에 대해서 이렇게 주장한다: “예수 그리스도는 자연과 역사의 정점에 초월적인 하늘의 실재를 씌우러 오신 것이 아니라, 인간이 자신의 역사적 사명을 완성할

---

[12] Bonino, "The Struggle of the Poor and the Church," *Ecumenical Review* 27 (1975): 42.

[13] Segundo, *The Liberation of Theology*, 25.

[14] Segundo, *The Liberation of Theology*, 9.

수 있도록 의지의 힘을 다시 열어 주시려고 오신 것이다."[15] 따라서 그가 말하는 해방이라는 개념도 이와 연관되어서, 보니노에 의하면 해방이란 "개인주의적인 현존 체제의 왜곡된 인간상에 반대하여 사람이 창의적으로 자신을 형성해 가는 과정"이라고 한다.[16] 물론 구티에레즈는 해방에는 사회, 경제, 정치적 해방, 인간화, 죄로부터의 해방, 즉 하나님과의 화해가 다 포함되어 있다고 하지만,[17] 이 세 가지는 "서로 다른 영역에 속하는 것이 아니라 유일한 구원의 실재"라고 하는 것이다. 그러므로 사회, 경제, 정치적 해방이 없는 해방은 진정한 해방이 아니라고 한다.

남미의 일반적 해방신학적 정향들

그런데 이렇게 유명해진 해방신학자들만이 이와 같은 입장을 표명하고 주장하는 것이 아니고 남미의 상당수 개신교인들과 그리스도인들, 심지어 상당히 복음주의적 정향을 드러낸다고 하시는 분들도 상당히 해방신학적 정향을 나타내 보인다는 것이 우리가 주목해야 할 점이다. 그런 점에서 해방신학적 정향은 그저 천주교 신학의 한 운동이 아닌 것으로 나타난다. 상당히 많은 분들이 남미의 북미에 대한 경제적 종속을 문제시하고, 이런 정황에서 소수의 부자와 다수의 가난한 자들의 문제를 구조적인 문제로 여기면서 이런 구조를 깨는 데 신학과 교회가 기여해야 한다고 생각한다. 그리하여 기본적으로 교

---

15 Bonino, *Doing Theology in a Revolutionary Situation,* 111-12.

16 Bonino, *Doing Theology in a Revolutionary Situation,* 40.

17 Gutierrez, *A Theology of Liberation*, 36-37. Bonino, *Doing Theology in a Revolutionary Situation,* 70도 보라.

회와 사회의 약자 편을 드는 일을 해야 한다고 생각한다. 그 생각이 거의 고착되어서 해방신학자들이 일반적으로 하는 말인 하나님은 가난한자들 편이시고, 가난한 자들의 하나님이라는 말을 남미의 그리스도인들은 자주 한다. 영혼 문제에 관심을 지닌 남미의 상당수 그리스도인들도 그런 생각과 표현을 일반적으로 한다. 물론 이런 것에 별 관심을 기울이지 않는 사람들도 있기는 하다. 그런데 그런 분들은 기독교가 이 세상에 과연 어떤 기여를 해야 하는지에 대해서 별 관심이 없는 경우들이 많다. 이런 상황에서는 자신들도 모르는 가운데 기존의 구조를 고착시키는 일에 이용당하기 쉽다. 그러므로 남미에 사는 그리스도인들은 이런 정황 가운데서 참으로 성경적인 기독교에 충실한 생각과 삶의 방식을 남미적 상황 가운데서 드러내야 할 큰 책임을 가지고 있다.

마치면서

남미의 그리스도인들은 남미적 상황 가운데서 참된 그리스도인이 되는 것은 과연 어떤 생각을 하고, 사회에 대해서 어떤 마음과 태도를 가져야 하는지를 분명히 해야 한다. 남미의 진정한 그리스도인들은 해방신학적 방식으로 나아가지 않으면서도 사회와 구조적 악의 문제에 대해서 바르게 생각하고 행동하는 방식을 찾아야 하는 큰 책임을 지니고 있다. 이것은 우리가 아주 복잡한 한국 사회 속에서 이 세상이 제안하는 여러 변혁 방식을 그대로 따라가지 않으면서 기독교적인 기여를 해야 하는 책임을 가진 것과 유사하다. 남미의 그리스도인들이 해방신학적 방향으로 나아가 하나님을 편드는 하나님으로 인식하고, 부조리하고 모순 많은 사회를 바꾸기 위해서 필요하면 폭력도 사용할 수 있다는 것에 동의하지 않으면서 그 사회 속에서 책임 있는 그리스도인으로 생각하고 사는 일을 위해서 우리는 기도해야 한다. 그것은 바로 우리가 21세기 한국 사회라는 아주 복잡하고 모순이 많은 사회 속에서 어떻게 기독교인답게 생각하고 살 것인가를 고민하는 것과 같이 가는 것이다.[18]

온 세상에 흩어져 사는 그리스도인들이 신학적 작업을 할 때 각 지역의 신학이 나타나는 것은 매우 자연스러운 현상이다. 기독교 초기에도 안디옥을 중심으로 하는 안디옥 신학의 정향과 알렉산드리아를 중심으로 하는 알렉산드리아 신학이 좀 성격을 달리하면서 나타난 것을 우리들은 잘 안다. 그래도 진정한 그리스도인들은 안디옥 신학적 정향을 가져도 성경 중심의 기독교를 향해 나아갔고, 알렉산드리아 신학적 정향을 가져도 성경중심의 기독교를 향해 나아가서 양 진영의 극단적 입장을 가진 사람들은 이단으로 정죄되었으나 대개는 하나의 기독교 안에 있는 다양성이라는 맥락에서 이해될 수 있었다. 어느 시대이든지 각 지역의 독특성은 신학하는 일에 독특성을 보여준다. 성경을 떠나서 이상한 방향으로 나아가지만 않으면 그것은 기독교 신학에 속하는 것이 된다.

그런데 얼마 전부터 "지역적 신학들(local theologies)"을 너무 강조하는 일이 나타나고 있어서 안타깝다. 남미 지역의 그리스도인들이 신학을 할 때 그들의 독특성이 나타날 것이고, 또 나타나야 하고, 그것이 다 합하여 보편 신학에 기여를 하게 될 것이다. 그러나 어디까

---

18 이를 위한 우리의 고민 노력의 부분으로 다음을 보라: 이승구, 『기독교 세계관으로 바라보는 21세기 한국 사회와 교회』 (서울: SFC, 2005); 이승구, 『광장의 신학』 (수원: 합동신학대학원출판부, 2010); 『우리 사회 속의 기독교』(서울 나눔과 섬김, 2010)=『거짓과 분별』 (서울: 예책, 2014).

지나 우리들은 보편적 신학을 한다는 의식이 있어야 한다.

13

톰 라이트(N. T. Wright)를 어떻게 읽을 것인가?

톰 라이트(N. T. Wright)에 대해서 관심을 가지고 그의 책을 읽는다는 것은 책을 읽지 않는 이 시대에 주어진 축복의 하나이기는 하다. 책을 읽지 않던 사람들이 그를 읽기 위해 책을 읽는다는 것은 좋은 일이니 말이다. 그러나 사실 책을 전혀 읽지 않던 사람들이 그의 책을 읽을 것 같지는 않다. 그렇지만 책을 조금 읽던 사람들이 그의 책을 읽기 시작하면서 그 잡은 책을 놓지 않고 읽는다면 라이트는 이 책을 읽지 않는 시대에 일종의 기여를 하고 있음에 틀림이 없다. 그는 강연을 하든지 책을 쓰든지 자신이 말하려고 하는 바를 아주 잘 전달하는 사람(good communicator)이기에, 이런 점에서 톰 라이트는 사람들로 하여금 글을 조금 더 읽도록 기여한다고 할 수 있다. 그러나 그가 참으로 기여하는 것이 되려면 그의 책을 읽은 사람들이 바울 서신을 더 많이 읽고, 다른 성경책을 더 읽고 그것을 더 깊이 생각하게 되어야 한다. 그리고 진정 바울이 의도한 대로 바울의 말을 알아 듣고, 바울의 글을 통해서 또 성경의 다른 저자들의 말을 통해서 우리 하나님의 뜻을 잘 알고 하나님께서 의도하신 대로 믿고, 그렇게 살아가야만 한다. (여기에 문제의 핵심이 있다. 모든 기독교의 책들은 이런 결과를 내어야만 참으로 기독교적인 것이고, 기여하는 것이다. 즉, 이런 결과를 내지 않는다면 그것은 결국 제대로 된 기여가 아니다).

그런데 많은 사람들이 경험하는 것처럼 라이트의 글을 읽은 후에 바울의 의도와 하나님의 의도에 대해서 **톰 라이트가 해석하는 대로만** 나아가게 된다면 그것에 대해서는 좀더 심각하게 생각해 보아야 한다. 왜냐하면 그 자신도 그렇게 의식하고 말하며, 그를 따르는 사람들도 알고, 특히 그를 비판하는 사람들이 잘 알듯이, '톰 라이트가 해석하여 제시하는 바울과 기독교와'는 이제까지 많은 사람들이 믿고 따랐던 바울과 기독교는 **상당히 다르기 때문**이다. (이에 대해서는 Jason Byassee 목사님이 잘 지적하여 모든 이들이 알 수 있을 것이다: "그는 교리와 싸우고 있는 중이다").[1] 그리고 이것은 단순히 해석의 차이 문제가 아니라, 그들은 서로 **절대적으로 대립**하는 것이다. 라이트는 현재의 기독교를 조금 수정하는 정도가 아니라, 사실 상당히 다르게 만들려고 한다. 그래서 만일에 라이트가 옳다면, (라이트 자신이 여러 번 그렇게 명백히 말하는 것처럼) 루터나 칼빈 등의 개혁자들과 그를 따르는 많은 이들이 다 틀린 것이 된다. 물론 라이트는 자신이 제시하는 것이 바울에 대한 바른 해석이라고 생각하면서 그렇게 말한다. 그래서 Jason 목사님도 "[만일] 우리가 라이트를 옳다 여긴다면, 우리 그리스도인들은 속죄와 칭의, 구원, 교회에 대해 우리가 받아들이고 있는 생각들을 상당 부분 재고해 봐야 할 것

[1] Jason Byassee, "Surprised by N. T. Wright," *Christianity Today* (8 April, 2014).

이다."라고 했던 것이다.

그러므로 우리들은 오늘날 성경과 기독교에 대한 크게 다른 두 가지 해석 앞에 있는데, 그 둘은 양쪽 (입장에 있는 사람들이 다 인정하듯이) 서로 상당히 대립하는 것이다. 서로가 서로에 대해서 틀렸다고 하고, 이제 라이트 자신은 논쟁도 하지 않으려고 한다.[2] 그저 자신의 해석만이 옳다고 주장하면서 정통적 입장을 거부하는 것이다.[3] 이런 상황에서 우리는 라이트를 어떻게 읽어야 하는가?

성경과 성경의 역사적인 것을 인정하는 부분에 대해서는 감사하면서

라이트가 성경을 믿는 태도로 말하고 논의하는 것을 우리는 존귀하게 여긴다. 그는 전통적으로 바울의 서신들이라고 여겨 왔던 것을 거의 다 그대로 바울의 서신들이라고 받아들인다. 그는 에베소서나 빌립보서도 바울의 글이라고 받아들이면서 논의하는 것이다. 라이트는 복음서를 하나님의 말씀으로 받아들이고 복음서가 말하는 대부분의 사건의 역사성을 인정한다. 그는 출애굽 연대도 예수님 이전 1,500년 전이라고 하면서 이른 연대를 받아들이면서 논의하고, 예수님께서 죽으신 후에 같은 시간과 공간 내에서 실제로 부활하셨다는 것을 받아들인다.[4] 아주 인정받는 신약 학자인 그가 이런 태도를 드러내

---

2 이에 대해서도 Jason Byassee 목사님이 잘 지적하였다. Byassee, "Surprised by N. T. Wright,"

3 라이트의 구체적인 성경 해석과 관련하여 이 점을 지적하는 이승구, 『톰 라이트에 대한 개혁신학적 반응』 (수원: 합동신학대학원출판부, 2013), 특히 2장 뒷부분을 보라.

4 이에 대해서 자세한 안내와 논의로 이승구, 『톰 라이트에 대한 개혁신학적 반응』, 제 1

는 것에 대해서 우리는 감사하지 않을 수 없다. 이런 점에서 그는 많은 복음주의자들의 동료로 서 있는 것이다.

또한 그는 늘 신약과 구약을 연결시켜서 이해하려고 하는 좋은 성경신학적 태도를 지닌다. 그가 학문적으로 내고 있는 책들은 이런 성경신학적 작업에서 신약 신약에 해당하는 것들을 하나하나 내고 있는 것이고, 그가 일반 독자들을 위해 써 내고 있는 책들은 이렇게 연구한 결과를 일반 독자들을 위해 설명하며 설득하는 책들이다. 그가 성경신학적 작업을 하면서 하나님 나라를 잘 설명하고 있는 것에 대해서도 우리는 감사해야 한다.[5] 이외에도 그가 세계관적인 접근을 하면서 세계관적인 신학을 하여 가고 있는 것에 대해서도 우리는 감사하게 된다.

그런데 이상의 모든 점들은 다른 모든 좋은 복음주의적 학자들에 의해서 우리에게 아무런 혼동 없이 잘 제시되고 있는 것이기에 그에게서 특별히 새로운 것을 배울 수 있다고 하기는 어렵다. 그러므로 그가 하는 좋은 기여를 혼동 없이 얻고자 하는 분들은 G. Vos를 위시한 개혁파 정통주의 신구약 학자들과 D. A. Carson이나 Richard Gaffin, Leon Morris 등의 좋은 책들을 읽고 그 책들로부터 배우는 것이 좋을 것이다. 그러나 톰 라이트가 이런 점들을 다른 복음주의 학자들과 같이 성경에서 발견하여 잘 제시하는 것에 대해서는 우리는 감사해야 한다.

문제의 핵심을 파악하면서 읽어야

장: "톰 라이트의 기여" 부분을 보라.

[5] Cf. 이승구, 『톰 라이트에 대한 개혁신학적 반응』, 제 5 장을 보라.

그런데 톰 라이트는 위에서 언급한 좋은 복음주의 신약학자들과는 달리 칭의 같이 아주 중요한 문제들에 대해서 자신의 독특한 해석을 제시한다는 데에 문제가 있다. 이를 찾기는 비교적 쉬우니, 라이트 자신이 이를 분명히 언급하고 있기 때문이다. 즉, 라이트는 자신이 전통적 해석과는 다른 해석을 하고 있다는 것을 잘 의식하고 있고, 사실 그것을 잘 드러내기 위해 글을 쓰고 있다. 그는 이제까지 사람들이 전통적으로 들어 온 바를 버려 버리고 바울의 말을, 또 다른 성경 기자의 말씀을 직접 들으라고 설득한다. 이를 효과적으로 전달하기 위해 그는 루터와 칼빈이 강조한 대로 "오직 성경"의 원리에 충실해야 하지 않느냐고 강하게 외치는 것이다. 그런데 이때 그가 말하는 바는 루터나 칼빈의 신학이나 그런 전통을 버려 버리고 그냥 바울이 말하는 바를 듣자는 것이다.

그러므로 그는 매우 흥미롭게도 루터와 칼빈의 원리를 가지고 루터와 칼빈이 말한 내용인 이신칭의를 비판하고 버려 버리도록 하는 것이다. 그래서 독자들이 라이트를 따라 갈 때 사실 전통주의자들보다 더 루터와 칼빈 같은 개혁자들의 주장에 더 충실하게 되는 것이라는 착각을 하도록 유도하면서 글을 쓰고 말을 한다. 바로 이런 뜻에서 그는 "나는 항상 방법론에서 종교 개혁자들과 가장 닮았다고 느껴요."라고 했음을 기억해야 한다.[6]

더 심각한 문제는 톰 라이트가 이해하도록 하고 그렇게 읽도록 하는 바울의 의도가 과연 실제 바울의 의도이며, 따라서 그것이 과연 하나님의 의도인가 하는 데에 있다. 바로 여기에 라이트에 대한 논쟁

---

[6] Byassee, "Surprised by N. T. Wright,"에 있는 인터뷰 중에서.

의 핵심이 있는 것이다. 만일에 그가 제시하는 바울의 의도가 실제 바울의 의도라면 우리는 그를 따라야 한다. 그것이 우리가 믿는 바이기 때문이다. 그러나 만일 라이트가 해석하여 제시하는 바가 바울 서신이 말하는 실제 바울의 의도와 다르다면, 라이트는 (자신이 주장하는 말과 같이) 바울을 있는 그대로 보자고 하는 사람이 아니고, 오도된 바울을 우리에게 제시하는 사람이 되는 것이다. 라이트에 대해서 비판적인 사람들의 비판의 핵심이 바로 여기에 있다.

문제의 본질: 구원론 논쟁

이를 분명히 하기 위해서 라이트가 해석하여 제시하는 바울의 의도가 무엇인지를 드러내고 그것을 전통적 해석과 비교해 보자. 여기서 라이트 등 〈바울에 관한 새 관점〉(New Perspective on Paul) 학파(소위 NPP 학파)가 자주 말하는 바울이 말하는 믿음과 의(義) 등에서 문제되는 것은 구원론이 아니고 교회론이라는 주장과는 달리, 이것이 결국은 서로 다른 구원론에 대한 주장임이 드러나게 된다.

Jason Byassee 목사님의 논의에서도 잘 나타난 바와 같이, (그런데 우리 말 번역본은 다음에 고딕체로 표현한 그 핵심을 빼고 번역하였다.) 라이트는 바울이 우리가 믿음으로 구원을 얻는다고 말할 때 이는 그리스도의 의가 우리에게 **전가 되어서 전가된 의로 말미암아** 구원 된다는 것이 아니고, 이스라엘에게 주신 약속을 그리스도 안에서 성취하심으로 구원된다고 주장한다.[7] 라이트는 그리스도의 의의 전

[7] 거의 모든 곳에서 분명히 드러나지만 Byassee, "Surprised by N. T. Wright,"에서도 이 점이 잘 지적되고 있다. 또한 이승구, 『톰 라이트에 대한 개혁신학적 반응』, 제 2 장 앞 부분도 보라.

가(imputation)가 있는 것이 아니라고 한다. 라이트는 "법정에서 의롭다고 선언한다는 바울의 은유(metaphor)가 전가된 의에 대한 것이 아니라고 강조한다. (이것이 라이트의 칭의 이론의 **내용적 문제점**이다).

그러면 우리는 도대체 어떻게 구원 얻는다는 것인가? 유대교 전통에서는 모든 사람들이 부활한 몸을 가지고 최후의 심판대 앞에서 심판을 받게 된다. 그런데 라이트 견해에 대한 Jason 목사님의 요약에 의하면 (그분이 라이트 편에 서려고 하므로 일부러 그쪽 편을 위해서 그분의 요약을 제시한 것이다), "예수님 이전의 유대인들에게는 토라를 지킨 사람들이 그 날에 신실한 자들이라고 선언될 것이다 – 즉, 참된 의미에서 구원받을 것이다. 그들의 신실성의 표지는 토라를 준수한 것이다. 그리고 '메시아 안에' 있는 사람들에게는 세례로 재가된 믿음만이 그 날의 우리의 심판을 미리 표하는 것이다. 그러므로 바울의 법정에 대한 언급은 재판장이 그 날에 피고를 옳다고 하시고, 그에 대한 모든 혐의 제기에 반해서 그의 옳음을 드러내시고(vindicate), 부활을 확실히 해주실 것이라고 판결하신다는 의미일 뿐이다"고 한다.[8]

구원은 마지막 심판에서야 드러날 것인데, 그때 하나님께서는 믿는다고 하는 사람들이 이 세상에서 사는 삶 전체를 고려해서 판단하실 것이라고 한다. 그러므로 여기에는 인간이 살고 행하는 것이 고려되어 심판이 이루어지는 것이 된다. (라이트와 NPP 학파 사람들은 심판의 그 기준을 명확히 말하지는 않는다. 결국 예전 천주교에서 어느 정도 이상이 되면 된다고 생각한 것과 비슷하게 생각하는 듯하다). 그렇게 삶 전체를 고려해서 옳음을 드러내는 것(vindication –

[8] Byassee, "Surprised by N. T. Wright," 42.

이것이 이 맥락에서 라이트가 가장 즐겨 사용하는 용어이다.)을 라이트는 "미래 칭의"(future justification) 또는 "종국적 칭의"(final justification)라고 한다.

그러면 믿을 때에 칭의 받는다는 "현재 칭의"는 무엇인가? 라이트는 "현재 칭의는 미래 칭의가 전체 삶에 근거해서 공개적으로 선언할 바를 믿음에 근거해서 선언하는 것이다"라고 주장한다.[9] 그러므로 중요한 것은 우리의 삶 전체에 근거해서 하나님이 우리를 옳다고 인정하고 의를 드러내실 미래 칭의이다. 그리고 그것이 미리 선언된 것이 현재 칭의가 된다. 여기서 두 가지 해석 가능성이 있게 된다. 라이트는 (1) 미래 칭의 될 사람들만이 현재 칭의된다고 보았다는 것과 (2) 현재 믿음으로 칭의된 사람들이 언약에 신실하게 살지 않으면 그 사람들은 언약 안에 머물지 못하는 것이 되므로 그들은 결국 미래 칭의를 받지 못할 것이 되는 가능성이다. 이 문제에 대해서 라이트는 잘 논의하지 않는다, 그러나 그들이 주장하는 "언약적 율법주의"의 틀에 의하면 후자일 가능성이 더 크다.

그러나 바울이 말하는 바를 있는 그대로 읽을 때, 과연 라이트가 제시하는 바와 같은 결론이 나올 것인지가 매우 의심스럽다. 오히려 바울을 있는 그대로 읽을 때 우리들로서는 하나님께서 요구하시는 바를 행할 능력이 하나도 없으므로 하나님께서는 다른 방식으로 우리들을 구원하시기를 기뻐하셨고, 우리 대신에 이 세상에 오시어 우리의 자리에서 형벌을 받으신 그리스도의 공로를 우리에게 적용시키시고 또한 그의 삶과 죽음에서 율법을 온전히 다 지키시고 다 이루신 그리스도의 적극적 순종의 의를 우리에게 전가시키시어 그리스도 안에서 우리를 구원하셨다는 결론이 나오지 않는가? 이것이 바로 개

---

[9] Tom Wright, *What Paul Really Said* (Grand Rapids: Eerdmans, 1997), 129.

혁자들과 그들을 따라서 개신교회가 이제까지 믿어 온 바가 아닌가? 그리고 우리들이 이를 믿을 때 우리는 그저 이전의 교리가 이렇기에 믿었기보다는, 우리들 스스로 바울의 글을 읽으면서 그것이 바울이 말하는 바이기에 그렇게 믿은 것이고, 그런 성도들의 믿음이 공통적인 것임을 발견한 것이다.

그러므로 여기 **두 가지 다른 구원론**이 있는 것이다. 하나는 라이트 등이 말하는 구원론이다. 이에 의하면, 그리스도 안에 있는 사람들은 믿음으로 사는 삶 전체를 고려하여 최후 심판 날에 옳다 인정함(vindication)을 받을 것인데, 그것을 믿는 믿음이 그들이 그렇게 선언될 표라고 한다(NPP 학파의 구원론). 또 하나는 인간은 그 어떤 행위로도 옳다고 인정함을 받을 수 없기에 유일하게 하나님의 뜻을 성취하신 그리스도를 믿음으로 그의 의를 전가 받아 구원을 받는다는 구원론이다(전통적 개신교적 구원론). 라이트 등이 말하는 구원론은 결국 그리스를 믿는 믿음에 더하여 믿는 자답게 사는 삶으로 결국 옳다 인정함을 받게 된다는 것이고, 전통적 개신교적 구원론은 인간은 첫 타락 이후 부패성 때문에 주님의 뜻을 온전히 이룰 수 있는 능력 자체가 없으므로 오직 하나님 혼자의 힘만으로 구원이 이루어진다는 것이다. 그러므로 여기 두 가지 다른 구원론이 대립하는 것이다.

톰 라이트의 구원론을 신학사(神學史) 속에 넣어 고찰해 보면?

그런데 이와 같은 라이트와 〈바울에 관한 새 관점 학파〉의 구원론 주장은 이들이 처음으로 생각하고 주장하는 것인가? 신학사(神學史)의 흐름을 생각해 보면, 이미 과거 천주교인들이 이와 비슷한 주장을 한 것이 아주 명확하다. 그 이전부터 그런 식으로 생각하던 것을 토마스 아퀴나스(Thomas Aquinas)가 잘 정리하였고, 트렌트 종교회의에서 아주 명확히 천주교회의 교령으로 선언한 바에 의하면, 우리들은 그리스도의 십자가의 공로를 믿어야 하지만 믿음만으로는 구원될 수 없고 사랑으로 역사하는 형성된 믿음(*fides caritate formata*)만이 일종의 공로를 낳아 온전한 구원에 이르게 할 수 있다고 하였던 것이다. 이렇게 신학사적 검토 가운데서 라이트 등이 주장하는 구원론은 천주교회에서 주장하는 것과 비슷한 점이 많다는 점을 이미 많은 분들이 지적해 왔다. 그런 뜻에서 라이트 등의 구원론을 "반(半)-펠라기우스주의"(Semi-Pelagianism)와 가깝다고 말한 것이다. 물론 이는 천주교 구원론과 새 관점 학파의 구원론이 꼭 같다는 뜻은 아니다. 하나는 이미 중세기에 확정된 것이고, 또 다른 하나는 20세기 말에서 21세기 초에 주장되는 것이니 세부적인 면에서는 다를 수 있다. 그러나 새 관점 학파의 구원론은 그 기본적인 정향이 "반(半)-펠라기우스주의"(Semi-Pelagianism)적이다. 그러므로 NPP 학파의 구원론은 결국 "반(半)-펠라기우스주의"(Semi-Pelagianism)를 주장하는 것이고, 그 중에 교회에 설득력 있게 말하는 톰 라이트는 교회의 여러 성도들, 특히 복음주의 교회의 성도들을 그런 식으로 생각하도록 유도하는 셈이다. 그러므로 이것은 매우 심각한 일이 아닐 수 없다.

그러면 이제 어떻게 할 것인가?

이런 문제에 대하여 이 시대의 포스트-모던적 분위기 속에서 나올 법한 다음 같은 주장을 나는 가장 경계한다. "결국 성경 해석의 문제이니, 전통적 종교 개혁적 해석도 인정하고, 라이트 등의 해석도 인정하자."는 주장이 바로 그것이다. 사실 이와 비슷한 주장을 하는 것이 오늘날 WCC적 교회연합 운동이라고 할 수 있다. 그들은 "오직 성경만"을 주장하는 입장(개신교 입장)과 "성경과 전통 모두 다"(천주교회와 동방 정교회 입장 모두를) 아우르기 위해 우리는 이 두 가지를 다 인정해야 한다고 말한다. 그러나 실상 구원론에서 전통적 입장을 지닌 분이나 새 관점 학파에 속한 사람들 모두에게 이와 같은 입장은 있을 수도 없고, 이것은 그 누구도 받아들이지 않는 것이다. 라이트도 그렇게 해서는 안 된다고 주장한다. 결국 그는 우리가 우리의 구원론을 다시 생각하여 **구원에 대한 교리를 개정해야 한다는** 것이다. 매우 은혜스럽게 들리는 연설이나 강연 배후에도 이런 의도가 있는 것이다.

그러므로 이것은 결국 두 가지 다른 구원론의 대립이고, 결국 두 가지 다른 기독교의 대립이다. 그것을 명확히 의식하고서 라이트를 읽는 것이 라이트의 의도에 대해서도 공정하고, 전통 기독교에 대해서도 공정한 것이다. 그러므로 여기에 또 하나의 "이것이냐-저것이냐"(either/or)가 있는 것이다. 성경을 바로 해석하면서 궁극적으로는 이 점에 대해서 모종의 결단을 해야 할 것이다. 바로 이런 입장에서 나는 라이트를 읽으면 읽을수록 '라이트가 제시하는 바울과 라이트가 말하는 기독교'가 '바울서신이 말하는 기독교와 성경이 말하는 기독교'와는 **다른 기독교**라는 생각을 더 강하게 하게 된다.[10]

---

10 라이트에 대한 이주 자세한 논의를 보려면 필자의 『톰 라이트에 대한 개혁신학적 반응』(수원: 합동신학대학원출판부, 2013)을 보라.

제 5 부

WCC 운동과 그 신학들

14. WCC 제 10차 부산 총회를 바라보면서

15. 성경적 에큐메니즘을 지향하면서

Theologies Next Door:

A Reformed Response to
Various Theologies of Our Neighbours

14

WCC 제 10차 부산 총회를 바라보면서

부산 벡스코에서 열린 WCC 10차 총회

계획된 대로 2013년 10월 30일부터 11월 8일까지 WCC(세계교회협의회) 제 10차 총회가 부산 벡스코에서 열렸다. 수없이 많은 돈이 들어간 낭비성(浪費性)이 농후(濃厚)한 집회였다는 평가도 있고, 이를 준비하고 진행하신 분들은 그런대로 의미 있게, 잘 치루어진 행사였다고 자평하기도 한다. 과연 하나님 앞에서 이 총회가 어떻게 평가(評價)될 수 있는지는 앞으로 두고 두고 검토(檢討)해야 할 문제가 아닐 수 없다. 일단은 이 총회의 진행 과정을 하나하나 살펴 가면서 이번 총회에서 드러난 WCC의 모습을 검토해 보기로 하자.

1. 〈10월 30일〉 개회 예배(Opening Prayer)와 관련하여

먼저 전체적으로 분위기를 잘 살펴보아야 한다. 개회식에서 일단 사람들이 그들을 대표하는 것들을 가지고 행진하여 들어와 단상에 배치시켰다. 그리하여 단상에는 십자가와 촛불과 아이콘(icon)과 그 외 다른 것들이 놓이게 되었다. 개혁자들은(reformers) 이에 대해서 어떻게 평가할지를 생각해 보기 바란다. 우리들은 개혁자들의 의식(意識)을 잊어 버려서 그들이 피 흘리면서 제거한 것들이 슬그머니 우리들의 눈앞에 나타나게 되어도 별로 심각하다고 생각하지 않을 정도가 되었음을 매우 심각하게 여겨야 한다. 동방 정교회 사람들과 같이 모여야 하니 어쩔 수 없다고 할 수 있을까? 아르메니아 정교회의 총대주교가 설교해야 하니 어쩔 수 없다고 해야 할까? 천주교회는 현재 WCC의 공식적인 회원 교회는 아니지만 수많은 천주교인들이 각 위원회에 참여하고 있고, 그들도 많이 참관(參觀)하고 있으므로 그들도 배려해야 하니 할 수 없다고 해야 할 것인가? 이것을 개혁자들이 어떻게 보려는지를 생각해 보아야만 한다. 이런 것을 그냥 용인(容忍)할 수 있다고 생각하는 것은 역사의식(歷史意識)을 망각(妄覺)한 우리들의 자화상(自畵像)이 아닌가? 이번 이 모임을 주관하고 참여한 상당히 많은 교회는 그래도 명색이 개신교회(protestant Church)인데, 이런 의식(儀式, ritual)에 대해 그냥 이렇게 같이 가는 것이 자연스러운 일일까?

WCC 10차 총회 개회예배 설교

WCC 10차 총회 모습

애통 순서의 기도문들을 이런 맥락에서 다시 한번 더 깊이 있게 보아야 한다. 그저 단순하게 지금 고통 가운데 있는 사람들을 하나님께서 돌아보아 주시라는 것이 아님을 잘 보아야 한다. "생명의 하나님, 우리가 이 세상의 모든 고통과 고민거리들을 가지고 주님 앞에 나왔습니다. 온갖 회의와 의심과 피로와 곤핍 속에서 우리가 주 하나님을 찾습니다. 우리 기도를 들으시며 불쌍히 여기소서"라는 전체 기도에 대해서도 순진한 마음을 가지고 그것을 받아들이지 않아야 한다. 그 배후에 이 모임 전체의 방향이 있음을 생각해야 하는 것이다. 아프리카 · 아시아 · 카리브 · 유럽 · 라틴아메리카 · 중동 · 북미 · 태평양 등 지역별로 "울부짖음 · 부르짖음과 소망"을 담은 기도문을 각자의 '난곳 방언' 으로 기도하면서 퍼포먼스하는 것도 그 숨은 의도를 보아야 할 것이다. "아프리카가 간직했던 주님의 아름다운 형상은 욕심 많은 자들이 자원을 빼앗고, 공동체를 갈갈이 찢어발긴 경계선을 놓고 싸우는 동안에 온통 일그러져 버리고 말았으며, 여성과 소녀들을 주님의 형상으로 보지 않고 성욕의 대상으로 여겨 괴롭혔다"며 "주님의 탄식소리가 마주 울리듯, 강물은 말라 버리고

WCC 10차 총회 모습

호수가 범람하며 목초는 할퀴어졌으니 오 생명의 하나님이시여, 정의와 평화를 위한 우리의 모든 노력에 생명의 숨을 불어넣어 달라"고 기도했다는 것도 과연 무엇이 이들의 주된 관심사인지를 보면서 바라보아야 한다. 단순히 어려움 가운데 있는 아프리카 대륙과 그 속의 사람들을 주님께 부탁하는 기도가 아니라는 것을 볼 수 있어야 한다.

이 기도문 내용을 잘 분석해 보면 문제와 그들의 방향이 드러나고 있다. "아프리카가 간직했던 주님의 아름다운 형상은 욕심 많은 자들이 자원을 빼앗고, 공동체를 갈갈이 찢어발긴 경계선을 놓고 싸우는 동안에 온통 일그러져 버리고 말았으며"라는 기도 속에는 성경적 의미로 하나님의 형상을 생각하지 않고 그저 일반적인 의미로 가장 이상적인 것을 "주님의 아름다운 형상"이라고 표현하고 있는데, 이것이 그저 표현의 문제가 아니라 이 행사를 주도하시는 분들이 주로 그렇게 생각하는 것임을 드러내는 것이다. 여기에 기독교적 생각과 이교적 사상을 섞는 일종의 혼합주의적 사유가 작용하고 있지 않은가 우려된다.

더구나 다른 기도문에서는 "불법(不法)과 해고와 강요된 침묵 속에 살고 있는 달리트(불가촉천민), 토착민, 언어적-인종적 소수민들의 한숨 속에서, 강제 노동과 과노동, 위험한 작업장에 시달리며 일하고 있는 수백만 어린이들의 눈에 사무치는 괴로움과 절망 속에서 주님을 뵈온다"고 하고 있는데 그것이 타인의 얼굴에 있는 하나님을 생각하는 사상의 표현으로 보인다. 이 모임을 주도하시는 분들이 하나님을 과연 독자적으로 존재하는 인격적 존재로 여기고 있는지를 심각하게 물어야 할 것이다.

2. 〈"본질적인 것에서는 일치를, 비본질적인 것에서는 자유를 (관용을), 그리고 모든 것에서 사랑을"〉

아르메니아 정교회의 총대주교인 카레긴 Ⅱ세가 했다는 개회 설교의 한 부분에 대한 기자들의 번역이 잘못된 것 같다. 그가 한 말은, 예로부터 교회 안에서 강조되었고, 특히 리처드 박스터(Richard Baxter)가 즐겨 인용했던 말인 "본질적인 것에서는 일치를, 비본질적인 것에서는 자유(관용)를, 그리고 모든 것에서 사랑을"(*In necessariis unitas, in non-necessariis (or, dubiis) libertas, in utrisque (or, omnibus) caritas.*")이라는 말이다.[1] WCC와 관련해서는 과연 WCC와 관련하여 모이는 모든 분들이 성경의 정확 무오한 말씀에 그대로 따르는 본질적인 것에서 일치를 하려고 하는가 하는 것이 문제이다. 성경을 그대로 따르지 않으면 본질적인 것에서 일치하는 것이 아니다.

이 말과 관련해서 개신교적 그리스도인이라고 하면 우리들이 일치해야 하는 것이 무엇인지를 말하는 것이 좋겠다. 우리 시대에는 다음 세 가지에 있어서 일치가 있어야 한다고 여겨진다. 이것들이 우

---

1 이 어귀는 흔히 어거스틴을 따라 웨슬리가 많이 말했다고 하나 어거스틴이 이를 말한 바가 없다는 것이 거의 주도적인 견해이고, 루터파 신학자인 Rupertus Meldenius (1582-1651)가 1626년에 처음 사용한 말이라고 한다. 이에 대해서 Phillip Schaff, *History of the Christian Church,* vol. 7 (Grand Rapids: Eerdmans, 1910), 650-53을 보라. 또한 http://en.wikipedia.org/wiki/Rupertus_Meldenius도 보라. 이는 절충을 원하던 사람들이 즐겨 인용하던 말로서 Johan Amos Comenius를 비롯한 모라비안 교도들이 인용하기를 좋아했던 말이라고 한다. 코메니우스에 대한 좋은 전기 작가 중의 한 사람인 Matthew Spinka, *John Amos Comenius: That Incomparable Moravian* (Chicago: The University of Chicago Press, 1943; 2nd edition, New York: Russell & Russell, 1967), 147의 각주에서 코메니우스가 말한 이 어귀는 "루페르트 멜데니우스의 유명한 표현"(a "paraphrase of the celebrated expression of Rupert Meldenius")이라고 밝히고 있다.

리들이 공유해야 할 본질적인 것들이다.

1. 성경 가르침의 요약으로서 〈사도신경〉을 진심으로 믿는가의 문제
2. 이신칭의를 진심으로 믿는가의 문제
3. 성경을 정확 무오한 하나님의 말씀으로 받아들이는가의 문제

이 세 가지를 진심으로 믿고 받아들이는 사람들은 그리스도 안에서 형제요 자매이다. 참된 교회의 회원들인 것이다. 그런 분들이 교회 연합 운동을 하는 것을 성경적 에큐메니칼 운동이라고 한다. 우리는 그런 형태의 교회연합 운동을 지지한다.

물론 이를 받아들이지 못하는 분들과도 참으로 진지하게 대화해야 한다. 그러나 그것은 교회 간의 대화는 아니다. 다시 강조하자면, 그리스도인 됨의 절단선(cutting edge)은 분명히 있어야 한다. 이런 본질적인 것에서는 일치를 이루어야 한다. 그 외의 문제는 비본질적인 것이므로 우리 교회가 그리하지 않아도 다른 분들이 달리 할 수 있는 자유가 허용되어야 할 것이다.

그리고 다른 입장을 지닌 분들과 논의할 때에도 우리 마음에 한없는 사랑의 마음이 있어야 한다는 것이 위의 용어의 의미이다. 미워하고 다투는 마음이 아니고 상대를 성경이라는 참 진리에로 이끌려는 사랑의 마음이 있어야 한다.

3. 동성애 문제에 대한 WCC 총무의 기자 회견과 관련하여

WCC 총무 울라프 트베이트

WCC 제10차 부산총회 일정이 진행 중인 가운데 울라프 트베이트(Olav Fykse Tveit) 총무는 10월 30일 총무 보고를 하고 "질의응답(質疑應答)"하는 중에 "WCC는 동성애 문제와 관련해 어떤 결정도 내린 적이 없다"면서 "우리는 동성애를 지지하지도 반대하지도 않는다"고 밝혔다고 한다. 이런 대답을 서구의 세속 사회에서는 "정치적 바름"(political correctness)을 지향하는 대답이라고 한다. 이쪽도 저쪽도 만족시키고자 하면서 그 어느 쪽에도 손상을 주지 않아야 다음에 양편의 표를 다 받을 수 있다는 생각이 밑에 있는 것이다. 11월 7일 오후에 열린 WCC 10차 총회 마무리 기자 회견에서도 그는 "동성애라는 주제가 WCC의 일치를 방해해서는 안 된다"는 입장을 표명했다고 한다. 이것도 동성애에 대해 어떤 분명한 입장을 표명하는 것이기보다는 이를 긍정하는 사람들이나 부정하는 사람들 양편을 다 WCC 아래 두려는 의도에서 나온 정치적 발언이다.

그러나 성경이 말하는 진리에 근거해서 모든 것을 판단하려고 하는 사람들은 이런 "정치적으로 바른" 대답이 심각한 문제를 지닌 대답이라고 말하지 않을 수 없다. 이렇게 대답하는 데서 WCC의 정체성이 드러나는 것이다. 그러므로 결국 성경을 절대적 기준으로 삼고 모든 것을 판단하려고 하는 사람들, 즉 정통파 그리스도인들과 그리하지 않으려는 일종의 상대주의적 입장을 지닌 분들(WCC에 찬동하시는 분들)의 대립이 드러날 수밖에 없는 것이다.[2] 이와 같은 데

---

[2] 왜 성경을 그대로 믿는 사람들은 동성애에 대해서 단호하게 말하는지에 대한 전문적 논의를 위해서는 『광장의 신학』 (수원: 합신대학원 출판부, 2010)과 『우리 사회 속의 기독교』 (서울: 나

서 "정치적 바름"(political correctness)만을 추구하는 WCC는 기독교적 목소리를 내는 것이 아니라는 것이 잘 드러나고 있다고 할 수 있다.

4. 10월 31일 전체 주제 회의와 관련하여

세계교회협의회(WCC) 부산 총회 둘째 날인 10월 31일 벡스코 대강당에서 2,000여명이 모인 가운데 열린 전체 주제 회의 시간에는 "생명의 하나님, 정의와 평화로 우리를 이끄소서"라는 전체 주제를 반영하면서 정의와 평화라는 주제를 가지고 "전 세계에서 고통당하고 있는 이들을 교회가 어떻게 도와야 하는지"의 문제를 다루었다고 한다. 핍박받는 현장에 있는 그리스도인과 폭력과 편견에 노출된 자들을 위해 일하고 있는 이들이 발언자로 나서서 상황을 이야기하고 그런 상황에서 그리스도인들이 어떻게 해야 하는지에 대해서 같이 고민한 것이다.

물론 이런 문제에도 우리는 관심을 가져야 한다. 그러나 (1) WCC 전체가 상당히 이런 방향을 중심으로 나아가면, 결국 그들은 주된 관심을 이런 사회 문제에 두고 있다는 점에 주목해야 한다. 전체 주제 회의를 이런 주제로 했다고 하는 것에 관심을 가져야 한다. 이것이 바로 정통 기독교가 오래 전부터 WCC는 세상 사람들이 "기독교는 이런 사회 문제에 주로 관심을 기울이는 것"이라고 **오해하게 할 수 있는 기회가 된다**고 우려를 표현한 이유인 것이다.

늠과 섬김, 2010)=개정판, 『거짓과 분별』(서울: 예책, 2014)의 해당 부분과 여기 실린 여러 문헌들, 그리고 한국 기독교 생명윤리협회 홈페이지를 보라.

그리고 (2) 궁극적으로 이런 상황에서 우리가 어떻게 해야 하는지, 이 세상의 해결책과 우리들 그리스도인의 해결책이 어떤 것인지를 비교하는 일이 제대로 있는지는 분명하지 않다. 다시 말하지만, 성경적인 그리스도인들이 이런 사회 문제에 대해서 무관심하지 않다. 기독교 윤리 시간에 이런 주제를 상당히 다루면서 구체적인 해결 방향에 대한 이야기를 많이 나눈다. 우리가 해야 할 일이 무엇인가도 같이 고민한다. 그러나 이것만이 그리스도인의 일인 것처럼, 이런 일이 교회의 관심의 상당 부분인 것처럼 하는 것의 문제를 깊이 의식해야 할 것이다. 이런 말은 우리들이 이런 문제에 대해 관심이 없어서라거나 실질적으로 일하지 않기 위함이 아니라는 것을 분명히 하면서 말해야 하고, 또 그렇게 들어야만 한다.

결국 (3) 구원에 대한 이해가 다른 것이 아닌가 하는 생각을 하지 않을 수 없다. 십자가에서 우리의 죄 문제가 해결되어 그것에 근거해서만 이 세상에 참된 정의와 평화가 있을 수 있다는 것을 분명히 하지 않는 것은 결국 우리들의 노력으로 우리 주변의 이런 부정의하고 억압 받는 상황을 극복하는 곳에 구원이 있는 것이라는 생각이 깃들여 있는 것은 아닌지 조심스럽게 묻게 된다. 듈립 카밀 데 치케라 주교(국제문제위원회 위원, 스리랑카 콜롬보 성공회 주교 역임)는 “인간의 노력은 정의와 평화를 키워나가는 데 절대적인 역할을 할 것이다. 생명의 하나님과 함께하는 가운데 폭력과 불평등으로부터 벗어나야 한다”고 밝혔다고 한다. 이 말 가운데 “절대적”이라는 말을 어떤 뜻으로 하셨는지 궁금하다. 적어도 이는 잘못된 표현이거나 지나친 표현으로 여겨져야만 할 것이다. 물론 이런 비판은 우리들이 이 세상의 소외 받는 자들과 억압 받는 자들을 실질적으로 제대로 도우면서 그런 관심을 가지면서 하는 비판이라는 것을 분명히 해야 할 것이다.

걱정은 우리들의 이런 우려에 반응하면서 WCC가 우리는 이런 사회적 문제에 관심 가지는 시간도 있고, 또 영성에 관심가지는 시간도 있다고 하면서 기도회 모임과 여러 다른 형태의 영성 표현을 제시할 때, 그 상황을 잘 모르는 사람들이 WCC는 사회 문제에 관심을 가지면서 영성에도 관심을 지닌다고 피상적인 이해에 근거한 반응을 보일까 하는 것이다. 실제로 이 날도 치케라 주교는 "실천과 함께 영성이 동반해야 한다"고 했다고 한다. 그는 "사회적 문제에 대한 인식이 필요하다. 하지만 영성이 배제된다면 우리는 큰 실수를 할 수밖에 없다. 정의와 평화 문제에 집중하는 동시에 기독교의 깊은 영성을 가지고 실천해야 한다"고 했다고 한다. 그가 어떤 의미로 이 말을 했는지를 파악하는 것이 필요하다고 여겨진다. 그 분이 (영성 등의 용어만 적절하게 조정한다면) 저와 같은 뜻으로 이 말을 했을 수도 있다. 그러나 이 모임에 있던 다른 분들이 과연 이에 대해서 어떻게 생각하는지는 의문이다.

그들의 영성 주장은 두 가지 문제를 지니는데 (여러 종류의 전통을 지닌 사람들을 다 포괄하려고 하다 보니) 그것이 너무나도 다양하게 나타난다는 것이고 (그리하여 결국은 상당히 혼합주의적인 모습을 드러내게 된다), 또 다른 하나는 WCC 전체에 관심을 지니고 주도하시는 분들은 그런 다양한 영성의 표현이 결국은 이런 사회 문제 해결을 위한 것이 되어야 진정한 것이라고 생각한다는 데에 있다.

5. 11월 4일 발표된 〈WCC 선교 성명서〉와 관련하여

WCC가 〈함께 생명을 향하여: 기독교의 지형 변화 속에서 선교와 전도〉라는 제목의 선교 성명서를 냈다. WCC 중앙위원회가 이미 2012년 9월 5일 그리스의 크레타 섬에서 열린 회의에서 만장일치로 승인한 이 문서가 2013년 11월 4일 부산 벡스코 오디토리움에서 공적으로 선언된 것이다. 이는 1982년 발표한 〈선교와 전도: 에큐메니컬 확언〉 이후 30년 만에 나온 WCC의 새로운 선교 성명서라고 한다.

이 WCC 공식 문서에서 WCC가 지향하는 선교가 어떤 것인지가 확연하게 드러난다. 112개 항목 전체를 살펴본 후에 드러나는 WCC가 지향하는 선교 개념은 십자가의 복음을 전하는 것이 아닌 것 같다. "만물 가운데 생명을 충만하게 하는 것이 예수 그리스도의 궁극적 관심이며 선교"라고 천명하는 1항의 의미가 과연 어떤 것인지는 이 생명이 "현재 극대화되는 시장 이념이 사람들의 경제적인 삶과 영적인 삶, 인간성뿐만 아니라 온 창조 세계까지 위협한다"고 하면서(7항) 이러한 시장 이념을 맘몬으로 규정하고 복음과 하나님 나라의 가치를 선포해야 한다고 주장하고 있다.

여기서 WCC가 말하는 '하나님 나라'가 과연 어떤 것인지를 물어야 한다. 우리들의 노력으로 이 세상에 모든 인간적 착취(搾取)가 사라지고 모든 자원의 공평한 배분이 이루어지며, 모든 소외된 사람들의 소외를 극복하게 한다면 그것을 하나님 나라라고 말할 수 있을까? WCC에서 이런 문서를 작성하는 대표적인 분들의 견해는 그런 것 같다. 그리고 그런 일의 실현은 꼭 예수 믿는 사람들을 통해서만 이루어지는 것이 아니라고 보는 것이다. 하나님은 어디서나 그런 해방의 일을 하고 계시기에 이미 그곳에 하나님의 선교가 이루어지고 있다고들 생각하는 것이다.

이 성명서의 작성자의 한 사람이요 이번에 부산에서 이를 발표한 영국의 **커스틴 킴 교수는 "복음은 우리가 가방에 포장해서 선교지에 가져다주는 것이 아니라, 이미 그곳에서 역사하시는 성령을 증거하는 것"이라고 했다고 한다.** 바로 이것이 이전부터 WCC에서 말하는 하나님 선교(Missio Dei) 개념이다. **미국인인 스티븐 베번스 신부**(Stephen Bevans)**도 "더는 우리가 주변 사람들에게 선교를 하거나 생명을 선물한다는 개념으로 다가가서는 안 된다. 함께 생명의 선교로 나아가야 한다"고 말했다**고 한다. 이런 데서 이 성명서 작성에 참여하신 분들이나 이에 동의하시는 분들은 선교를 복음 전도로 생각하지 않는다는 것이 잘 드러나는 것이다. 바로 이런 것 때문에 우리들은 WCC가 성경적이지 않고, 교회적 기관이 아니라고 한 것이다.

6. 〈한반도의 평화와 통일에 관한 성명서〉를 보면서

세계교회협의회(WCC)가 11월 7일에는 〈한반도의 평화와 통일에 관한 성명서〉를 채택했다. 이 성명서를 보면서 우리들은 WCC가 과연 어떤 단체인지를 더 잘 느끼게 된다. 기본적으로 WCC가 과연 교회적인 단체인지를 우리들은 심각하게 물어야 할 것이다. WCC가 이번에 제시한 〈한반도의 평화와 통일에 관한 성명서〉를 잘 생각해 보면서 이것이 과연 교회적 기관이 낸 것인지, 아니면 일반적인 국제단체가 낸 것인지를 한번 생각해 보았으면 한다. 종교적 수사를 제외하고 주장하는 내용을 중심으로 조금만 깊이 생각해 보아도 과연 WCC가 어떤 단체인지가 잘 드러날 것이다.

더구나 일반적인 국제단체들이 한반도 통일 문제에 대해서 제안한 것과 이번에 WCC가 제안한 것을 비교해 보면, 이 문서와 WCC의 생각이 이 세상 속에서 어떤 방식으로 나타나게 되는지가 잘 드러난다. 기본적으로 이 문서에서는 현재 국제연합(UN)이나 6자 회담 당사자 중 대다수 당사자들의 생각과도 상당히 다른 입장에 서서 한반도 문제를 바라보고 말하고 있음이 드러난다. 이 문서는 국제연합이나 6자 회담 당사자 중 대다수 당사자들의 생각보다 훨씬 더 북한의 입장을 옹호하는 위치에서 말하고 있음을 발견하게 된다. 이 세상이 WCC가 지향하는 방향에 대해서 어떻게 평가하는가는 바로 이런 판단에서 나올 것이다. 이하 이 성명서에서 문제가 되는 점들을 몇 가지 생각해 보도록 하자.

첫째로, 이 성명서는 북한 주민들의 인권이 처참하게 유린되는 것에 대해서 그렇게 많이 신경 쓰지 않는 듯한 모습을 보이고, 북한 주민들의 어려움이 주로 외세(外勢)에 의한 것으로 인식하고 있음을 드러내고 있다. 예를 들어서, 이 성명서는 "유엔안전보장이사회의 대북 결의안에 우려를 제기한다"고 하면서 "북한과 세계의 다른 국가들과의 경제 교류는 재개되어야 한다. 이를 통해 효과적인 경제 협력의 장이 새롭게 열릴 것이다. 무엇보다도 대화를 통해 관계를 정상화하기 위한 적극적인 참여가 촉진될 것이다. 또한 유엔은 한반도에 평화를 건설하기 위한 노력을 시작하고 경제 제재와 금융 제재를 해제해야 한다"고 촉구하고 있다(이 성명서는 이것을 3번 이상 언급하고 있다). 왜 국제연합에서 북한에 대한 경제적 외교적 제재를 하고 있는지를 잘 고려하지 않는 이런 선언은 문제가 심각하다고 여겨진다. 마치 외세의 간섭이 없으면 북한이 좋은 나라로 있을 듯한 상황을 전제하고 말하는 듯한 인상을 강하게 받게 된다.

무엇보다 북한 주민들의 인권에 대한 인식이 WCC에서 이 문서를 작성하신 분들과 이 성명서를 받아 선포한 대표자들 모두에게 그렇게 심각하게 드러나지 않은 것에 대해서, 그리고 북한 주민들의 인권 탄압의 원인에 대한 인식이 주로 외세 때문이라고 생각하는 것에 대해서 강한 문제 제기를 하지 않을 수 없다.

둘째로, 이 성명서가 말하는 핵심적인 내용들은 그동안 친북적인 인사들이 주장한 것과 상당히 비슷한 양상을 가지고 있다는 객관적 사실도 언급해야 할 것이다. 이 성명서의 한 부분에서 "이 지역에 있는 모든 외세들이 한반도에서의 모든 군사 훈련 중단, 그들의 개입 중지, 군비 축소를 통해 한반도에 평화를 구축하기 위한 창의적인 과정에 참여할 것을 요청한다"고 하고 있는데, 이것이 그 동안 어떤 입장을 가진 분들이 하던 말과 비슷한 것인지를 생각해 보라. 또한 국제사회가 이런 말을 심각하게 듣지도 않겠지만, 만일에 실제로 이렇게 한다고 할 때 그것이 가져올 수 있는 상황이 어떤 것인지를 생각해 보아야 할 것이다. 여기서 우리는 매우 현실주의적 입장을 취하여 상황이 어떻게 나타나려는지를 묻고, 그럴 경우 이런 주장과 실천이 과연 누구에게 도움이 되는 것인지를 물어야 한다. 이런 점에 유의하지 않으면 남한의 상당히 많은 분들이 WCC는 용공(容共)이라고 주장하는 것의 배후 근거를 WCC가 제공하는 것이 된다.

셋째로, 이 문서의 작성자들과 이를 통과시켜 선언하신 분들은 북한의 그리스도인들과 북한 교회에 대한 현실적 인식을 가지지 못한 것 같다는 점을 지적하지 않을 수 없다. 우리는 북한에 참된 성도들이 모진 환란과 핍박 가운데 있으리라고 생각한다. 그러므로 북한에 우리 눈에 보이지 않는 교회(성도들)가 있는 것이다. 그런데 이 성명서는 북한의 그리스도인들과 교회를 지금 북한의 기독교를 대표한다고 나오는 조선 그리스도교 연맹 등과 관련하여 생각하고 있는 듯하다. 조선 그리스도교 연맹에 속한 분들 가운데 얼마나 진정한 그리스도인이 있는지를 우리는 심각하게 의문시한다. 그들보다는 숨어서 신앙을 고백하는 분들이 진정 "북한 교회"이다. 그런데 이 성명서는 "남북한 그리스도인들의 확고한 노력, 특히 남북한의 사람들과 한반도의 평화와 치유와 화해와 통일을 향한 남북한 교회의 신실한 행동에 동참합니다."고 선언하고 있는데, 이때 북한 그리스도인들이란 참된 그리스도인들이 아닐 가능성이 매우 높으며, 진정한 북한 그리스도인들은 지금 아무런 활동도 할 수 없다는 그 현실을 이 성명서와 이를 선언하신 분들은 무시하고 있든지, 외면하고 있는 것이라고 판단된다. 다시 한번 더 강조하고자 한다. 이 문서는 북한에 있는 진정한 그리스도인들과 참된 교회를 무시하고, 도외시하고 있다.

그러므로 "남한과 북한의 교회들과 그리스도인들을 함께 만나서 화해와 평화를 진전시킬 수 있도록 공동의 장을 제공함으로써 남북한의 교회들과 지속적으로 동행한다"와 같은 말이 실질적으로는 북한의 진정한 그리스도인들과 진정한 북한 교회를 더 억압하는 것이며, 문제의 해결에 도움이 전혀 안 되는 행동들이라는 것을 모르든지, 인정하지 않거나 도외시하여 다른 일에 도움을 주는 활동을 하는 것임을 이 성명서 작성자들과 이 문서를 통과시킨 분들은 바르게 인식해야 한다.

그렇기에 이 성명서에서 그동안 WCC가 남북통일을 위해 기여한 것이라고 언급한 것들, 즉 "WCC가 남북한의 그리스도인들과 매우 폭넓은 회원교회에 속한 그리스도인들이 함께 한반도 분단으로 인해 발생한 문제를 살펴보는 첫 시도였다"고 자랑스럽게 말하는 "WCC 국제문제위원회(CCIA)가 1984년에 마련한 도잔소(Tozanso) 회의", "2009년 10월 도잔소(Tozanso) 회의 개최 25주년을 맞이하여 국제문제위원회가 마련한 국제회의"등이 과연 이 성명서가 말하는 것과 같이 "이러한 WCC의 선도적인 노력은 남북한 사람들이 정의와 평화를 강화하는 방향으로 한반도의 분단과 통일문제를 다룰 수 있도록 도움을 주었"는지를 심각하게 질문해야 할 것이다. 오히려 그와 같은 활동이 북한의 여러 외교적 활동에만 도움을 준 것이 되었다는 사실을 아주 분명히 해야 할 것이다.

또한 1988년 한국기독교교회협의회는 민족의 통일과 평화에 관한 선언을 통해 1995년을 평화와 통일의 희년으로 선포하고, "1) 자주 통일, 2) 평화 통일, 3) 신뢰와 협력을 통한 민족의 통일, 4) 국민의 참여에 의한 민주적 통일, 5) 인도주의에 기초한 남북관계 등 5가지 원칙을 확인"했다고 하는 것도 결국 북한의 여러 선전에 활용되기만 한 것이 아닌지를 심각하게 물어야 한다. 그러므로 이 문서 작성자들과 이를 선언하는 일에 동참한 모든 분들은 북한 상황에 대해서 상당히 낭만적 견해를 가지고 있는 것이 아닌가 하는 의문을 가지지 않을 수 없다.

그러나 이상의 것은 우리가 지적하려고 하는 문제의 핵심에 있는 것은 아니다. 이상의 내용은 우리가 처한 상황에 따라 이렇게도 생각될 수 있고, 다르게도 생각할 수 있는 것이기 때문이다. 가장 심각한 문제는 남한과 북한의 분리의 문제를 말하면서 그것을 "그는 우리의 화평이신지라 둘로 하나를 만드사 원수 된 것 곧 중간에 막힌 담을 자기 육체로 허시고"(엡 2:14)라는 말씀과 연관시키고 있는 것이다. 이 말씀은 죄로 인해서 하나님으로부터 분리되어 있고, 따라서 죄 때문에 서로로부터도 분리되어 있는 모든 인간들이 오직 그리스도의 십자가의 구속 사건을 통해서만 하나님과의 평화를, 그리고 우리들 사이의 평화(shalom)를 얻을 수 있다는 것을 선언하는 객관적인 복음의 선언이다. 이는 모든 인간들에게 선언하여야 할 말이다. 십자가를 통해서 구원을 얻도록 말이다. 이 사실을 믿고 하나님과 화목하며, 그 하나님을 점점 더 잘 알아나가고 그 하나님과 깊은 교제를 하여 나가고, 따라서 사람들 간에도 그런 일을 해야 할 것이다. 이 세상의 다른 종교를 가지고 있는 분들이 십자가로 하나님께서 이루신 화목케 하신 사건을 감사함으로 받아들이고, 이전에 행하던 모든 잘못된 것을 버려 버리고 살아 계신 하나님 앞으로 돌아와서 삼위일체 하나님과 교제하면서 이 세상과 오는 세상을 살아야 한다. 십자가에서 이루신 구원과 화목 사건을 믿음을 통해서 살아계신 하나님 앞으로 돌아오지 않고서는 이 세상에서 소망이 없는 자들이다. WCC가 진정 기독교적 기관이라면 이 구절을 인용하면서 WCC는 십자가의 구속이 우리의 구원을 위해서 필수적인 것이라는 것과 십자가를 그렇게 믿는 믿음으로 모든 사람들이 하나가 될 수 있다는 것을 선언해야 했을 것이다.

그런데 그 동안 WCC 활동에 열심이셨던 분들이나 이번에 이 성명서를 작성하신 분들이나 이를 통과시킨 분들은 이 구절을 그런 식으로 이해하거나 그렇게 선언할 용의가 별로 없는 듯이 보이기에 우리들은 WCC가 과연 기독교적인 기관인지에 대해서 매우 강한 의문을 제기하는 것이다. 지금 현재의 남과 북이 WCC가 제안한 대로 하나가 된다고 해보자. 그 상태가 과연 에베소서 2:14이 말하는 상황의 실현일까? 그것이 과연 그리스도 안에서 우리 모두가 하나 되어 화목을 누리는 상황일까? 전혀 그렇지 아니하다는 것을 우리 모두는 잘 알고 있다. 그러므로 남북통일 문제와 관련해서 이런 구절을 언급해서는 안 되는 것이다. 이는 이 구절을 오용(誤用)하는 것이며, 해석학적 큰 오류(誤謬)를 범하는 일일 뿐이다.

그러므로 마지막으로 두 가지를 언급하고자 한다. 첫째로, 에베소서 2:14이 말하는 복음의 메시지를 우리가 충심으로 믿고, 그에 따라서 온 세상에 십자가로 말미암는 구원과 그것을 모두 믿어 그리스도 안에서 우리가 하나가 되어야만 한다는 필요성을 힘 있게 선언할 수 있었으면 한다. WCC에 속한 분들이 참으로 이 말씀을 말한 바울의 의도에 충실하여 이 말씀을 영감하여 기록하게 하신 성령님의 의도대로 믿고 이 말씀에 따라 선언하고 그렇게 살기를 노력한다면 우리는 그 분들을 진정 그리스도 안에서 형제와 자매로 인정할 것이다. 그러나 이 구절을 인용하고 이 구절을 하나님의 의도와는 다른 방식으로 해석하고 이용한다면 그것은 기독교적인 활동이 아니라고 선언하지 않을 수 없다.

둘째로, 우리는 남북통일이 일반은총 가운데서 하나님께서 원하시는 것임을 의식하면서 이 땅 가운데 진정한 평화적인 남북통일이 이루어지도록 노력해야 할 것이다.[3] 우리는 항상 남북통일을 위해 기도해 왔고, 교회 공동체가 모여 기도할 때마다 이 문제를 위해 기도하며, 이를 위해 노력하기를 애쓰고 있다. 그러나 그것은 이 성

---

[3] 그런 관심의 표현으로 이승구, "통일 문제에 대한 그리스도인의 태도와 기독교적인 준비", 『21세기 개혁신학의 방향』 (서울: SFC, 2005), 제 13장; "통일에 대한 기독교의 준비", 『기독교 세계관으로 바라보는 21세기 한국 사회와 교회』(서울: SFC, 2005), 193-99; 그리고 통일 문제에 대한 특집으로 구성된 한국 복음주의 신학회 편, 「성경과 신학」37 (2005) 전체를 보라.

명서가 말하는 방식대로 이루어지는 것이 아니라고 하는 것을 지적하지 않을 수 없다. 이 성명서가 말하는 통일 방안에 동의하지 않는 우리들은 남북통일을 원하지 않거나 방해하는 것이 아니라, 우리가 생각하는 진정한 남북통일 방식이 있다고 여겨진다. 이번에 선언된 WCC적 남북통일 방안은 오히려 진정한 통일에 방해와 걸림돌이 되는 것의 하나라고 여겨진다.

"그는 우리의 화평이신지라 둘로 하나를 만드사 원수 된 것 곧 중간에 막힌 담을 자기 육체로 허시고"(엡 2:14)라는 말씀을 이 세상의 모든 사람이 진정으로 믿기 바라며, 하나님의 뜻 안에서의 남북통일을 진정으로 바라면서 기도하는 한 사람 성도로서 이 글을 간곡한 심정으로 올린다.

7. 폐회 예배와 관련하여

WCC 제 10차 부산 총회가 11월 8일 오후 2시에 시작한 파송 예배(the Sending Prayer)로 모두 마쳐졌다. 그동안 발표된 여러 성명서와 문서들에 대한 자세한 분석과 비판은 후에 여러 가지 형태로 제시될 것이다. 이제 그 파송예배와 관련한 한 가지 생각만을 나누어 보자.

이 파송 예배의 설교는 뉴질랜드의 성공회 가정에서 태어나고 자라났으나 1973년부터 남아프리카공화국에서 사역하는 성공회의 사제(priest)인 마이클 랩슬리(Father Michael Lapsley, SSM, director of the Institute for Healing of Memories in Cape

Town, South Africa)가 담당했다. 그는 남아공의 인종 차별 정책의 문제점을 지적하며 인종차별 철폐 운동을 하던 1990년 4월경 인종 차별 단체 측이 보낸 편지 폭탄에 두 팔과 한쪽 눈을 잃었다고 한다. 이런 경력을 지닌 그의 설교는 매우 의미 있었으리라고 생각된다. 그는 누가복음 24:28-35을 본문으로 한 설교에서 자신이 죽지 않고 살아남게 된 이유는 "죄악과 미워함과 죽음보다 하나님의-생명의-평화의 정의, 친절함, 온유함과 동정이 훨씬 강하다는 사실에 대한 표징이 될 수 있기 위해서"(I can be a sign that stronger than evil and hatred and death are the forces of justice, kindness, gentleness and compassion – of peace – of life – of God)라고 말했다.

그는 "우리들의 공통된 인간성의 경험은 우리들을 나누거나 우리들을 독특하고 서로 다르게 만드는 모든 것보다 더 깊이 있는 것입니다"(Our experience of a common humanity is profoundly deeper than all that divides us or makes us unique and different.)라고 선포했다. 왜 그가 죄로 나뉘어진 우리들은 십자가로만 하나된다고 하지 않고 우리의 공통된 인간성의 경험이 그리한다고 했는지 잘 이해되지 않는다. 아마 그는 십자가보다는 이런 공통의 인간성의 경험이 중요하다고 생각하는 듯하다. 왜냐하면 그는 종교 간의 연대를 강조하면서 "만일 서로 평화롭게 살기를 바란다면 남미 사람 중의 일부가 말하는 '확대 에큐메즘' (macro-ecumenism) 정신으로 기독교 아닌 다른 종단과도 연대해야 한다"고 말하기 때문이다. 그는 다른 종교에 속한 사람들을 요한이 말하는 "이 우리에 들지 않은 다른 양들"이라고까지 표현하고 있다. 그는 심지어 지구를 어머니 지구라고 표현하면서 "어머니 지구 자신도 더욱 더 절실하게 울고 있습니다"(Mother earth herself that is crying out more and more desperately.)라고 말하기도 한다.

바로 이런 것이 WCC를 주도하는 분들의 생각을 잘 표현하는 것이라고 여겨진다. 또 마치면서 다른 인사는 "WCC는 한반도에 있는 모든 교회들을 비롯해 정의와 평화를 이 땅에 구현하길 원하는 모든 이들과 연대할 것"이라고 역설했다고 한다. 이는 북한에 있는 진정한 교회를 무시하면서 북한 교회의 대표로 나서고 있는 이들을 중심으로 일을 하려고 하며, 또한 종교를 넘어 모든 이들과 함께하려는 WCC의 의도를 잘 드러낸 것이다. 그러므로 WCC는 세계 교회협의회라고 하지 말고 세계 종교 협의회라고 하는 것이 좋지 않겠느냐고 비판하시는 분들의 지적이 옳음을 잘 드러내었다고 보여진다.

이에서 더 나아가 마이클 랩슬리 성공회 신부는 며칠 전의 일치 선언서에 동성애자들에 대한 차별 철폐를 선언하지 않은 것을 생각하면서, 성 소수자 그룹인 LGBTI 공동체에 대하여 "여러 시대를 걸쳐서 여러분(성 소수자)이 고통을 경험한 것에 대하여 종교적 사람들로서 우리들이 한 역할에 대하여 깊이 유감스럽게 생각한다는 것을 그리스도인으로서, (그리고) 사제로서 나는 말하고자 합니다(Today I want to say as a Christian, as a priest, to all the LGBTI community, I am deeply sorry for our part as religious people, in the pain you have experienced across the ages)"라고 말했다. 그리고는 "모든 종교의 지도자가 (저와) 똑같이 사과하는 것을 나의 사는 날 동안에 볼 수 있기를 바란다(I have a dream that in my lifetime, I will hear all the leaders of all our great faith traditions making the same apology)"고 했다. 진정한 흑인 해방의 꿈을 말하던 마틴 루터 킹의 연설을 상기시키면서 결국 성적 소수자들의 해방을 선언하는 날이 오기를 바란다는 꿈과 소망을 표현한 것이다.[4]

그러므로 WCC를 주도하시는 분들 중 일부는 〈일치 선언서〉에 우리들 사이에 성(性)에 대한 정향이 어떠하든지 우리 모두가 하나라고 선언하지 못한 것을 매우 안타깝게 생각하고 있음을 잘 드러낸 것이라고 여겨진다. 그리고 지금은 이를 성문화(成文化)하지 못했지만 언젠가는 이 문제도 풀려질 것임을 상당히 강력하게 시사한 것이라고 할 수 있다. 그러므로 이것은 그저 시간문제인 문제이다. 성에 대한 정향이 어떠하든지 우리 모두가 하나라는 선언을 향해 나아가고자 하는 상당수의 인사들은 WCC 운동 안에 계속 있을 것이며, 이것은 그들의 이상한 성경관으로부터 자연스럽게 나타나는 것이다.

그러므로 비록 예배로 시작하고 예배로 마쳐서 마치 기독교적인 모임인 것처럼 보이지만 이는 기독교회의 모임이 아니라는 것을 아주 분명하게 온 세상 앞에 천명한 것이다. 바로 이런 이유 때문에 처음부터 종교적 수사들이 있고, 예배가 있어서 잘 눈여겨 보지 않으면 기독교적인 모임이라고 생각하겠지만 이런 모임은 기독교의 모임이 아니며 더구나 교회의 모임이 아니라고 했던 것이다.

부디 바라기는 이런 기관들이 참으로 성경의 가르침에 충실해져서 이 파송 예배의 앞 부분에서 부른 찬송인 '주께서 왕위에 오르신다'가 참으로 의미 있게 불려질 수 있는 날이 속히 왔으면 한다. 이번 총회에서 논의된 비성경적이고 잘못된 논의들을 버려 버리고, 참

---

4 랩슬리 소장의 설교 전문은 WCC 홈페이지에 실려 있으니 내려 받아 볼 수 있다: (http://www.oikoumene.org/en/resources/documents/assembly/2013-busan/sermons-and-homilies/sermon-by-fr-michael-lapsley-in-the-sending-prayer).

으로 성경이 말하는 삼위일체 하나님의 가르침으로 돌아오는 진정한 회개가 있을 때에만 이 찬송이 진정 의미를 지닐 수 있을 것이다. 그렇게 하지 않을 때 이 찬송은 그저 가사를 말하는 것일 뿐, 이런 모임은 우리 주 예수 그리스도의 통치를 받지 않고 자신들의 의견을 주장하고 나가는 것이 되므로 주님의 이름을 만홀히 여기고 망령되이 일컫는 것이 될 뿐이다.

계속 그리한다면 파송 예배 후에 서로 포옹하면서 "예수 그리스도께서 당신과 함께 하신다", "하나님의 평화가 여러분과 함께할 것"이라며 헤어짐의 인사말을 전한 것이 공허한 말, 무의미한 말, 그리스도의 이름을 모독하는 말이 될 수 있을 것이다. 부디 모든 사람들이 참으로 회개하고, 성경이 말하는 하나님의 뜻에 순복하여 돌아와 성경의 가르침만이 참 진리라는 것을 온 세상에 선언하는 진정한 기독교 모임이 열릴 수 있는 날이 오기를 간절히 기도한다.

8. 〈WCC 비판과 관련하여〉

〈WCC 비판과 관련하여〉 계속해서 비판적인 글을 쓰고, 또 읽고 하실 것이다. 이때 우리들이 명심해야 하는 것은 우리는 모든 사람들을 진정으로 사랑하면서 비판도 하고, 비판하는 이유도 사실 사랑 때문이라는 것이다. 학문 세계에서나 이 세상을 살 때나 비판하게 되면 자신이 메마르게 될 수 있고, 그리하여 잘못되기 쉽다.

그러나 하나님과 하나님의 말씀을 사랑하기에 진리가 잘 드러나지 않는 것에 대해서, 또 오해(誤解)되도록 나타나는 것에 대해서 우리들은 지적하지 않을 수 없다. 그렇지만 그때에도 우리 마음속에는 하나님과 진리에 대한 사랑만이 있는 것이 아니라, 잘못된 견해를 가지고 있어서 그것을 주장하는 분들에 대해서도 뜨거운 사랑을 가지고 있어야만 한다. 그것이 기독교적인 논의 태도이고, 기독교적 삶의 방식이다. 사랑을 가지고 비판하는 것, 상대를 위한 지극한 마음씀의 발로에서 하는 지적이 우리의 비판이어야 한다.

9. WCC 10차 총회를 마치고서

성경을 온전히 믿는 그리스도인들이 비판하는 상황 속에서도 WCC 10차 총회는 10월 30일부터 11월 8일까지 예정된 대로 부산 벡스코에서 진행되었다. 이전에 말씀드린 것과 같이, 이 모임이 진행되고 그 논의되는 내용을 깊이 있게 살핀 분들은 이는 진정한 의미에서의 기독교 모임이 아니라는 것을 잘 알게 되었을 것이다. 또한 이전에 말씀드린 바와 같이, 물론 늘 그리했던 것처럼 예배와 기도회가 있고, 발표되는 내용이 종교적 수사들로 가득할 것이기에 면밀한 주의를 기울이지 않는 사람들은 그저 기독교적인 어떤 모임이 진행 되는 것이라고 피상적으로 느낄 수 있었을 것이다. 그러면 이런 모임에 대해서 이제 어떻게 해야 할 것인가? 이 총회가 시작되기 전에 드렸던 말씀을 이용해서 다음 요점들을 다시 한번 더 강조하고자 한다.

(1) 언론 기관과 지도자에게 드리는 요청

그러므로 제일 먼저 요청 하고 싶은 것은 이 모임을 기독교의 올림픽이나 유엔 등과 같이 말하면서 개신교의 최대 행사라고 표현하지 말아 달라는 것이다. 언론사들이 "세계 개신교인들의 축제 WCC 총회가 부산에서 열렸다."는 식으로 보도하는가 하면, WCC 한국준비위원회(한준위) 대표대회장인 김삼환 목사도 "세계 기독교인들이 함께하는 대회"또는 "전 세계 기독교인들의 축제"라고 하면서 모두 다 협력해 줄 것을 당부했었고, 그런 식의 말을 계속하였다. 그러나 바로 이런 식의 표현이 없어져야만 한다. 만일에 이것이 진정 그리스도인들의 축제라면 WCC 총회 개최를 반대하는 분들이 반대할 이유도 없을 것이고, 오히려 그분들이 앞장서서 참여할 것이기 때문이다.

개신교는 이신칭의를 철저히 믿되, 성경이 정확 무오한 하나님의 말씀이라고 믿고, 그 성경에서 배운 이신칭의를 참으로 믿고, 그 결과 성화에 힘써 나가는 사람들로 이루어진 것이다. 성경을 믿는 정통적 교회에 속한 사람들은 WCC에 참여하는 상당수의 사람들이 성경에 대해서도 느슨한 입장을 취하고, 이제는 이신칭의에 대해서도 철저한 입장을 취하지 않아 천주교회와도 같이 할 수 있다고 생각하는 것을 비판하는 것이다. 특히 이 총회를 마치면서 총무가 이 총회는 앞으로 천주교가 더 적극적으로 참여할 기반이 마련된 총회라는 말들이 이런 의혹을 더 강하게 만든다. 이는 종교개혁의 원리를 저버린 것이다. 우리들은 오직 참된 교회와 참된 그리스도인들만의 모임을 교회의 모임이라고 해야 한다. 그러므로 이런 문제들에 대해서 느슨한 입장을 표현하는 분들까지를 상당히 포함하는 현재의 WCC와 같은 모임을 교회의 모임이나 기독교적인 모임이라고 여기지 않는 것이다. 그러므로 그렇게 표현하지도 말아야 한다.

(2) WCC 비판하시는 분들에게 드리는 요청: WCC를 정확하게 비판해야

둘째로, WCC를 비판하는 입장에 선 사람들은 보다 정확하게 WCC를 비판하는 일을 해야 할 것이다. 예를 들자면, "WCC는 종교 다원주의를 주장하는 사람들도 포용하려고 하기에 우리들은 WCC를 비판하고, WCC와 같이 할 수 없다"고 하는 것이 비교적 정확하게 말하는 것이다.[5] 그러나 효과적인 운동을 위해서 "WCC는 종교 다원주의를 주장한다"고 말하면, WCC 안에서 종교 다원주의를 따르지 않는 분들이 이는 부정확한 말이라고 할 것이다.

결국 문제는 WCC가 궁극적으로 인간의 해방과 평등과 정의의 실현과 환경의 보존을 추구하여 이것이 우리를 위한 하나님의 뜻이며, 이를 위해 하나님은 교회 외의 다양한 방도를 다 사용하신다고 주장하는 것이다. 그러므로 이는 성경이 말하는 하나님의 뜻을 불신자(不信者)들과 같이 할 수 있는 정의와 평화의 추구와 환경 보존으로 환원시키고 있다고 보다 정확히 비판해야 할 것이다.

(3) 참된 교회와 그리스도인들에게 드리는 요청

---

5 이런 정확한 용어 사용의 예로 영음사에서 나온 『WCC, 참된 교회 연합 운동인가?』 (수원: 영음사, 2012)를 보라.

WCC 운동과 같이 할 수 없다고 믿는 성경을 온전히 믿는 그리스도인들은 우리들의 믿음이 참되다는 것을 우리들의 "참되고 사랑에 가득찬 삶"으로 증언해야 할 것이다. 그것이 없이는 기독교적인 증언을 하는 것이 아니다. 참되고 사랑이 가득한 삶을 삶으로 우리들은 참된 그리스도인과 교회가 어떤 존재들임을 드러내야 한다. 과연 성령님이 함께 하시는 삶을 나타내야 한다. 싸우는 태도로, 데모하는 태도로는 진정한 비판을 할 수 없다. 성령님께 의존한 삶은 모든 방면에서 성령님께 의존해 있고, 성령 충만한 모습을 드러내야 하는 것이다. 그리고 성경의 정확 무오하고, 철저하고 절대적인 성격을 굳게 붙잡아야 한다. 그로부터 바른 교리가 도출되고, 그것으로부터만 바른 비판을 할 수 있기 때문이다.

그러므로 우리들은 참으로 기도해야 한다. 이 기회로 기독교가 이 세상 가운데 왜곡된 모습으로 온 세상에 나타나게 되는 것에 대해서 안타까와하면서 기도해야 한다. 그리고 우리들이 참된 기독교 신앙을 드러내는 삶을 살아야 할 것이다. 이것이 WCC 10차 총회가 부산에서 마쳐진 지금 우리들이 해야 할 일일 것이다.

10. 〈걱정스러운 일〉

WCC 등과 관련하여 가장 걱정스러운 일은 한국도 유럽이나 미국처럼 상당수의 교회와 소위 그리스도인들이 포용과 관용의 길로 나아갈까 하는 것이다. 미국의 PCUSA(우리 나라의 통합 측과 가장 가깝고, 가장 많이 교류하는 교단)에 속한 분들 가운데 상당히 복음주의적 입장을 지닌 분들이 많이 있다. 처음에도 그렇고, 지금도 그러하다. 그런데 PCUSA의 신학적 입장은 점점 더 넓어져 가고 있다. 처음보다 지금은 더 폭이 넓어지고 있다. 그 안에서도 성경적 복음을 잘 지키기 위해 그 안에 계신 분들이 있다. 그런데 그것이 모든 복잡함의 원인이 되기도 한다. 우리나라는 아직까지는 미국 상황이나 영국 상황보다는 더 좋다.

그러나 이런 상황이 계속되면서 이제는 성도들조차도 성경을 정확 무오한 하나님의 말씀으로 믿지 않는 일이 많아지고, 성경으로부터 나온 중요한 생각들을 꼭 받아들이지 않아도 되는 것으로 여겨가게 되고, 이번 WCC 모임에서 보는 바와 같이 정확히 성경에 근거한 구원관에 철저하지 않아도 그런 것을 기독교적인 것으로 받아들이는 것에 익숙해지고, 그것이 세계의 많은 교회들이 나아가는 대세(大勢)라는 것이 분명해지면 그 길로 가고자 하는 사람들이 더 많아지리라는 것이 분명하다.

그리하여 결국 우리나라 기독교계에서도 점점 포용과 관용의 길로 나아가는 사람들이 주류를 차지하게 될 것이다. 아직까지 한국에서는 그래도 (1) 성경을 정확 무오한 하나님의 말씀으로 믿으며, (2) 구원은 십자가에서 피 흘려 죽으신 예수 그리스도의 구속 사역으로만 가능하다고 믿으며, (3) 따라서 이 구속을 이루는 사건인 예수님의 그리스도로서의 공식적 죽으심과 그의 몸의 부활을 믿으며, (4) 그가 성경이 말하는 바와 같이 동정녀에게서 태어나셨고, 이 땅에서 여러 이적들도 행하셨다고 믿으며, (5) 그리스도께서 지금도 하늘에 몸을 가지고 계시며, 그가 그 몸으로 이 세상에 다시 오시리라고 믿으며, (6) 이 모든 것을 성경으로부터 배워 믿기에 성경을 더 잘 공부하여 성경이 가르치는 대로 생각하고 살아가기를 애쓰며, (7) 그런 개인과 교회가 이 세상에서 하나님의 뜻을 수행하기 위해 할 여러 가지 봉사적 역할도 많이 있음을 믿는 사람들이 많이 있다고 여겨진다. 과연 우리가 이 모든 내용을 진심(眞心)으로 믿고 있는지를 심각하게 질문해야 한다. 이를 바르게 믿지 않으면, 우리는 결국 기독교회를 파괴하는 사람들이기 때문이다.

앞으로 상당히 많은 사람들이 유럽과 미국의 예를 따라 가면서 이 중에 상당 부분을 믿지 않거나 다른 식으로 의미를 변화시키는 일이 발생할 것이다. 그것을 바로 직시(直視)하면서 그런 상황에서도 우리는 다른 사람들이 가는 길로 가지 말고 성경이 가르치는 방향을 굳게 붙들고 나아가려고 노력해야 한다.

여러 상황을 돌아보면서 우리들의 마음은 어둡다. 그럴수록 "어두움 후에 빛이 온다"(*post tenebras lux*)고 고백하고 종교개혁의 원리에 충실했던 우리 선배들의 발자취를 잘 따라갈 수 있기 바란다.

15

성경적 에큐메니즘을 지향하면서

21세기 초 한국 교회 앞에 던져진 문제 중의 하나로 WCC적인 에큐메니즘이냐 아니면 보다 성경적인 에큐메니즘이냐 하는 문제가 있다. 한국 교회에서 WCC적인 에큐메니칼 운동을 주도해 온 분들은 계속해서 WCC적인 에큐메니즘이 교회가 진정한 '오이쿠메네'를 실현하는 길이라고 주장하고, 한국 교회 안에서 이런 운동에 반대해 온 분들은 성경적으로 진정한 교회 일치 운동(진정한 에큐메니즘의 실현)을 위해서는 WCC와 같은 식으로의 연합 운동이 아닌 성경적 논의와 성경적 운동이 필요하다고 주장하고 있다.[1] 그러므로 문제는 교회의 하나 됨을 인식하고 지향하는 분들과 그것을 반대하는 사람들 사이의 대조가 아니라, 교회의 하나 됨을 이해하고 이것의 가시화를 위해 노력하는 두 가지 다른 이해를 가진 사람들의 대립이다. 성경을 믿는 사람들은 그리스도께서 십자가로 이루신 신약 성경의 교회가 하나의 교회라는 것을 믿고, 그것을 구현하기 위해 노력한다. 그런데 그 하나의 교회라는 것을

[1] WCC 운동에 대해 비판적인 논의로 이승구 외 4인, 『WCC, 참된 교회연합 운동인가?』(수원: 영음사, 2012)을 보라. 또한 이승구, 『광장의 신학』(수원: 합신대학원출판부, 2010)에 실린 "WCC 한국 총회 개최?"라는 장도 보라.

이해하는 방식과 그 하나됨을 나타내는 방식이 서로 다르다. 다시 말하거니와, 오늘 한국 사회에서의 논의는 교회의 하나됨을 인정하며 그것을 지향하는 사람들과 그것에 반대하는 사람들 사이의 논쟁이 아니고, 교회의 하나됨에 대하여 각기 달리 이해하는 사람들 사이의 논쟁이다.

한국 교계에서 WCC적인 에큐메니즘을 비교적 정확히 이해하고 소개하며[2] WCC를 잘 대변하는 분의 한 사람이 이형기 교수님이라고 여겨진다. 다른 분들이 WCC에 대해 논의한 것에는 여러 가지 다른 동기들이 섞여 있어서 WCC에 대한 사실을 오도하기도 하고, WCC의 실체에 대한 다른 주장을 펼치기도 한다. 그러나 이형기 교수님은 비교적 정확하고 솔직하게 WCC의 정신과 방향을 제시하고 있다고 여겨진다. 그래서 이 글에서 나는 기본적으로 이형기 교수님이 주장하는 WCC적인 에큐메니즘의 성격을 분명히 드러낸 후에,[3] 그것이 어떻게 성경적 가르침과 충돌하는가 하는 것을 드러내고, 우리들이 참으로 지향해 가야 하는 성경적 에큐메니즘의 방향을 시사해 보기로 하겠다.

1. WCC적 에큐메니즘의 본질과 성격

이형기 교수님께서는 '오이쿠메네' 라는 말의 본래적 의미를 잘 소개

---

[2] 이에 대해서는 이 교수님의 다음 역서들과 저작들을 언급하면 될 것이다: 말린 벤엘데렌, 『세계교회협의회 40년사』, 이형기 옮김 (서울: 한국장로교출판사, 1993); 이형기, 『WCC 연구 자료』 (서울: 한국 장로교출판사, 1990, 1993); 이형기, 『에큐메니칼 운동사』 (서울: 대한기독교서회, 1994, 개정판, 2002); 루카스 피셔, 『에큐메니칼 신학의 발전사 1』, 이형기 옮김 (서울: 한국장로교출판사, 1998); 권터 가스만, 『에큐메니칼 신학의 발전사 2』, 이형기 옮김 (서울: 한국장로교출판사, 1998).

[3] 다른 글들도 참조하겠지만 주로 이형기, "21세기의 글로컬(glocal) 이슈들에 대한 해법으로서 에큐메니칼 운동과 신학", 「기독교 학술원포럼」 9 (2012): 5-39를 언급하면서 논의할 것이다.

하신 후에 그러나 **오늘날 말하는 에큐메니칼 운동**은 이와 같은 초기 기독교회의 "보편 교회"를 지칭하는 말이기보다는 1910년 세계선교대회(그것이 1921년의 국제선교협의회[IMC], 1960년대의 세계선교와 복음전도 위원회[CWME]로 이름을 변경한다), 그리고 이 세계선교대회 폐막식에서 브렌트 주교의 제안으로 시작된 '신앙과 직제'(Faith and Order) 운동(1927년 1차 세계 대회를 스위스 로잔에서 개최), 죄더블룸의 "평화에의 호소"가 계기가 된 "생활과 사역"(Life and Work) 운동(1925년 스톡홀름에서 1차 세계대회 개최) - 그리고 이 셋이 합하여져 1937년 맥크레아 캐버트(McCrea Cavert)가 제안한 WCC(세계교회협의회)라는 용어를 받아들여, 네덜란드의 우트레흐트(Utrecht)에서 WCC 헌장을 작성하고 드디어 1948년 암스테르담에서 열린 1차 세계교회협의회 총회 이후의 WCC의 행보와 동일시되는 새로운 의미로 사용된다는 것을 잘 드러내어 주었다. 즉, 1948년 암스테르담에서 열린 1차 총회 이후, 1954년 8월 미국 에반스톤에서 "현대의 정치적 정의는 공존"이라는 주제로 열린 2차 총회,[4] 1961년 11월 인도 뉴델리에서 '세계의 빛 되신 예수 그리스도"라는 주제로 열린 3차 총회, 1968년 7월 스웨덴 웁살라에서 "만물을 새롭게 하라"는 주제로 열린 제 4차 총회,[5] 1975년 케냐의 나이로비에서 "해방의 신학: 자유케 하시는 그리스도"라는 주제로 열린 5차 총회, 1983년 7월 캐나다 뱅쿠버에서 "정의, 인간 존엄에 대한 투쟁, 환경 오염, 하나 됨을 위한 진일보, 공동체를 통한 삶의 치유와 공유"라는 주제로 열린 6차 총회, 1991년 2월에 호주 캔버라에서 "오소서 성령이여 - 만물을 새롭

---

4 이에 대해서는 *Evanston Speaks,* Reports from the Second Assembly of the WCC, Evanston, Ill., USA, August 15-31, 1954 (Geneva: WCC and London: SCM Press, 1954)을 보라.

5 이에 대해서는 당시 영국 NCC 총무였던 Kenneth Slack, *Uppsala Report* (London: SCM Press, 1968)을 보라.

게 하소서"라는 주제로 열린 7차 총회, 1998년 12월 아프리카 짐바브웨 하라레(Harare)에서 "하나님께 돌이키라 – 희망 중에 기뻐하라"는 주제로 열린 8차 총회, 그리고 2006년 브라질 포르토 알레그레(Porto Alegre)에서 열린 "하나님, 당신의 은혜로, 세상을 변화시켜 주옵소서"라는 주제로 열린 9차 총회에 이르고, 급기야 2013년 부산에서 열렸던 10차 총회에 이르는 WCC의 진행이 오늘날 사람들이 흔히 말하는 에큐메니칼 운동(WCC적인 에큐메니칼 운동)이라는 것을 잘 밝혀 주셨다.

더구나 오늘날 WCC가 가는 방향을 이 교수님께서는 정확히 지적해 주셨다:

> 1975년 '나이로비 세계교회 협의회'의 JPSS(A Just, Participatory and Sustainable Society = 하나의 정의롭고 참여적이며 지속 가능한 사회) 이후 오이쿠메네의 의미는 창조세계 보전 차원에서 온 우주를 아우르고 최근엔 타 종교들과의 대화도 포함하고 있다. 1983년 밴쿠버 WCC 총회 이래 오늘날 세계교회의 중심과제는 "JPIC"(Justice, Peace and Integrity of Creation = 정의, 평화, 창조세계 보전)가 되었다.[6]

이와 같은 "WCC적인 에큐메니칼 운동"에 대해서 성경에 충실하려고 하는 정통신학의 입장에서는 과연 어떻게 생각하는지를 논의해 보기로 하자.

2. WCC적 에큐메니즘의 문제점

---

[6] 이형기, "21세기의 글로컬(glocal) 이슈들에 대한 해법으로서 에큐메니칼 운동과 신학", 6.

첫째로, 천주교회와 루터파 교회가 동의한, 그리고 2007년에 한국에서 열린 감리교 대회에서 감리교회가 동의한 칭의에 대한 이해를 WCC에서는 적극적으로 받아들이고 있는데,[7] 성경과 전통적 개신교 신학에 더 충실하고자 하시는 분들은 성경과 개신교적 칭의 이해에 근거해서 천주교회와 루터파 교회와 감리교회의 이와 같은 동의는 결국 종교개혁을 무의미하게 하는 것이라고 강하게 반발할 수밖에 없다.[8] 천주교회적 칭의, 즉 그들이 말하는 의화(義化)에 기꺼이 동의하는 현대 에큐메니즘의 방향을 보면서, 우리는 반틸과 함께 "현대의 에큐메니칼 운동이 '은혜로만 말미암는 구원'에 근거한 것이라고 판단할 수 없다."[9]

둘째로, 1952년 빌링겐의 IMC가 또한 2005년의 『교회의 본질과 선교』(I, c, 46)가 종말론적인 비전 하에서 삼위일체 하나님의 선교(*Missio Dei*)를 주장한 것과[10] 관련된 문제를 말하지 않을 수 없다. 온 세상 속에서 하나님께서 역사하신다는 것을 부인하는 사람은 없다. 그러나 하나님의 사역은 구원과 직접적으로 연관된 사역인 특별은총적

---

[7] 이에 대해서는 이형기, "21세기의 글로컬(glocal) 이슈들에 대한 해법으로서 에큐메니칼 운동과 신학", 11, n. 12 참조: "로마가톨릭교회와 루터교 세계연맹(LWF)은 *The Joint Declaration of the Doctrine of the Justification* (1999)을 통하여 '칭의' 문제 관한 한 16세기에 있었던 상호 정죄를 더 이상 하지 않기로 하였고, 2006년엔 세계감리교 협의회 19차 총회 역시 이 문서에 서명 날인하였다."

[8] 천주교와 루터파, 그리고 감리교회의 칭의 문제에 대한 동의에 대한 비판적 논의로 이승구, 『한국교회가 나아갈 길』 (서울: SFC, 2007), 170-81.

[9] Cornelius Van Til, "Reformed Faith and Ecumenism,"in *Reformed Pastor and Modern Thought* (Phillipsburg, New Jersey: P & R, 1971), 이승구 옮김, 『개혁신앙과 현대 사상』 (서울: 엠마오, 1985), 개정역 (서울: SFC, 2009), 344.

[10] 1952년 빌링겐(Willingen)에서 열린 IMC 대회의 빌링겐 리포트에 나타난 *Missio Dei* 개념과 관련하여 열린 2002년 8월 WMC 희년 기념 대회에 대한 WCC의 공식적 요약으로 다음을 보라: http://www.wcc-coe.org/wcc/what/mission/willingen.html.

사역과 구원과는 직접적으로 연관되지는 않는 사역인 일반은총적 사역을 나누어 생각해야 하는데 빌링겐 회의의 하나님의 선교 개념은 이 구별을 허물어 버린 입장으로 결국은 사회구원의 주장과 종교 다원주의의 길을 열어 주는 것이 되었다는 것을 지적하지 않을 수 없다. 심지어 WCC 안에서도 모든 것이 선교라는 개념은 좁은 의미의 선교를 사라지게 하였고, 또 이런 *Missio Dei* 사상은 세속화, 심지어 세속주의를 높이 사는 결과를 가져 왔다는 반성적 성찰이 있을 정도였다.[11] 또한 이런 의미의 *Missio Dei* 신학의 결과로 다양성에 너무 많은 강조가 주어졌다는 (그리하여 복음의 통일성이 흐려지게 되었다는) 반성도 나타났다.[12] 그런데도 WCC가 여전히 같은 의미의 *Missio Dei*를 주장하려고 하는가가 궁극적 질문의 하나이다.

또한 "1989년 산 아토니오 CWME 이래로 '복음'의 개념은 창조세계를 포괄하는 화해의 복음으로 이해되었다"고[13] 하는 바, 이렇게

---

11 이에 대해서 Jacques Matthey, "*Grenzenlos* - Boundless," 50th Anniversary of the World Mission Conference, Mission Festival and Congress, August 16-21, 2002, Willingen, Congress "Missio Dei" God's Mission Today, Summary and Conclusions (Reflector's report), available at: http://www.wcc-coe.org/wcc/what/mission/willingen.html.을 보라: "It was a theology giving a mainly positive appreciation of secularisation or even secularism, favouring a non religious approach to humans and societies and thus criticising the church in an exaggerated way. By consequence, evangelism practically disappeared from the mission agenda of mainline churches in the West and North."

만일에 이 요약 글에서 쟈끄 마티가 제시하는 대로 새롭게 정의된 하나님의 선교가 진정으로 이신 칭의를 수납하는 것이라면 ("A last personal word. I somehow feel that to speak of *missio Dei* in missiology is like to confess salvation **by grace** or justification by faith alone. Mission is a gift of God to us and we do not need to earn our salvation in mission.") 나는 기꺼이 이런 의미의 *Missio Dei*를 받아들일 수 있을 것이다. 그러나 WCC의 주도적 인사들이 과연 그리하려는 지에 대해서는 매우 자신이 없다.

12 Matthey, "*Grenzenlos* - Boundless": "As a consequence of *missio Dei* theology, the ecumenical movement has since Bangkok at least reaffirmed time and again that **diversity** is a God-given **richness** which must be received and celebrated, as done in Salvador (1996)."

13 이형기, "21세기의 글로컬(glocal) 이슈들에 대한 해법으로서 에큐메니칼 운동과 신학", 12.

새롭게 이해된 복음 이해가 가져올 수 있는 문제를 깊이 생각하는 것인지 질문하지 않을 수 없다.

우리는 WCC와 이형기 교수님께서 말씀하시는 바 "인류뿐만 아니라 창조세계 전체까지 포함하는 '기독론적이고 삼위일체론적인 종말론적인 화해의 복음'"이[14] 과연 어떤 함의를 지니는 것인지 심각한 질문을 제기한다. 또한 "모든 피조물을 그리스도의 주권 아래 모으고(cf. 엡 1:10), 인류와 모든 피조물을 코이노니아로 인도하는 것이 하나님의 계획이다. 삼위일체 하나님 안의 코이노니아의 반영으로서, 교회는 이런 목적을 성취하는 하나님의 도구이다."(Ⅰ. B. 34)라는 『교회의 본질과 선교』의 주장의 함의가[15] 무엇인지를 강하게 묻고자 한다. 이것이 정녕 "보편 구원론적 함의"를 지닌 것은 아닌가? 아니라면 어떤 의미에서 아닌가?

이형기 교수님이 말씀하시는 "동아시아 상황에서의 하나님 나라의 구현"이란[16] 무슨 뜻인가? 또한 "삼위일체 하나님과 다 문화의 인류 공동체와 창조세계가 함께 어우러지는 하나님 나라"라는[17] 말에 함의된 하나님 나라, 그리고 "생명의 부여자"(the life-Giver)이시요, 아버지와 아들 사이를 잇는 사랑의 끈이신 성령은 모든 생명을 사랑하신다. 우리는 성령의 전이요, 성령의 열매를 맺는 생명나무들이다."는 주장에[18] 함의된 바는 결국 만유재신론적이고 보편구원론적 개념이

---

14 이형기, "21세기의 글로컬(glocal) 이슈들에 대한 해법으로서 에큐메니칼 운동과 신학", 12.

15 『교회의 본질과 선교』, 신앙과 직제 문서, 『신앙과 직제와 삶과 봉사의 합류』, 이형기 · 송인설 공역, 한국기독교교회협의회 신앙과 직제 위원회 편 (서울: 한국기독교교회협의회, 2009), 이형기, "21세기의 글로컬(glocal) 이슈들에 대한 해법으로서 에큐메니칼 운동과 신학", 14에서 재인용.

16 이형기, "21세기의 글로컬(glocal) 이슈들에 대한 해법으로서 에큐메니칼 운동과 신학", 21.

17 이형기, "21세기의 글로컬(glocal) 이슈들에 대한 해법으로서 에큐메니칼 운동과 신학", 34.

18 이형기, "21세기의 글로컬(glocal) 이슈들에 대한 해법으로서 에큐메니칼 운동과 신학", 37.

아닌가? 그러므로 이것은 성경적 하나님 나라 개념과는 다른 하나님 나라 개념을 함의하고 있는 것이 아닌가? 그렇다면 결국 우리는 서로 다른 하나님 나라를 말하고 있는 것이지 않은가?

이와 같은 우리의 질문이 너무 지나친 것이 아니라는 것은 남북 관계에 대한 다음 같은 프로그램을 소개하시는 이 교수님의 논의에 잘 나타난다고 여겨진다.

> 민족을 공통분모로 하는 '남한' (대한민국)과 '북한' (조선민주주의 인민공화국)은 어떤 관계를 가져야 할까? **첫째로** 남한과 북한은 궁극적으로 정치, 경제, 사회, 문화, 종교 차원에서 다양성이 인정되는 '유기체적 공동체' 를 지향해야 한다. **둘째로** 그것을 향하여 가는 과정 속에서 '화해된 다양성' (a reconciled diversity)을 추구해야 하고, **세 번째로** 각각의 민족적이고 국가적인 "연속성과 정체성과 다양성"을 담보하는 초국가적 보편적 세계(cosmopolitan world)를 지향해야 한다. **네 번째로** 그것은 초국가적 협의기구들(UN, WTO, NAFTA, ASEAN 등)을 통하여 다양성 속의 코이노니아를 추구하고, 양자 간 대화와 다자간 대화를 통하여 모든 현안들을 풀어나가야 하며, **다섯 번째로** 그것은 민주주의적 헌법과 인권과 자유와 평등과 같은 가시적 일치의 징표들을 지닌 다양성 속에서 일치로 나가야 할 것이다. 결국 **여섯 번째로** "다양성 속의 코이노니아"혹은 "코이노니아 속의 다양성"을 추구해야 할 것이다. 그리고 현재 WCC가 제안하고 추구하고 있는 "글로벌 에큐메니칼 포럼"이 WCC의 회원교회들이 아닌 교회들과 코이노니아를 추구하는 것처럼 자본주의적 자유민주주의 체제이든 사회민주주의적인 체제이든 혹은 공산주의 체제이든 현재 G-20 국민국가들 밖에 있는 나라들(아시아와 아프리카와 라틴아메리카)이든 우리들은 이들과도 끊임없는 코이노니아를 추구해야 할 것이다. 이 모든 과정은 남한과 북한이 '유기체적 연합' 에 도달하기 위한 과정일 것이다. 남한과 북한은 "교제, 공동

체성, 참여, 나눔, 연대성"을 뜻하는 '코이노니아'를 추구해야 한다.[19]

이와 같은 논의 과정에서 '코이노니아'는 살아 계신 삼위일체 하나님과의 '코이노니아'의 측면과 그로부터 나오는 교회적 '코이노니아' 개념과는 상당히 다른 개념으로 전용되어 가고 있는 것이 잘 드러난다. 과연 이것이 우리가 말하는 성경적 '코이노니아'일까? 그것이 이루어진다고 할 때 그것이 과연 "하나님 나라의 파편이요 징표요 미리 맛봄일 것"[20]인가? 이런 생각이야말로 이 교수님과 WCC가 생각하는 하나님 나라 개념이 성경적인 하나님 나라와는 다르다는 것을 보여 주는 것이 아닌가?

셋째로, 따라서 WCC의 입장은 너무 넓어서 그 안에 종교 다원주의(religious pluralism)를 주장하시는 분들이나 내포주의(혹 포괄주의, inclusivism)를 주장하시는 분들을 다 포용하는 입장이라고 하지 않을 수 없다. 복음주의적 입장에서는 구원에 대해서 그 정도로 다른 주장을 하는 분들도 과연 한 교회에 속한 것으로 말할 수 있는가에 대해 심각한 질문을 제기할 수 있다. 다른 입장을 가진 사람들과 대화하며 심지어 다른 종교를 가진 사람들과 대화하는 것을 거부하지는 않으나, 그것은 적어도 우리의 구원관을 분명히 천명하고 그리스도 사역을 통한 의식적인 신앙을 가진 사람들을 구원하신다는 입장에 동의하는 이들이 하나의 교회라는 것을 분명히 한 후에라야 타종교와의 대화가 가능할 수 있다. 우리의 입장을 변화시킬 수 있는 전제를 가지고서라야 대화가 가능하다는 것은 이미 대화의 성격을 미리 규정한 것이

---

19 이형기, "21세기의 글로컬(glocal) 이슈들에 대한 해법으로서 에큐메니칼 운동과 신학", 34-35.

20 이형기, "21세기의 글로컬(glocal) 이슈들에 대한 해법으로서 에큐메니칼 운동과 신학", 35.

되므로 그 과정에서 기독교적 구원관을 파괴하고 있는 것이다.

넷째로, 대개의 WCC 문서에 나타나고 있는 바르트주의적 성경관에 대한 의문이 제기될 수 있다.[21] 이런 입장이 결국은 그들이 존중한다고 말하는 성경의 권위를 손상시키는 것을 목도한 교회는 이런 바르트주의적 성경관이 아닌 성경의 진정한 권위를 인정하는 교회들만을 하나의 교회로 인정할 수 있을 것이기 때문이다.

다섯째로, 지금까지 WCC의 진행 과정 가운데서 문제점이 있었다는 것을 상당히 인정해 주신 것은 이형기 교수님의 논문의 큰 기여라고 할 수 있다. 특히 "1968년엔 마르크시즘과 같은 사회학적 통찰이 기독교 신학에 적극 수용되기 시작하였고(1968년 메델린(Medellin) 가톨릭 주교회의), 적절한 폭력사용까지 정당화되었으며, 선교의 개념이 "인간화"와 동일시되는 측면도 있었다."고[22] 정확히 지적하신 것은 WCC에 대해서 적극적인 분들이 잘 언급하지 않는 부분인데 이를 지적하시고 혹시 변화가 있을 수 있는지에 대한 기대를 가지도록 하고 있다.

마지막으로 이형기 교수님께서도 인정하신 문제의 하나를 지적하지 않을 수 없다. 그것은 (때때로 언급되는 부인에도 불구하고) WCC가 가시적 하나 됨을 궁극적으로 지향한다는 점이다. 요즈음 WCC에 대한 의혹의 주장들에 반해서 WCC는 교회의 가시적 하나 됨을 추구하거나 주장하지 않는다는 논의들이 여러 번 있어 왔다. 그러나 많은 분들의 이러한 주장에도 불구하고 WCC 총회 자료에는 궁극적 목적의 하나로 교회들의 가시적 하나됨에 대한 희망이 항상 표현되

21 이에 대한 논의로 이승구, "WCC 총회한국 유치?" 『광장의 신학』 (수원: 합신대학원출판부, 2010), 특히 335-39를 보라.

22 이형기, "21세기의 글로컬(glocal) 이슈들에 대한 해법으로서 에큐메니칼 운동과 신학", 18.

어 왔다. 흥미롭게도 이번 이형기 교수님의 발제문에서는 이 점을 아주 공공연히 표시하여 주신 것에 대해서 그것이 정확하다는 말과 함께 역시 WCC 전문가답게 정확한 정보를 주심에 대해서 감사를 표하고 싶다. 이 교수님은 다음과 같이 표현하셨다.

> 1954년 에반스턴 WCC가 **가시적 일치 추구를 시발**시킨 이래, 정식으로 **가시적 일치 추구**가 방향 잡힌 것은 1961년 뉴델리 WCC 총회 때였다.[23]

> 오늘날 세계교회들 역시 이와 같은 다양성 속에서의 가시적 통일성 혹은 다양성 속에서의 가시적인 코이노니아를 추구해야 할 것이다. 여기에서 '가시적'이란 사도적인 복음과 니케아-콘스탄티노플 신조로 표현된 사도적인 신앙을 함께 고백하고, "BEM Text"에 입각한 가시적인 교회적 삶을 실천하며, **하나의 결의기구를 만들어** 교회와 세상을 향하여 권위 있는 가르침을 가르치고, 복음(evangelism)을 전하며 삼위일체 하나님의 선교에 동참하는 것이다.[24]

> 1975년 나이로비 WCC는 삼위일체 하나님의 코이노니아에 근거한 교회들의 협의회(a Council)와 협의회적 교제(a conciliar fellowship)를 주장하였다. 이는 교회 일치 모델에 있어서 유기체적 공동체를 바라보고 나가는 도상에서 기대되는 교제 속에 있는 교회들의 협의성을 뜻하는 것이다. 그러니까, 교회일치 초기의 모델인 "a reconciled diversity"로 돌아가자는 것이 아니다. 그러면 이와 같은 협의회성과 JPIC와의 관계는 무엇일까? 그것은 협의성이 "다양성과 통일성"그리고 "지역성과 보편성"을 연결시키는 것인 한, 그리고 그것이 아직 "유기체적 일치"에의 도달 이전의 단계인 한,

---

23 이형기, "21세기의 글로컬(glocal) 이슈들에 대한 해법으로서 에큐메니칼 운동과 신학", 16, 강조점은 필자가 덧붙인 것임.

24 이형기, "21세기의 글로컬(glocal) 이슈들에 대한 해법으로서 에큐메니칼 운동과 신학", 10.

이것은 여러 다양한 교회들이 JPIC에 대한 다양한 견해들을 가지고 참여할 때 꼭 필요한 틀로서 교회들의 협의회성일 것이다.[25]

사도적 복음과 니케아–콘스탄티노플 신조로 표현된 사도적 신앙을 고백하는 것에 대해서는 반대할 사람이 하나도 없을 것이다. 그러나 우리들 모두가 (이형기 교수님께서도 잘 표현하고 있듯이 "이 문서 작성과정에 동방정교회와 로마 가톨릭교회 대표들도 동참"하여 만들어져서 현재의 WCC보다도 "더 WCC적 의미에서 에큐메니칼적"인) BEM 문서(1982)에 따라야만 하는 것인지, 그리고 WCC가 결국은 하나의 결의 기구를 향해 가고자 하는 것에 대한 논의가 논쟁의 핵심이 될 것이다.

BEM 문서가 잘 보여 주듯이 WCC가 (아직은 WCC 공식적 회원 교단이 아닌) 천주교회와의 가시적 하나 됨을 추구한다는 것은 아주 분명한 사실이다. 우리가 칭의 문제에 대한 교리적 해결 없이, 교황 제도에 대한 논의 없이 천주교회를 하나님의 교회에 속한다고 하면서 그와 하나됨을 지향해 갈 수 있겠는가? 칼빈은 칭의 문제나 성찬 문제나 교황 제도 문제에서 천주교회가 그들의 잘못된 견해인 공로 구원관과 화체설과 교황제도를 비롯한 감독제도가 비성경적임을 인정하고 고치려 한다면 기꺼이 천주교회와 우리가 하나의 교회라고 인정했을 것이다. 그러나 그렇지 않은 한 그들이 참된 교회가 아니요, 교회의 잔재를 가지고 있는 집단이라고 생각하면서 그들이 참 교회가 되기를 애원할 것이다. 바로 이런 태도가 우리가 천주교회에 대해서 가져야 할 태도가 아니겠는가?

25 이형기, "21세기의 글로컬(glocal) 이슈들에 대한 해법으로서 에큐메니칼 운동과 신학", 24.

3. 성경적 에큐메니즘과 그 방향

그렇다면 "WCC적인 에큐메니즘"을 비판하는 우리들은 교회의 하나됨을 부인하는 것인가? 결코 그럴 수 없다. 우리는 진정한 교회의 하나됨을 주장하고, 그것을 위해 애쓰는 사람들이다. 왜냐하면 우리들은 그리스도께서 십자가에서 피 흘려 사신 그리스도의 몸된 교회는 실질적으로 하나라는 것을 믿기 때문이다.

그러면 이렇게 그리스도께서 피 흘려 사신 교회에는 어떤 사람들이 포함되어 있는 것으로 인정해야 할 것인가? 일단 다음 네 가지를 충심으로 믿고 따르는가의 여부가 고려되어야 한다고 판단된다.

(1) 삼위일체 하나님에 대한 실질적 인정

후에 언급할 에큐메니칼 공의회의 신조들을 충심으로 믿고 따름에 함의되어 있는 것이기는 하지만 진정한 성경적 에큐메니즘이 이루어지기 위해서는 일단 삼위일체 하나님을 실질적으로 받아들이고 그 하나님과 교제하는 사람들이 성경적으로 하나된 교회의 일원으로 인정되어야 할 것이다. 이때 교부들이 **성경적으로 이해한 대로의 삼위일체에 대한 믿음을 말하는 것이 중요**하다. 현실적으로 오늘날 WCC 운동의 기본문서에서는 삼위일체에 대한 언급이 있다. 그 대표적인 예가 다음과 같은 주장이다:

> 세계교회협의회란 성경을 따라서 우리 주 예수 그리스도를 하나님과 구세주로 고백하고 성부와 성자와 성령 삼위로 일체 되시는 하나님의 영광을

위한 교회의 공동 소명을 함께 성취하려고 하는 교회들의 코이노니아이다.[26]

또한 이형기 교수님은 WCC 운동과 관련하여 여러 번 삼위일체 신앙을 강조하셨다. 그렇지만 공식적으로 삼위일체를 인정하지 않는 사람들도 WCC와 연관하여 활발하게 활동하고 있는 것이 사실이다.[27] WCC의 공식 회원 교회 가운데 퀘이커도 있는데, (모든 사람이 알고 있듯이) 퀘이커 가운데는 삼위일체를 인정하지 않는 사람들도 많이 있으며,[28] 이것은 WCC의 공식 회원 교단인 캐나다 연합교회나 호주의 Uniting Church 등 교리적으로 포용적 입장을 지니는 교회들에서는 자연스럽게 나타나고 있는 현상이다.

그러므로 진정한 에큐메니칼 운동이기 위해서는 삼위일체 하나님에 대한 고백이 진지하고도 의미 있게 이루어져야 한다. 지금과 같이 선언문에 삼위일체에 대한 언급이 나오고 예배에 삼위일체를 시사하는 어귀가 들어간다고 해서 이 모임이 삼위일체 하나님을 중심으로 한 모임이라고 하기 어렵기 때문이다. 이형기 교수님이 '오이쿠메네'

---

26 "World Council of Churches," Nicholas Lossky et al. (ed.), *Dictionary of the Ecumenical Movement* (Geneva: WCC Publications, 1991), 1084.

27 그 대표적인 예로 Rissho Kosei-Kai라는 일본 학회의 활동을 소개하는 다음 홈페이지와 그 소개를 보라: http://www.crinfo.org/action/search-profile.jsp?key=133222&type=org. 그 한 부분에서 이렇게 소개하고 있는 내용을 보라: "Internationally, Rissho Kosei-kai is active in working with the International Association for Religious Freedom (IARF), the World Conference on Religion and Peace (WCRP), and the Asian Conference on Religion and Peace (ACRP), and also closely cooperates with the Vatican, the World Council of Churches (WCC), the Unitarian Universalist Association (UUA), and other religious organizations."또한 UN의 Church center에 대한 소개에서는 이 곳이 에큐메니칼적 장소라는 것을 강조하면서 Unitarian도 포함시켜 논의하고 있다: http://www2.wcc-coe.org/pressreleasesen.nsf/index/feat-03-13.html. 사실 이것이 오늘날 '에큐메니칼' 이라는 말이 사용되는 대표적 용례이다.

28 이에 대해서는 다음 정보를 참조하라: http://en.wikipedia.org/wiki/Religious_Society_of_Friends#Beliefs_and_testimonies.

의 기본적 어원적 의미를 설명할 때 사용했던 그 처음 교회들은 모두 삼위일체 하나님을 진심으로 믿는 교회들이었고, 이에 대해서 다른 견해를 가져 나가려는 분들로 하여금 자신들의 생각을 고치도록 권면하고 끝까지 듣지 않을 때는 이단으로 정죄하였다. 이와 같이 삼위일체에 대한 철저한 신앙을 유지해 나가려고 하지 않는 오늘날의 WCC에 대해서 "초기 에큐메니칼 교회"가 과연 에큐메니칼 교회의 정신을 유지하고 있는 것으로 판단하려는지 궁금하다.

(2) 이신칭의를 정확하고 확실하게 믿음

이 부분에 대한 논의가 논란의 여지는 있겠으나 그래도 복음적인 교회들이 하나라는 것을 확언하기 위해서는 이신칭의를 믿는 것에 대한 확언이 필요하다 생각된다. 구원 얻는 방식에 대한 이해가 다른 이들이 하나의 교회라고 주장할 수 없기 때문이다. 코넬리우스 반틸이 오래전에 잘 지적한 바와 같이, "성경적 에큐메니즘은 은혜로만 말미암는 구원에 근거한 것이다. …… 은혜로만 얻는 구원을 선포하는 참된 교회라면, 그 교회는 공적으로도(by works) 구원을 얻을 수 있다고 믿는 사람들을 당연히 받아들일 수 없을 것이다."[29] 그러므로 이에 대해서 어떤 입장을 가지든지 누구나 다 한 교회에 있다고 주장하는 WCC적인 주장은 교회의 주장이라고 할 수 없다.

(3) 에큐메니칼 공의회의 신조에 대한 실질적 충실성

[29] Van Til, "Reformed Faith and Ecumenism," 338.

에큐메니즘을 지향한다고 하면서 실질적으로 에큐메니칼 공의회의 신조들을 받아들이지 않는다는 것은 있을 수 없다. 오늘날의 심각한 문제는 형식적으로는 에큐메니칼 신조를 받아들인다고 하면서도 **실질적으로 그 내용에 동의하지 않는 것**을 어떻게 보아야 하는가 하는 것이다. 이때 과거 교회가 한 바를 참조해야 할 것이다. 반틸이 잘 말하고 있는 대로, "칼케돈 신조 작성 과정에서 비성경적 에큐메니즘을 신봉하며 그 개념을 가지고 활동하려던 사람들이 교회에서 제외되었다."[30] 이것이 성경적 에큐메니즘을 주장하는 우리들이 말하고자 하는 바이다.

(4) 성경의 객관적 계시성의 수납

마지막으로 이 모든 논의가 그로부터 흘러 나올 수 있는 인식론적 기초로서 성경이 분명히 천명되려면 성경의 계시가 객관적인 것이라는 것이 분명히 언급되어야 한다. 성경의 권위를 인정하지 않거나 상대적으로만 인정하는 것은 결국 모든 신학적 논의를 무효로 돌아가게 할 수 있기 때문이다.

그러므로 우리는 이와 같은 입장을 가진 모든 그리스도인들을 그리스도 안에서 형제로 인정하면서(보이지 않는 교회의 하나 됨에 대한 인정) 일단 각각의 교회들이 현재 자신들의 입장에서 좀더 성경적인 방향으로 나아가도록 요청하면서, 함께 있어서 공통의 증언과 사역을 하면서 결과적으로 우리가 하나 되는 방향으로 나가도록 노력해야 할 것이다. 우리들은 "**복음의 원칙에 부합하는 한**, 다양한 교단과 교파가

---

30 Van Til, "Reformed Faith and Ecumenism," 341.

연합되어야 한다는 데에 대해서도 의견이 같기"때문이다.[31] 이것이 우리가 추구하는 성경적 에큐메니즘의 방향이다. 우리는 마태복음 28:19, 20의 빛에서 "그 어떤 것이라도 '그리스도의 보편의 세계교회'(the ecumenical church of Christ)의 실현을 방해할 수 없는 것이다"고 말하는 반틸의 말에[32] 전적으로 동의하지 않을 수 없기 때문이다.

---

[31] Van Til, "Reformed Faith and Ecumenism,"344, 강조점은 필자가 덧붙인 것임.

[32] Van Til, "Reformed Faith and Ecumenism,"329.

참고 문헌

제 1 장: 헨리 나우윈에 대한 개혁신학적 한 성찰

Ball, Nathan. "A Covenant of Friendship."In *Befriending Life: Encounters with Henri Nouwen.* Edited by Beth Porter with Susan S. Brown and Philip Coulter. New York: Doubleday, 2001.

Beumer, Jurjen. *Henri Nouwen: A Restless Seeking for God.* New York: Crossroad 1997.

Carroll, Jackson W. "Pastors' Picks: What Preachers are Reading." *Christian Century* 120/17 (August 23, 2003): 31.

Clendenin, Dan. "The Journey with Jesus: Book Notes."Available at: http://www.journeywithjesus.net/BookNotes/Henri_Nouwen_In_the_Name_of_Jesus.shtml.

Cloud, David. *Contemplative Mysticism: A Powerful Ecumenical Bond.* Way of Life Literature, 2008.

Durback, Robert. (Ed.) *Seeds Of Hope: A Henri Nouwen Reader*. New York: Bantam Books, 1989.

Durback, Robert. "Henri Nouwen: Memories of a Wounded Prophet."*America* 181 (3–10 July 1999): 16–17.

Flanagan, Eileen. A Book Review of *Henri Nouwen: A Spirituality of Imperfection. American Catholic Studies: Journal of American Catholic Historical Society* 119/2 (Summer 2008): 112–13.

Ford, Michael. *Wounded Prophet A Portrait of Henri Nouwen.* New York: Doubleday, 1999.

__________. "The Art of the Spiritual Detective." In *The Foundation of Hope: Turning Dreams Into Reality.* Edited by R. John Elford.

Liverpool: Liverpool University Press, 2003.

Hernandez, Wil. "A Spirituality of Imperfection: The Coinherence of Spirituality with Psychology, Ministry, and Theology in Henri J. M. Nouwen's Integrated Approach to Soul Care and Spiritual Formation." Ph. D. Dissertation, Fuller Theological Seminary, 2005.

_________. *Henri Nouwen: A Spirituality of Imperfection.* Mahwah, NJ: Paulist Press, 2006.

_________. "Henri Nouwen as an Evangelical Mystic." *Conversations Journal: A Forum for Authentic Transformation* (Spring 2008): 60-63.

Hiltner, Seward. *Preface to Pastoral Theology.* Nashville: Abingdon Press, 1979.

Holst, Wayne. "Henri Nouwen's Contribution to Spirituality." *Pneuma* 6/1 (Spring, 1999). Available at: http://www.worship.ca/docs/p_61_wh.html.

Mark, John. A Review of Michael Ford, *Wounded Prophet A Portrait of Henri Nouwen* (New York: Doubleday, 1999). Available at: http://jmm.aaa.net.au/articles/4673.htm.

McCarthy, Gerry. "On Nouwen: The Social Edge interview with Michael O'Laughlin." Available at: http://ca.renewedpriesthood.org/page.cfm?Web_ID=797.

Mosteller, Sue. "A Biographical Sketch of Henri J. M. Nouwen." Available at: http://www.streetlevelconsulting.ca/biographies/henri_nouwen.htm.

Nouwen, Henri. *Intimacy: Essays in Pastoral Psychology.* Notre Dame, Indiana, Fides Publishers, 1969.

_________. *Creative Ministry: Beyond Professionalism in Teaching, Preaching, Counseling, Organizing and Celebrating.* Garden City, NY: Double Day, 1971.

_________. *With Open Hands.* Notre Dame, Ind.: Ave Maria Press, 1972.

_________. *Wonded Healer: Ministry in Contemporary Society.* Garden

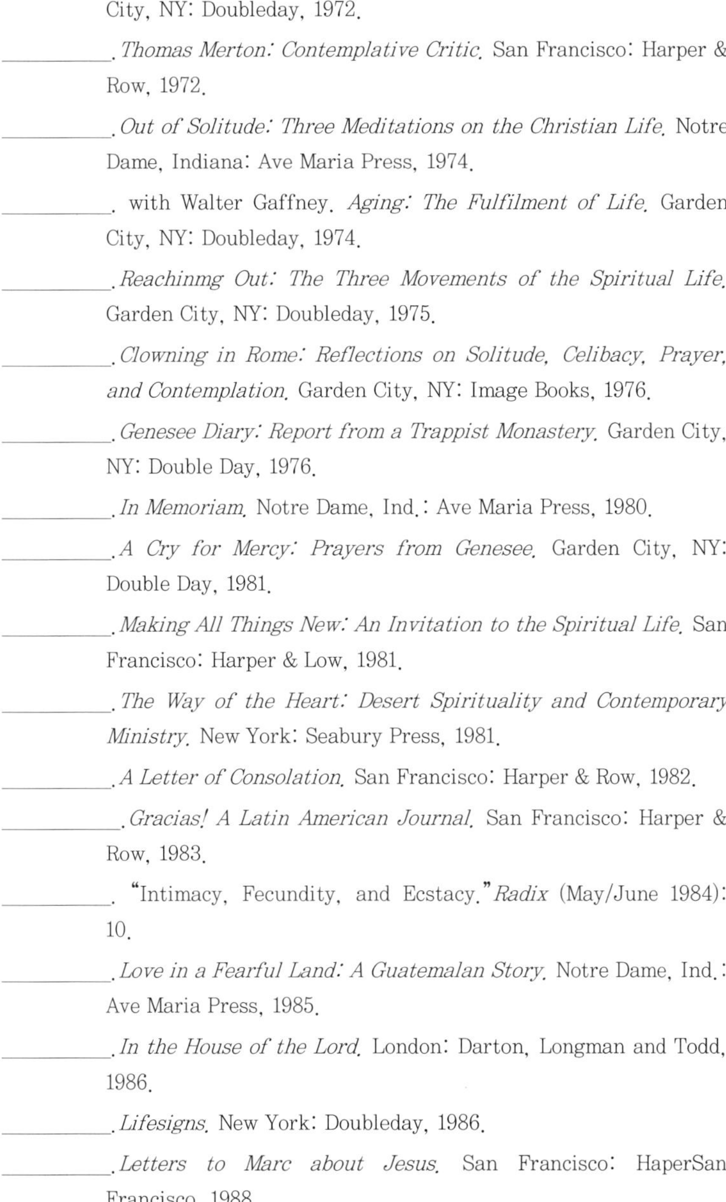
City, NY: Doubleday, 1972.

__________. *Thomas Merton: Contemplative Critic.* San Francisco: Harper & Row, 1972.

__________. *Out of Solitude: Three Meditations on the Christian Life.* Notre Dame, Indiana: Ave Maria Press, 1974.

__________. with Walter Gaffney. *Aging: The Fulfilment of Life.* Garden City, NY: Doubleday, 1974.

__________. *Reachinmg Out: The Three Movements of the Spiritual Life.* Garden City, NY: Doubleday, 1975.

__________. *Clowning in Rome: Reflections on Solitude, Celibacy, Prayer, and Contemplation.* Garden City, NY: Image Books, 1976.

__________. *Genesee Diary: Report from a Trappist Monastery.* Garden City, NY: Double Day, 1976.

__________. *In Memoriam.* Notre Dame, Ind.: Ave Maria Press, 1980.

__________. *A Cry for Mercy: Prayers from Genesee.* Garden City, NY: Double Day, 1981.

__________. *Making All Things New: An Invitation to the Spiritual Life.* San Francisco: Harper & Low, 1981.

__________. *The Way of the Heart: Desert Spirituality and Contemporary Ministry.* New York: Seabury Press, 1981.

__________. *A Letter of Consolation.* San Francisco: Harper & Row, 1982.

__________. *Gracias! A Latin American Journal.* San Francisco: Harper & Row, 1983.

__________. "Intimacy, Fecundity, and Ecstacy." *Radix* (May/June 1984): 10.

__________. *Love in a Fearful Land: A Guatemalan Story.* Notre Dame, Ind.: Ave Maria Press, 1985.

__________. *In the House of the Lord.* London: Darton, Longman and Todd, 1986.

__________. *Lifesigns.* New York: Doubleday, 1986.

__________. *Letters to Marc about Jesus.* San Francisco: HaperSan Francisco, 1988.

__________. *Road to Daybreak: A Spiritual Journey.* Garden City, NY: Doubleday, 1988.

__________. *In the Name of Jesus: Reflections on Christian Leadership.* New York: Crossroad Publishing Company, 1989.

__________. *Beyond the Mirror: Reflections on Life and Death.* New York: Crossroad, 1990.

__________. "Theology as Doxology: Reflections on Theological Education."In *Caring for the Commonweal: Education for Religious and Public Life.* Edited by Parker J. Palmer, Barbara G. Wheeler, and James W. Fowler. Macon, Georgia: Mercer University Press, 1990.

__________. *Life of the Beloved: Spiritual Living in a Secular World.* New York: Crossroad, 1992.

__________. *Return of The Prodigal Son: A Meditation on Fathers, Brothers, and Sons.* Garden City, NY: Doubleday, 1992.

__________. "Solitude, Community & Ministry: Three Ways to Create Space for God." Program #3706, First air date November 7, 1993. Available at: http://www.csec.org/csec/sermon/nouwen_3706.htm.

Nouwen's "Foreword" to Thomas P. Ryan's *Disciplines for Christian Living.* Mahwah, New Jersey: Paulist Press, 1993.

__________. *Here and Now, Living in the Spirit.* Darton, Longman and Todd Ltd., 1994.

__________. "My History with God"(1994). Available at: http://jameslau88.com/my_history_with_god_by_henri_nouwen.html.

__________. *Bread for the Journey: A Daybook of Wisdom and Faith.* San Francisco: HarperOne, 1996.

__________. *Inner Voice of Love: A Journey Through Anguish to Freedom.* New York: Doubleday, 1996.

__________. *Can you Drink the Cup?* Notre Dame, Ind.: Ave Maria Press, 1996.

__________. *Adam: God's Beloved.* Maryknoll, NY: Orbis Books, 1997.

__________. *Bread for the Journey: A Daybook of Wisdom and Faith.* New

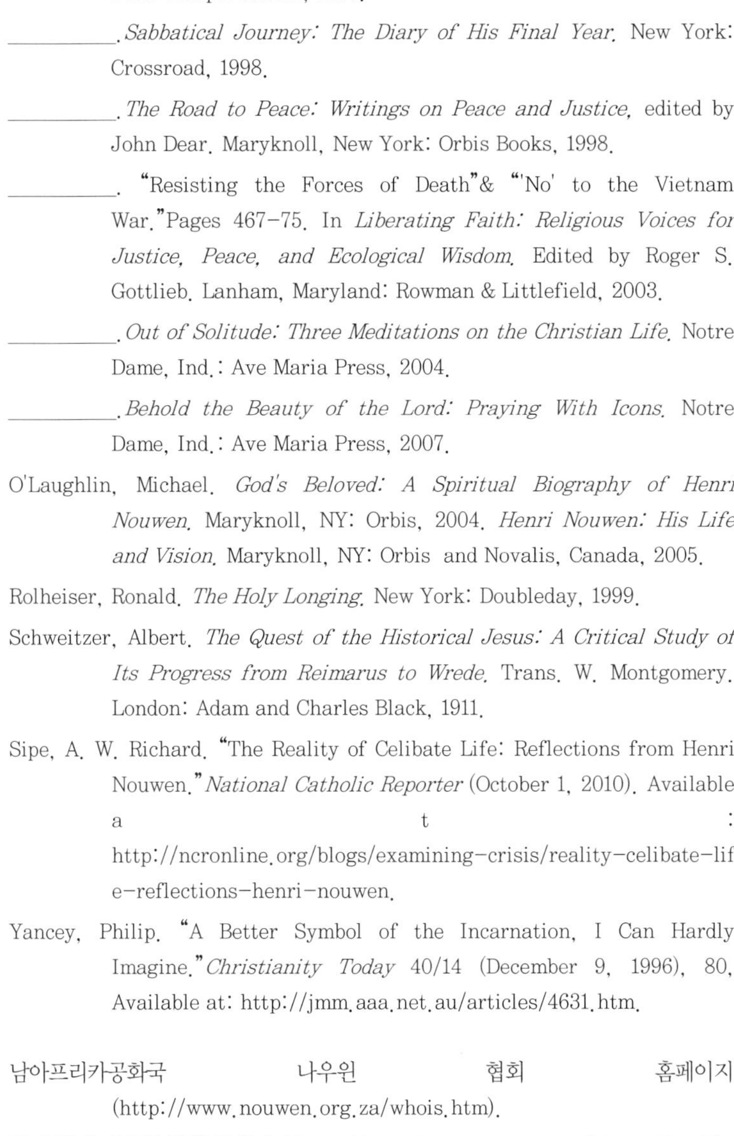

York: HarperCollins, 1997.

__________. *Sabbatical Journey: The Diary of His Final Year.* New York: Crossroad, 1998.

__________. *The Road to Peace: Writings on Peace and Justice,* edited by John Dear. Maryknoll, New York: Orbis Books, 1998.

__________. "Resisting the Forces of Death"& "'No' to the Vietnam War."Pages 467-75. In *Liberating Faith: Religious Voices for Justice, Peace, and Ecological Wisdom.* Edited by Roger S. Gottlieb. Lanham, Maryland: Rowman & Littlefield, 2003.

__________. *Out of Solitude: Three Meditations on the Christian Life.* Notre Dame, Ind.: Ave Maria Press, 2004.

__________. *Behold the Beauty of the Lord: Praying With Icons.* Notre Dame, Ind.: Ave Maria Press, 2007.

O'Laughlin, Michael. *God's Beloved: A Spiritual Biography of Henri Nouwen.* Maryknoll, NY: Orbis, 2004. *Henri Nouwen: His Life and Vision.* Maryknoll, NY: Orbis and Novalis, Canada, 2005.

Rolheiser, Ronald. *The Holy Longing.* New York: Doubleday, 1999.

Schweitzer, Albert. *The Quest of the Historical Jesus: A Critical Study of Its Progress from Reimarus to Wrede.* Trans. W. Montgomery. London: Adam and Charles Black, 1911.

Sipe, A. W. Richard. "The Reality of Celibate Life: Reflections from Henri Nouwen."*National Catholic Reporter* (October 1, 2010). Available at: http://ncronline.org/blogs/examining-crisis/reality-celibate-life-reflections-henri-nouwen.

Yancey, Philip. "A Better Symbol of the Incarnation, I Can Hardly Imagine."*Christianity Today* 40/14 (December 9, 1996), 80, Available at: http://jmm.aaa.net.au/articles/4631.htm.

남아프리카공화국 나우원 협회 홈페이지 (http://www.nouwen.org.za/whois.htm).

북미 헨리 나우원 협회 홈페이지(http://www.henrinouwen.org/About_Henri/)

이승구. 『기독교 세계관으로 바라보는 21세기 한국 사회와 교회』. 서울: SFC,

2005.

제 2 장: 관상 기도와 그 문제점

A Monk of the Eastern Church. *The Jesus Prayer.* New York: St. Vladimir's Seminary Press, 1997.

Baker, Robert. *Merton and Sufism: The Untold Story.* Fons Vitae, 1999.

Ballard, Jim. *Little Wave and Old Swell: A Fable of Life and Its Passing.* Atria Books/Beyond Words, 2007.

Berkhof, Louis. *Systematic Theology.* Grand Rapids: Eerdmans, 1942.

Blachard, Ken. "Preface." to Franz Metcalf & Gallagher Hateley. *What Would Buddha do at Work?* Ulysses Press, 2001.

Blanchard, Ken & Phil Hodges. *Lead Like Jesus: Lessons from the Greatest Leadership Role Model of All Time.* Thomas Nelson, 2008.

Blanchard, Ken. *Servant Leader.* Thomas Nelson, 2003.

Borst, Jim. (Ed.) *A Method of Contemplative Prayer.* 박금옥 역. 『관상 기도를 하는 방법』. 서울: 성바오로, 2004.

Dreher, John D. "The Danger of Centering Prayer." Available at: http://www.catholic.com/thisrock/1997/9711fea1.asp:

England, Randy. "The New Age Mystic: Different Path, Same God?" (http://www.ewtn.com/library/NEWAGE/NWMYSTIC.HTM);

Feaster, Margaret A. "A Closer Look at Centering Prayer."San Francisco, CA: Ignatius Press, 2004.

Flanagan, Finbarr. "Centering Prayer Transcendental Meditation for the Christian Market."*Faith and Renewal* (May/June, 1991): 2.

French, R. M. *The Way of the Pilgrim.* New York: Seabury Press, 1965.

Happold, F. C. *Mysticism: A Study and An Anthology.* Baltimore: Penguin Books, 1964.

Johnston, William. *Mystical Theology.* London: Harper Collins, 1995.

__________. *The Inner Eye of Love: Mysticism and Religion.* San Francisco: Harper, 2004.

Keating, Thomas. *Open Mind, Open Heart: The Contemplative Dimension of the Gospel.* New York: Amity House, 1986.

__________. *Open Mind, Open Heart.* Rockport, MA: Benedict's Monastery, 1992.

__________. *Intimacy with God.* New York: The Crossroad, 1996.

__________. "궁극적 신비를 찾는 사람들". 「한국관상지원단 소식지」 9호 (2011년 상반기): 1-5.

Larkin, Ernest E. "St. Teresa of Avila and Centering Prayer." *Camelite Studies* 3 (1984): 191-211.

__________. "Today's Comtemplative Prayer Forms: Are They Contemplation?" *Review for Religious* (1998): 77-87.

Llewelyn, Robert. 『관상에 이르는 묵주 기도』. 강창헌 옮김. 서울: 바오로딸, 2009.

Matthew. "The Errors of Centering Prayer" (May 2007). http://acatholiclife.blogspot.com/2007/05/errors-of-centering-prayer.html.

Merton, Thomas. *What is Contemplation?* Springfield, IL: Templegate Publishers, 1950.

__________. *The New Seed of Contemplation.* Nolfolk, CT: New Directions, 1962.

Montenegro, Marcia. "On Contemplating Contemplative Prayer: Is It Really Prayer?" First Published in *Midwest Christian Outreach Journal* (February, 2005). Modified version with additional information. Available at: http://www.christiananswersforthenewage.org/Articles_ContemplativePrayer1.html.

__________. "Lecture and Meditation Session Led by Thomas Keating." Session Held on May 22, 2005. The Falls Church, Falls Church, VA. Available at: http://www.christiananswersforthenewage.org/Articles_KeatingLecture.html.

Nouwen, Henri J. M. *Sabbatical Journey: The Diary of His Final Year.* New York: Crossroad Pub., 1998.

Pannington, M. Basil. *Daily We Touch Him.* Garden City, N.Y.: Doubleday, 1977.

__________. *Centering Prayer: Renewing an Ancient Christian Prayer Form.* New York: Image Books, 1982.

__________. "Centering Prayer: Refining the Rules." *Review for Religious* 46/3 (1986): 386-93.

__________. *Through the Year with the Saints.* New York: Image Books, 1988.

__________. *Mary Today.* Image, 1989.

__________. *Centered Living: The Way of Centering Prayer.* Liguori, Mo.: Liguori Publications, 1999.

__________. *20 Mysteries of the Rosary: A Scriptural Journey.* Liguori, Mo.: Liguori Publications, 2003.

Peterson, Eugene. *The Contemplative Pastor: Returning to the Art of Spiritual Direction.* Grand Rapids: Eerdmans, 1993.=차성도 역. 『묵상하는 목회자』. 서울: 좋은 씨앗, 2008.

__________. *Eat This Book: A Conversation in the Art of Spiritual Reading.* 양혜원 역. 『이 책을 먹으라』. 서울: 한국기독학생회출판부, 2006.

Shannon, William. "Contemplation, Contemplative Prayer." 209-10. *The Dictionary of Catholic Spirituality.* Edited by Michael Downey.Collegeville, MN, 1993.

__________. 『깨달음의 기도』. 서울: 은성출판사, 2002.

St. John of the Cross. *Ascent of Mount Carmel.* Ed. and Trans. E. Allison Peers. New York: Dover, 2008.

St. John of the Cross. *Dark Night of the Soul.* Ed. and Trans. E. Allison Peers. New York: Image Books, 1990.

Teresa of Avila. *Interior Castle.* Trans. E. Allison Peers. New York: Image Books, 1989.

Ware, Kallistos. *The Power of the Name: The Jesus Prayer in Orthodox Spirituality.* Oxford: SLG Press, 2002.

고려수도원 홈페이지 (http://www.koabbey.com/).

국제 관상 기도 지원단 홈페이지.

(http://www.contemplativeoutreach.org/site/PageServer).

권명수. "관상 기도의 성서적 이해와 실천"(2007년 7월호). 37,

http://lw.kehc.org/files/2007/200707/htm/032.pdf.

______. “관상 기도 무엇이 문제인가?”「월간 목회」 379 (2008년 3월호): 59-63.

______. “관상 기도의 의식의 흐름과 치유”.「신학과 실천」 16 (2008): 217-50.

______. “관상 기도: 깊은 사귐의 기도”. Available at: http://cyw.pe.kr/xe/?mid=a26&category=83188&document_srl=85431.

______. “관상 기도의 이해와 실천”. Available at: http://www.hnymca.or.kr/ie/read.cgi?board=Cel_young&y_number=29&nnew=1.

김동학 기자의 동행 취재기. Available at: http://cafe.daum.net/centeringprayer/E3f/137?docid=rzwj|E3f|137|20051226113826&q=%C0%CC%C1%A4%B9%E8%20%BE%BE%C6%B0.

김승혜, 서종범, 전해주, 길희성, 양은용, 이정배, 최일범.『불교와 그리스도교의 수행』. 서울: 바오로딸, 2005.

남경욱. “깊이 없이 믿는 자가 다른 종교 배척: 종교간 대화 10년 김승혜 씨튼연구원장”,.「한국일보」, 2003년 10월 30일 (http://news.hankooki.com/lpage/life/200310/h2003103017282323400.htm).

박노열. “관상 기도의 장단점과 전통”. 한장연 이단대책위원회 제4회 세미나 〈장로교 신학적 입장에서 본 관상 기도〉. 2010년 6월 28일. http://www.newspower.co.kr/sub_read.html?uid=15916§ion=sc7.

엄두섭. “주부적 관상 기도”. 「한계레」 (http://blog.naver.com/peacebel/60002010395)

엄무광.『향심 기도』. 서울: 성바오로, 1998.

______.『관상 기도의 이해와 실제』. 서울 : 성바오로, 2002.

오방식. "관상 기도의 현대적 이해".「장신논단」 30 (2007): 271-310.

오상선. “관상 기도로서의 묵주 기도”. http://kr.blog.yahoo.com/jh3choi/14490: 제1장: “마리아와 함께 그리스도 관상하기”.

원문호.『관상 기도, 레노바레의 정체성』. 서울: 진리수호, 2010.

유해룡.『하나님 체험과 영성수련』. 서울: 장로교신학대학출판부, 1999.

______. “관상 기도란 무엇인가?”「월간 목회」 379 (2008년 3월호): 53-57.

이세영.『향심 기도 수련』. 왜관: 분도출판사, 2008.

이승구. “우리 시대에 설교와 종교적 강의를 듣고 보는 성도들의 자세에 대하여:

책임 있는 설교 듣기를 위한 제언". 279-87. 『기독교 세계관으로 바라보는 21세기 한국사회와 교회』. 서울: SFC, 2005.

임헌원. "관상 기도는 신비주의 자아 최면의 행각". Available at: http://yesu.net/?document_srl=190951&mid=pray1.

존 에커만. (홈페이지 참조: www.johnackerman.org). 그의 저서로 *Listening to God*이 『들음의 영성』이란 제목으로 번역 소개 되고 있다. 양혜란 옮김 (서울: 포이에마, 2009).

최일도. "관상 기도 무엇이 문제인가?"「월간 목회」 379 (2008년 3월호): 65-69.

허성준. 『수도 전통에 따른 렉시오 디비나』. 왜관: 분도출판사, 2003.

한국 관상 기도 지원단 홈페이지 (http://www.centeringprayer.or.kr/).

제 3 장: 로마 가톨릭 교회의 의화(義化) 이해와 개신교의 칭의(稱義) 이해의 차이

Bavinck, Herman. *Reformed Dogmatics*. Trans. John Vriend. Grand Rapids: Baker Academics, 2006.

Berkhof, Louis. *The History of Christian Doctrines*. Grand Rapids: Eerdmans, 1937, paperback edition, Grand Rapids: Baker, 1975.

Calvin, John. "Reply to Sadoleto."In *Tracts and Treatises of John Calvin*. 3 Vols. Grand Rapids, MI: Eerdmans Publishing Company, 1948.

Calvin, John. *Commentary on the Epistle of Paul the Apostle to the Romans*. Trans. and Edited by John Owen. Reprinted Edition. Grand Rapids: Baker, 1966.

Calvin, John. *Institutes of the Christian Religion*. 2 Vols. LCC edition. Edited by John T. Mc Neill. Translated by Ford Lewis Battles. Philadelphia: Westminster, 1960.

Clarkson, John F. et al. (Eds.) *The Church Teaches: Documents of the Church in English Translation*. St. Louis: B. Herder, 1955.

Fisher, George Park. *History of Christian Doctrine*. Edinburgh: T. & T. Clark, 1896.

Hoekema, A. A. *Saved by Grace*. (Grand Rapids: Eerdmans, 1989.

Horton, Michael. *For Calvinism*. Grand Rapids: Zondervan, 2011.

Kuyper, Abraham. *Lectures on Calvinism*. Grand Rapids: Eerdmans, 1931. 김기찬 옮김. 『칼빈주의 강연』 고양: 크리스챤다이제스트, 1996.

Pelikan, Jaroslav. *The Christian Tradition: A History of the Development of Doctrine*. Vol. 4: *Reformation of the Church and Dogma (1300-1700)*. Chicago and London: Chicago University Press, 1984.

Ratzinger, Joseph. *Einf hrung in das Christentum* (1968). 장익 역. 『그리스도 신앙, 어제와 오늘』. 왜관: 분도출판사, 1974), 209.

Schaff, Philip. *The Creeds of Christemdom*. New York: Harper, 1877.

이승구. 『우리 사회 속의 기독교』. 서울: 나눔과 섬김, 2010.

한국 천주교 중앙협의회 편. 『가톨릭교회 교리서』. 1권 - 3권, 제 2판 6쇄. 서울: 한국 천주교 중앙협의회, 2011.

제 4 장: 종교 다원주의의 대변자 힉의 종교 다원주의 주장과 그 문제점

Aslam, Adnan. *Religious Pluralism in Christian and Islamic Philosophy: The Thought of John Hick and Seyyed Hossein Nasr*. Curzon Press, 1998.

Carson, D. A. *The Gaging of God: Christianity Confronts Pluralism*. Leicester: Apollos, 1996.

Cobb, John B., Jr. *Christ in a Pluralistic Age*. Philadelphia: The Westminster Press, 1975.

__________. 『과정 신학과 불교』. 김상일 역. 서울: 대한기독교출판사, 1988.

__________. "Beyond Pluralism." In *Christian Uniqueness Reconsidered: The Myth of a Pluralistic Theology of Religions*. Edited by G. D'Costa. Maryknoll: Orbis, 1990.

Cobb, "Toward a Christocentric Catholic Theology." In *Toward a Universal Theology of Religion*, 86-100. Edited by L. Swindler. Maryknoll: Orbis Books, 1987.

Cook, E. David. "Truth, Mystery and Justice: Hick and Christianity's Uniqueness." In *One God, One Lord: Christianity in a World of Religious Pluralism*, 237–46. Edited by Andrew D. Clarke and Bruce W. Winter. Grand Rapids: Baker, 1992.

Eddy, Paul R. "Paul Knitter's Theology of Religions: A Survey and Evangelical Response." *Evangelical Quarterly* 65 (1993): 225–45.

Erickson, Millard J. *The Word Became Flesh*. Grand Rapids: Baker, 1991.

Geivett, R. Douglas and Gary Phillips. In *Four Views on Salvation*(1996). 이승구역. 『다원주의 논쟁』 (2001): 297–340.

Goulder, Michael. (Ed.) *Incarnation and Myth: The Debate Continued*. Grand Rapids: Eerdmans, 1979.

Green, Michael. (Ed.) *The Truth of God Incarnate*. London: Hodder and Stoughton, 1977).

Griffiths, Paul and Delmas Lewis. "On Grading Religions, Seeking Truth, and Being Nice to People: A Reply to Professor Hick." *Religious Studies* 19 (1983): 78.

Hebblethwaite, Brian. *The Incarnation: Collected Essays in Christology*. Cambridge: The University Press, 1988.

Hick, John. *Faith and Knowledge* (1957). 2nd edition. Ithaca: Cornell University Press, 1966; London: Macmillan, 1966.

_________. *Evil and the God of Love*. New York: Harper and Row, 1966.

_________. *Christianity at the Centre*. London: SCM Press, 1968.

_________. *God and the Universe of Faiths*. London: Macmillan, 1973. Reprinted, London: Collins, 1977.

_________. (Ed.) *The Myth of God Incarnate*. London: SCM Press, 1977.

_________. "Whatever Path Men Choose is Mine." In *Christianity and Other Religions*. Edited by John Hick and Brian Hebblethwaite. Philadelphia: Fortress, 1980.

_________. "Pluralism and the Reality of the Transcendent." In *Theologians in Transition*. Edited by James M. Wall. New York: Crossroad, 1981.

_________. *God Has Many Names*. Philadelphia: The Westminster Press, 1982.

_________. "The Theology of Pluralism." *Theology* 86 (1983): 337.

_________. *The Second Christianity.* London: SCM Press, 1983.

_________. *Problems of Religious Pluralism.* New York: St. Martin's, 1985.

_________ and Paul F. Knitter. (Eds.) *The Myth of Christian Uniqueness: Toward a Pluralistic Theology of Religions.* Maryknoll: Orbis Books, 1987.

_________. "The Non-Absoluteness of Christianity." In *The Myth of Christian Uniqueness: Towards a Pluralistic Theology of Religions.* Edited by John Hick and Paul F. Knitter. Maryknoll: Orbis Books, 1987.

_________. "An Inspirational Christology for a Religiously Plural World." 5-38. In *Encountering Jesus.* Edited by Stephen T. Davis. Atlanta: John Knox, 1988.

_________. *An Interpretation of Religion: Human Responses to the Transcendent.* New Haven: Yale University Press, 1989.

_________. *Dispute Questions in Theology and the Philosophy of Religion.* New Haven: Yale University Press, 1993.

_________. *Metaphor of God Incarnate: Christology in a Pluralistic Age.* Louisville: Westminster/John Knox, 1993.

_________. "A Response to Cardinal Ratzinger on Religious Pluralism." *Reviews in Religion and Theology* 1998/1 (Feb., 1998).

_________. "존 힉의 주장". 39-42. In *Four Views on Salvation in a Pluralistic World.* Edited by Dennis L. Okholm and Timothy R. Phillips. Grand Rapids: Zondervan, 1996. 한역. 『다원주의 논쟁』. 서울: 기독교문서선교회, 2001.

Knitter, Paul F. *No Other Name? A Critical Survey of Christian Attitudes Toward the World Religions.* Maryknoll: Orbis Books, 1985.

Küng, Hans. "Christianity and World Religions: Dialogue with Islam." 192-207. In *Toward a Universal Theology of Religion.* Edited by L. Swindler. Maryknoll: Orbis Books, 1987.

Lints, Richard. *The Fabric of Theology.* Grand Rapids: Eerdmans, 1993.

McDonald, D. R. *The Myth/Truth of God Incarnate.* Witon: Morehouse-Barlow, 1979.

McGrath, Alister. *A Passion for Truth.* Leicester: Apollos, 1996. 김선일 역.

『복음주의와 기독교적 지성』. 서울: IVP, 2001.

Nash, Ronald. *Is Jesus the Only Savior?* Grand Rapids: Zondervan, 1994.

Okholm, Dennis L. and Timothy R. Phillips. (Eds.) *Four Views on Salvation in a Pluralistic World.* Grand Rapids: Zondervan, 1996. 이승구 역. 『다원주의 논쟁』. 서울: 기독교문서선교회, 2001.

Panikkar, Raimundo. *The Trinity and the Religious Experience of Man.* Maryknoll: Orbis, 1973.

__________. *The Unknown Christ of Hinduism.* Revised Edition. Maryknoll: Orbis Books, 1981.

__________. "The Invisible Harmony: A Universal Theory of Religion or a Cosmic Confidence in Reality?" In *Toward a Universal Theology of Religion,* 118-53. Edited by L. Swindler. Maryknoll: Orbis Books, 1987.

__________. "The Jordan, the Tiber and the Gangs." In *The Myth of Christian Uniqueness: Towards a Pluralistic Theology of Religions.* Edited by John Hick and Paul F. Knitter. Maryknoll: Orbis Books, 1987 and London: SCM Press, 1987.

Phillips, D. Z. *Faith and Philosophical Inquiry.* New York: Schocken Books, 1970.

Pinnock, Clark H. "The Finality of Jesus in a World of Religions." In *Christian Faith and Practice in the Modern World,* 277-313. Edited by Mark A. Noll and David F. Wells. Grand Rapids: Eerdmans, 1988. 이승구 역. 『포스트 모던 세계에서의 기독교 신학과 신앙』. 서울: 엠마오, 1992.

__________. *A Wideness in God's Mercy.* Grand Rapids: Zondervan, 1992.

Samartha, Stanley J. *Courage for Dialogue: Ecumenical Issues in Inter-religious Relationships.* Maryknoll: Orbis Books, 1981.

__________. *One Christ - Many Religions: Toward a Revised Christology.* Maryknoll: Orbis Books, 1991.

Sanders, John. *No Other Name.* Grand Rapids: Eerdmans, 1992.

Smith, W. C. *The Meaning and End of Religion.* New York: Harper & Row, 1978. "Idolatry in Comparative Perspective." In *The Myth of Christian Uniqueness: Towards a Pluralistic Theology of*

Religions, 56-57. Edited by John Hick and Paul F. Knitter. Maryknoll: Orbis Books, 1987.

Smith, Wilfred Cantwell. *Towards a World Theology.* Philadelphia: The Westminster Press, 1981.

Swindler, L. (Ed.) *Toward a Universal Theology of Religion.* Maryknoll: Orbis Books, 1987.

Tanner, Kathryn. "Respect for Other Religions: A Christian Antidote to Colonialist Discourse." *Modern Theology* 9 (1993): 2.

Trigg, Roger ."Religion and the Treat of Relativism." *Religious Studies* 19 (1983): 298.

강영안. 『도덕은 무엇으로부터 오는가?: 칸트의 도덕 철학』. 서울: 소나무, 2000.

김영한. "현대신학의 종교 다원주의 운동"그리고 "종교 다원주의와 그리스도의 유일성". 13-41, 43-76. 『21세기와 개혁신학 II: 포스트모더니즘과 개혁신학』. 서울: 한국장로교출판사, 1998.

박종천. 『상생의 신학』. 서울: 한국신학연구소, 1991.

변선환 편. 『종교 다원주의와 신학의 미래』.서울: 종로서적, 1989.

조성노. "종교 다원주의신학". 213-65. 조성노 편. 『최근신학개관』. 서울: 현대신학연구소, 1993.

한국기독교학회 편. 『종교 다원주의와 신학의 과제』. 서울: 대한기독교서회, 1990.

제 5 장: 복음주의적 내포주의자 클락 피녹의 신학과 그 문제점

Barclay, William. *A Spiritual Autobiography.* Grand Rapids: Eerdmans, 1975.

Noll, Mark A. and David F. Wells. (Eds.) *Christian Faith and Practice in the Modern World.* Grand Rapids: Eerdmans, 1988. 이승구 역. 『포스트모던 세계에서의 기독교 신학과 신앙』. 서울: 엠마오, 1994.

Okholm, Dennis L. and Timothy R. Phillips. (Eds.) *Four Views on Salvation in a Pluralistic World.* Grand Rapids: Zondervan, 1996. 이승구 역. 『다원주의 논쟁』. 서울: 기독교문서선교회, 2001.

Pinnock, Clark. "Can the Unevangelized Be Saved?" *The Canadian Baptist* (Nov., 1981).

Pinnock, Clark. "Why Is Jesus the Only Way?" *Eternity* (Dec., 1976).

Race, Ian. *Christians and Religious Pluralism: Patterns in the Christian Theology of Religions.* Marynoll, NY: Orbis Books, 1982.

제 6 장: 계시와 역사의 관계에 대한 초기 바르트의 이해

Balthasar, Hans Urs von. *The Theology of Karl Barth.* Trans. John Drury. Holt: Rinehart and Winston, 1971.

Barbour, R. S. "Karl Barth: The Epistle to the Romans." *The Expository Times* XC (1979): 266.

Barth, 오버벡의 『기독교와 문화』(*Christentum und Kultur*)에 대한 바르트의 서평, "Unsettled Questions for Theology Today"(1920). In *Theology and Church,* 55-73. Trans. Louse Pettibone Smith. London: SCM Press, 1962.

Barth, *Church Dogmatics.* III/2. Trans. H. Knight, G. W. Bromiley, J. K. S. Reid, and R. H. Fuller. Edinburgh: T. & T. Clark, 1960.

Barth, *Church Dogmatics.* IV/1. Trans. G. W. Bromiley. Edinburgh: T. & T. Clark, 1956.

Barth, Karl. *The Epistle to the Romans.* Trans. E. Hoskyns. London: Oxford University Press, 1933.

Berkouwer, G. C. *The Triumph of Grace in the Theology of Karl Barth.* Trans. Harry R. Boer. London: Paternoster Press, 1956.

Bultmann, Rudolph. In *Kerygma and Myth,* I. Edited by H. W. Bartsch. Trans. R. H. Fuller. London: SCM Press, 1961.

Camfield, F. W. *Revelation and the Holy Spirit: An Essay in Barthian Theology.* London: Elliot Stock, 1934.

Ferre, Niels F. S. *Searchlight on Contemporary Theology.* New York: Harper and Brothers, 1966.

Frei, Hans. "The Doctrine of Revelation in the Thought of Karl Barth, 1909-1922: The Nature of Barth's Break with Liberalism." Unpublished Ph. D. dissertation. Yale University, 1956.

Harvey, Van A. *The Historian and the Believer.* Philadelphia: The Westminster Press, 1966.

Lee, Seung-Goo. *Barth and Kierkegaard: Karl Barth's Understanding of Revelation to that of Soren Kierkegaard.* St. Andrews: The University of St. Andrews, 1985; Seoul: Westminster Theological Press, 1996.

Mackintosh, H. R. *Types of Modern Theology.* London and Glasgow: James and Nisbet, 1937.

MaConnachie, John. "The Teaching of Karl Barth: A New Positive Movement in German Theology." *The Hibbert Journal* XXV (1927): 393f.

Monsma, Peter. *Karl Barth's Idea of Revelation.* Somerville: Somerset Press, 1937.

O'Collins, Gerald. "Karl Barth on Christ's Resurrection." *Scottish Journal of Theology* 26 (1973): 87f.

Obitts, Stanley R. "Historical Explanation and Barth on Christ's Resurrection." In *Current Issues in Biblical and Patristic Interpretation.* Edited by Gerald F. Hawthrone, Grand Rapids: Eerdmans, 1975.

Ogletree, Thomas W. *Christian Faith and History: A Critical Comparison of Ernst Troeltsch and Karl Barth.* New York: Abingdon Press, 1965.

Pauck, Wilhelm. "Barth's Religious Criticism of Religion." *The Journal of Religion* VIII (1928): 458.

Smart, James D. *The Divided Mind of Modern Theology: Karl Barth and Rudolf Bultmann, 1908-1933.* Philadelphia: The Westminster Press, 1967.

Torrance, Thomas F. *Karl Barth: An Introduction to His Early Theology: 1910-1931.* London: SCM Press, 1962.

Van Til, Cornelius. *The New Modernism.* London: James Clark and Co., 1946.

Wells, William Walter, III. "The Influence of Kierkegaard on the Theology of Karl Barth." Unpublished Ph. D. Dissertation, Syracuse University, 1970.

제 7 장: 차일드의 정경적 성경신학과 개혁파 성경신학

Barth, Markus "Whither Biblical Theology?" A Book Review of Childs' *Biblical Theology in Crisis*. *Interpretation* 25/3 (1971): 350–54.

Bruce, F. F. *The Canon of Scripture*. Downers Grove, IL: InterVarsity Press, 1988.

Chapman, Stephen B. "How Scripture Speaks." *Christian Century* Sept. 4, 2007. Available at: http://findarticles.com/p/articles/mi_m1058/is_18_124/ai_n20525202.

Childs, B. S. "Jonah: A Study in Old Testament Hermeneutics." *Scottish Journal of Theology* 2 (1958): 53–61.

__________. *Myth and Reality in the Old Testament*. London: SCM Press, 1960.

__________. *Memory and Tradition in Israel*. London: SCM Press, 1962.

__________. "Interpretation in Faith: The Theological Responsibility of an Old Testament Commentary." *Interpretation* 18 (October 1964): 432–49.

__________. "The Birth of Moses." *Journal of Biblical Literature* 84 (June 1965): 109–22.

__________. *Isaiah and the Assyrian Crisis*. London: SCM Press, 1967.

__________. "Traditio–historical Study of the Reed Sea Tradition. Exodus 14–15." *Vetus Testamentum* 20 (Oct. 1970): 406–18.

__________. *Biblical Theology in Crisis*. Philadelphia: Westminster Press, 1970.

__________. *Exodus. A Commentary*. Old Testament Library. London: SCM Press and Philadelphia: Westminster, 1974.

__________. *Introduction to the Old Testament as Scripture*. London: SCM Press and Philadelphia: Fortress, 1979.

__________. *Old Testament Theology in a Canonical Context*. Philadelphia: Fortress Press, 1985.

__________. *The New Testament as Canon: An Introduction*. London: SCM Press, 1984; Philadelphia: Fortress Press, 1985.

__________. *Biblical Theology of the Old and New Testaments: Theological Reflection on the Christian Bible*. London: SCM Press and

Minneapolis: Fortress, 1992.

__________. *Isaiah: A Commentary.* Old Testament Library. Louisville: John Knox/Westminster, 2001.

__________. *The Struggle to Understand Isaiah as Christian Scripture.* Grand Rapids: Eerdmans, 2004.

Christian Century, 2007년 7월 24일자 기사. "Yale's Brevard S. Childs, Biblical Scholar, dies." Available at: http://findarticles.com/p/articles/mi_m1058/is_15_124/ai_n19393081.

Driver, Daniel R. "Brevard Springs Childs." Available at: http://www.danieldriver.com/research/bsc.html.

Fock, Leong Tien. "Postliberalism of Brevard Childs." posted on October 9, 2007. Available at: http://hedonese1.blogspot.com/2007/10/postliberalism-of-brevard-childs.html,

Gottwalt, Norman K. "Social Matrix and Canonical Shape." *Theology Today* 42/3 (October 1985): 307-21.

Hays, Richard B. *Echoes of Scripture in the Letters of Paul.* New Have: Yale University Press, 1989.

Henry, Carl F. H. "Canonical Theology: An Evangelical Appraisal." *Scottish Bulletin of Evangelical Theology* 8 (1990): 94.

Malina, Bruce J., Norman K. Gottwald and Gerd Theissen. In *The Bible and Liberation: Political and Social Hermeneutics,* 11-58. Edited by N. K. Gottwald. Maryknoll: Orbis. rev. ed., 1983.

McGlasson, Paul. *Invitation to Dogmatic Theology: A Canonical Approach.* Grand Rapids: Baker, 2006.

Nelson, Randy W. "The Challenge of Canonical Criticism to Background Studies." *Journal of Bibilical Studies* 6/1. June 2006): 10-34.

Noble, Paul R. *The Canonical Approach: A Critical Reconstruction of the Hermeneutics of Brevard S. Childs.* Leiden and Boston: Brill, 1995.

Osborne, Grant. *The Hermeneutical Spiral.* Downers Grove: InterVarsity, 1991.

Oswalt, John. "Canonical Criticism: A Review from a Conservative Viewpoint." *Journal of Evangelical Theological Society* 30 (1987): 322.

Outler, Albert C. "'Gospel Studies' in Transition." In *The Relationship among the Gospels: An Interdisciplinary Dialogue.* Trinity University Monograph Series in Religion. Vol. 5. Edited by William O. Walker, Jr. San Antonia: Trinity University Press, 1978.

Parson, Mikeal. "Canonical Criticism." In *New Testament Criticism and Interpretation.* 255–98. Edited by David Black and David Dockery. Grand Rapids: Zondervan, 1991.

Sanders, James A. *Torah and Canon.* Eugene, OR; Cascade Books, 1972. 2nd Edition, 2005. *Canon and Community: A Guide to Canonical Criticism.* Philadelphia: Fortress Press, 1984.

Seits, Christopher "B. S. Childs. 1923–2007." Available at: http://www.sbl-site.org/publications/article.aspx?articleId=691.

Sheppard, Gerald T. "Canon Criticism: The Proposal of Brevard Childs and An Assessment for Evangelical Hermeneutics." *SBT* 4 (1971): 3–17

__________. "Canonical Criticism." In *Anchor Bible Dictionary.* Vol. 1, 861–66. New York: Doubleday, 1992.

Stendahl, Krister. "Biblical Theology." *The Interpreter's Dictionary of the Bible.* Vol. 1. Edited by George A. Buttrick. New York: Abingdon Press, 1962.

Vanhoozer, Kevin J. *First Theology: God, Scripture & Hermeneutics.* Downers Grove, Ill.: IVP and Leicester: Apollos, 2002.

김이곤. "차일즈의 성서 해석 방법론". 「신학연구」 22 (1980): 49–91.

______. 『구약 성서의 신앙과 신학』. 수원: 한신대학교 출판부, 1999.

김중은. "오늘의 성경관과 성경의 권위: 한국 장로교회 신학 100년 전통을 생각하며"[한국 성서학 연구소 창립 10주년 기념 강연, 2004년 10월 15일, 여전도회관 2층]. Available at: http://blog.naver.com/yins69/120009791216.

이승구. "성경신학과 조직신학". 『21세기 개혁신학의 방향』, 189–21. 서울: SFC, 2005.

제 8 장: 성경에 대한 성육신적 유비의 의의와 문제점 - 피터 엔스

Barth, Karl. *Church Dogmatics,* III/1: *The Doctrine of Creation.* Trans. J. W. Edwards, O. Bussey, and H. Knoght. Edinburgh: T. & T. Clark, 1958.

Bavinck, Herman. *Reformed Dogmatics.* Vol. 1: *Prolegomena.* Trans. J. Vriend. Grand Rapids: Baker, 2003.

Beale, G. K. "Myth, History, and Inspiration: A Review Article of *Inspiration and Incarnation* by Peter Enns." *Journal of Evangelical Theological Society* 49/2 (June 2006): 287-312.

Blomberg, Craig. *The Historical Reliability of John's Gospel.* Downer's Grove: IVP, 2001.

Carson, D. A. *Matthew.* EBC. Grand Rapids: Zondervan, 1995.

Dillard, Raymond B. and Tremper Longman, III. *An Introduction to the Old Testament.* Zondervan, 1994.

Enns, Peter. *Inspiration and Incarnation: Evangelicals and the Problem of the Old Testament.* Grand Rapids: Baker, 2005. 김구원 옮김. 『성육신의 관점에서 본 성경 영감설』. 서울: CLC, 2006.)로 번역되어 있다.

__________. "Bible in Context: The Continuing Vitality of Reformed Biblical Scholarship." *Westminster Theological Journal* 68 (2006): 203-18[이 논문은 2006년 3월 15일에 있었던 그의 정교수 취임 연설 강연 원고를 개정한 것이다].

__________. "Response to G. K. Beale's Review Article of *Inspiration and Incarnation.*" *Journal of Evangelical Theological Society* 49/2 (June 2006): 313-26.

__________. "Preliminary Observations on an Incarnational Model of Scripture: Its Viability and Usefulness." *Calvin Theological Journal* 42 (2007): 219-36.

__________. "Genesis 1 and a Baybylonian Creation Story." Posted on May 18, 2010. At: http://biologos.org/blog/genesis-1-and-a-babylonian-creation-story/.

__________. "Paul's Adam Part 1." Posted on March 9, 2010. Available at:

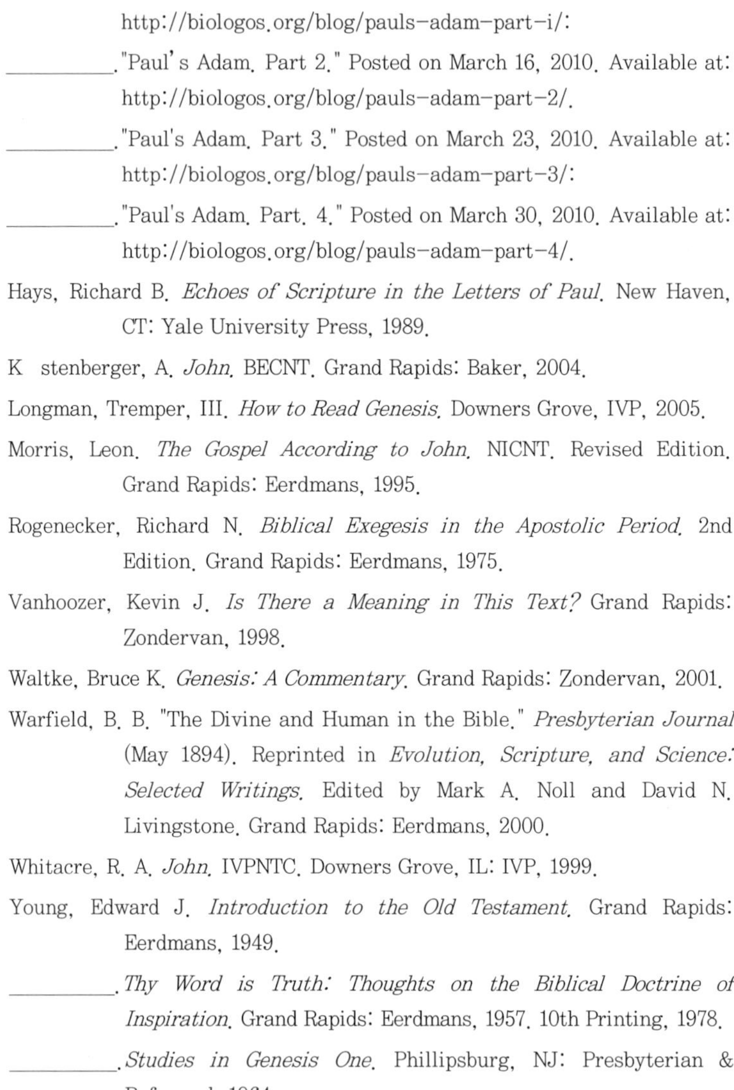

http://biologos.org/blog/pauls-adam-part-i/:

__________. "Paul's Adam. Part 2." Posted on March 16, 2010. Available at: http://biologos.org/blog/pauls-adam-part-2/.

__________. "Paul's Adam. Part 3." Posted on March 23, 2010. Available at: http://biologos.org/blog/pauls-adam-part-3/:

__________. "Paul's Adam. Part. 4." Posted on March 30, 2010. Available at: http://biologos.org/blog/pauls-adam-part-4/.

Hays, Richard B. *Echoes of Scripture in the Letters of Paul.* New Haven, CT: Yale University Press, 1989.

K stenberger, A. *John.* BECNT. Grand Rapids: Baker, 2004.

Longman, Tremper, III. *How to Read Genesis.* Downers Grove, IVP, 2005.

Morris, Leon. *The Gospel According to John.* NICNT. Revised Edition. Grand Rapids: Eerdmans, 1995.

Rogenecker, Richard N. *Biblical Exegesis in the Apostolic Period.* 2nd Edition. Grand Rapids: Eerdmans, 1975.

Vanhoozer, Kevin J. *Is There a Meaning in This Text?* Grand Rapids: Zondervan, 1998.

Waltke, Bruce K. *Genesis: A Commentary.* Grand Rapids: Zondervan, 2001.

Warfield, B. B. "The Divine and Human in the Bible." *Presbyterian Journal* (May 1894). Reprinted in *Evolution, Scripture, and Science: Selected Writings.* Edited by Mark A. Noll and David N. Livingstone. Grand Rapids: Eerdmans, 2000.

Whitacre, R. A. *John.* IVPNTC. Downers Grove, IL: IVP, 1999.

Young, Edward J. *Introduction to the Old Testament.* Grand Rapids: Eerdmans, 1949.

__________. *Thy Word is Truth: Thoughts on the Biblical Doctrine of Inspiration.* Grand Rapids: Eerdmans, 1957. 10th Printing, 1978.

__________. *Studies in Genesis One.* Phillipsburg, NJ: Presbyterian & Reformed, 1964.

송영목. 『신약 신학』. 서울: 생명의 양식, 2008.

제 9 장: 우리는 존 요더와 어디까지 같이 갈 수 있을까?

Durnbaugh, Donald. (Ed.) *On Earth Peace: Discussions on War/Peace Issues between Friends, Mennonites, Brethren and European Churches, 1035–1975.* Elgin, IL: The Brethren Press, 1978.

Escobar, Samuel. "Latin America and Anabaptist Theology." In *Engaging Anabaptism.* Edited by John D. Roth. Scottdale, PA: Herald Press, 2001.

Yoder, John Howard. "Reinhold Niebuhr and Christian Pacifism," *The Mennonite Quarterly Review* 29 (April 1955): 101–17.

__________. *The Original Revolution: Essays on Christian Pacifism.* Scottdale, PA: Herald Press, 2003. 김기현, 전남식 옮김. 『근원적 혁명: 기독교 평화주의에 대한 에세이』. 대전: 대장간, 2011.

__________. *Karl Barth and the Problem of War and Other Essays on Barth.* Edited by Mark Thiessen Nation. Eugene, OR: Wipf & Stock Publishers, 2003.

제 10-11 장: 레슬리 뉴비긴의 신학에 대한 한 고찰/레슬리 뉴비긴의 교회 이해의 기여와 문제점

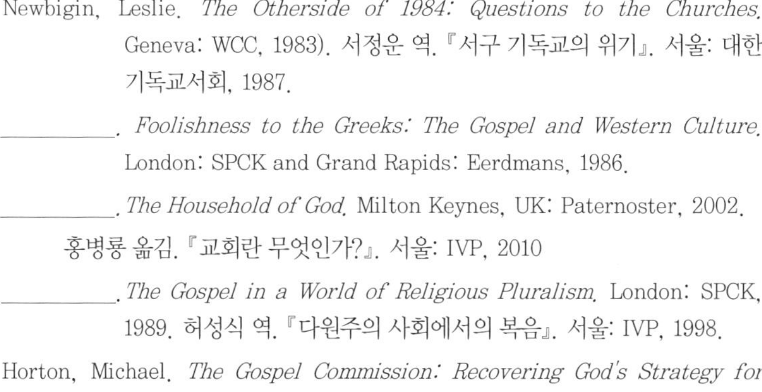

Newbigin, Leslie. *The Otherside of 1984: Questions to the Churches.* Geneva: WCC, 1983). 서정운 역. 『서구 기독교의 위기』. 서울: 대한기독교서회, 1987.

__________. *Foolishness to the Greeks: The Gospel and Western Culture.* London: SPCK and Grand Rapids: Eerdmans, 1986.

__________. *The Household of God.* Milton Keynes, UK: Paternoster, 2002. 홍병룡 옮김. 『교회란 무엇인가?』. 서울: IVP, 2010

__________. *The Gospel in a World of Religious Pluralism.* London: SPCK, 1989. 허성식 역. 『다원주의 사회에서의 복음』. 서울: IVP, 1998.

Horton, Michael. *The Gospel Commission: Recovering God's Strategy for Making Disciples.* Grand Rapids: Baker, 2011. 김철규 옮김. 『위

대한 사명』. 서울: 복 있는 사람, 2012.
이승구. 『기독교 세계관이란 무엇인가?』. 개정판. 서울: SFC, 2005.
Van Til, Cornelius. 『개혁신앙과 현대 사상』. 개정역. 서울: SFC, 2008.

제 14-15 장: WCC 제 10차 부산 총회를 바라보면서/ 성경적 에큐메니즘을 지향하면서

Evanston Speaks. Reports from the Second Assembly of the WCC. Evanston, Ill., USA, August 15-31, 1954. Geneva: WCC and London: SCM Press, 1954.

Spinka, Matthew. *John Amos Comenius: That Incomparable Moravian.* Chicago: The University of Chicago Press, 1943. 2nd edition. New York: Russell & Russell, 1967).

Matthey, Jacques. "*Grenzenlos - Boundles.,* "50th Anniversary of the World Mission Conference, Mission Festival and Congress, August 16-21, 2002, Willingen, Congress "Missio Dei" God' s Mission Today, Summary and Conclusions (Reflector' s report). Available at: http://www.wcc-coe.org/wcc/what/mission/willingen.html.

Missio Dei. http://www.wcc-coe.org/wcc/what/mission/willingen.html.

Schaff, Phillip, *History of the Christian Church,* vol. 7 (Grand Rapids: Eerdmans, 1910), 650-53

Slack, Kenneth. *Uppsala Report.* London: SCM Press, 1968.

Van Til, Cornelius. "Reformed Faith and Ecumenism." In *Reformed Pastor and Modern Thought.* Phillipsburg, New Jersey: P & R, 1971. 이승구 옮김. 『개혁신앙과 현대 사상』. 서울: 엠마오, 1985. 개정역. 서울: SFC, 2009.

"World Council of Churches." *Dictionary of the Ecumenical Movement,* Edited by Nicholas Lossky et al. Geneva: WCC Publications, 1991.

랩슬리 소장의 설교 전문.
http://www.oikoumene.org/en/resources/documents/assembly/2013-busan

/sermons-and-homilies/sermon-by-fr-michael-lapsley-in-the-sending-prayer).

권터 가스만. 에큐메니칼 신학의 발전사 2』. 이형기 옮김. 서울: 한국장로교출판사, 1998.

말린 벤엘데렌. 『세계교회협의회 40년사』. 이형기 옮김. 서울: 한국장로교출판사, 1993.

루카스 피셔. 『에큐메니칼 신학의 발전사 1』. 이형기 옮김. 서울: 한국장로교출판사, 1998.

박성원. "세계교회협의회(WCC)와 한국 교회". 「기독교학술원 포럼」 9 (2012): 70-85.

박용규. "WCC 에큐메니칼 운동의 역사적 고찰". 이승구 외 3인. 『WCC, 참된 교회 연합 운동인가』. 74-98. 수원: 영음사, 2012.

이승구. "통일 문제에 대한 그리스도인의 태도와 기독교적인 준비". 『21세기 개혁신학의 방향』. 서울: SFC, 2005.

______. "통일에 대한 기독교의 준비". 『기독교 세계관으로 바라보는 21세기 한국사회와 교회』. 서울: SFC, 2005.

______. 『한국교회가 나아갈 길』. 서울: SFC, 2007.

______. 『광장의 신학』. 수원: 합신대학원 출판부, 2010.

______. 『우리 사회 속의 기독교』. 서울: 나눔과 섬김, 2010.

이승구 외. 『WCC, 참된 교회 연합 운동인가?』. 수원: 영음사, 2012.

이형기. 『WCC 연구 자료』. 서울: 한국장로교출판사, 1990, 1993.

______. 『에큐메니칼 운동사』. 서울: 대한기독교서회, 1994, 개정판, 2002.

______. 『복음주의와 에큐메니칼 운동의 흐름에 나타난 신학』. 서울: 한국장로교출판사, 1999.

______. "21세기 글로컬(glocal) 이슈들에 대한 해법으로서 에큐메니칼 운동과 신학". 「기독교학술원 포럼」 9 (2012): 5-39.

한국 복음주의 신학회 편. 「성경과 신학」 37 (2005).

『우리 이웃의 신학들』 개정판을 내면서

2014년에 초판이 나왔던 이 책의 2쇄가 2015년에 나왔었으니, 지금까지 모두 2,000명이 이 책을 읽은 셈입니다. 이제 찾기 어려워진 이 책을 찾는 독자들을 위해서 오탈자를 고쳐서 다시 발행하는 만용을 부려봅니다. 일반적으로 책 제목에 신학이라는 말이 들어가면 거의 읽지 않는 이 상황에서 새로운 출판사에서 이 책을 내는 것이 많이 부담스럽습니다. 부디 이 책이 그런 징크스를 깰 수 있기를 바라면서, 연속성을 위해 책 제목으로 고치지 않고 인쇄에 붙입니다. 이 책을 좀 더 읽기 쉽게 만드는 일에 김우곤 선생님의 큰 기여가 있었음을 밝혀야만 합니다. 김우곤 선생님의 기여는 이 책의 처음 판과의 확연한 차이에서 잘 드러납니다. 참으로 많은 시간을 들여서 꼼꼼히 작업해 주시는 것에 대해서 어떻게 감사해야 할지 모르겠습니다. 큰 감사를 드리며 치하하게 됩니다. 덕분에 우리들이 책다운 책을 우리 손에 가지게 되었습니다.

다시 말하지만, 이 책에서 다룬 신학자들은 다양한 입장의 신학자들이고, 그들이 제시하는 사상도 매우 다양합니다. 그런데 현대에는 이들이 신학적 논의를 많이 하였고, 심지어 어떤 신학교들에서는 주로 이들의 신학을 중심으로 신학 공부를 하고 있습니다. 그렇게 되면 많은 사람들이 방황하게 될 것임이 분명합니다. 지난 30년 동안 신학을 가르치면서 정확한 성경적 입장이 없이 다양한 신학 속에서 갈 길을 모르고 방황하는 분들을 많이 보았습니다. 안타까운 일입니다. 신학을 하는데 자신에게도, 특히 교회에도 유익이 되지 않고, 방황하는 결과만 나타난다면 그것이 무슨 의미를 지닌 것인지요?

그러므로 성경적 신학의 입장을 명확히 정립한 후에 이들 다양한 신학자들의 생각을 논의하는 일을 시작하시기를 간곡히 부탁드립니다. 성경적 신학의 정립을 위해서 저자의 개혁신학 탐구 시리즈, 특히 『개혁신학 탐구』 (최근 판, 수원: 합신대학원 출판부, 2022), 『전환기의 개혁신학』 (서울: 이레서원, 2008, 2016; 최근 판, 서울: 말씀과 언약, 2024), 그리고 『21세기 개혁신학의 방향』 (서울: CCP, 2018)을 추천드립니다. 그 토대를 가지고 이 책에서 다루는 다양한 신학자들과 그들의 사상을 검토해야, 우리들이 방황하지 않게 되고, 또한 이 책에서 다룬 이 유명한 신학자들에 대해서 제가 왜 이 책에서와 같이 논의하는지를 잘 이해하게 될 것입니다.

부디 이 책을 읽는 독자들이 하나님께서 원하시는 바른 방향으로 나아가는 일에 이 책에서의 논의가 의미 있게 사용되기를 기원합니다.

2024년 5월에

개정판 교정쇄를 보내면서

우리를 둘러싸고 영향을 미치고 있는
"우리 이웃의 신학들":
우리 주변의 다양한 신학들에 대한 개혁 신학적 반응

초 판 발행일 · 2014년 7월 24일
제 2 쇄 발행일 · 2015년 4월 9일
개정판 발행일 · 2024년 5월 31일
지은이 · 이승구
편집인 · 윤효배
펴낸 곳 · 도서출판 **말씀과 언약**
서울시 서초구 명달로15길 11, 402호
T_010-8883-0516
E_hbyun3709@hanmail.net
디자인 · Yoon & Lee Design

ISBN : 979-11-987009-3-3 (93230)
가격 : 25,000**원**

***잘못된 책은 교환하여 드립니다.**